The Source Field Investigations

The Hidden Science and Lost Civilizations Behind the 2012 Prophecies

源場

超自然關鍵報告

大衛・威爾科克 *David Wilcock* 著　隋芃／白樂 譯

【推薦序】

沒有行動的等待，不會開花結果

在大衛．威爾科克帶各位走進未來之前，請容我先帶大家回顧過去。二〇〇九年九月二十八日星期一，我在紐約州龐德里吉（Pound Ridge）的自家農舍裡寫電影劇本，此時距離世界末日二〇一二年十二月二十一日正好還差三年八十四天十小時十一分十一秒。我曾有幸與已故偉大科學家卡爾．薩根（Carl Sagan）合作寫下電影《接觸未來》（*Contact*）的劇本；而此時我正在編寫的劇本，應該是自《接觸未來》之後我所參與過最精彩的一部電影。我住在加州的寫作夥伴亞曼達．威爾斯（Amanda Welles）捎來電郵並附上一個YouTube網址，這是我與大衛．威爾科克的初次邂逅。他是預言家、科學家、哲學家、解夢者，曾經引述了我寫過的兩部電影：《接觸未來》與《神秘寶盒》（*The Last Mimzy*），甚至還比喻成是羅塞塔石碑（Rosetta Stone）的電影版，能用來解開宇宙奧秘。這個身材瘦長的年輕哲人給我留下深刻的印象，他既像個神諭先知，又像個宇宙單口相聲喜劇演員。他從我的電影劇本中發掘出這麼多意義，感覺就像遇到了知己。

於是我主動認識大衛，也就此展開人生中最幸運的一段旅程，我與合作夥伴威爾斯都獲益良多。我們跟著大衛走入二〇一二的迷霧中，又跟著他走出迷霧、豁然開朗。

我不知道你是怎麼想的，但是我很確定二〇一三年一月一日的我會在哪裡。我不會被火山灰或海嘯帶來的汙泥淹沒，也不會在高達十英里的浪潮中喪命。絕對不會。我會跟大衛．威爾科克在一起，歡喜迎接一個全新的黃金時代，享受珍貴的一分一秒。如果你期待的是世界末日的到來，人類再次飽受折磨走向毀滅，只要上網就能滿足你的期待。如果你早已絕望，不相信意識的力量，認為人類在劫難逃、只能聽天由命，那奉勸你放下手中這本書。如果你打從心底認定人類是宇宙裡唯一的高等生物，現在就去別處逛逛，這本書也不適合你。我把卡爾．薩根精彩的小說改編成電影《接觸未來》，其中有段台詞提到宇宙裡是否也有其他的智慧生物：「如果宇宙裡真的只有我們，豈不浪費了如此寬廣的空間。」

其實我想說的是：宇宙裡不只有我們。大衛．威爾科克將證實這件事，並且引導我們理解珍貴的預言。

那天凌晨一點我初次在YouTube上看了大衛．威爾科克著名的紀錄片《二〇一二之謎》（The 2012 Enigma）後，我知道終於有個人願意花時間，把人類和宇宙的其他地方連結起來，讓人類準備好成為銀河系的公民。

這也是卡爾．薩根生前的願望。我與這位慷慨、有遠見的科學家共處的時光，讓我做好了與大衛．威爾科克一同踏上偉大冒險旅程的心理準備。薩根雖然不相信有幽浮跟外星人，但是他相信宇宙裡充滿了生命，也相信只要人類願意打開心胸，不要再因為宗教歧見、充滿仇恨與分裂的教條及政治狂熱而拚得你死我活，我們大有機會加入其他宇宙生命的行列。在大衛．威爾科克的宇宙一體論中，也融入了薩根的願望。

此時此刻我正在為大衛這篇二〇一二年後人類世界的研究寫推薦文，心中對即將抵達的未來充滿了敬畏，以及孩子般的好奇心。別忘了，人類只是物種之一，我們必須主動擁抱未來、驅動未來。沒有行動的等待，不會開花結果。

我突然想起十年前我在一部動畫史詩的劇本中寫過一句話，這句話總結了大衛．威爾科克為人類帶來的宇宙訊息，而我對此深信不疑——

「一顆心臟為全體跳動……所有心臟如一顆心臟般跳動。」

謝謝你，大衛．威爾科克，你為世界重燃起希望。全體人類，請好好看這本書。還有，別忘了善有善報。

經典科幻電影《接觸未來》編劇

詹姆斯．哈特（**James V. Hart**）

於紐約州龐德里吉

【推薦序】

參與建構人類的未來，你也有份

一九九〇年代初我在為《上帝的指紋》一書查資料時，第一次發現了所謂的馬雅末日預言。從此之後——感謝老天——解讀「預言」不再只有一種方式。

有些人依然相信末日預言，但是也有越來越多人對二〇一二年有更合理的解釋，這並非一個特定的日期，而是一個早已開始的時代；這個時代可能是三十年、五十年甚至一百年，也許這個時代裡充滿考驗與磨難，但是人類一定會迎來光明燦爛的未來，讓我們能夠展現更高度的意識狀態，把潛能發揮到極致。

大衛．威爾科克屬於後者，而且他還是一位領頭的思想家。他在這本書中提出重要論述，證明人類的黃金時代已近在咫尺，只要我們願意，黃金時代就會出現。懷疑論者總是對如此非正統的概念大加抨擊，所以大衛必須做好心理準備，這本書勢必會引來猛烈的批評浪潮。的確，依照主流派的行為模式來判斷，一定會有一群聰明絕頂的人嚴格檢視書中的大小細節，目的是揪出錯誤與缺陷。無論他們找到哪些錯處（沒有一位作家在寫作時不會犯錯），都會被用來證明書裡的其他資訊也大錯特錯。

千萬不要因此而沮喪。這本書裡有大量的科學研究，其中有許多研究連西方讀者也是第一次見到，因為這些都是俄國科學家的心血結晶。大衛是第一個彙整這些資料的人，光是如此就已貢獻良多。有些俄國研究過於激進，已被列為非法研究或遭到主流派漠視。

請保持開放的心胸，尤其是對主流派「不允許」的事情。請接受大衛的邀請深入了解事實，你很快就會發現零星的資訊一一串連成全新的樣貌，超乎你以前的想像。

我不打算評論書裡每一個非比尋常的概念，以下僅舉出大衛提到的三個重點。這三個重點環環相扣，也令我印象特別深刻：

一、有形的實體世界，也就是我們同意稱之為「現實世界」的集體經驗，其實是一個平行宇宙三維空間的投射。不了解「現實世界」背後這個無形的世界，就無法真正了解「現實世界」。

二、正因為「現實世界」是投射的結果，也可以說是一種錯覺或全像圖（hologram），「現實世界」並非恆久不變的固定結構，不是一定得透過直接而具體的方式才能加以改變。有時候它更像是一個清明夢，用意念或想像的力量就能改變。

三、因此「意念的力量」確實是「煞有其事」，我們應該注意意念會對「現實世界」產生有形的影響。

我們可以說大衛探索的是二十一世紀的前衛概念，包括量子物理學與意識研究等最前端的科學領域。但是最吸引我的地方，是這些科學領域與古代傳統智慧竟然遙相呼應，提醒我們真相永遠是真相且不可分割，無論在什麼時候、什麼地點被提出來都不會改變。

舉個例子來說，「現實世界」是平行世界的投射，這個概念最早可追溯到西元前二二〇〇年古埃及的《金字塔文本》（*Pyramid Texts*）。同樣的概念經過修改後一再出現在各種修訂文獻中，例如《棺文》（*Coffin Texts*）、《陽間真相之書》（*Book of What Is in the Duat*）與《亡靈書》（*Book of the Dead*）；最後慢慢滲入基督年代的諾斯底教派（Gnostic）與奧秘教派（Hermetic）文本，以希臘文與拉丁文編纂成冊，進而對基督教神秘主義產生深遠的影響。

這個古老概念的精髓可以用一句美麗的奧秘教派格言來表達：「如其在上，如其在下（As Above, So Below）。」意思就是，想要了解地球這個「現實世界」的運作模式，就必須明白它只是另一個更高層次的隱形國度的呈現：

> 如果當成整體來思考，就會發現感知宇宙裡的萬事萬物，其實都交織在一起，就像一件由更高宇宙所編織的衣服。①

> 或者用另一種方式來形容，宇宙是「感官難以察覺的存在。感知宇宙（現實世界）是依照另一個宇宙的形象所打造而成，在拷貝的世界裡複製永恆。」②

在我看來，奧秘教派所謂的「難以察覺的」宇宙，與大衛的源場概念別無二致；而這個傳統科學儀器所偵測不到的源場，卻形塑並定義了現實世界裡的萬事萬物。

奧秘文本對時間週期的本質與物質的詮釋，也與大衛在書中所提出的最新科學研究相輔相成。讀完本書後，可以再看看以下三段引自奧秘教派的論述，我保證到時候你一定會明白我的意思：

宇宙包含時間，並藉由時間的推進維持宇宙裡的生命。時間以固定的順序調節，並在依循順序的過程中，用改變的方式更新宇宙裡的萬事萬物。③

宇宙以恆常不變的腳步一再循環。這樣的腳步沒有起點也沒有終點，在宇宙的幾個地方輪替出現又消失；透過這樣的方式，宇宙在時間的方格中不停更新，在消失過的地方重新出現。這就是循環的本質；循環中的每個點都連在一起，所以找不到循環的起點；因為每個點都同時引領且跟隨了另一個點，而時間就是這樣一再循環。④

如果你認為現在跟過去、未來跟現在都是分開的時間，就很難理解這個概念。因為除非過去存在，否則現在就不可能存在；沒有現在，也不可能有未來。現在源自過去，未來源自現在。過去種種結合而成現在，現在又形塑了未來，三者串連成一體。因此三者不可分割。⑤

大衛提出一個非常有用且有趣的概念，他說「現實世界」可能是一場清明夢，可以透過意志力或想像力改變，這一點在奧秘文本中已有預言：「錯覺是以現實加工而成的作品。」⑥

以奧秘教義的觀點來看，就連我們所棲息的這個肉身也不是真實的：

你必須明白，唯有永遠存在的東西才是真實的。人類不會永遠存在，所以人類不是真實的，只是一種表象……⑦

在表象的國度裡，思想或許真的能變成實物，所以我們必須注意自己的思想。當新聞每天二十四小時都在散播人類最糟糕的一面時，磨難就會出現。如果有太多人花太長時間專注在末日與毀滅，如果有太多人抱持著仇恨與忌妒等負面情緒，如果有太多人無法表達愛與感恩、不肯原諒，那麼人類很快就會把這場清明夢變成人間煉獄。

這本書與許多古代智慧典籍都秉持著同一個基本概念，那就是我們共同創造了現實世界，而黃金時代一直就在我們的眼前。要迎接黃金時代，我們必須拋棄負面模式、參考歷史教訓，拋開無用的僵化思想，接納即將到來的永恆劇變。

事實證明隨著黃金時代朝我們而來，要扭轉大家的觀念並不容易。但如果大衛說得沒錯，有一個隱形的源場製造了我們稱之為現實的清明夢，人類將在未來幾年內持續地強烈感受到源場和它的影響力，而且源場也將對人類意識產生深切的影響。

或許二〇一二年的確是人類的一個轉捩點。或許，現在就是我們必須關注宇宙的時候——包括可見與不可見的——宇宙並非毫無意義地向我們傳送訊息與奇蹟，也不是無意義地透過夢境與幻想跟我們對話。它一向慷慨地為我們製造幸福，不斷地幫助我們走在正確的軌道上。

《上帝的指紋》作者

葛瑞姆・漢卡克（Graham Hancock）

作者序

一個超乎想像的未來世界

自從人類開始出現自我意識以來，我們就一直忍不住要問幾個「大問題」：我是誰？我從哪裡來？我怎麼會來到這裡？我將何去何從？曾經有許多自稱為老師的人說他們能回答這些問題，他們也對這些深奧無比的概念提出了各種意見，卻造成人類史上最深切的悲哀與最殘酷的暴行。

儘管如此，幾乎在每一個宗教的傳統思想中，都能看見類似的主題，包括宇宙並不是由「死」的、無生命的物質所組成；而是一種有生命、有意識的存在。據說空間、時間、能量、物質、生物與意識，都是由這種超智能（superintelligence）以自己的形象編織而成。雖然宇宙浩瀚無窮，但顯然每一個人都與這個崇高的本體有所連結，就算肉體死亡了，我們依然會繼續生存下去。

許多宗教的教義都說，我們終將會回歸為「一」（Oneness）的狀態。雖然我們現在對這些更高層次的事實一無所知，但是有一股心靈的指引力量正在默默地影響我們的生命，總有一天這股力量會指引我們回「家」。我們對仁慈的神人（super-beings）也耳熟能詳，例如耶穌、佛祖、印度教的黑天等等，祂們直接參與人類歷史，幫助我們找到通往偉大真理的道路。知名作家葛瑞姆・漢卡克（Graham Hancock）、撒迦利亞・西琴（Zecharia Sitchin）等人都曾寫過，有許多地球上最古老的文化都提到「神」曾為他們提供實際協助，例如文字、數學、天文學、農業、畜牧、道德觀、法律與建築等等，其中包括以重達數噸的石塊所建造的雄偉建築，這些建築都有明顯的實用目的。即便是使用今日的科技，都很難加以複製，但是這些古代的「巨石」建築卻散落在全世界各地。

在我們所生活的「現代」，主流宗教令人敬畏的起源與心靈傳統，經常被貶為神話或迷信。由於各宗教哲學系統之間似乎一直無法消弭歧異，再加上人類對可以驗證的資訊越來越「癡迷」，於是科學逐漸取代了宗教，成為許多人心中至高無上的真理。

就這樣，過去崇高而美好的神聖宇宙觀漸漸被人遺棄，宇宙成了一大片死寂、空虛的「集合體」。人類的心智、思想與情緒（更別說地球上豐富而多樣的各個物種），現在都被視為單純的巧合與偶發事件，碰巧出現在這個無思想、無感覺、極古老又令人沮喪的太虛之中。我們對死後的世界毫無渴望、毫無期待，甚至連「道德倫理的必要性」都變成正常的哲學辯論主題。如果我們知道自己難逃一死，一輩子只能活一次，何不揮霍生命盡情享樂？何不把全副精力用來追求金錢、勢力與特權？甚至希望把這些好處都傳給子孫，因為下一代是我們用身體創造的親骨肉。

好像我們知道得越多，生命就顯得越孤寂。生命的魔力從我們手中被奪走，人類沒有特殊的能力或神秘的力量，我們對死後的世界也毫無期待。在宇宙裡，人類就是人類，我們是獨一無二的。也許在人類有機會到太空長期旅行之前，就有可能全體死於地球大災難，原因可能是人為的大規模毀滅性武器，或是無法控制或避免的嚴重天災。以地球滅亡為題材的災難電影，一部接著一部娛樂大眾。或許你現在會經常聽到所謂的「發末日財」，甚至開始懷疑地球是不是真的安全無虞。

我在YouTube上的紀錄片《二〇一二之謎》（*The 2012 Enigma*）①是這本書的開端，如果你看過這部紀錄片，造訪過我的網站神性宇宙（Divine Cosmos）②，或聽過我在電視上的言論，那麼你應該知道我不相信人類的未來是令人沮喪、害怕或悲慘無比的。相反的，我認為冥冥之中有一種智慧，正小心而謹慎地引導人類在地球上的命運。這種智慧是一種有生命的能量場，也是整個宇宙的起源。許多偉大的研究者都曾各自發現這股看不見卻無所不在的力量，他們為這股力量取了不同的名字，也一直缺少一個統一的標準名稱。這股力量很可能就是宇宙裡一切空間、時間、物質、能量、生物與意識的起源，所以我用一個最簡單、最全面性的詞來稱呼它：源場（Source Field）。

這本書談的不是哲學、臆測或一廂情願的想法，而是集結了大量的源場調查結果。我站在巨人的肩膀上完成這本書，因為書中大部分的資料是許多科學家、專家的研究成果，他們都來自聲譽卓著的大學，而他們的相關研究成果經常引來同事、上司與主流世界的非議。此外，也有許多科學家或研究機構，把研究上的突破發表在主流刊物中，但媒體看不見或看不懂這些突破與其他發現之間的關聯。然而，俄國自一九五〇年代開始，就持續投注心力進行源場調查，至一九九一年蘇聯瓦解之前，大多數的調查結果都以國家安全為由列為機密。光是在一九九六年③，就有超過一萬件源場調查報告公諸於世，其中半數以上來自俄國。這些調查結果令人難以置信，如果你發現人類對這股看不見的力量竟然如此了解，你一定會非常驚訝。這股力量影響了我們所見、所聞、所做，以及所相信的一切。

我花了三十幾年致力於源場研究，集結了大量的研究資料。尤其是一九九三年之後，我幾乎把全部的時間都用在這種顛覆科學思考的研究上。一九九八年夏天我自己創業，並開始研究和調查源場現象，每週工作七天、每天工作十四個小時。後來道頓出版社（Dutton Books）的社長布萊恩·塔特（Brian Tart）主動聯絡我，表示有興趣出版我的研究結果，於是我花了將近兩年的時間，傾全力完成本書。我把各項研究結果的精華彙整為一，竟發現源源不絕又令人驚訝的全新關聯。如果這些突破能變成廣為人知的常識，再發展成為有用的技術，而且／或者使用這些原則的現存技術可以解密並公諸於世的話，地球有可能趕上或超越最不可思議的科幻電影及小說。

隨著我帶領讀者慢慢深探空間、時間、能量、物質、生物與意識的謎團，我們也會探索幾個有趣的主題，包括反重力、去物質化、瞬間移動、擁有三維時間的平行實相、量子幾何學、船隻與飛機消失的自然「漩渦點」、時間旅行的真實案例、馬雅曆法如何算出開「門」的時間，以及分析銀河如何推動我們所經驗過的各種週期與循環—包括我們的生理、生物和心靈演化。如果實際應用這種科學，將會有難以置信的結果。此外，當我們完全跨入銀河系裡全新的能量區域時，空間與時間的本質也將徹底改變。讀者將在本書中了解銀河系裡的全新能量區域。

源場，是解開上述謎團的鑰匙，也是了解這些大問題的關鍵——關於我們是誰？我們從哪裡來？我們怎麼會來到這裡？我們將何去何從？都會有全新的意義。

這趟源場調查之旅將接著啟程，我們首先要討論的是貝克斯特博士（Cleve Backster）的研究結果。貝克斯特博士是源場調查的開路先鋒，他幫助我們認識心智的本質，使我們了解意識的結構、本體與目的。意識不只是一種生物現象，更編寫在宇宙本身的能量之中。

大衛・威爾科克，二〇一一年一月

目次

PART 1
身與心的關係

在表象的國度裡，思想或許真的能變成實物，
所以我們必須注意自己的思想。
當新聞每天二十四小時都在散播人類最糟糕的一面時，
磨難就會出現。
——葛瑞姆·漢卡克（Graham Hancock），《上帝的指紋》作者

OI 無法隔絕的隱形互動，萬物不斷在對話

辦公室的植物、冰箱裡的雞蛋，水槽裡的細菌……透過實驗發現，每種生物都與周遭環境存在著緊密的感應。面對壓力、痛苦或死亡時，同一個環境裡的生物都會立即產生電反應，都能感同身受。

宇宙的一切空間、時間、能量、物質、生物與意識，是否皆為源場的產物？遠古時期的宗教教義與哲學所說的「如其在上，如其在下」，有沒有可能是事實？我們在可見宇宙裡所看到的一切，會不會是某個巨大心智將思想具象化的結果（而且這個巨大心智還擁有單一的本體與感知）？或許我們都處在失憶狀態，而生活中的各種遭遇會帶領我們慢慢覺醒，發現浩瀚意識的無窮無盡。

既然書與源場的關鍵報告有關，就必須提出有力證據，證明人類意識並非受困在大腦與神經系統之內。我們將會看見具體的證據，證明我們的所思所想，真的與環境不斷互動，同時也能對環境產生實際影響。如果我們對源場的觀念正確無誤，那麼心靈就是一種能量現象，不會被關在生物體內，甚至可以在個體之間傳遞，也就是透過傳說中的「空白空間」（empty space）。

西方世界有許多科學家與學者，都曾發現源場的存在。相關研究包括精神分析學家威廉·賴

希（Wilhelm Reich）飽受爭議的研究數據，賴希是心理學之父佛洛伊德的門生。本書一開始將討論美國生物感應學家貝克斯特（Cleve Backster）博士的研究，他在最近的著作《本能感知》（*Primary Perception*）①一書中，整理了他畢生精彩的研究成果。

進入越深沉的催眠狀態，第六感就越活躍

貝克斯特就讀於羅格斯大學（Rutgers University）預科學校❶時，有位朋友跟他提起從教授那裡學到的催眠技巧，當時就讓貝克斯特聽得入迷。他現學現賣，決定拿室友試試，真的讓室友陷入深沉的催眠狀態之中。貝克斯特告訴室友：「現在我要你張開眼睛，但是你不會醒來。我要你走到走廊盡頭，請舍監允許你今晚不用熄燈。」②除非取得特別許可，否則學校不准學生在晚上十點後開燈。在催眠狀態下，室友張開眼睛、站起身，按照貝克斯特的話做，還在紀錄簿上簽名，然後回到房間。當貝克斯特喚醒室友後，對方完全不記得催眠時發生的事，他告訴貝克斯特：「你看，一點用也沒有。催眠只是騙人的把戲。」③後來兩人一起去找值班的教授，證實室友的確在幾分鐘前提出開燈請求，但是室友依然不信，直到看見自己在紀錄本上的簽名才大感震驚。

貝克斯特開始研究起催眠，並成功進行了多次實驗。他大量閱讀有關催眠的書，不過這類書籍在一九三〇年代並不多。一九四一年珍珠港事變發生後，貝克斯特加入軍方在德州農工大學（A&M University）的預備役軍官訓練計畫。這段時期，他也開始頻繁地在很多觀眾面前進行催眠，其中通常會有三分之一的觀眾進入催眠狀態，他再從中挑出催眠程度最深的人進行強度更高的催眠。在某次催眠中，有位男子接受的指令是在甦醒後三十分鐘內，看不見舞台上的貝克斯特。結果他從催眠狀態被喚醒後，真的完全看不見貝克斯特。為了測試催眠效果，本身不抽菸的貝克斯特點燃一根菸，然後呼出煙霧。男子看見香菸與飄散在空中的煙霧，卻看不見拿著香菸的

人，因此變得非常緊張。他想離開現場，但是觀眾強迫他留下來。三十分鐘後，貝克斯特重現在他眼前。這名觀眾完全接收了催眠後的指令，而且對指令毫無意識上的記憶。④

我自己初次體驗到催眠的強大力量，是緣於一次奇妙的靈魂出竅。當時我才五歲，有天夜裡醒來，發現自己飄浮在身體上方約三呎高。床上的那個小男孩依然呼吸如常，但如果他是「我」，那我到底是誰？這個想法頓時嚇到我，驚慌的感覺一出現，我又立刻回到身體裡面。接下來的兩年，我很希望經驗重現，卻一次也沒發生過。後來我問母親怎樣才能更了解靈魂出竅，她帶我走進地下室，推薦了書架上幾本以超感知覺（ＥＳＰ）為主題的書。我看的第一本是海洛·薛曼（Harold Sherman）的《第六感控制法》（*How to Make ESP Work for You*）⑤。薛曼說受到催眠的人會靈魂出竅，就像我那天晚上一樣，而且催眠顯然會產生驚人的效果。

> 進入越深沉的催眠狀態，第六感就越活躍。在這樣的狀態下，催眠者可以指示受到催眠的人靈魂出竅，去拜訪某個人或造訪某個地方，然後描述自己的所見所聞。

催眠，能讓你的靈魂出竅

湯瑪斯．蓋瑞醫師（Thomas Garrett）是催眠治療師，他曾為在第一次世界大戰心靈受創的士兵開創了新療法。蓋瑞醫師說起他其中一次非常特別的治療經驗。有位年輕的男病患是知名百老匯劇作家的兒子，他因為失戀而心煩意亂，所以跑來找蓋瑞醫師。他接受催眠，並在催眠狀態下告訴蓋瑞醫師前未婚妻是魏斯里學院的學生，他們因為一件小事起了爭執，然後她就退還了婚戒。

蓋瑞醫師靈機一動，叫處於催眠狀態的年輕病患去找心愛的女友，看看她到底還愛不愛他。蓋瑞醫師說，男病患竟能讓靈魂出竅，直接去到魏斯里學院女友所居住的女生宿舍前。男病患沉默了好一陣子，接著他說自己已經抵達宿舍，就站在女友緊閉的房門外。

「別讓房門擋住你，」蓋瑞醫師說：「你可以穿過房門，進入她的房間，告訴我她在做什麼。」

過了一會兒，男病患說：「她坐在書桌前寫信。」

「很好，」蓋瑞醫師說：「站在她身後，看看她在寫什麼，念出來給我聽。」

催眠中的病患立刻露出又驚又喜的神情。「天啊，她正在寫信給我。」

「她寫了什麼？」蓋瑞醫師問完就拿起鉛筆。

男病患逐字念了幾個段落，大意是女友很抱歉跟他吵架，除了請求他的原諒，也希望能跟他和好。男病患欣喜無比，想伸手擁抱女友，看見他的動作，蓋瑞醫師趕緊把他的靈魂叫回來。他喚醒男病患，並暗示他將會記得剛才所發生的事。

隔天晚上，男病患收到一封女友寄來的限時專送信，正是他以靈魂出竅或心電感應的方式所看到的那封信。蓋瑞醫師把這封信存放歸檔，也附上男病患當時口述而他抄寫下來的信件內容。兩者之間只有幾字之差。⑥

麥可・泰波（Michael Talbot）在《全像投影的宇宙觀》（*The Holographic Universe*）一書中，描繪了另一個更奇妙的催眠故事，可說是目前源場調查中最精彩的一則故事之一。泰波在一九七〇年代初，看過父親的朋友湯姆接受一位專業催眠師的催眠。催眠師告訴湯姆，當他離開催眠狀態時，將看不見自己的女兒蘿拉。接著，催眠師叫蘿拉站在湯姆面前。湯姆醒來後，直接看穿過蘿拉的身體，木然地環顧房內四周。更甚者，他也聽不見蘿拉的咯咯笑聲。催眠師從口袋裡掏出懷錶，迅速地把手移到蘿拉背後。他把懷錶緊握在手裡，不讓人看見，接著他問湯姆是否看見他手裡握了什麼東西。

湯姆傾身向前，似乎直接看穿過蘿拉的肚子，他說那是一只懷錶。催眠師點點頭，問湯姆能否看見懷錶上所刻的字。湯姆瞇起眼睛，露出努力想看清楚的表情，他念出懷錶主人的名字（這名字在場沒有一個人聽過），還念出懷錶上的紀念文字。催眠師打開手掌，讓大家傳看懷錶，上面刻的字跟湯姆念的一字不差。事後我問湯姆，他說他完全看不見女兒。他只看見催眠師站在面前，手裡握著一只懷錶。如果催眠師沒有把實情告訴他，他會以為自己處於完全正常的客觀現實中。⑦

我在一九九五年讀到這個故事，立刻留下深刻印象。湯姆受到催眠的心智竟能看穿女兒的身體，彷彿她根本不存在似的，甚至能夠看見懷錶上所刻的字。如果這個故事沒有造假，那麼我們自以為了解的現實世界將會遭受到挑戰。這意味著，我們的心智所具有的強大能力，遠超乎多數人的想像。我們以為就在眼前的東西，可能只是大家共同決定之下的產物，只是一種集體催眠的結果。別忘了，即使在催眠狀態下，我們依然可以走路、交談，與世界正常互動；脫離軀體的靈魂，還能做出準確的觀察。而在離開催眠狀態後，我們可能會記得、也可能會忘記催眠時所發生的事。我們也能接受催眠後的暗示，在清醒後採取某種行動、思考或做出某種行為。這種暗示的力量，顯然強大到足以讓我們在意識正常的狀態下，完全看不見面前的另一個人。

當我們發現普通人能像這樣接受催眠的時候，通常會視之為「潛意識」影響。但我們依然不了解這種現象，或是背後的原因。潛意識似乎會自動遵從催眠指令，通常不會加以質疑，就好像它早已習慣接受指令並付諸實行。

貝克斯特大學畢業後加入美軍反情報部隊，他教授的課程包括敵軍可能會使用催眠手段，從政府駐外人員身上取得機密資訊。為了向一位高階軍官示範這件事的嚴重性，貝克斯特冒著極大的風險，催眠了反情報部隊總司令的秘書（已事先徵得秘書同意）。秘書受到催眠後乖乖聽從貝克斯特的指令，從總司令上了鎖的檔案櫃中取出一份高機密文件。貝克斯特告訴秘書，她醒來後不會記得自己的所作所為。當貝克斯特喚醒秘書後，她果然完全不知道自己洩漏了高度敏感的資訊。

那天晚上我把文件鎖在自己的檔案櫃中，隔天將文件交還給總司令。我告訴總司令，我知道這麼做可能會使自己面臨軍法審判，但是我希望這個例子能促使軍方慎重考慮我的研究。總司令沒有把我送上軍事法庭。一九四七年十二月十七日，我收到總司令對我讚譽有加的推薦信，他說我的研究「對軍事情報工作至關重要」。接下來好事接二連三地發生。⑧

測謊器與千年蕉的過招

貝克斯特先在華盛頓特區的華特里德醫院（Walter Reed Hospital），用催眠與吐實藥「噴妥撒鈉」進行了為期十天的示範工作。接著在一九四八年四月二十七日，他進入美國中央情報局工作。加入中情局不久，他就開始跟著心理學家雷納德．基勒（Leonarde Keeler）做研究，基勒是最早開始研究測謊的開路先鋒。

「除了其他機密活動，我也是中情局某個小組的關鍵成員。這個小組會隨時被派遣到海外，分析手法獨特的訊問技巧，包括我原本的研究領域，也就是以催眠與藥物進行訊問……在華盛頓特區的總部裡，我建立的測謊流程開始用來過濾中情局的求職者，也用來過濾中情局的某些關鍵員工。測謊成為例行作業，漸漸占據了我的工作時間，使我無暇投入自己更有興趣、更需要創意的研究工作。」⑨

雷納德．基勒約在一九五一年辭世，不久後貝克斯特也離開了中情局，轉任芝加哥基勒測謊學院（Keeler Polygraph Institute）的院長。這所學院是唯一一所專門教授測謊的正式學校。後來貝克斯特在華盛頓特區成立了自己的測謊顧問公司，與很多政府機構都有合作。他的公司持續擴張業務，在馬里蘭州的巴爾的摩成立了分部。到了一九五八年，貝克斯特終於有時間密集從事測謊研究，並開發了世界上第一套標準化的測謊量化評估表，現今仍在使用。一九五九年他搬到紐約市，繼續經營商業測謊業務。幾年後，貝克斯特有了大發現。

> 一九六六年二月發生了一件事，這件事改變了我的思考模式，進而使我的研究範圍更加寬廣。發生這件事的當下，我對人類的測謊工作已進行了十八年之久。⑩

貝克斯特的秘書在一間快要倒閉的園藝店，買了一株闊葉盆栽和一株千年蕉，在此之前，貝克斯特完全與盆栽植物絕緣。一九六六年二月二日，貝克斯特在實驗室裡徹夜工作，早上七點才休息喝咖啡。疲憊的他閃過一個念頭，決定把剛買的千年蕉接上測謊器，看看會怎樣。結果令他驚訝萬分，千年蕉的電活動圖形竟然不是平整的直線，而是忽高忽低、持續變化的曲線。驚訝的貝克斯特繼續觀察，千年蕉的測謊結果也越來越有意思。

> 測謊器記錄了一分鐘左右，圖形出現了短暫變化，很像人類受試者對測謊感到害怕時所呈現的圖形。⑪

簡單來說，千年蕉的電活動圖形，看起來很像一個打算要開始說謊的人所會出現的。貝克斯特知道，想拆穿說謊的人，就必須用他們想隱瞞的事情來提問。如果你的提問使他們感到受威脅或緊張，他們的膚電活動就會變得劇烈。貝克斯特想做一個實驗，看看植物的生存一旦受到威脅時，會不會產生與人類相同的反應。

> 對人類進行測謊時，我們會問這樣的問題：「殺死約翰．史密斯的那一槍，是不是你開的？」如果他們是兇手，這就是個具有威脅性的問題，他們的反應會出現在測謊器的圖形上。⑫

貝克斯特把一片葉子浸到熱咖啡裡，測謊器毫無反應。他用筆戳葉子，測謊器一樣沒有變化。

> 測謊器記錄了約十四分鐘後，我突發奇想：如果要威脅這株千年蕉的生存，我應該用火去燒接上

電極的葉子才對。當時我站的位置距離千年蕉大約十五英尺……這是我當時腦中出現的唯一想法。⑬

接下來發生的事將永遠改變科學史，但是一般大眾還不知道這個重大的影響。

燃燒葉子的畫面一出現在我的腦海中，測謊器的記錄筆就在圖表上快速動了起來！我一個字也沒說出口，也完全沒有觸碰到千年蕉，只在腦中出現過燃燒葉子的意圖，千年蕉就產生了激烈反應。這是一次影響深遠、結果明確的觀察結果……我必須強調一九六六年二月二日的那場測謊實驗，進行到第十三分五十五秒的圖表紀錄徹底改變了我整個意識。我心裡想著：「天啊，這株植物會讀我的心思。」⑭

看著千年蕉持續發出激烈的驚慌反應，貝克斯特決定去秘書的書桌拿火柴。

我回來後，千年蕉的反應依然相當激烈……我點燃火柴，輕輕掃過一片葉子，我並不是真的想傷害這株植物。我決定解除威脅，看看千年蕉會不會冷靜下來。我把火柴放回秘書桌上，記錄筆終於平息下來，回到我決定燒葉子之前的狀態。⑮

早上九點，剛進辦公室的同事鮑勃・韓森（Bob Henson），對貝克斯特的實驗大感驚訝。韓森把威脅千年蕉的實驗再做一次，千年蕉發出相同的反應。不過貝克斯特已對千年蕉產生同理心，沒讓韓森真的燒葉子。事實上，後來貝克斯特再也沒有做過任何燒植物或威脅要燒植物的實驗了。

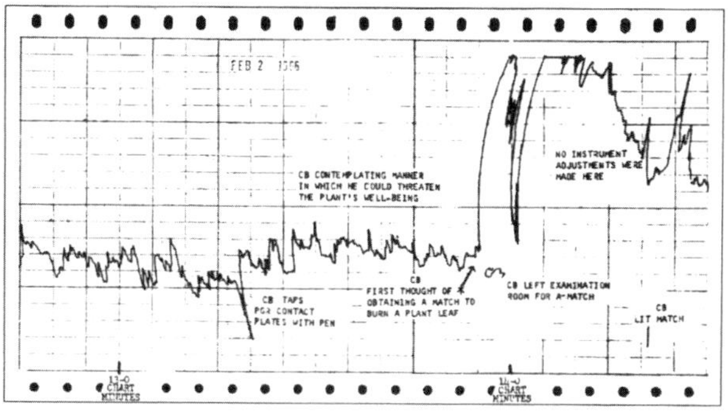

貝克斯特博士腦中才想著要點火燒千年蕉的葉子，千年蕉就出現了電反應。

嘿嘿，我沒有那麼好騙

二〇〇六年，我打電話到聖地牙哥的貝克斯特研究室，詢問他是否願意參與拍攝工作，在現代的教室場景中以戲劇方式重現這個實驗。我跟他通電話之前，還沒發現那天的日期是二〇〇六年二月二日，距離一九六六年的初次實驗正好滿四十週年。貝克斯特同意了。幾個月後我們帶他到洛杉磯，拍了一部成本不少、具有好萊塢水準的專業影片。

在這個關鍵場景中，貝克斯特受邀到大學課堂上討論最初的那場實驗，講解的同時，會有一株植物接在測謊器上。設定的劇情是：有個興奮又急躁的叛逆學生，很想親自試試貝克斯特效應。他從位子上跳起來，手拿打火機衝向植物，我所飾演的角色會阻止他，但是植物已經因為害怕被燒而「尖叫」起來，藉此向課堂上的每個人證明貝克斯特效應確實存在。

這是我編寫的場景。我拿了投資人提供的大筆資金，貝克斯特也願意遵照劇本演出，沒想到卻發生了令我害怕的事。每次我拉住學生的時候，貝克斯特總是拒絕「假裝」植物正在發出恐懼的反應。我們拍了一次又一次，但貝克斯特就是演不出來。除非他能看見圖形產生劇烈變化，就像四十年前的那場實驗一樣，否則他無法在鏡頭前演出真實反應。我知道只有一個辦法能挽救這部影片，那就是讓真正的貝克斯特效應重出江湖。

拍攝到目前為止，我們都只是在演戲，大家都沒有拿出強烈的情緒。那個學生並非真的想燒植物，我也知道他不是真的想從我身旁衝出去。那株植物「知道」自己沒有任何危險，因此測謊器的圖形非常平順。我知道我必須盡快採取行動。重拍這個場景時，我盡量把最黑暗、最邪惡的想法傳遞給那株植物，然後才試著阻擋那個學生。我打從心底感受到恨意，我恨那株植物，我要把它撕碎，我要把它燒成灰燼。就在這個時候，測謊器的指針瘋狂動了起來，就像一個驚嚇到尖叫的人。鏡頭繼續拍攝，貝克斯特說：「哇，測謊器的反應很激烈！」我拯救了這個場景，也向自己證明了貝克斯特效應確實存在。

接著我向植物道歉，向它傳遞最真誠的情感，希望它能聽到或感受到。圖形立刻平緩下來。貝克斯特讓我保存這個神奇事件所留下的圖表，現在這張圖表還跟拍攝當天的所有帳單收在同一個盒子裡。後來劇本經過多次修改，我們也一直沒機會用上這段宣傳影片。但是我非常高興能有機會體驗貝克斯特效應，而且還是跟貝克斯特本人一起。我可以百分之百肯定貝克斯特效應真實無誤，我也永遠不會忘記那天，當我把神奇的貝克斯特效應告訴房東太太和她十歲大的女兒時，小女孩突然衝出門外，欣喜若狂地在草地上滾來滾去，大喊：「你們聽得見我說話！你們聽得見我說話！」

事實是，植物都能讀懂你的心

一九六六年初次發現貝克斯特效應之後，貝克斯特發現只要好好照顧植物，植物似乎也會追蹤你的思想與情緒。

在觀察植物的過程中，每次我離開實驗室去辦事時，我發現只要我有個念頭想回到植物附近時，它們都會展現出相當明顯的反應，尤其是在我臨時起意回去時，植物的反應更是明顯。⑯

貝克斯特利用兩只對過時間的手錶，證明植物在他有回實驗室念頭的同一時刻就產生了反應。還有一次，他在紐約安排好植物實驗後，隨即與同事韓森去了新澤西的克利夫頓，韓森不知道老婆偷偷安排了結婚週年的驚喜派對。貝克斯特發現，植物在他們旅程的幾個不同階段產生了強烈反應，其中包括他們接近港務局閘口、搭上通往克利夫頓的巴士、巴士進入林肯隧道，以及最後抵達克利夫頓。當他們走進房子裡、所有賓客大喊「SURPRISE」的時候，植物也確實感受到驚喜。貝克斯特說：「在同一時刻，植物產生了激烈反應。」⑰

貝克斯特把測謊器安裝在植物上，但什麼都沒做，只是專注觀察植物的反應，想找出什麼原因能使植物產生反應。有天他觀察到一次激烈的反應，他發現當時他正把一壺滾燙的熱水倒進實驗室的水槽裡。我曾去過貝克斯特的實驗室，我知道那裡的水槽滿噁的。他後來對水槽進行採樣，結果顯示水槽裡布滿細菌：「跟星際大戰裡的酒館差不多。」⑱當細菌突然被熱水燙死，植物就像感知到自身受到某種威脅，於是就「尖叫」了。

貝克斯特後來設計了一個實驗，想把這種效應標準化。他想找地球上最適合當成消耗品的動物，於是他選了豐年蝦，這種蝦子是常見的魚飼料原料。他設計了一台機器，可以不定時地把豐年蝦丟進滾水裡。豐年蝦死掉的同時，植物的確反應激烈——但都是出現在夜晚時分，也就是實驗室裡沒有人的時候。在其他時間，植物似乎對豐年蝦「興趣缺缺」。當然，隨便一個人類的能量場，都要比豐年蝦強烈多了。後來曾有對實驗結果感到懷疑的人試著複製這個實驗，但是他們並未完全遵照貝克斯特的實驗條件。

根據我們的研判，複製這個實驗的人並不了解人類意識自動化是超出實驗之外的。他們以為可以隔著一道牆、從閉路電視觀察實驗過程，但是植物對人類的調頻對位，那道牆根本毫無意義。⑲

貝克斯特在《電子科技期刊》（*Electro-Technology Magazine*）上，以一欄半的篇幅簡要地發表了研究結果。沒想到竟然有四九五〇位科學家寫信給貝克斯特，要求他提供更多資訊。⑳

一九六九年十一月三日，貝克斯特在耶魯大學語言學研究所展示了貝克斯特效應。他摘下一片常春藤葉子，把葉子接在測謊器上。「我問台下的人能否找到昆蟲，以便刺激植物產生反應。」有學生抓來一隻蜘蛛，貝克斯特提醒大家蜘蛛不是昆蟲，而是蛛形綱動物。他們把蜘蛛放在桌上，由一個人雙手蓋住蜘蛛以防脫逃。這段時間內，葉子毫無反應。

> 但是當他把手拿開時，蜘蛛一發現自己重獲自由，測謊器的圖表就記錄到激烈的反應，時間就在蜘蛛準備脫逃的前一刻。實驗重複了好幾次，每次結果都一樣。㉑

不久後，貝克斯特開始上電視，在許多節目中展示貝克斯特效應，包括強尼・卡森（Jonny Carson）、亞特・林克萊特（Art Linkletter）、梅夫・葛里芬（Merv Griffin）與大衛・佛斯特（David Frost）等人的節目㉒。佛斯特問貝克斯特，他在實驗裡所用的植物是男是女？面對這個私人問題，貝克斯特跟植物都以幽默的答案回應。

> 我建議佛斯特直接走到植物旁邊，翻起一片葉子檢查性別。他才正要靠近植物……測謊器立刻出現激烈反應，把攝影棚裡的觀眾逗得很樂。㉓

一九七二年，俄國科學家普希金（V. N. Pushkin）複製了這個實驗，不過他在實驗中使用了腦電波儀（EEG）。普希金觀察到，受到催眠的人會進入一種強大的情緒刺激狀態，此時旁邊的天竺葵也會隨之產生激烈反應，而且屢試不爽㉔。儘管這些實驗結果都非常值得深思，但科學界一如所料地提出嚴厲批評。哈佛大學生物系的奧圖・索布里格博士（Otto Solbrig），就是其中之一。

> 這根本就是浪費時間，這樣的研究對科學進展能有何貢獻。我們對植物已有充分了解，因此像這樣的實驗說是江湖詐術也不為過。你可能會認為我們成見太深，或許吧。

耶魯大學教授亞瑟・格森（Arthur Galtson）的批評較為委婉，但依然抱持反對意見。

> 我不是說貝克斯特觀察到的現象絕無可能。我的意思是，還有其他更值得研究的主題……植物會聆聽或能夠對禱告產生反應，的確是個吸引人的想法，但這毫無深入研究的價值。植物沒有神經

系統，而感覺是不可能傳遞的。㉕

但也有抱持正面態度的科學家，例如史丹佛研究院（Stanford Research Institute）的哈爾·普特夫博士（Hal Puthoff）。

我不認為貝克斯特的研究是江湖詐術，他的實驗方法十分嚴謹。說他的研究毫無價值的人，其中多數都以為他的實驗很草率，其實不然。㉖

在吃下肚之前，請感謝食物吧！

貝克斯特還把測謊器接上優格菌、冰箱裡的普通雞蛋，甚至還有活的人類細胞。這些實驗也都得到驚人結果，並讓他一再發現，每種生物都與周遭環境存在著緊密的感應。面對壓力、痛苦或死亡的時候，同一個環境裡的生物都會立即產生電反應，彷彿全體都能感同身受。

貝克斯特會想到把雞蛋接上測謊器，是因為一株蔓綠絨：有次他敲破一顆蛋準備做早餐，蔓綠絨竟出現了激烈反應㉗。他用來做實驗的雞蛋是超市買來、未受精的普通雞蛋，但是接上電極後的結果卻出人意料：腦電波圖形與人類的心跳類似，而且心電圖還呈現出複雜的「週期內週期」（cycles within cycles）㉘。有一次貝克斯特抱起他的寵物暹羅貓山姆時，接上電極的一顆雞蛋突然休克，驚醒了熟睡中的山姆。更令人驚訝的是，若把雞蛋依序丟進滾水裡，每丟一顆，接上電極的雞蛋都會在測謊圖形上發出一次「尖叫」。而那顆雞蛋是放在襯了鉛的箱子裡，可以阻絕各種電磁場。也就是說，這種效應可以排除掉任何一種無線電波、微波或電磁波。㉙

貝克斯特很清楚，要進行這樣的實驗，就必須隔絕電磁場。

在幾位科學家（尤其是物理學家）的建議下，我在後來的實驗中把小型植物放在銅製的籠子裡，也就是所謂的法拉第籠（Faraday cage），使植物不受電磁場的干擾……但植物的表現卻彷彿法拉第籠並不存在。後來我有機會使用先進的電磁屏蔽室做實驗，再次證實了這一點……我確定植物、細菌、昆蟲、動物與人類之間傳遞訊息，並非透過已知的電磁頻率、調頻、調幅，也絕非任何一種會被阻絕的信號，而且似乎沒有距離限制。根據我的觀察，這種信號可以穿越數十英里，甚至數百英里。這種信號似乎並未落在電磁頻譜圖上。果真如此，此項觀察肯定具有深遠的意義。㉚

許多類似的調查，都曾證實源場應該不是一種電磁場。每個科學家都知道，電磁波無法穿透襯了鉛的封閉空間、銅籠、法拉第籠或電磁屏蔽室。

貝克斯特的人類細胞實驗，總算讓他的發現更具有「人味」。人類細胞的實驗步驟是先請受試者用水漱口，然後把水吐進試管裡。接著把試管放進離心機高速旋轉，讓活的白血球細胞跑到最上層，再用眼藥水滴罐吸出來。最後把白血球細胞放進口徑一公釐的試管內，用細金線接上電極㉛。活細胞樣本可以在這樣的條件下存活「十到十二小時」㉜，並在這段期間產生結果明確的反應。

在貝克斯特的人類細胞實驗中，我最喜歡的一次實驗結果發生在一九八八年，受試者是美國太空總署的太空人歐萊利博士（Brian O'Leary）。當時歐萊利在康乃爾大學、加州理工學院、加州大學與普林斯頓大學擔任教職。實驗當天，歐萊利帶著前女友一起抵達實驗室，兩人顯然剛剛激烈爭吵過，而這將「使他極有機會親身體驗激烈的圖表反應」㉝。採樣完畢，歐萊利前往聖地牙哥機場，準備飛回亞利桑那州鳳凰城。鳳凰城距離貝克斯特的實驗室有三百多英里。歐萊利與貝克斯特對過手錶時間，而歐萊利離開後的這段期間，他的白血球細胞在實驗室裡持續接受觀察。

「歐萊利博士」在實驗前就已同意，會準確記下旅途中使他情緒焦躁的事件與時間，他記下的事件包括要去機場歸還租車；在高速公路上錯過交流道；櫃台大排長龍，害他差點錯過飛機；飛機起飛；飛機降落在鳳凰城；他兒子沒有準時到機場接他等等。後來貝克斯特把歐萊利的紀錄與測謊器的圖表兩相對照，發現圖表上產生激烈反應的時間，都與歐萊利焦躁的時間有高度關聯性。而且在歐萊利當晚回家休息之後，圖形就幾乎沒有起伏了。㉞

有一次我在瑞士蘇黎世的一場研討會發表演講，歐萊利博士也是講者之一。我們相約晚餐，並討論了這場實驗。他親口證實，實驗結果使他驚訝無比。他的心智播送出「資訊波」，而遠在三百英里外的實驗室，他自己的活細胞竟然接收得到。把活細胞放在電磁屏蔽室裡，也出現了同樣的實驗結果，再次證明這些信號並非透過電磁能傳遞的。還有「別的東西」，可能是某一種能量場，能把我們的思想傳播出去，甚至可以穿越長長的距離。這是意義重大的一項發現，如果自然界裡的每種生物都在聆聽彼此，人類自然不會被排除在外。

我曾多次針對這個主題發表演說，聽我說明完蔬果、優格、雞蛋跟生肉上的細胞在被烹煮或被吃掉時都會發出「尖叫」，聽眾總是怨聲連連。即便是本來以為自己飲食方式「很人道」的素食主義者或生食主義者，現在都必須接受自己把食物送進嘴裡時，食物一定會感受到某種巨大的憂傷（至少是人類所認為的憂傷）。即使你生吃蔬菜，你的消化器官也會「腐蝕」消化它。貝克斯特曾告訴我，如果你為食物「祈禱」，向食物傳遞正面、充滿愛的思想，食物本身似乎就能接受自己扮演為你延續生命的角色，測謊器也不會出現激烈的圖形㉟。許多文化與宗教都鼓勵我們「感謝食物」，貝克斯特的研究顯示，這種在科學上看似毫無意義的行為，其實在我們的新觀念裡具有明確的意義。

自由能，一個足以讓人喪命的研究

在前面提過的蘇黎世研討會上，歐萊利博士提出大量資料證明人類早已做出「自由能」設備，而且數量不只一個，但是相關資訊都被權力掮客封鎖了。新能源研究院（Institute for New Energy）的報告指出，截至一九九七年為止，「有三千多件申請專利的裝置被美國專利局列為機密，法源依據是美國專利法第一八一到一八八條所規定的保密法令。」[36]美國科學家協會（The Federation of American Scientists）也指出，截至二〇一〇會計年度為止，被列為機密的專利申請案已增加為五一三五件，其中包括「審核並考慮限制」的申請案，有：效率高於百分之二十的太陽能電池、能源轉換效率超過百分之七十到八十的發電系統等等[37]。歐萊利博士說，有些自由能的研究者被撤換，研究發現也被束之高閣；有些研究者受到威脅，只好放棄研究；有些研究者甚至離奇死亡。歐萊利博士演講結束後請我上台參加座談，他提到據稱自殺的「歐洲自由能運動領導人」馬利諾夫博士（Stefan Marinov），他從奧地利格拉茨大學（University of Graz）圖書館的十樓墜樓身亡。馬利諾夫墜樓時背對窗戶，猶若被推出窗外。歐萊利博士還說：「他沒有留下遺書，而且他是我遇過最樂觀、最有活力的人。」[38]另外，歐萊利也提到被視為替代能源研究翹楚的尤金．馬洛夫（Eugene Mallove）博士。

我提及自己與馬洛夫博士的情誼時，因為情緒太激動而在四百位觀眾面前落淚。我相信當時在我附近的植物如果都接上了測謊器，肯定會測出激烈的電反應。馬洛夫博士本來是麻省理工學院校內期刊的首席科學作家，他宣稱有人命令他壓下冷融合（cold fusion）研究，那段期間剛好有實驗結果顯示冷融合反應可以製造自由能[39]。馬洛夫毅然辭職後，創辦了《無限能源雜誌》（*Infinite Energy Magazine*）[40]，並因此成為全球替代能源發明家之間主要協調、出版與聯繫的管道。

二〇〇四年五月十五日，我受邀參加廣播節目《兩岸之間》（Coast to Coast），這是美國當時最受歡迎的夜間談話廣播節目，主持人是亞特．貝爾（Art Bell）與理查．霍格蘭（Richard Hoagland）[41]。節目播出前幾天，我發現馬洛夫博士也將以特別來賓的身分跟我一起上節目。我們要在節目中宣布一個驚人的天大消息：霍格蘭跟馬洛夫會在節目播出後的隔週，帶著一個桌上型的自由能裝置前往華盛頓特區。這個裝置單靠人類的注視就能啟動，完全無須使用任何傳統能源。我不確定其中的原理，但是聽起來非常有趣。我已做過許多源場調查，知道這樣的裝置在理論上是可行的。霍格蘭還安排要拜會多位參議員與眾議員，要向他們展示這個裝置，並希望藉此讓自由能的突破性研究有機會公諸於世，也有助於學術研究與商業應用。

再過不到二十四小時節目就要現場播出，沒想到馬洛夫竟然在父母家門前被毆打致死㊷。我認為案情相當可疑，因為博士正要公開自己的秘密裝置，而且即將到國會山莊拜訪政治人物。打壓源場調查，似乎能讓某些團體保有巨大的既得利益。我知道討論這樣的議題，會讓人貼上「神經質偏執狂」的標籤，但是與馬洛夫博士之死有關的種種事件，都讓我對他的驟然辭世更覺哀痛。

無論從事源場調查會受到多少懷疑、諷刺、嘲笑、羞辱和威脅，事實不容抹滅。這是你必須立即了解的自然科學現象，可以為世人創造更光明的未來。最棒的一點是，這些研究發現都很積極正面，最終也能證明多數人腦海中那位慈愛的上帝，確實存在。

譯注

❶ Prep school，通常是私立且收費高，專為使學生能進入著名大學而辦的特種中學。

02 宇宙心智與我們同在

靈療、超感知能力……被正統科學家斥為詐術的這些實驗或事件仍在發生中。有些科學家透過實驗證明，每個人的大腦中都有一種「神經元場域」，可以跟宇宙心智——源場連結，雙向傳遞訊息。

我們努力探索源場是否真實存在，而我們的調查也開始發現驚人的資訊。貝克斯特博士的研究強烈顯示出所有的生物——細菌、植物、昆蟲、動物、鳥類、魚類、人類——都以某種形式不斷地進行溝通。這種溝通使用了一種我們以為不存在的「場域」（field），因為這種「場域」並未落在可見光、無線電波、紅外線、微波、X光或其他的傳統電磁頻譜圖上。此外，許多催眠研究者，早就發現人類可以對環境中的信號變得毫無感知，貝克斯特只是其中之一。透過指令，可以讓受到催眠的人看不見或聽不見這些信號。如果所有的生物都使用著某一種持續不斷的超自然調頻（psychic attunement），或許為了不至於發瘋，人類的心智刻意阻擋了大部分來自這種調頻的信息。

帕琪塔（Pachita）是墨西哥一個能力很強的女性通靈治療師，本名是芭芭拉・蓋瑞羅（Barbara Guerrero）。她很小時發現自己具有強大的治療能力，在馬戲團表演高空鋼索特技期間，曾使用這種能力來治療動物。青少年時期，她追隨過革命軍領袖帕奇奧・維拉（Pancho Villa）出生入死，也曾在餐館裡當歌手，還賣過彩券維生。她一直到三十歲才恢復這種「超」能力，當時她已經為人婦了。後來在擔任治療師的四十七年間，她刻意保持低調，幫助了無數看似身染絕症的病人。直到一九七七年底，她才同意接受用科學方式研究自己的特殊能力。她請普哈瑞奇博士（Andrija Puharich）與一組來自美國的專家，研究她的通靈治療能力。①

卡拉·盧可（Carla Rueckert）把自己親身接受帕琪塔治療的過程寫成一本書，書名叫《一的法則，第一冊》（*The Law of One, Book I*）。

神奇的手術，消失的傷口

在一九七七年底、一九七八年初，我們跟著普哈瑞奇博士與研究小組來到墨西哥市，調查一位墨西哥的通靈外科醫師，她的名字叫帕琪塔，是一位七十八歲的老婦人，已經行醫非常多年……帕琪塔的治療工具是一把五吋的鈍刀。她讓研究小組的成員輪流檢查那把刀，並且觀察大家的反應，尤其是我的反應，因為我是這次研究的白老鼠。我必須俯臥讓她為我「動手術」，所以沒能親眼看見手術過程。但是唐（Don）告訴我刀子插進我的背部，深度應該有四吋，然後快速地橫向劃過脊椎、來回數次。帕琪塔說，她在治療我的腎臟。這次我們也沒能嘗試保留「證據」，因為我們知道這樣做只是徒勞。許多想研究通靈手術的人曾試著分析通靈手術的成果，卻因為無法獲得決定性的分析結果或是毫無結果，就此宣稱通靈手術只是詐術。②

我對接受通靈手術到底有何感覺相當好奇，所以訪談卡拉的時候，這是我提出的第一個問題。她記得手術過程非常疼痛。她說自己流了一點血，但是當帕琪塔抽出刀子，傷口便立刻奇蹟似癒合了。我知道這聽起來很瘋狂，可是當時手術室裡有多位受過專業訓練的科學家目睹手術過程。

普哈瑞奇博士本人也接受了帕琪塔的治療，因為耳硬化症讓他的雙耳逐漸失去聽力。帕琪塔似乎直接用刀尖刺穿鼓膜，兩耳各四十秒，普哈瑞奇感到極度疼痛。但是刀子抽出後傷口同樣立即癒合，血流得很少也不再疼痛。就傳統醫學的觀點，用刀子刺穿鼓膜應該會導致他永久喪失聽力，但是這次手術的結果卻讓他大感震驚。

我的腦袋嗡嗡作響……音量之大應該跟紐約地鐵差不多，大約九十分貝。這些聲響巨大到我聽不清楚旁人說的話，但是我不擔心手術會讓我喪失聽力。帕琪塔給我一瓶滴劑（成分不明），叮囑我兩耳每天各滴一滴。腦袋裡的聲響每天會減少約十分貝，術後第八天聲響完全消失了。我的聽覺變得非常敏銳，講電話必須把話筒往外拿到一個距離，才不會覺得對方的音量太大。聽覺過於敏銳的現象持續了大概兩個星期，術後一個月，我的兩耳都恢復到正常的聽力了。③

就算帕琪塔其實是催眠師，在手術過程中讓大家產生集體幻覺，但是她的治療顯然很有效。帕琪塔幫卡拉·盧可進行了兩次手術，卡拉只說了第一次手術。至於第二次手術，普哈瑞奇博士在荷曼斯（H.G.M. Hermans）的書中做了詳盡描述。

前面提及的術後第十二天，帕琪塔準備為病人進行第二次手術。她從驗屍中取得了一顆人類腎臟，腎臟送到她手上時，裝在未經消毒的罐子裡，而且只是泡在普通的清水中，她把腎臟放在廚房的冰箱裡。手術當天，帕琪塔用血淋淋的雙手從罐子裡拿出腎臟。她把腎臟縱向對半剖開，因為她要分開移植這兩個半顆的腎臟。接著她把刀子深深插入病人腰側再扭轉刀身，然後請我把其中的半顆腎臟放進病人腰側的開口。我手上的腎臟瞬間就被「吸」進病人的身體裡，這把我嚇到了。我用觸診方式摸了摸腎臟被「吸」進去的地方，發現傷口馬上就癒合了，皮膚上完全不見開口。真是太神奇了！她用這樣的方式把兩個半顆腎臟移植到病人體內，整場手術只花了九十二秒。手術後一小時，病人就能站起來，十四個小時後已經能正常排尿。三天後，病人就搭飛機回美國了。④

這本書的作者還說：「普哈瑞奇博士確信，帕琪塔的『快捷手術』完全真實，在他本人與同事以科學角度進行觀察與記錄的情況下，帕琪塔絕不可能造假。」⑤

跨入陰陽界的神經科學家

不管手術過程是真是假，帕琪塔的治療方法都對葛林伯格．濟爾布波姆博士（Jacobo Grinberg-Zylberbaum）帶來了重大衝擊。他是墨西哥最具爭議性的神經科學家。一九七七年，葛林伯格接受了位於墨西哥市的墨西哥國立自治大學的教職。任教期間，他提出大量的自然科學資料，包括學習與記憶的生理學、視知覺（visual perception）與生理心理學。葛林伯格也在那一年認識了帕琪塔，從此徹底顛覆了葛林伯格對生物學、心理學與醫學的認知。記者山姆．基諾內斯（Sam Quinones）曾在一九九七年的一篇文章裡，如此形容帕琪塔對葛林伯格所造成的影響。

> 依照葛林伯格的說法，帕琪塔無需使用麻醉就能進行外科手術，而且工具只是一把折疊刀。她用憑空出現的器官置換生病的器官……葛林伯格花了好幾個月觀察帕琪塔的手術過程，他與帕琪塔一起討論、一起出診。他承認帕琪塔的手術聽起來很像瘋言瘋語，但他堅稱自己是目擊證人。⑥

同一篇文章也指出，葛林伯格後來針對墨西哥巫醫薩滿寫了七本書，並且在一九八〇年代中期開始深入研究。他親眼觀察了帕琪塔的行醫過程，卻對此百思不得其解。他的推論是這世上必定有一種「神經元場域」（neuronal field），這種場域存在於大腦中，以便跟「先行構造」（pre-space structure）產生互動。他所說的「先行構造」是空間、時間、物質、能量、生物與意識的發源場域，也就是源場。以下是葛林伯格自己的解釋，他的敘述更專業。

「先行構造」是一種全像的、非局部的晶格（lattice）……具有意識特性。大腦所製造的「神經元場域」會扭曲晶格，使大腦只能做局部詮釋，並且以圖像方式呈現。只有當大腦與心智之間擺脫這類詮釋的束縛，「神經元場域」與「先行構造」才能合而為一。在這樣的情況下，我們對現實的感知將會是統一的，不會有自我或二元性的存在；而且會感受到純粹的意識，以及一種無所不包的單一性與光明。每個宗教領袖所發展出來的不同宗教系統……都以能夠直接感知純粹的「先行構造」為目標……而我想發展的意識科學（science of consciousness），是一種試圖去了解、調查和研究上述概念的科學。⑦

就算帕琪塔進行的治療都是真的，擁有這種能力的人顯然少之又少。為了喚醒世人真正的潛力，葛林伯格知道他必須從單純、可重複的能力下手。一九八七年，他開始進行相關實驗。他請兩位受試者（通常是一男一女）坐下來一起冥想二十分鐘，目的是讓他們兩個之間產生緊密連結。接著兩位受試者各自進入一個房間，兩個房間都接收不到任何電磁場信號。葛林伯格用腦電波儀器分別測量他們的腦波，發現兩位受試者的腦波頻率會變得一致，就算是分開也一樣。他還發現兩位受試者左右腦的腦電波圖形相同，這種情況通常出現於進入深度冥想時。此外，腦波比較穩定、比較規律的受試者似乎總是能夠「勝出」，也就是比較能夠影響另一位受試者。⑧

一九九四年，葛林伯格想出一個更具說服力的實驗來展現這種效應。實驗的步驟大致不變，同樣請兩位受試者一起冥想二十分鐘，然後各自進入一個信號屏蔽室。但是，這次他用強光照射其中一位受試者的眼睛，要讓對方感受到突然的衝擊，每次實驗都是隨機閃光一百次。當某位受試者的眼睛接受強光照射時，另一位受試者有百分之二十五的機率會產生類似的腦波「衝擊」，而且兩人是同時產生，分毫不差。葛林伯格的對照組，卻沒有顯現出類似的連結。這是令人震驚的發現，實驗結果發表於聲譽卓著、接受同儕評鑑的期刊《物理論文集》（*Physics Essays*）⑨。一場科學革命眼見即將展開，源場終於要透過嚴謹的臨床實驗擠入主流科學行列，貝克斯特的突破有望更上一層樓。

就在這個時候，災難降臨了。就在葛林伯格一九九四年發表研究論文不久，他就失蹤了，至今下落不明，儘管事隔多年，現在依然有尋找葛林伯格的臉書粉絲專頁⑩。葛林伯格失蹤後，有人曾看過他的妻子幾次，最後一次是在一九九五年中，從她的行為來看，失蹤事件對她打擊很大⑪。有些人因此認為她是殺了丈夫而深感悔恨，但也有可能是因為她受到相同的威脅，不永遠消失就有喪命之虞。或許我們永遠都不會知道真相，但是我們可以有把握地說，因為研究突破而受到致命威脅的源場調查者當中，葛林伯格極可能就是其中一個。

一個感受的無礙穿梭：悲傷會傳染，歡喜會共振

幸好，還有其他科學家也做了類似的實驗，進一步證實了貝克斯特的初步研究結果，而且他們沒有失蹤也沒有受到威脅。加州大學柏克萊分校的查爾斯・塔特博士（Charles Tart）設計了一套怪異的實驗，他用自動裝置痛苦地電擊自己，並試著把自己的疼痛「傳送」給另一個擔任「接收者」的受試者。實驗中，接收者的心跳、血容量和其他生理信號也同步接受測量。塔特發現接收者的身體的確對電擊產生反應，例如心跳加速、血容量降低等等，但是接收者完全不知道塔特博士傳送疼痛的時間。⑫

近代從事相關實驗最偉大的先鋒，應該是威廉・布洛德博士（William Braud）。琳恩・麥塔格特（Lynne McTaggart）在《療癒場》（*The Field*）一書中曾提到，布洛德博士從一九六〇年代晚期開始進行相關實驗，試著把他的感受傳給一位受到催眠的學生。布洛德刺自己的手時，學生有疼痛感；他把手放在燭火上方時，學生感受到熱度；他注視著一張船的照片，學生提到了船。當布

洛德走到太陽下，學生提到了陽光。距離似乎不會影響感受的傳遞，就算布洛德與學生之間隔了好幾英里，感受依然可以傳遞無礙⑬。這個實驗顯示貝克斯特效應只是個開端，人類彼此傳遞的資訊不僅只有神經系統所受到的電擊而已。多年下來，布洛德博士設法在受到控制的實驗室環境裡研究這種效應，至今他已在專業心理學期刊上發表過兩百五十多篇的論文，也曾為相關書籍寫過多篇專文。⑭⑮

布洛德在他第一場正式的相關實驗中，使用了觀賞魚「飛刀」。「飛刀」屬於電鰻類，只要移動位置就會改變電子信號，因此利用電子信號就能準確判斷牠的位置。布洛德在魚缸牆上貼著電極，用來接收電子信號，受試者只靠腦中的意圖，就能不斷讓飛刀改變位置。同樣的，布洛德也發現排除其他因素的影響，受試者可以讓滾輪上的蒙古沙鼠加快跑步的速度。布洛德還設計了另一個實驗，他把人類的紅血球細胞放進試管，試管裡的高濃度食鹽溶液可以殺死紅血球細胞。然而，只要這些受試者集中精神想著要保護細胞，就可讓細胞免於破裂。他用溶液的透光程度來判斷有多少細胞破裂：破裂的細胞越多，溶液就越透明；細胞越完整，溶液就越不透光。⑯

在紅血球細胞實驗之後，布洛德開始進行人類實驗。你是否曾經感到有人在注視著你，回頭一看發現果真如此？布洛德想在實驗室裡研究並證實這種現象。他在房間裡架設了一台小型攝影機，然後請接上測謊器的受試者待在房間裡，心情盡量放輕鬆。布洛德在隔壁房間的電視螢幕上，看著受試者的臉。受試者的房間裡還有另一個人，他被告知當數字產生器隨機出現數字時，他就要專注凝視著受試者，想辦法引起受試者的注意。實驗結果發現，被人注視時，有百分之五十九的受試者皮膚會出現顯著的電反應，而不是隨機預測的百分之五十⑰。也許百分之五十九聽起來還不夠高，但相差百分之九就已具有重大意義。

接著布洛德博士改變了實驗，他讓受試者先彼此認識，然後在交談時專注凝視對方的眼睛，而且，他還要求雙方都要盡量讓對方感到舒服自在。從測量到的電反應來看，當受試者被他的新朋友注視時，顯然相當放鬆⑱。這是一項有力的證據，證明人類可以透過注視來傳遞痛苦與感受。由此可知，即便我們的身體忠實地對這些信號產生生理反應，但我們的意識通常對此卻毫無感知。同樣的情況也可能發生在電話響起時，有時不用接電話，我們就已經知道是誰打來的，而且完全猜對。當打電話來的人想著我們的臉，我們就會有所感覺。如果我們的心智夠平靜，或許可以在腦海中看見對方。

英國生物學家盧伯特．謝爾德雷克（Rupert Sheldrake）是現代最著名的源場調查者之一，他也曾做過多次實驗證實「被注視感」的確存在，而他的實驗結果也曾付梓出版。⑲

人類擁有預知未來的能力

布洛德博士的研究也可以改善輕微的焦慮症，例如緊張或無法專心等等。從一九八三年開始進行的實驗中，布洛德博士與人類學家瑪洛琳．施利茲（Marilyn Schlitz）一起研究兩組人：一組是高度緊張的人，一組是比較冷靜的人。兩組受試者的緊張程度，可以透過皮膚的電反應來直接測量。有時候，他們會讓受試者使用常見的方法放鬆心情，並盡量保持平靜。有時候，布洛德與瑪洛琳會從另一個房間把精神集中放在受試者身上，透過這種方式讓受試者保持平靜。冷靜組的受試者，無論是靠自己放鬆心情或是接受「遠端影響」，兩種方式幾乎對他們的心情都影響不大。但緊張組的受試者在兩種實驗條件下，心情都會變得比較平靜。這樣的結果令人驚訝，顯示布洛德與瑪洛琳的遠端影響，跟受試者用方法自我放鬆，都能對緊張組的受試者產生作用⑳。同樣的，這種「遠端影響」的方式也對改善注意力有效，而且最容易胡思亂想的人，所獲得的改善效果也最為顯著。㉑

布洛德也發現到，我們在面對這些遠端影響時並非只能「照單全收」，我們可以擋掉自己不想要接收的影響㉒。只要想像有個防護罩、保險箱、柵欄或屏幕，任何一種你習慣的障礙物，就能確實阻擋這些影響㉓。即便從遠端發揮影響力的人不知道受試者正在阻擋他們的想法，但受試者靠自己的力量仍能成功阻擋對方的影響㉔。還有其他證據顯示，正面的人生態度就是最好的防護罩，就像本書稍後會提到的「同調性」（coherence）一樣。

史派瑞・安德魯斯（Sperry Andrews）是「人類連結計畫」（Human Connection Project）的發起人，他提出一項九十二集電視系列節目製作企畫，要向全世界發送「集體意識」實驗，而初步的投資金額是七十一萬一千美金。

> 人類連結計畫主張，當觀眾透過電子媒體看見大量與這個主題相關的訊息與介紹後，將會讓許多人同時間感受到強烈的歸屬感。這種在多數人之間形成的連結感會很強烈，足以讓人類所共有的智力、同情心與創造力提升到全新境界。㉕

在安德魯斯的企畫案中，也提出了幾個驚人的事實。超過五百份不同的科學研究，都證實了人類意識除了會影響生物系統，也會影響電子系統㉖，本書稍後會說明這些實驗。瑪洛琳・施利茲與心理學者霍諾頓（Charles Honorton）曾經做過三十九次不同的實驗，在每一次實驗中，受試者都能在分開的狀態下成功分享彼此的感受與體驗。如果這些實驗所證實的效應是隨機發生的，發生的機率低於一兆分之一㉗。有些實驗發現，一般人也可以偵測到尚未在線性時間（linear time）裡發生的事件㉘㉙。二〇〇四年，有一份極為詳盡的源場調查報告，作者羅伯・肯尼（Robert Kenny）提到心能學會（Institute of HeartMath）❶曾進一步研究葛林伯格針對大腦共頻效應（entrainment）的研究結果：

> 就算受試者待在不同的房間裡，如果他們在生活上或工作上關係密切，或是感受到對方的欣賞、照顧、同理心或愛，他們的心臟與腦波也能變得同步或產生共頻……如果人們可以透過冥想與

其他相關技巧讓自己的心跳與腦波同步，就能讓其他人的心跳與腦波也跟自己產生共頻效應。共頻效應顯然可以增加專注力，產生冷靜、深層連結的感覺，也能使人們從遠端捕捉到彼此的感受、情緒、影像、想法與直覺。㉚

人類不可能走回頭路了，因為這些發現都是無法否認的事實。人與人之間心智的彼此連結、感受與體驗的分享，都已經獲得證實，這些都不可能是隨機發生。對這些事實還感到懷疑的人，可以繼續厚顏聲稱「毫無證據」，但或許更恰當的說法應該是「無法公開」。史派瑞・安德魯斯的企畫案，目前仍乏人問津，一個富開創性、能為人類文明找到新定義的節目可能永無問世之日；連相關資訊也幾乎未曾在報章雜誌、電子媒體出現過。二〇〇六年，英國的主要科學論壇曾介紹謝爾德雷克的研究，指出有些人在接電話前就能預知打電話的是誰，卻惹惱了一千參與論壇的科學家。精神科醫師芬威克（Peter Fenwick）曾介紹過自己的研究結果，說明在臨床死亡後，意識依然存在；黛博拉・德藍妮（Deborah Delanoy）也討論過類似威廉・布洛德的研究，她說只要想著某個人，就能影響對方的身體。但是牛津大學的化學教授彼得・艾金斯（Peter Atkins）卻說：「這個領域的研究只是在浪費時間……心電感應不過是江湖郎中的幻想。」㉛

本書英文版於二〇一一年一月進行最後編輯期間，也發生過一件極具爭議的事件。備受推崇的《人格與社會心理學期刊》（*The Journal of Personality and Social Psychology*）決定刊登康乃爾大學榮譽教授戴瑞・貝姆（Daryl J. Bem）博士的一份研究，這份研究之所以引發爭議，是因為裡面有令人震驚的證據，揭露人類意識可以直接觸及到未來事件，也就是說人類有預知未來的能力。

其中的一個實驗，他讓受試者在實驗一開始就接受生字考試，並要求他們必須把某些單字背下來。測驗結束後，貝姆博士隨機選出幾個測驗裡出現過的單字，再請受試者仔細研讀這些單字：了解定義、練習例句，讓自己熟悉。結果發現，受試者在未來（測驗之後）所研讀的單字，正好是他們在過去（測驗時）背得最輕鬆的單字。另一個實驗，則證明看色情照片的情緒撩撥可以提高超感知能力，效果有如時光旅行。這個實驗用的是電腦螢幕，螢幕上出現兩片「簾子」。他們告訴受試者其中只有一片簾子後面有照片，請受試者猜是哪片簾子。等受試者猜測後，電腦才隨機選出照片——電腦程式無法預知受試者會選哪片簾子，更無權決定選出哪種照片。貝姆博士發現，當電腦選出的是色情照片時，受試者猜中簾子的機率會更高，高達百分之五十三。而普通或負面的照片則沒有這種效果。㉜

這些結論當然顛覆了我們所熟知的科學與物理學，許多科學家顯然覺得這種研究「很丟臉」，也相信這只是「完全瘋了」㉝。科學的真諦應該是探索真理，需要的是一個夠開放的胸襟。貝姆博士的研究做得很扎實，也讓我們看見人類與現實的新面向，而大多數人對這些訊息卻完全不知情。他已經提出了有力的數據，只是過去很少有人注意這類研究。希望隨著貝姆博士公開發表研究結果，有助於建立起一個新的研究趨勢。

顯然的，新資訊的轟炸也是問題癥結所在，挑選的好資訊越來越困難。然而，這些研究的重要性，明顯超過狗仔隊的收穫——哪個名人喝醉、飆罵、裸露等種種醜態。要知道這些關注可能會令名人上癮，而這樣的關注也會讓他們的能量飆升。

貝克斯特效應無處不在，小至每個細胞都印證了這件事。此外，許多古老傳統裡，也堅信人類的身體內建了一個「主宰腺體」，負責從源場汲取影像與想法，同時也把我們的想法傳送出去。我們會在下一章探索這些有趣的調查報告，看看現代科學能否解開這些古老的謎團。

譯注

❶ 此權威學會成立於一九九一年，研究主題包括情緒生理學、壓力管理，以及心腦關係等。

03

松果體與第三隻眼

源場不是抽象的概念，是一種真實的存在，它是地球內部的一種訊息旋轉流；而就像古老傳統所說的，人類與源場連結的唯一途徑，早已內建在每個人的腦子裡，那就是松果體。

許多古老傳統都說人類的大腦深處有個腺體，負責接收感應到的思想傳輸與視覺圖像。這個外形像毬果的小腺體，就叫松果體（pineal gland），只有一顆豆子大小。事實上，pineal（松果）這個字源自拉丁文的pinea，意思就是「松果」（pinecone）。全世界的古文明都對松果體與它所形成的相關圖像深深著迷，並經常把這些圖像用在最神聖的宗教藝術上。事實上，畢達哥拉斯、柏拉圖、敘利亞哲學家楊布里柯（Iamblichus）、笛卡兒等人，都曾以崇敬的態度描寫過這個被稱為「靈魂寶座」的腺體。如果這個「第三隻眼」可以直接從源場接收畫面，顯然的，直至今天我們還不知道這個機制如何運作，但是這並不表示古人都錯了。

嚴格說來，松果體並不是大腦的一部分，因為它並未受

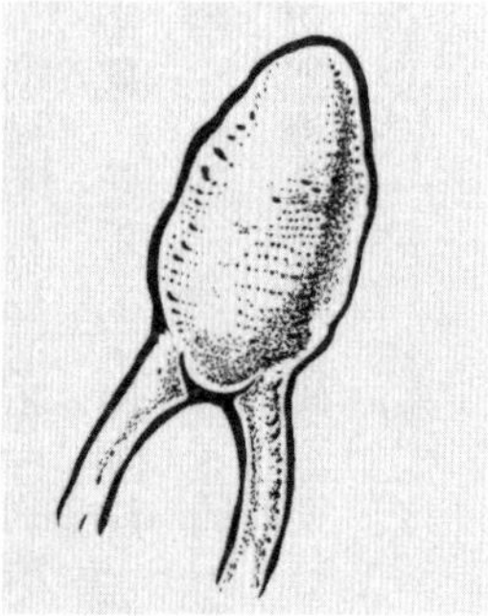

松果體是大小如豆子的內分泌腺體，位於大腦的幾何中心點，許多古老文化都有相關記載。請注意它的形狀很像松果。

到血腦障壁❶的保護①。松果體位於大腦的幾何中心點，是充滿水狀液體的中空構造，在器官中的血流量僅次於腎臟。因為並未受到血腦障壁的過濾保護，松果體裡的液體會累積越來越多的礦物質沉澱物。這種稱為「腦砂」的沉澱物，所具有的光學與化學特性很像牙齒的琺瑯質②。這種鈣化物質若用X光或核磁共振掃描的話，看起來很像大腦裡有一團類似骨頭的東西，而醫生會根據這種堅硬的白色物質來判斷病人有沒有長腦瘤。假如掃描結果顯示白點被擠壓到大腦的某一側，就表示腫瘤改變了大腦的形狀。

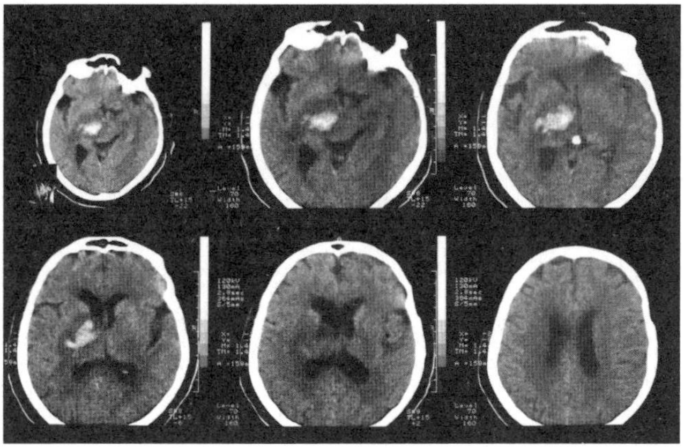

X光顯示左腦室有腫瘤。右上方X光圖上的白色圓點是鈣化的松果體，被腫瘤稍微推離了原位置。

我在線上紀錄片《二〇一二之謎》（*The 2012 Enigma*）③中曾經詳細介紹過，在全球各地的宗教藝術作品與建築中，松果都是一項重要的特色，顯然是為了向松果體致敬。這個驚人的現象從未獲得充分解釋。在〈異教徒對松果之熱愛與藝術應用〉（*Pagans Love Pine Cones and Use Them in Their Art*）這篇基督教文章裡，就提出許多圖片佐證這個論點：④

・羅馬帝國晚期密教信奉的生死輪迴之神戴歐尼修斯（Dionysus），其手部銅雕的大拇指上有一顆松果，與其他特殊的符號一起出現在銅雕上。

・墨西哥的神像手持松果與無花果樹。

・在義大利杜林（Turino）的一間博物館裡，埃及冥神歐西里斯（Osiris）的權杖上有兩條靈蛇盤繞至權杖頂端後，一起朝向一顆松果。

・亞述／巴比倫長著翅膀的塔穆茲（Tammuz）神手執松果。

・希臘酒神戴歐尼修斯的權杖頂端是一顆松果，象徵富饒豐盛。

・羅馬人的飲酒作樂之神巴克斯（Bacchus）也拿松果權杖。

・天主教教宗手執權杖時，手剛好頂住權杖上的松果，權杖從松果往上延伸為樹幹形狀。

・許多羅馬天主教的燭台、飾物、宗教裝飾品和建築，都以松果做為主要設計元素之一。

・世上最大的松果雕塑位於梵蒂岡廣場的松果中庭上（Court of the Pinecone）。

稍後再回來討論天主教裡的驚人例證。在紀錄片《二〇一二之謎》裡，我也提到了埃及法老王圖坦卡門（King Tut）的木乃伊黃金面具上，有一條靈蛇從他前額松果體的位置竄出來。釋迦佛陀雕像的眉心處也經常出現第三隻眼，而幾乎每個印度神祇的額前眉心都會加上紅點（bindi），代表第三隻眼，很多印度教徒也會在眉心處點個硃砂痣。此外，印度教濕婆神（Shiva）的髮型也很像松果，還有「靈蛇」纏繞在他的脖子上。⑤

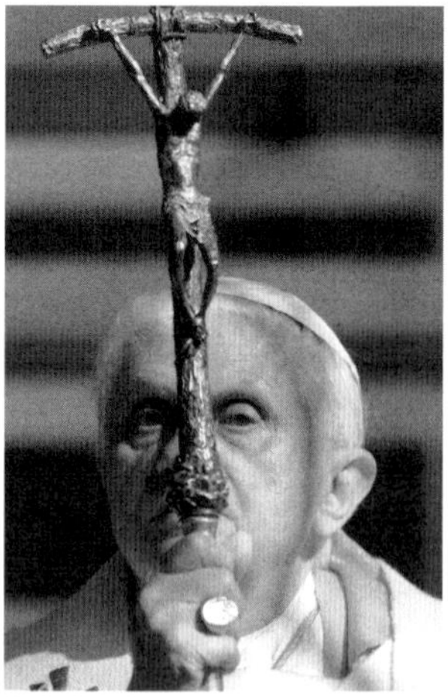

教宗本篤十六世手持雕有松果的權杖，顯然是用來象徵他能夠透過松果體與更高等的智體接觸。

在我發表紀錄片《二〇一二之謎》之後，又發現中美洲的一尊羽蛇神（Quetzalcoatl）塑像：羽蛇神從大張的蛇口冒了出來，而蛇身盤蜷的形狀就跟松果一樣⑥⑦。此外，羽蛇神還戴著一條用松果串成的項鍊，而且似乎有能量波從底部流入松果。被蛇口框住的羽蛇神，看起來就像是罩著面罩的現代太空人。如果你看到位於墨西哥古文明之地迪奧狄華肯（Teotihuacan）的那間羽蛇神廟，不難發現羽蛇神雕像的蛇頭旁還有許多像松果的雕飾。⑧

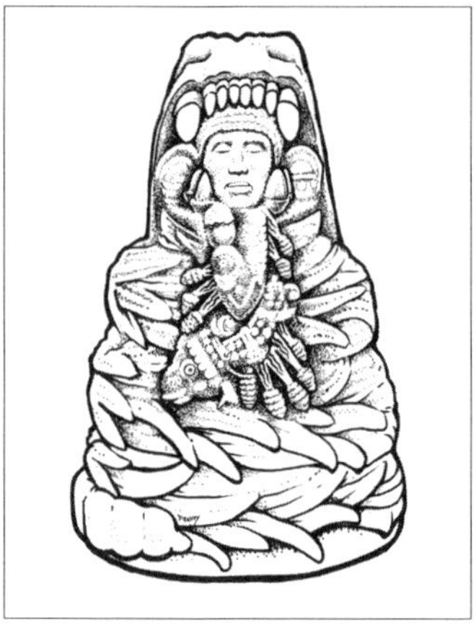

羽蛇神從蛇口中出現，脖子上戴著松果形狀的物品。雕像本身的形狀也像松果體。

松果體與聖石的神秘連結

古代文化也經常使用聖石來象徵松果體。蘇美人的聖石傳說版本則稱為「原始之山」（Primitive Mountain），他們相信天地形成之時，「原始之山」是從原始海洋裡浮現的第一片陸地。或許，這也解釋了為什麼松果體據稱是第一個與冥海（waters of Spirit）接觸的身體部位，冥海指的是死後沒有形體的世界。巴比倫文化也用同一座山來象徵「世界之軸」（axis mundi），也就是地球的運轉軸心或地球的中心；眾多神祇由此地來、往此地去。此外，這個無比神聖的地點也放置了一顆石頭，這顆石頭是經緯線與基本方位的基準點。⑨

埃及神話同樣也以石頭做為世界中心，埃及人稱這塊像松果體的三角形聖石為「奔奔」（Benben），亞圖姆神（Atum）站在聖石「奔奔」上創造了世界。據說金字塔的頂石（capstone）及金字塔本身的結構，都是用來象徵聖石「奔奔」的⑩。同樣的概念也可以援用在美國國璽上，賦予新的意義：三角形裡有一隻眼睛，漂浮在金字塔的頂端。從金字塔／奔奔／第三隻眼之間的關係來看，美國國璽與松果體之間也存在著無法否認的象徵性連結，我們將在第七章討論這個神秘的符號。早期美國國璽的圖片上，前面的鳥並不是老鷹，而是刻意畫成一隻鳳凰。

埃及人畫的聖石「奔奔」上同樣有一隻鳥，雙翼張開覆蓋著聖石兩側，這隻鳥叫做「奔奔鳥」⑪。在研究埃及的資料中，對「奔奔鳥」的真實「身分」各有解釋，包括隼、老鷹、蒼鷺或黃鶺鴒，但在希臘神話中，可以確定「奔奔鳥」就是鳳凰⑫。這種神秘、具有靈性的鳥類會從灰燼中浴火重生，這顯然是把永生鳥（Bennu）與重要的心靈覺醒和轉變連結在一起。「奔奔」與「永生鳥」都有一樣的字根Bn，在埃及文中的意思是「升天」或「上升」⑬。聖石「奔奔」的圖像中有時也會出現兩條蛇，並跟印度教的「靈蛇」一樣，有能量從蛇的脊椎往上流動，最後流入松果體。

在埃及神話中還有一則令人稱奇的傳說：永生鳥的叫聲開啟了時間的大循環。據說時間的循環是由神聖的智能（Divine intelligence）所制定的，古埃及法老的守護神荷魯斯（Horus，隼頭人身，即永生鳥），就成了與劃分時間有關的埃及神⑭。永生鳥的叫聲代表了主要的時間單位，極有可能就是分點歲差（Precession of the Equinoxes）：根據地球軸心的緩慢擺動，每隔兩萬五千九百二十年為一個週期。永生鳥與兩萬五千九百二十年的週期之間存在著強烈又微妙的連結，或許預言著人類將在週期盡頭像鳳凰一樣浴火重生，徹底轉變。稍後我們將會探討支持這個論點的其他預言，關於歲差的調查報告則會在第六章開始討論。從埃及的亡靈書（Book of the Dead）中❷，可以清楚見出追求永生的靈魂如何把自己幻想成永生鳥或鳳凰，如果能夠轉化成功，將會出現相當有趣的結果：

> 我就像最原始的靈魂一樣飛了起來……跟隨諸神榮耀地昂首闊步……知道了這純粹咒語的人，可以在死後復活、任意變化……任何邪惡都動不了他。⑮

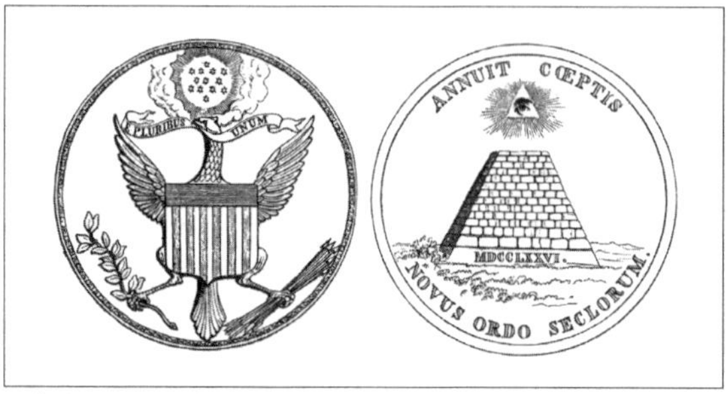

早期的美國國璽（約一七七六年至一七八二年）。國璽上的鳥畫成鳳凰的樣子，完全不像老鷹。

印度教濕婆神是毀滅之神，也是創造之神，他的生殖器是形狀跟松果體一模一樣的石頭，而且濕婆神的神話故事也與世界中心有關：濕婆神從世界中心的一場大火第一次現身⑯。別忘了，松果體就位於大腦的幾何中心點，而且據說也是心電感應的第一個資訊交換點，這是不是與突然闖進世界傳達訊息的濕婆神很像呢?!濕婆神的畫像上也有完全張開的第三隻眼，脖子上同樣纏繞著靈蛇，髮型也很像松果體。

希臘中部的古文明聖地德爾菲（Delphi）有一顆肚臍石（omphalos），形狀也跟松果體一模一樣。據說阿波羅神就住在肚臍石裡面，傳神諭的祭司透過肚臍石與阿波羅神溝通，並且獨掌預言的力量。有些圖像裡的肚臍石，也有「靈蛇」盤繞。omphalos這個字在希臘文中有「地球中心」與「肚臍」的意思，這個區域同樣也是整個希臘帝國的地理中心參考點。⑰

羅馬帝國也有同樣的聖石，叫做「貝托」（baetyl）。這個腓尼基字後來寫成Beth-el⑱，顯然是伯利恆（Bethlehem）的字根。伯利恆是耶穌的誕生地，耶穌後來成了基督教世界的「首要基石」。羅馬神諭和預言都跟貝托石有直接關聯。令人驚訝的是，許多希臘和羅馬的錢幣上都有肚臍石或貝托石的圖像，有時會由隼或蛇來守護。有些錢幣上還出現「生命之樹」，這也是宇宙軸心的象徵物，直接從聖石裡長出來，或是緊鄰著聖石生長。

此外，有些羅馬錢幣上也刻著三角形的貝托石，尤其是底邊較短、側邊較長的等腰三角形。這種三角形的形狀介於金字塔與方尖碑之間，很像一塊錢美鈔上的金字塔，不過形狀較狹長。更有趣的是，在這些羅馬錢幣中，有些貝托石的頂端還被一條水平線劃過，就像金字塔的頂石一樣⑲。仔細看看羅馬錢幣，其中一面刻著貝托石，另一面刻著隼或老鷹，跟美國國璽（一邊是金字塔，另一邊是老鷹）竟出奇的相似，兩者如此相似絕非巧合。

很多羅馬錢幣，一面刻著貝托石，另一面刻著展翅的天使。天使的模樣很像多了翅膀的巴比倫諸神。這些神祇通常一手拿著松果，另一手指著松果，彷彿暗示著松果具有神秘的力量。在一枚敘利亞的古錢幣上（西元前二四六到二二七年），也刻著阿波羅神坐在肚臍石的畫面，肚臍石顯然刻意做成松果模樣。另外還有兩枚希臘錢幣，也是同樣的畫面，但肚臍石刻得更像松果了。⑳

有了這些歷史背景，難怪羅馬人會在梵蒂岡聖彼得大教堂的中心位置，擺放了一個巨大的松果銅雕；而教宗的權杖上，也刻了一顆松果。教宗是上帝指派的凡間使者，如果古老傳統所言為真，他的松果體

希臘錢幣上有老鷹／鳳凰的圖案、「生命之樹」從肚臍石裡長出來、有翅膀的神祇，以及形狀像金字塔的貝托石與頂石。

希臘錢幣上有阿波羅坐在肚臍石上的圖案，肚臍石的樣子很像松果。

應該「已被喚醒」了。

這個巨大的松果銅雕比人還高，圍繞著一些埃及符號，應該鑄成於西元一世紀或二世紀，出自帕布里斯・辛西斯・薩爾維斯（Publius Cincius Salvius）之手，名字就刻在底座上。八世紀末，銅雕被移到聖彼得大教堂的入口大廳，直到一六〇八年，才被拆遷到目前位置。㉑

據傳這座銅雕鎮住了梵蒂岡在羅馬天主教世界的核心地位，也就是所謂的「世界之軸」。銅雕底部有兩隻獅子守護，就端坐在刻寫著埃及象形文字的底座上。銅雕兩側各有一隻鳥，幾乎可以確定就是埃及的永生鳥（鳳凰），不過這些並無文字說明。松果銅雕的後方有一具無蓋的埃及石棺，很像在大金字塔國王墓室（King's Chamber）裡發現的石棺。梵蒂岡其他地方也可以見到埃及方尖碑，但頂端卻堅持刻上基督教符號。

早期的教廷神父們想必認為松果是很重要的象徵，才會把銅雕放在梵蒂岡一個如此顯眼的地方。我們在聖經裡也找得到線索，耶穌說：「眼睛就是身上的燈。你的眼睛若瞭亮，全身就光明。」（馬太福音6:22）㉒松果中庭上還有一個神秘的「球內球」雕塑，傳達出各種模糊的意象，包括被敲開的蛋殼，或隱含兩顆行星相撞的可能性，還有人推測球體下可能藏有齒輪與機械裝置。這兩顆球體九十度垂直交疊，許多物理學模型都曾經建議地球應該如此旋轉，也就是「正交旋轉」（orthogonal

梵蒂岡松果銅雕的背面有一具無蓋的埃及石棺，外側覆蓋塑膠玻璃防止民眾躺進去。

rotation），才能進入更高的次元。有趣的是，這座雕塑長得很像一顆眼球，完完全全符合松果體或「第三隻眼」的含意。

伊斯蘭古老傳統也建構在聖石概念上，也就是所謂的卡巴天房（Ka'aba）。這塊神聖的黑石位於伊斯蘭教的聖地麥加（Mecca），是教徒朝聖祈禱的目標。卡巴天房也是伊斯蘭世界的「軸心」，因為世上的每一位穆斯林都會朝向卡巴天房祈禱。黑石露出一小部分供朝聖者親吻，這一小塊面積以閃亮的金屬做外框，看起來就像垂直的第三隻眼。按照古老傳統的描述，卡巴天房可能也是松果體的象徵。愛爾蘭也有膜拜用的聖石，可以追溯到西元前二百年，比如戈爾韋郡（County Galway）的杜若石（Turoe Stone），就很像肚臍石、奔奔石、濕婆神生殖器與貝托石，表面還刻著如火焰一般的能量波。㉓

梵蒂岡的松果中庭有一個巨大松果銅雕（圖右），以及「球內球」銅雕（圖左），很像一顆眼珠。

近看梵蒂岡松果中庭的「球內球」雕塑，像一顆蛋裡面藏著機械裝置。

科學家們也相信的史料傳奇

關於松果體可能是通往源場的途徑，似乎總是用象徵方式隱晦討論；俄國預言家及神秘學家海倫娜．布魯瓦斯基（Helena Blavatsky）指出，第一份開門見山討論的書面史料是畢達哥拉斯與柏拉圖的作品。海倫娜習慣用「神秘事件」來指涉從古埃及與其他古老文明傳承下來的神秘傳統，而顯然直到今天，都有「神秘學學校」（mystery schools）繼續教授這些古老傳統。

如果不考慮畢達哥拉斯系統所應用的特定科學，該系統的整體關鍵是一種由單一分裂成多元的通式，也就是從一逐步演化至多數……畢達哥拉斯稱之為「數字學」。畢達哥拉斯說這種神秘的科學是神秘主義之首，而且來自於「天國眾神」對人類的揭示，這群聖人是第三族群的神師（Divine Instructors of the Third Race）。數字學最早是由天神奧斐斯（Orpheus）傳給希臘人，往後數世紀以來，只有「上帝揀選的少數人」知道這種科學……

楊布里柯在《畢達哥拉斯傳》（*Life of Pythagoras*）一書中，多次提到柏拉圖曾說研究「數字學」有助於喚醒古人稱之為「智慧之眼」的大腦內部器官，也就是生理學家所說的松果體。提到數字這門學科時，柏拉圖在著作《理想國》（*The Republic*）第七卷中說：「數字學科可以淨化、啟蒙一個器官，這個器官的存在價值超過一萬顆眼睛，因為只要有這個器官就能看見真理。」㉔

加拿大歷史學家霍爾（Manly Palmer Hall）是著作豐富、頗具爭議性的共濟會學者，他說共濟會的歷史可上溯到埃及的神秘學學校。他也宣稱共濟會最大的秘密，就是人類重生後可達到神的境界，方法就是喚醒松果體。共濟會會員分為三十三個級別，每一個級別對應一節人類脊椎，生命能量「拙火」（kundalini）從脊椎慢慢向上攀升，最後與松果體融合。

能使人類重生的科學本身，就是共濟會失落的鑰匙，當靈火（Spirit Fire）沿著三十三個級別（人類的三十三節脊椎骨）攀升，將會進入人類頭骨內的一個半球形腔室，最後再進入腦下垂體，並在這裡喚醒松果體，然後召喚「神名」。行動派共濟會（Operative Masonry）所指的行動，就是打開荷魯斯之眼（Eye of Horus）[3]的程序。

英國的古埃及學家瓦歷斯・巴吉（E. A. Wallis Budge）曾提到，在以莎草紙記錄的古代文獻中，有一些描寫亡靈走進冥神歐西里斯的審判大殿，這些往生者頭上的王冠都有一顆松果。希臘神秘主義者也會拿著具有象徵意義的權杖，權杖頂端就是松果形狀，稱為巴克斯的酒神杖……人類的大腦中有一個小小的腺體叫松果體，它是古人所說的神聖之眼，也是希臘獨眼巨人的唯一眼睛。人類對松果體的功能所知甚少，笛卡兒認為松果體可能是人類靈魂的居所（明智到出乎他自己的想像）。從名字就能看出，松果體是人體內的神聖松果——想打開這隻獨一無二的眼睛，就必須喚醒靈火穿過七個封印，也就是脈輪。[25]

霍爾在另一本書《人之玄析》（*The Occult Anatomy of Man*）中，針對共濟會的秘密提供了其他資訊。

印度教教義說松果體就是第三隻眼，叫做「靈性之眼」（Eye of Dangma）。佛教徒稱之為全知之眼（all-seeing eye），在基督教裡被稱為「專一的眼目」（eye single）……據說松果體會分泌一種叫做松香（resin）的油脂，象徵松樹的生命。松香這個詞與薔薇十字會（Rosicrucians）的起源有關，薔薇十字會研究松果體的分泌物，致力於打開「專一的眼目」，因為聖經上說：「眼睛就是身上的燈。你的眼睛若瞭亮，全身就光明。」……

[松果體]是一種靈性器官，注定會恢復過去的功能，也就是成為人類與神之間的連結。松果體末端的指狀細柄是耶西之杖（rod of Jess）與大祭司的權杖。東西方的神秘學學校都會練習讓松果體的細柄震動，在大腦裡產生嗡嗡的鳴叫聲。這種情況有時會令人沮喪，因為體驗過震動現象的人絕大

多數都不了解自己在做什麼。㉖

共濟會與其他秘密社團很可能都把喚醒後的松果體稱為「賢者之石」（Philosopher's Stone），而霍爾的描述是支持這項假設的證據之一，尤其是以下敘述來看更是如此。

> 賢者之石是一種古老的象徵，代表更高等的、重生後的人類，他們的神性閃耀光芒……就像剛從黑碳裡挖出來的鑽石一樣，未經琢磨、黯淡又死寂，「墮落」的人類靈性幾乎散發不出任何內在的光明……擁有賢者之石的人就擁有真理，那是最珍貴的至寶，這種富有是人類無法估算的。他永生不死，因為理性無法解釋死亡，他也不再無知，無知是最令人憎惡的疾病。㉗

魯道夫・斯坦納（Rudolf Steiner）在隱密的神秘學學校任教，這位知名學者認為傳說中的聖盃也是松果體的另一個象徵，這是一只裝滿「生命之水」或「長生不老藥」的酒杯㉘。聖盃的杯身形狀，與古代大部分的松果體圖像都很類似。斯坦納最近編纂了一部著作叫《聖盃的奧秘》（*The Mysteries of the Holy Grail*），書中把聖盃傳說與松果體之間的關聯做了詳盡的解說。

> 聖盃也存在於每個人體內，就在頭蓋骨構築的堡壘中。它能強化最微妙的感知，因為它會把外在的物質影響去蕪存菁……斯坦納所說的正是大腦裡的松果體……㉙

「宇宙蛋」（Cosmic Egg）、「世界蛋」（World Egg），尤其是有翅膀的「奧斐斯蛋」（Orphic Egg），這些傳說顯然所指涉的都是松果體。「奧斐斯蛋」上面通常有蛇盤繞，而蛋本身的形狀很像松果體。霍爾再次深刻剖析這個古老符號的意義，並暗示它應該與松果體有關。

> 奧斐斯神秘主義的古老符號是一顆被蛇盤繞的蛋，這顆蛋象徵宇宙被熱情的、有創意的靈魂包圍。這顆蛋也代表賢者的靈魂，蛇則是代表神秘主義。啟蒙之時蛋殼會破裂，人類的身體脫離胚胎狀態從蛋裡跑出來。蛋未破之前，人類就像處於哲學重生的胚胎期。㉚

霍爾認為獨角獸，同樣是用來象徵被喚醒的松果體：

> 獨角獸的角可能象徵松果體或第三隻眼，也就是大腦內部的靈性認知中心。神秘主義視獨角獸為一種象徵，代表受到啟蒙之後的靈性……[31]

根據《史丹佛哲學百科全書》（*Stanford Encyclopedia of Philosophy*），笛卡兒相信人類由身體與靈魂這兩種要素組成，而松果體就是身體與靈魂的接點。笛卡兒認為，松果體與「感覺、想像、記憶和身體行動的因果關係有關」。笛卡兒的描述與現代人對大腦的了解不盡相同，但似乎可以這麼說，他的某些想法應該是直接來自古代的神秘學學派。

> 靈魂在人體內直接活動的地方根本不是心臟，也不是整顆大腦。它是位在大腦最深處的一個小小腺體，就在腦質的中央……[來自靈魂的]感官刺激會顯現為畫面，浮現在松果體的表面。[32]

笛卡兒認為視覺化影像會出現在松果體的表面上，這個想法比多數人的認知更為精確。他的說法意味著，這並非他的創見，而是不小心洩漏了別人交付他託管的古老秘密，當然他也摻雜了一些個人看法。

在愛德加·凱西的解讀（Edgar Cayce Readings）[4]中，也曾多次提到松果體，凱西也認為松果體是腦幹中心的眼睛，而且是靈魂與身體會合的定錨點。[33]

第三隻眼的醫學調查

理查·考克斯醫師（Richard Cox）在加州大學的《健康與醫學》（*Health & Medicine*）期刊上發表的一篇文章提到，笛卡兒「認為心智是一種靈魂出竅的體驗，方法就是透過松果體」。[34]考克斯也透露了一些關於松果體的驚人事實。

> 蜥蜴頭蓋骨的皮膚下有個會對光產生反應的「第三隻眼」，在演化上等同於人腦裡被骨頭包覆、分泌荷爾蒙的松果體。雖然人類的松果體無法直接接觸光源，但也像蜥蜴的「第三隻眼」一樣，會在夜晚分泌更多荷爾蒙，也就是褪黑激素……解剖後，發現蜥蜴的松果體長得就像一隻眼睛，無論是形狀或組織都很像。松果體一直是褪黑激素的唯一來源，[告訴我們]晚上該何時上床，早晨該何時起床……只要有光，松果體就會減少褪黑激素的分泌，而黑暗則會刺激分泌量。日光與黑暗會影響松果體的荷爾蒙分泌量，因此松果體就像人體內的時鐘。㉟

爬蟲動物的松果體，竟然與眼睛擁有一樣的形狀跟組織，真是不可思議。巧合的是，古人深信松果體就是人類的第三隻眼，發揮著類似的生物功能。我越深入研究這個主題，就發現有越多線索顯示古人早已知道、但現在已經失傳的事。茱莉・安・米勒（Julie Ann Miller）在《科學新知》（*Science News*）所發表的文章，解釋了松果體與視網膜之間的生物關聯性。

> 視網膜與松果體這兩種器官，主要負責身體對外在光線的辨識與精密處理。過去哺乳類身上的這兩種器官似乎只有這一個共同點，因此分別由不同的科學家各自研究。但是現在科學家聯手出擊，正在探索這兩種器官驚人的共通之處，因此在這兩個研究領域都大有進展……科學家一開始合作，就發現這兩種器官太相似了。㊱

《科學日報》（*Science Daily*）也在一篇文章中提到大衛・克萊（David Klein）博士的看法。克萊醫師是美國國家兒童健康與人類發展研究院（National Institute of Child Health and Human Development）神經內分泌學部門的首席科學家，他認為許多次於哺乳類的物種都能用松果體偵測光線，功用就像第三隻眼。

克萊醫師指出，視網膜的感光細胞與松果體的細胞極為類似，魚類、青蛙跟鳥類等次於哺乳類的動物，牠們的松果體細胞都可以偵測光線。㊲

一九八六年威克曼（A. F. Weichmann）在專業科學期刊《實驗眼研究》（*Experimental Eye Research*）發表了一篇論文，裡面有更驚人的推測。

松果體與視網膜之間顯然存在著數種關係。多年來，我們知道兩者之間在發展與型態上具有相似之處。最近相關研究再度展開，我們才發現這兩種器官在功能上也有許多相似之處。雖然一般認為哺乳類的松果體只能間接感光，但是松果體裡有一種蛋白質，通常用來與視網膜進行光傳導（感光），這種蛋白質增加了哺乳類松果體直接感光的可能性。這種可能性，尚待進一步研究。㊳

威克曼公開推測松果體裡可能有某種未知機制，可以讓松果體「直接感光」，也就是接受光子照射。由於松果體與視網膜的相似性，因此松果體的細胞或許真的可以偵測光子，並將之送到大腦，這個過程叫做光傳導。

洛利（R. N. Lolley）與研究夥伴也發現，視網膜與松果體的感光活動很相似，他們在科學期刊《神經化學研究》（*Neurochemical Research*）發表了相關論文。由於近年來在對視網膜的了解有所突破，這兩種器官之間的關聯也比以往更加明確了。

隨著視網膜感光細胞的運作機制更明朗化，松果體細胞顯然也有同樣的一組視網膜蛋白質參與光傳導作用。我們還不知道松果體細胞如何利用這些蛋白質，以及松果體細胞是否也參與信號傳導……此外，視網膜光受體似乎也有類似的行為……㊴

還沒有人能夠證明松果體的內部是完全黑暗的，可能有某種未知的機制，能讓微量光子進入松果體，就像笛卡兒所推測的一樣。就像視網膜一樣，松果體的確可以進行信號傳導，將接收到

的視覺畫面再傳送到大腦。有另一組科學家研究雞的松果體，他們的結論是「松果體可能有階梯似的光傳導過程。」㊵

你每分每秒都在向宇宙傳輸與接收

如果說，第三隻眼的組織與感光機制都跟視網膜一模一樣，而且世界上也沒有雙眼看不見的東西，為什麼我們的身體要多此一舉創造出第三隻眼？我們作夢時到底看見的是什麼？當靈魂出竅或腦中突然閃過畫面時，我們到底看見了什麼？為什麼全世界的古文明都認為松果體是我們的心靈視覺中心？二〇〇二年，巴肯尼耶（S. S. Baconnier）與研究夥伴在《生物電磁學》（*Bioelectromagnetics*）期刊所發表的研究，或許已經找到答案了，只是他們可能自己都不知道。他們解剖了二十個人類的松果體，發現裡面每一立方公釐就漂浮著一百至三百顆微小結晶體，主要成分是一種叫做方解石的普通礦物質。結晶體的長度介於二至二十微米之間，形狀基本上是六角形，很像內耳裡一種叫做耳沙的結晶體。這種內耳結晶體具有壓電特性（piezoelectric），這表示它們會隨著電磁場擴張或收縮㊶。當耳沙隨著鼓膜的震動而移動時，會撞擊內耳裡面的毛細胞，使其偵測到聲音。

即使沒有電，壓電晶體也能用來收聽廣播節目。在我們周遭活躍的電磁波會使結晶體持續擴張、收縮，這樣的活動會被偵測並放大以便製造聲音㊷。麥克風也用壓電晶體接收聲音的震動，再把震動直接轉換成電流。有些壓電晶體，或是應該說很多壓電晶體都會發光，只是程度不一。這種現象叫做壓電發光㊸。打火機就能觀察到壓電發光，按下打火機壓鈕時會出現一點火星，這是壓縮裡面的壓電晶體所造成的。受壓變色（piezochromism）會使同一顆壓電晶體釋放出不同顏色的光子，而顏色則取決於它們所接收到的信號。目前只有在高壓之下，曾觀察到壓電顏色的變化。英國皇家化學學會（Royal Society of Chemistry）指出，這種壓電顏色的變化「曾在幾個系統內被觀察到，但還沒有用在商業用途上。」㊹這是因為到目前為止，還沒有人需要製造超微小電腦螢幕，或是超微小投影設備。

巴肯尼耶發現的方解石結晶體，可能不是松果體裡唯一的光源。有些科學家，例如瑞克・史特拉斯曼（Rick Strassman），認為松果體可能也會分泌一種心理活動的化學物質，叫做二甲基色胺（DMT）。不過這種說法尚未經過證實，因為二甲基色胺很快就分解了。二甲基色胺似乎也有壓電發光的現象，稍後將會說明。羅倫斯・強斯頓博士（Laurance Johnston）也曾討論過松果體是否會分泌二甲基色胺，因為二甲基色胺的化學結構很像褪黑激素與血清素，這兩種化學物質本來就會出現在松果體裡，而且顯然會被松果體加以合成。

二甲基色胺的化學結構與褪黑激素類似。這兩種原子生物化學先驅物都是血清素，這是一種重要的神經傳導體，它的傳導途徑與情緒有關，因此主要用於治療心理疾病。二甲基色胺的化學結構也很像其他迷幻藥，例如搖腳丸（LSD）、迷幻蘑菇。亞馬遜巫醫用來誘發靈魂出竅的死籐水（ayahuasca）❺，主要成分也是二甲基色胺……

人體內也曾發現微量的二甲基色胺，尤其是在肺部，腦部也有。史特拉斯曼強調說，在理論上松果體比其他器官更有能力製造二甲基色胺，因為它有合成二甲基色胺所需要的生物化學先驅物質與轉換酵素。然而，我們還不能確定二甲基色胺確實是由松果體製造的。㊺

二甲基色胺很可能就是霍爾提到的那種「松香」，這是古代神秘學學校想要尋找的迷幻藥。然而，我並不贊成使用迷幻藥，危險又令人不安，透過宗教儀式也能以正面方法達到類似效果，讓身體自動產生類似的化學物質。不過科學家尼克・山德（Nick Sand）發現二甲基色胺會發出強烈的感壓冷光，而且顯然也具有受壓變色的特性，這個消息使我相當興奮。

山德是正式紀錄上第一位合成二甲基色胺的地下化學家。他與實驗室夥伴率先發現二甲基色胺會發出感壓冷光：他們把硬化的二甲基色胺放在盤子裡，在一個明亮的房間裡用榔頭跟螺絲起子敲擊，敲擊時發出了大量的有色光。㊻

因為松果體並未受到血腦障壁的保護，讓含有二甲基色胺的血液長驅直入，因此可能讓松果體裡面充滿了壓電微晶體。這可能會使第三隻眼吸收更多光子，而且這些光子可能直接來自源場，原因我們後面會討論到（DNA似乎也會以同樣方式吸收光子，稍後再討論）。巴肯尼耶突破性的松果體研究奠定了一個基礎，幫助我們進一步思考第三隻眼如何「看得見」。

如果壓電性真的存在於松果體方解石的微小結晶體裡，就有可能與外在電磁場進行機電耦合。㊼松果體裡的結晶體可能因為本身的結構和壓電特性，因此用來進行某種機電生物傳導機制。㊽基於同樣的原因，巴肯尼耶對我們習慣使用手機及散發微波的裝置憂心忡忡，因為它們可能會與松果體裡的壓電晶體直接耦合，改變這些結晶體的功能。這可能會阻礙褪黑激素的合成，對健康造成不利影響。

憂鬱症、帕金森氏症……全是因為松果體鈣化了？

我們對松果體了解得越多，就越發現它對健康有多重要。

不久之前，松果體還被認為是毫無功能的退化器官，就像大腦版的盲腸一樣。但是，科學家表示松果體職司製造褪黑激素，這種荷爾蒙影響人類至深。松果體會把色胺酸這種胺基酸轉換成血清素（一種神經傳導物質），再進一步轉換成褪黑激素。褪黑激素被釋放到血液與腦脊髓液裡，然後傳送到全身各處。褪黑激素與我們的睡眠循環息息相關……科學家已經在松果體附近發現磁鐵礦群，就像鴿子會飛回家一樣，人類也有辨識地磁方位的殘餘能力，一旦松果體功能失常，這個能力可能會消失……

因為松果體會累積氟化物，因此這裡的氟化物濃度也是身體之冠。研究顯示氟化物的累積會壓抑褪黑激素的合成，對健康造成不利影響，例如早熟……

多發性硬化症的發生，與松果體功能失常導致褪黑激素分泌不足也有關。換句話說，如果松果體失去功能，就容易罹患多發性硬化症。紐約的魯凡・山迪克醫師（Reuven Sandyk）指出：「松果體功能失常，可以解釋許多跟多發性硬化症有關的生物現象，因此松果體應可被視為多發性硬化症的主要影響因素。」……山迪克認為，多發性硬化症的嚴重程度，可能也與松果體的功能失常程度有關……

多發性硬化症的成因顯然與松果體鈣化有關。例如，有一項研究顯示不斷回院的多發性硬化症患者，百分之百都有松果體鈣化的情況。對照組是年齡相仿的神經疾患病人，只有百分之四十三觀察到松果體有鈣化情況。此外，較少罹患多發性硬化症的族群（例如黑人、日本人），松果體鈣化的情況也較少見。㊾

自來水跟牙膏裡都有氟化物，但氟化物對松果體的健康有負面影響。氟化物顯然會經由血液直接流入松果體，附著在松果體裡漂浮的微小結晶體上，用堅硬的礦物質沉澱物包覆結晶體，形成我們在X光上所看到的、類似骨頭的白色塊狀物。這可能會破壞松果體的功能，也就是合成人體所需的化學物質。

氟化物可能會影響色胺酸轉換成褪黑激素的酵素反應……氟化物也會影響褪黑激素先驅物（例如血清素）的合成，或是影響其他化學物質的合成（例如五-甲氧基色胺）……總結來說，松果體是

> 人體內氟化物濃度最高的器官……氟化物是否會干擾松果體的功能尚待進一步調查。(50)

當松果體的腦砂累積過量，你可能會失去製造褪黑激素的能力，這可不是件好事。《松果體研究期刊》（*Journal of Pineal Research*）所刊登的一份研究顯示，松果體鈣化與功能失常會造成許多問題，包括憂鬱、焦慮、飲食失調、精神分裂與其他心理疾病。

> 歸結來說，這些研究結果顯示褪黑激素可能與記憶調節和認知息息相關，也會影響情緒調適過程……這些研究結果強調褪黑激素在意識、記憶與壓力上都扮演了特定角色，同時也與其他的研究結果一致；在精神病理學上，褪黑激素的變化主要發生在罹患憂鬱症、精神分裂症、焦慮症、飲食失調等心理疾病患者身上……
>
> 例如，許多研究發現憂鬱症患者的褪黑激素偏低，而在精神分裂症患者身上也觀察到典型的褪黑激素變化，顯示有一類精神分裂症可能與褪黑激素分泌量減少有關……許多心理疾病都觀察到褪黑激素的分泌節奏出現特定變化……(51)

我在一九九五年時才知道，像快樂等許多情緒原來是不由自主的，因為情緒是由大腦的化學物質左右。如果大腦沒有足夠的血清素，就算生活裡有再多值得快樂的事，你還是不能夠感受到快樂。當時我不知道松果體肩負著製造血清素的重責大任，這樣小小的腺體竟然主宰著我們的快樂。

藥理學教授尼可拉斯・吉亞明（Nicholas Giarmin），以及精神病學家丹尼爾・費曼（Daniel Freedman），都證實了人類大腦有多個部位都會製造血清素。例如視下丘、海馬迴、中腦的中央灰質等。但是他們發現每一公克的松果體組織，卻可分泌高達三千一百四十毫微克的血清素。松果體絕對是血清素含量最高的大腦部位。這個發現，顯示松果體是血清素製造活動最活躍的部位。(52)

這兩位科學家同時也發現，松果體、松果體的血清素含量與多種心理疾病之間，存在著更為密切的關聯。

另一項令人震驚的發現是松果體裡的血清素含量，竟然與某些心理疾病相關！……正常人松果體的血清素平均含量是每一公克組織三．一四到三．五二微克，而精神分裂症患者的松果體卻有高達十微克的血清素，約為正常人的三倍。另外一位因為酒精中毒引發酒精戒斷症候群的病人，他的松果體測出有二十二．八二微克的血清素，幾乎是正常平均值的十倍！[53]

同一份研究也證實了松果體的血清素含量與顫抖症狀有直接相關性，例如遲發性運動異常、帕金森氏症，甚至連癲癇發作也會受影響。這兩位科學家發現有好幾份研究都指出：「松果體鈣化的肌張力不全患者，病症的嚴重程度與松果體沒有鈣化的患者之間，存在著顯著差異。」[54]

許多健康專家都討論過身體鈣化的問題。最嚴重的情況甚至會造成疼痛，痛風就是其中之一。痛風是腳和腳趾嚴重鈣化到形成結晶體，當結晶體破裂時就會導致疼痛。消除鈣化的關鍵在於健康的飲食，例如喝大量純水幫肝臟與腎臟排除毒素；吃新鮮的有機生食，確保自己不會吃進農藥跟防腐劑……

魏斯頓．普萊斯醫師（Weston Price）發現，在許多尚未受到現代文明影響的傳統社會中，人們的骨質密度比較高，因為他們都吃天然食物。他們的牙齒也很整齊，完全不需要矯正，也幾乎沒有蛀牙，有些人甚至從不刷牙。但是，一旦西方的加工食品入侵，例如精製糖、精製白麵粉、養殖肉類等等，他們的牙齒就會開始歪倒，蛀牙蛀得不像話。幸運的是，只要回歸到純淨、天然的飲食習慣，多吃傳統的天然食物，就可逆轉這些問題，消除松果體的鈣化現象。

普萊斯醫師也在傳統食物裡找到一種稱為X活化劑（Activator X）的化合物，也稱為維他命K2。X活化劑就是傳統飲食所含的關鍵成分。如果你是素食者，可以從有機奶油裡攝取到X活化劑。如果你是葷食者，可以補充以天然發酵法萃取的鱈魚肝油或銀鮫魚油。普萊斯也建議大家海陸通吃，也就是奶油跟發酵魚肝油都要吃，這樣子效果更好。吃有機草長大的雞，雞肉和雞蛋裡也含有X活化劑。普萊斯醫師在《營養與身體衰退》（*Nutrition and Physical Degeneration*）一書中放了一些引起爭議的照片，證明攝取X活化劑的人真的可以扭轉蛀牙情況，琺瑯質也能重新長回來。至於心臟病與中風的頭號殺手——動脈硬化，也會因為X活化劑變得暢通。[55]

回顧本章內容，可以看見許多令人信服的新研究途徑。我想強調的是，源場並不是形而上的抽象觀念。我跟許多俄國科學家一樣，都認為源場是可以直接測量的，是地球重力內部的一種旋轉流。阻擋越多電磁能場的影響，就會對源場的訊息越敏感。而且就像許多古文明所說的一樣，接觸源場的途徑就是松果體。別忘了，降低鈣化可以大幅改善松果體的功能。

譯注

❶ 血腦障壁（blood-brain barrier）是腦內一種半穿透性的構造，可以避免物質由血液進入腦部。
❷ 古埃及放在石棺中供亡靈閱讀的書。
❸ 荷魯斯之眼是一個承傳自古埃及時代的符號，是王權的象徵。
❹ 愛德加·凱西是二十世紀的靈異大師，他能在自我催眠狀態下，幫任何人解決問題。他在催眠狀態下所做的解讀，記錄在案的就有一萬四千多則。
❺ 用南美一種藤本植物的根泡製而成、有致幻作用的飲料。

04

一個萬物共同分享的宇宙資料庫

到一九二三年為止，總計有一百四十八個不同的重大科學發現幾乎同時問世，不管是同步發現或多重發現，這些驚人的現象，都說明了浩瀚的宇宙有一個共同心智。

全世界的古老文化都喜歡用松果體做為象徵物。許多宗教教義，包括隱秘的神秘學學校傳統，都相信松果體就是大腦裡的第三隻眼。最近的科學研究突破已證明視網膜與松果體之間，存在著真實的生物相似性。壓電微晶體或許可以傳遞光子，被松果體裡類似視網膜的組織接收，然後再傳到大腦裡解碼成視覺畫面。這或許就是所謂的「天眼通」，例如我們可以在朋友來電前就先在心裡看見對方。

顯然必須進行更多研究才能充分了解松果體的運作方式，但是我們已經掌握了一些有意思的線索。第一章與第二章介紹了科學證據，說明自然界萬物不間斷地彼此感應溝通，而且溝通途徑顯然不是透過電磁場。結合威廉·布洛德博士的大量研究與貝克斯特的突破，我們對人類生存與意識的既定概念都必須改變。我們不能繼續以為自己跟周遭環境毫無關聯，其實我們與周遭的一切緊緊糾纏在一起。我們想什麼，他們也跟著想；我們感覺到的，他們也感覺得到。這種共同心智的效應到底有多強烈？只能一對一嗎？了解這件事有什麼實際價值？或者這只是一種「另類科學」？

此時此刻，我們必須把視角轉個彎。先問問自己這個問題：心智到底是什麼？就連我們在討論松果體時，也還一直認為心智存在於每個人身體裡面，透過心智活動，我們能夠彼此傳送訊息，就像雙向無線電一樣。但如果說，就某種程度來說，我們其實共同使用同一個心智，而且這個心智在我們身體外面的環境裡活力十足，那會怎麼樣？

讓我們再回顧一下貝克斯特的研究吧。如果心智是一種能量場，細菌可能會跟植物共用一個心智；植物可能跟雞蛋共用一個心智；雞蛋可能跟動物共用一個心智；所有生物都可能跟人類共用一個心智。當貝克斯特想要燒葉子時，植物產生了反應；當貝克斯特開始關注植物時，植物也會追蹤他的一舉一動。貝克斯特告訴過我，有個人每次走進他的實驗室，他的植物總會「驚聲尖叫」，而這個人剛好是專門幫人除草維生的。當兩個人一起冥想後再將他們分隔開來，對著其中一人的眼睛閃光，另一個人的腦波也會出現同樣的衝擊反應，出現的頻率是百分之二十五。心能學會表示，一同居住、工作或對彼此有好感的人，腦波、心跳與其他生命跡象也會變得同步。威廉．布洛德博士發現，人們的緊張情緒可以透過「遠端影響」而平靜下來；注意力不集中的人也可以利用這種「遠端影響」，立刻變得更專心，專注力獲得立即改善。

多重發現：源場內活躍的思想活動

二〇一〇年九月《連線雜誌》（*Wired*）刊登了一篇創刊主編凱文．凱利（Kevin Kelly）與史蒂芬．強森（Steven Johnson）進行的對談，討論的主題是「蜂巢心智」❶。有許許多多的創新想法曾經同時出現在許多人心裡，就好像我們使用同樣的能量場思考一樣。新的想法進入能量場之後，其他人也突然可以取得這些想法了。

史蒂芬・強森：微積分、電池、電話、蒸汽引擎、無線電等開創性的發明，是彼此不認識的發明家在同一個時期各自發明出來的。

凱文・凱利：孤獨天才這種迷思竟然能存在這麼久，真是太奇怪了。同步發明一直是常態，而不是例外。人類學家早就發現，史前時代的同一種發明，總是在差不多的時期，以差不多的順序在不同的大陸上出現，這些古代人根本不可能彼此接觸……例如孟德爾（Gregor Mendel）對基因的想法：他在一八六五年提出基因概念，卻被忽略了三十五年，因為這樣的概念太過先進，大家無法理解吸收。只要集體意識做好準備，他的想法就能迅速被接受。後來有三位科學家在大約一年的時間內，個別重新發現他的研究。①

麥坎・葛拉威爾（Malcolm Gladwell）在《紐約客》雜誌上寫了一篇文章，說明這個現象比多數人想像的更為普遍。到一九二二年為止，共計有一百四十八個不同的重大科學發現幾乎同時問世。

這種幾乎同步發現的現象，科學歷史學家稱之為「多重發現」，這是一種極為普遍的現象。一九二二年社會學家威廉・奧格本（William Ogburn）與桃樂絲・湯瑪斯（Dorothy Thomas）整理了一份多重發現清單，他們發現有一百四十八個重大的科學發現，都符合了多重發現模式。牛頓與萊布尼茲（Leibniz）都發現了微積分；達爾文與華萊士（Alfred Russel Wallace）都發現了演化；三位數學家「發明」了小數十進位；一七七四年在威爾特（Wiltshire），英國人卜利士力（Joseph Priestley）發現氧氣，但前一年在瑞典的烏普沙拉（Uppsala），化學家舍勒（Carl Wilhem Scheele）就已發現了；法國的克洛斯（Charles Cros）與赫隆（Louis Ducos du Hauron）同時發明了彩色攝影；對數的發明人，有英國的納皮爾（John Napier）與布里格斯（Henry Briggs），以及瑞士的布爾基（Joost Burgi）。奧格本與桃樂絲指出：「一六一一年有四個人發現了太陽黑子，包括義大利的伽利略（Galileo）、德國的沙納爾（Scheiner）、荷蘭的法布里丘斯（Fabricius）與英格蘭的哈里奧特（Harriott）。」這張清單上還有更多筆紀錄。

在科學與哲學方面都具有重大意義的能量守恆定律，一八四七年由四個人各自寫成，分別是焦耳、湯姆森（Thomson）、寇丁（Colding）與荷姆霍茲（Helmholz）。不過早在一八四二年，德國物理學家羅伯特・邁爾（Robert Mayer）就已提出能量守恆的概念了。溫度計至少有六位發明人，至少有九個人宣稱自己發明了望遠鏡。打字機的發明人也有好幾位，同時在英格蘭與美國問世。富爾頓（Fulton）、朱弗瑞（Jouffroy）、朗西（Rumsey）、史提文斯（Stevens）與席明頓（Symmington），都宣稱自己「獨力」發明了輪船。②

世界著名的系統哲學家厄爾文・拉胥羅（Erwin Laszlo）針對多重發現在歷史上出現的頻率，做了以下的評論。

> 古典希伯來、希臘、中國與印度文化中的重要突破，幾乎都發生在同一個時期（西元前七五〇年到前三九九年）……這些人不可能有機會接觸。③

謝爾德雷克博士在他的經典作品《現存的過去》（*The Presence of the Past*）一書中提到許多實驗，都支持共同資料庫的概念。也就是說，當我們思考某個主題，例如猜謎或解決問題時，其實都是從同一個資料庫裡抓資訊，就像這些發明家一樣。在其中一個實驗裡，謝爾德雷克把一個困難的隱藏圖案謎題交給隨機的受試者，然後計算大家解開謎題的時間。後來他在英國的電視上向兩百萬觀眾公布答案，所有觀眾都看見一個哥薩克人的臉在背景中慢慢浮現，包括他的翹八字鬍。後來謝爾德雷克把謎題分別交給歐洲、非洲與美洲的受試者解答，他們都沒看過這張圖案，也沒看過解開謎底的電視節目，但是這些受試者解開謎題的時間都變快了。④

皮爾索博士（Paul Pearsall）以器官移植為題做了有趣的研究，這也是共同思想的另一個例證，不過他的研究顯然也與生物學有關。皮爾索博士針對這個主題寫過兩百多篇專業文章、十八本暢銷書，這篇器官移植的文章描述了許多不可思議的細節，可在皮爾索的網站上免費閱讀。⑤

> 這項研究以接受器官移植的病人為對象，研究結果發現器官移植後，尤其是心臟移植，捐贈者的記憶、行為、偏好與習慣經常會轉移到受贈者身上……七十四位器官移植病人（其中二十三位是心臟移植）……個性都出現了某種程度的變化，變得跟捐贈者相似。⑥

思想顯然儲存在捐贈的器官裡，然後在受贈者的心智裡重新出現。再次證明源場的確存在。共智學會（The Co-Intelligence Institute）提供了謝爾德雷克的完整實驗摘要，還有他以共同心智為主題所彙整的精彩資料。這些突破在在顯示，我們會使用源場進行思考，或至少受到一定程度的影響。

在一次實驗中，英國生物學家謝爾德雷克拿了三首聲音相似的日本短詩，第一首除了押韻，內容毫無意義，第二首是新詩，第三首是日本耳熟能詳的古詩。謝爾德雷克本人與他找來背詩的英格蘭學童，都不知道哪一首是假詩、新詩或古詩，他們也全都不懂日文。結果最容易背誦的詩，就是那首有名的日本古詩。⑦

實驗1：一九二○年代，哈佛大學心理學家麥克德格（William McDougall），他做老鼠走迷宮的實驗已有十五年。第一代老鼠平均會犯錯兩百次才找到出路，最後一代只犯錯二十次……

實驗2：澳洲科學家也複製了麥克德格的實驗，類似的老鼠從一開始犯錯次數就比較少。但就算不是前代老鼠的後裔，年輕一代的老鼠表現得都較前一代好……

實驗3：一九二○年代在英格蘭南漢普敦，有一種叫藍山雀的鳥學會打開門口的牛奶瓶蓋，喝光裡面的牛奶。一百英里外的藍山雀也很快就學會了這項技巧，但奇怪的是藍山雀很少飛過十五英里遠……這種習慣散播得越來越快，到了一九四七年，全英國、荷蘭、瑞典和丹麥的藍山雀都會開牛奶瓶了……被德國占領的荷蘭停止送牛奶八年（超過藍山雀的五年壽命），但當荷蘭在一九四八年恢復送牛奶後，短短數月之內，全荷蘭的藍山雀又開始喝起了牛奶……

實驗4：一九六○年代初，布拉格的心理醫生里茲（Milan Ryzl）與莫斯科的心理醫師萊克夫（Vladimir L. Raikov），催眠受試者讓他們相信自己的前世是古代名人。受試者漸漸學會前世名人的能力，其中一位受試者相信自己是藝術家拉斐爾，她只花了一個月就學會繪畫，技巧完全不亞於優秀的平面設計師……

（**實驗**5是謝爾德雷克的隱藏圖案謎題，見上述。）

實驗6：威斯康辛州麥迪遜的心理學家馬伯格（Arden Mahlberg）創造了一種新的摩斯密碼，難易度跟原來的摩斯密碼相差不遠。受試者這兩種密碼都不會，但是他們學舊密碼的速度比新密碼要快很多。

實驗7：耶魯大學心理學教授舒瓦茲（Gary Schwartz），選出二十四個由三個字母組成的常見希伯來字及二十四個罕見字，這些字全都來自舊約聖經，而且都是希伯來文。他為每個字創造一個亂拼版（例如把dog拼成odg）……受試者都不懂希伯來文，但是在猜測時（無論是哪一個受試者、哪一個字或哪一次實驗），受試者都對拼法正確的字比較有信心，對拼錯的字比較沒信心；對常見字的信心分數也高於罕見字……[8]

舒瓦茲的實驗也收錄在柯姆斯（Combs）、霍蘭（Holland）與羅伯森（Robertson）在二○○○年出版的《共時：科學、神話、魔術師》（*Synchronicity: Through the Eyes of Science, Myth and the Trickster*）。謝爾德雷克用「形態場域」（morphic fields）[2]這個詞，來描述在源場內建構的思想形態。

正如謝爾德雷克的理論所預測，舒瓦茲發現學生會給真正有的字比較高的信心分數，會給亂拼的字比較低的信心分數（但是他們並未猜對這些字的意思）。除此之外，他還發現舊約聖經裡經常出現的字，信心分數大約是罕見字的兩倍。這是因為從古至今，這些字已被無數人學習過，形成了一個強大的形態場域。最常出現的字當然也最常被看見或閱讀……類似的實驗也以波斯文，甚至摩斯密碼進行過。⑨

李察・林克萊特（Richard Linklater）在二〇〇一年執導的電影《夢醒人生》（*Waking Life*）中有一幕就是兩位主角在討論這個現象。其中一個主角提到一項研究，說填字遊戲如果出版過、被很多人玩過，就會比較容易解答⑩。諾丁罕大學的研究生莫妮卡・英格蘭（Monica England），以此為題進行她的論文研究。一九九一年八月，她把研究結果整理刊登在《思維科學會報》（*Noetic Sciences Bulletin*）上，可惜的是，她的研究從未在傳統的學術期刊上發表。謝爾德雷克也寫過與這件事有關的文章，可是他的網站上已經找不到。這篇文章原本發表在《模因學期刊》（*Journal of Memetics*）的網路論壇上，發表當天還是個令人無法或忘的日子——二〇〇一年九月十一日。

她使用的填字遊戲來自倫敦《標準晚報》（*Evening Standard*），而不是《紐約時報》。她讓受試者在一九九〇年二月十五日的晚報出刊前跟出刊後玩填字遊戲，此外每一組受試者也做了一份填字遊戲的對照組，同樣取自十天前的《標準晚報》。她發現受試者在填字遊戲出刊後表現得比較好，分數高於報紙出刊前。……莫妮卡之所以想做這個實驗，是因為填字遊戲界有一個傳說，如果不要一早剛出刊時玩，而是等到隔天或晚上再玩，就會比較容易，尤其是像《泰晤士報》與《每日電訊報》這種特別難的填字遊戲；這似乎意味著，已經玩過填字遊戲的人也能影響其他正在玩的人。⑪

遙視能力：除了尋找失蹤人口，還能……

如果我們真的使用源場來思考或至少進行某種程度的思考，為什麼我們不能直接進入源場，而是讓感知困在身體裡呢？《第六感的控制法》一書的作者海洛．薛曼參與過軍方與承包單位的早期實驗，實驗目的是開發遙視科學⑫。實驗結果顯示，宇宙裡的萬事萬物最終都歸於單一心智（One Mind），觀者的意識可以投射到遠處的任何地方，並且以本身的感知在那裡遊歷。在我看來，以遙視為主題寫得最好的幾本書，包括大衛．摩爾豪斯（David Morehouse）的《超自然戰士》（*Psychic Warrior*），而且最好是看一九九六年的第一版⑬；另外，前ＦＢＩ的超能力調查員喬．麥可蒙伊格（Joe McMoneagle）的作品也不錯⑭。厲害的遙視者可以詳細描述一個遙遠的地方，而且他們只知道稱為目標地點「座標」的隨機數字而已，而擔任引導者的人也不知道這些座標會對應到什麼地方。麥可蒙伊格曾為日本的電視節目找到三個失蹤人口，他直接帶著工作人員找到人家門口，但是他人卻坐在維吉尼亞的家中。攝影師拍下失蹤人口與家人淚眼汪汪的團聚時刻。⑮

楊恩與杜恩（Jahn and Dunne）訓練了四十八個普通人學習初階的遙視，方法是一個人先隨機選一個五、六千英里外的地方，遙視者試著觀察他到底看見了什麼。在三百三十六次的嚴格實驗中，將近三分之二的遙視者可以做出相當準確的觀察，這樣的機率只有十億分之一。當訊息的傳送者與接收者有情感上的連結或親屬關係時，遙視結果更是大幅進步⑯。美國政府有一個菁英專案小組，成員包括懷疑論科學家及兩位諾貝爾得主。他們檢視了遙視實驗二十三年來的數據，並認為遙視實驗毫無瑕疵⑰。另外有一支團隊由著名的懷疑論者雷．海曼博士（Ray Hyman）領軍，他們也認為遙視實驗的結果很扎實，無法稱之為隨機的巧合⑱。遙視實驗使用了屏蔽室，證明電磁波不可能傳送任何訊息到遙視者的意識⑲。此外，遙視者也可以看見線性時間還沒發生的事件，甚至包括隨機選出來的事件——它們已經從一個安全的地點被正確地觀察到⑳㉑。這表示從更寬廣的角度來說，心智完全不受到線性時間的局限，我們將會在本書後面更詳盡討論。

遙視時，會不會留下測量得到的能量曲線？一九八〇年，卡利斯・歐西斯（Karlis Osis）與唐娜・麥可寇米克（Donna McCormick）兩位博士以此為目的，進行了一場重要的實驗。他們請能力強大的通靈者坦努斯（Alex Tanous）對一個特定目標進行遙視，只有幾片不一樣的零碎圖片能用來拼湊畫面，而且都是從同一個位置看出去。坦努斯不知道目標長什麼樣子，而且中途還更改了好幾次。歐西斯與唐娜在圖片中的地點放置了可以偵測到微小活動的應變計，並在應變計上垂吊了兩只金屬盤。當坦努斯正確描述目標的時候，金屬盤抖動得比平常厲害。坦努斯開始看見圖片上的畫面時，出現了最大幅度的抖動。在坦努斯遙視時，目標附近並未出現可見光，只有金屬盤微弱、但測量得到的抖動。[22]

兩年後，中國也擴大了遙視調查。中國科學家請擁有「特殊視覺」的遙視者，遙視複雜的中國字。這些字卡放在可見光完全無法進入的房間裡，而且房間裡放著敏感的光偵測器。當遙視者準確描述目標時，房間裡的光子數量突然飆升，比「虛光子」❸的正常基準高出一百到一千倍，也就是一次可釋放出高達一萬五千顆光子[23][24]。由哈巴德（G. Scott Hubbard）博士率領的一組美國科學家，在一九八六年嘗試複製這個實驗。他們使用高品質的光電倍增管來偵測光線，遙視的目標是一張三十五公釐的風景投影片。實驗結果很成功，每次遙視者正確描述目標時，都會出現光子脈衝，而且遠高於隨機發生的機率。不過最強烈的光子脈衝只比基準高出二十到四十倍，不像中國的實驗高出一百到一千倍[25]。這或許是因為中國的受試者是有系統地在全國公開徵選，可以找出能力最強的遙視者。

一九〇七年，麥可德格（Duncan MacDougall）醫師在《美國醫學期刊》（*American Medicine*）發表了一篇論文，他發現病人死後會立刻減輕一盎司多的體重。在他的研究裡，病人所躺的病床放了一個金屬盆，用來接住病人流出的體液。病人死時從肺臟呼出的空氣重量遠低於一盎司，但是病人死後體重都會減輕，無一例外㉖。一九七五年，卡林頓博士（Hereward Carrington）與研究夥伴發現正在靈魂出竅的人，體重會減輕二又四分之一盎司。當靈魂回到身體裡，體重立刻又恢復正常。㉗

身體裡顯然有一種「能量」成分，會從每一顆細胞中釋出並投射到其他的地點，無論是死亡、遙視或靈魂出竅都一樣。當我們坐在電子屏蔽室裡，我們可以在遙視的遠端地點製造光子，就算遙視的地點無法透入可見光也一樣，中國的實驗證實了這一點。這給了我們一個有力的觀點，那就是松果體裡要如何出現光。令人驚訝的是，許多有過靈魂出竅或瀕死經驗的人，都看見一條銀線把他們的靈體和肉體連在一起。在大部分的情況下，這條銀線顯然是接在松果體的位置上，然後從頭的前方或後方延伸出去㉘。說不定我們的肉身都有一個「能量複製體」，可以經常跑到身體外面去進行遙視，再把所見所聞透過那條銀線傳回松果體。聖經傳道書第十二章第六節，似乎就是在描述這條能量線：「銀鍊折斷、金冠破裂。」㉙

瀕死經驗教會我的事——愛與同情才是宇宙生存法則

很多人在臨床上被宣布死亡之後，意識依然沒有中斷，再次顯示我們的某部分心智絕對是一種能量，完全不需要肉身。臨床上的死亡是指心跳停止、肺部停止呼吸，腦部因為缺氧而測量不到腦波。從任何傳統醫學觀點來說，這時候心智應該沒有任何功能，甚至可說是不存在了。然而，許多人曾在宣告死亡之後有過鮮明的瀕死經驗。南安普敦大學的帕尼亞博士（Sam Parnia）與研究夥伴指出，很多研究都發現臨床腦死並不會中斷心智的思考，而且這樣的案例多得驚人。

最近有很多獨立研究者所進行的科學研究發現，有百分之十到二十經歷過心跳停止與臨床死亡

的人，依然擁有清晰的神智、完整的思考過程、理性、記憶，有時甚至可以仔細回想起死後發生的事件。㉚

規模最大的醫院瀕死經驗研究，由荷蘭心臟科醫生范拉曼爾（Pim Van Lommel）主持。范拉曼爾在一九六九年第一次聽見關於瀕死經驗的描述，病人當時提到隧道、光、美麗的顏色與美妙的音樂。直到七年後，也就是一九七六年，心理學家穆迪博士（Raymond Moody）才發表了突破性的瀕死經驗報告。但是范拉曼爾一直到一九八六年才對瀕死經驗產生興趣，當時他看到一份更詳細的瀕死經驗描述，當事人被宣布臨床死亡六分鐘後復活。

讀完這本書後，我開始訪談經歷過心跳停止的病人。令我非常驚訝的是，在兩年內就有大約五十位病人把他們的瀕死經驗告訴我……所以在一九八八年時，我們針對荷蘭十家醫院、共三百四十四位經歷過心跳停止的病人展開調查，研究目標是瀕死經驗發生的頻率、成因與內容……研究結果：六十二位病人（百分之十八）對於臨床死亡後的那段時間有記憶……其中有二十三人（百分之七）描述了深刻或非常深刻的經驗……在我們的研究裡，大約百分之五十有瀕死經驗的病人都說知道自己已經死了，或是感受到正面的情緒；百分之三十提到自己穿過一個隧道，看到天堂的風景，或是跟死去的親人碰面；大約百分之二十五的人靈魂出竅，與「那道光」溝通或看見色彩；百分之十三看見自己的一生閃過眼前；百分之八覺得自己跨過邊界……有瀕死經驗的病人似乎都無畏於死亡，他們堅信人有來生，而且對於人生最重要的事情也有所改觀：對自己、他人和大自然展現愛與同情。他們明白了宇宙法則，那就是你加諸於他人身上的，最終也會回到自己身上，無論是仇恨與暴力，或愛與同情。值得一提的是，他們的直覺本能也都變強了。㉛

想知道更多資訊，瀕死經驗網站（http://www.near-death.com/）列出五十一個不同的證據，支持瀕死經驗的真實性[32]。網頁最上方提到瑞恩博士（Kenneth Ring）的突破性研究，他調查了這些人對於真實事件的觀察是否準確，有些事件發生在離肉身很遠的地方，有些是臨床死亡後才發生的事。他們目睹了事件發生，有時候也會聽到對話內容，而他們的描述都準確到令人驚訝。除此之外，也有臨床死亡的病人以鬼魂形式去找親友，當病人復活後，雙方都記得同一個經驗。[33]

人死後到底何去何從？會發生什麼事？麥克・紐頓博士（Michael Newton）在他的兩本大作《靈魂的旅程》（*Journey of Souls*）與《靈魂的命運》（*Destiny of Souls*）中，說明了他對這個引人入勝的主題所做的詳盡調查結果。紐頓博士進行了數千次的深度催眠回溯，他帶受催眠者回溯今生發生過的事件，最後回到子宮，然後進一步回到「生命交接處」（life between lives）。他發現大家的描述具有高度一致性。

> 在《靈魂的旅程》一書的前言，我說明了自己的傳統催眠背景，以及對於用催眠進行靈魂回溯感到懷疑。我第一次幫人催眠是在一九四七年，也就是我十五歲的時候，所以我絕對是傳統派的催眠師，不是新時代這一派的。因此當我無意間為一位客戶打開了靈魂世界的通道時，我萬分訝異……經過多年默默的研究，我終於能夠建構出靈魂世界的工作模型……我也發現無論一個人是無神論者、有虔誠宗教信仰，或是相信任何哲學宗派，一旦進入催眠的超意識狀態，大家的描述都很相似。我累積了很多案例……儘管這幾年有越來越多人研究靈魂世界，我還是以單獨工作為主……我甚至不走進賣超自然書籍的書店，因為我不想受到外在偏見的影響。[34]

紐頓的第一本書《靈魂的旅程》以時間地點為順序，帶領讀者走過從死亡到最後轉世的十個階段：死亡與離開、靈魂世界的通道、回家、熟悉環境、過渡期、安置、選擇人生、選擇新的身體、準備啟程、重生[35]。我強烈推薦這兩本書，因為紐頓博士所記錄的受試者具有大量的共通點，描述的內容也很深入，相當發人深省。紐頓博士也發現，靈魂進入不同的階段會呈現不同的顏色，而且顏色順序就跟我們看到的彩虹光譜一樣。

我發現通常純白色代表年輕的靈魂，隨著靈魂進入下一個階段，靈魂的能量也變得更密集，顏色會從橙變黃、黃變綠，最後變成藍色系列。除了這些核心的靈光，每個靈魂也會因為個性不同，而有不同顏色的光暈微妙地混合在一起。因為沒有一個比較好的分類系統，所以我把靈魂發展分成幾個學習層次，從初學者的第一層到大師級的第四層。進步到高層次的靈魂會散發出深沉的靛藍色，我相信還有更高層次的存在，但是我的了解實在有限，因為我的資料來自還在輪迴中的人……其實使用「層次」來形容學習程度的，是我的受試者，他們在深沉催眠時進入超意識狀態，他們告訴我在靈魂的世界裡，沒有一個靈魂會因為身價較低而被歧視。我們都處在一個改造的過程中，要從現在的啟蒙狀態進步到更高的境界……

靈魂的世界裡的確也有結構，但那是一種崇高的架構，由同情、和諧、道德與倫理所組成，遠遠超越我們在地球上的所作所為……這裡的價值建立在仁慈、容忍、耐心與絕對的愛之上……層次較高的受試者談到了某種連結時刻，那是他們即將要加入「最神聖的靈魂」時。在這個閃耀著深紫色光芒的地方，有一個無所不知的存在。㊱

琳達．貝克曼博士（Linda Backman）接受了紐頓博士的訓練，並且從一九九三年開始自己進行「轉世之間的生命」（life between lives）研究。她的研究室有一份珍貴的獨立專業研究資料，證實了紐頓在催眠療程中所記錄的結果。不過，貝克曼博士的研究焦點是放在層次較高的靈魂。這份研究的其中一項結論是，這些人今生通常會經歷比其他人更艱難的人生，做為一種迅速促進靈魂成長的方式。㊲

因為輪迴，我將永遠存在

我們以前來過這世界嗎？有沒有證據，能證明我們死後會用新的身體再活一次？關於這個議題，我們有大量可靠的科學資料。維吉尼亞大學醫學院的精神病學教授史提文森博士（Ian Stevenson），花了四十多年追蹤三千多名兒童，這些兒童都對所謂的「前世」有著鮮明且詳細的記憶。許多孩子能說出自己前世的名字與親友的身分，他們通常會說出自己的死亡原因與地點，以及許多令人震驚的特定細節。只要調查一下，這些細節都很容易證實或推翻。個性與行為怪癖也會從前世傳到下一世，而且這些孩子的臉孔也與他們所說的前世非常相像。㊳

史提文森博士一次又一次地發現，這些孩子所說的姓名都真有其人，而且尚存於世的前世親戚也都找得到。他們長得跟所謂的前世很像，他們所提供的特定細節也都正確無誤。有一個黎巴嫩女孩記得前世二十五個人的名字與相互關係，但是在這一世她從來沒有接觸過這些人，也沒接觸過認識這些人的人。備受敬重的學者，例如維吉尼亞大學的兒童與家庭心理診所的主任醫師吉姆．塔克（Jim Tucker）就曾說：「在證據最強而有力的個案中，輪迴是最可能的解釋。」㊴

塔克醫師稱得上是史提文森醫師的接班人，他延續史提文森的研究，納入許多新案例，把焦點放在可記錄的證據上，例如孩子記憶中可以證實的特定細節或是對照胎記（前世的奪命傷口，通常會在新的身體上變成明顯的胎記）。塔克醫師也使用臉部辨識軟體，證明這些孩子跟前世長得很像㊵。因為這些文化本來就相信輪迴，所以孩子沒有接受過任何「催眠暗示」叫他們忽略或忘記任何原本就存在的記憶。

懷疑論者當然會認為這些描述只是無從查證的趣聞軼事，但是史提文森醫師花了四十多年進行科學研究，已能提供可靠的證據顯示真的有輪迴。印度教、佛教，甚至正統猶太教，都相信輪迴的存在。輪迴具有重大的意義，也與本書主旨息息相關——這意味著你可以站在鏡子前凝視自己的雙眼，告訴自己：「我將永遠存在。」而且打從心裡知道這是真的。你不用再時時擔憂自己會消失，因此很快就能過著更快樂的人生。如果你願意嘗試練習一下，就可以親身體驗到這個偉大的真理，甚至最後會認為人類可能是全體一起做著「清明夢」。

譯注

❶ 蜂巢心智（hive mind）是指像蜜蜂巢一樣的心智，也就是指集體智慧。

❷ 據謝爾德雷克的定義，這是一個互相關聯的場域，如果人跟人或人與動物相處久了之後，就會產生一種不受距離和時空所影響的形態磁場，互相影響對方的行為思想，甚至更微細的事物。

❸ 虛光子（virtual photons），不可直接觀測的光子。

05 全球人類都活在同一個清明夢中？

無論是清明夢、靈魂出竅、遙視、催眠狀態、昏迷或瀕死經驗，主掌思考的心智可能比意識清楚時更常使用到源場。顯然的，這使我們更有辦法取得源場中所儲存的資料，包括說各種語言的能力。

細菌、植物、昆蟲、蛋、動物和人類似乎都共用同一個心智，這一切要歸功於一個非電磁能量場。前面已經提過，如果你無法專心，在遠處的人可以試著幫你思考，讓你更專注；全世界的科學大突破，似乎總是平行發生；接受器官移植的人可能會獲得捐贈者的思想、行為與習慣。人類與動物似乎都從同一個資料庫裡擷取資訊，前述的實驗顯示，這也包括以外國語言寫成的資訊。遙視者可以仔細觀察遠處的事物，也可以在遠處產生可測量的訊號，例如激增的可見光子。人類死亡或靈魂出竅的時候會減少些微的體重，雖然只有一點點，但仍然測量得到。

我們的靈體與肉體之間，似乎存在著一種能量管道，一條銀線就能把遠處的視覺畫面直接送到大腦裡的松果體，就好像光纖纜線一樣傳送；而漂浮在松果體裡的「壓電發光晶體」，或許會以3D的光矩陣播放這些畫面。松果體裡的視網膜組織可能會捕捉這些光子，再把光子送到大腦，如果光子夠穩定的話，大腦就能把光子解碼成視覺畫面。古代的神秘學派與宗教似乎都對松果體的象徵意義特別感興趣，也相信喚醒松果體就是通往心靈高層的終極之鑰。

許多人臨床上被宣告死亡，腦波也終止了，卻還能繼續觀察環境、正常思考；有些經歷過瀕死經驗的人，曾以鬼魂形態現身在親朋好友面前。上述這兩種人都描述了同樣的事件發生順序。麥克・紐頓博士曾催眠數千名有瀕死經驗的人，使他們進入超意識狀態。他發現這些人對來生的描述非常類似。伊恩・史提文森博士也找到三千多名兒童，他們都能說出清楚、詳盡且正確的前世記憶，甚至連長相都神似他們所宣稱的前世面容。

夢境，是否是另一個平行的世界？

似乎真的有一個平行的現實世界，而且這個世界人人都可到達，至少在某種程度上是如此。有沒有一種方法能讓你前往另一個世界，親自體驗這種無拘無束的感知，但是又不用真的死去？你每天晚上做夢時，會不會就是來到另一個世界？有沒有一種方法能讓你帶著意識感知前往另一個世界，卻又同時保持神智清醒？如此一來，你便能完全掌握這樣的經驗。我相信這種方法確實存在，因為我曾經親身經歷過。透過某些技巧，你可以在夢境中意識到自己正在做夢，然後在夢中「甦醒」過來，主動掌控自己的經驗。有過多次的親身經歷之後，我不禁懷疑現實世界是不是比我們所想的更像一場「清明夢」，而這一切都是因為我們在源場裡緊密的相互連結。

這場冒險始於我的高中年代，我看了史丹佛大學睡眠研究中心史提夫・拉博吉博士（Stephen LaBerge）的著作《清明夢》（*Lucid Dreaming*）①與《探索清明夢的世界》（*Exploring the World of Lucid Dreaming*）②。拉博吉博士有能力以科學方式證實，人類可以在夢境中保持神智清醒，也就是心理上處於熟睡狀態，但是同時又處於夢境之中。拉博吉博士也曾跟威廉・布洛德博士合作研究，布洛德博士進行過許多實驗，證實人類的確有心智之間的連結，這一點已在第二章討論過。

一九五二年，美國生理學家艾瑟林斯基（Eugene Aserinksy）發現人類在淺睡階段中，都會經歷快速動眼期（簡稱ＲＥＭ）。在這個階段被喚醒的人，通常都會提到自己剛才做了個逼真的夢。一九七三年，烏爾曼（Montague Ullman）與克里普納（Stanley Krippner）兩位博士發表了一份歷時十年的夢境心電感應實驗報告，這份報告首開相關研究之先河。實驗單位是紐約市的邁蒙尼德醫療中心（Maimonides Medical Center），參與實驗的受試者超過一百人。這個規模空前的實驗結果發現，一般人都能在清醒時專注想著特定畫面，再把畫面傳送給正在做夢的人。做夢的人在夢境中所感受到的符號與事件，都與傳送者所傳遞的訊息非常相似。③

拉博吉博士以自己的九百多個清明夢為依據，發展出一套方法能讓正在做夢的受試者醒過來或在夢境中保持清醒。當受試者進入清明夢狀態中，就會以來回轉動眼球的方式通知拉博吉博士，因為身體其他部位會因為睡眠癱瘓而動彈不得。數到十之後再次轉動眼球，讓他確定實際時間與夢境時間大致同步。拉博吉博士的實驗報告也曾提到不同的受試者都有過同樣的夢境，不過這個現象所進行的研究不像夢境心電感應那麼嚴謹。

關於「共夢」（mutual dreaming，兩個或兩個以上的人做了同樣的夢）的描述引發了一種可能性，也就是夢的世界或許跟實體世界具有同樣的客觀真實性。這是因為「客觀」的主要條件，就是一個以上的人共享相同的經驗，而共夢可能就是這樣的共享經驗。果真如此，夢與現實的二分法是否會被打破？④

羅伯．瓦格納（Robert Waggoner）在《清明夢：通往內在的途徑》（*Lucid Dreaming: Gateway to the Inner Self*）一書中，提到許多頗具說服力的例證，受試者醒來之後在彼此隔離的空間裡，描述了同樣的夢境與同樣的經驗。這再次暗示夢境不單單是一種心理產物，而是平行的現實世界中所發生的事情；不同的人可以體驗同一個夢，也可以在夢境裡彼此互動⑤。克里斯多夫．諾蘭（Christopher

Nolan）二〇一〇年執導的電影《全面啟動》（*Inception*），讓更多人了解共夢的觀念。

拉博吉博士把他所使用的技巧稱為「清明夢的記憶誘發」（Mnemonic Induction of Lucid Dreaming，簡稱MILD），這種技巧的關鍵是當你從夢境中自然甦醒時（有可能正值夜深人靜），你要一面再次入睡，一面在心裡告訴自己：「下次再做夢，我要記得提醒自己這是夢。」你要同時在腦海中回顧剛才的夢，而且要想像自己在清醒狀態下改變夢的結局，因為你在夢裡過著真實的生活，真實行走與呼吸。拉博吉博士還說要判斷自己是否正在做夢，最好的方法就是先凝視某樣東西，接著把視線移開後再看一次。如果你正在做夢，「凝視前」跟「凝視後」的畫面一定會有一目了然的明顯差異。

我嘗試拉博吉博士所說的技巧，但是一開始並未能成功，不過我沒有放棄……最後總算大有斬獲。在清明夢裡面，你可以飛翔、使物體漂浮、飛簷走壁，變出任何你想看、想體驗的東西，甚至彈彈手指就能改變周遭環境。記得有次在夢境中我去到一家百貨公司，我讓一整排的灰色大型塑膠垃圾桶都飛了起來，然後讓垃圾桶沿著軌道彼此繞行，就像一個小型的太陽系。百貨公司裡的人看得目瞪口呆，有些人甚至還感動落淚。這是一種奇妙而令人讚嘆的體驗，親身經歷過才能知道箇中滋味，非言語可以形容。不過，拉博吉博士引述了休．蓋洛威（Hugh Calloway）於一九〇二所描述的一場生動的清明夢夢境，當時蓋洛威才十六歲。這一篇描述也開啟了拉博吉博士對人類意識的研究之路。

我突然想到解決的方法：雖然這個美好的夏日早晨感覺很真實，但是我正在做夢。我一發現這件事，夢境的特性就立刻改變，我很難對沒有相同經驗的人說清楚。當時夢境的生動程度立刻增加一百倍，碧海藍天綠樹都變得美不勝收，就連普通的房舍也顯得朝氣蓬勃、異常美麗。我從未感到如此神清氣爽、頭腦清晰、無比自由，我的感覺之強烈難以言喻，可是只持續了幾分鐘我就醒了。⑥

參與拉博吉博士實驗的受試者中，的確有許多人都說自己「從未如此清醒過」。或許當你在有意識的清醒人生中，初次直接感受到源場與源場裡的更崇高本體時，就是會有這種感覺。而且，你當然不需要靠藥品或神秘儀式就能體驗到，只要持續使用拉博吉博士的技巧就行了。

在一場特別奇妙的清明夢中，我高高飛起、越過樹梢，翱翔在豔藍天之下，與一位時常伴我飛行的美麗女士心靈相通。我很想馬上寫下此刻所經歷的每一件事，因為大部分的過程都會被我遺忘。所以我決定先休息一下，我降落在平穩的地面上，讓一枝筆出現在右手裡、一本筆記本出現在左手裡。在夢境中，我有點希望（甚至相信）我可以帶著筆記本一起穿越夢境，醒來時筆記本將會跟我一起躺在床上。我瘋狂而潦草地記下夢境裡發生的事情。最後我從頭閱讀筆記，可是筆記內容竟然是以法文書寫的。我曾在高中時學過法文，但是以我的法文程度絕對不可能寫下這些內容。儘管如此，我確定這些內容都記載無誤。要我倒過來念或大聲念都沒問題，我清楚知道自己在說什麼。我的想法依然沒變，只是變成以法文輸出。我可以跟任何人用任何速度的法文交談，而且我確定那是正確的法文。這種感覺非常奇怪。醒來之後，筆記本當然不見了，我的法文又回到原本的程度。但是我不禁好奇如果是真的，會怎麼樣？如果我真的可以帶著一種新能力「穿越夢境的面紗」回到真實世界，會發生什麼事呢？

二〇〇七年，十八歲的捷克摩托車賽車手馬捷．庫斯（Matěj Kůs）因為意外而陷入昏迷。意外發生前，他只會說最基本的英文詞彙；但是他醒來之後，卻能以一口流利的英文與急救員交談。讓他所屬的車隊貝里克強盜隊（Berwick Bandits）的公關彼得．威特（Peter Waite）不敢置信。

我無法相信自己的耳朵。他以清晰的英國口音說著英語，完全沒有怪腔調。無論車禍時發生了什麼事，肯定改變了他的大腦。車禍發生前馬捷說著一口破英文，我這樣形容還算客氣……但是現在我們站在救護車門邊，竟然聽見馬捷用完美的英語跟醫護人員交談。他甦醒時完全不知道自己是誰，甚至不知道自己是捷克人。⑦

可惜庫斯很快就失去了這個新能力，也完全不記得車禍期間與往後兩天所發生的事情，彷彿這段期間他一直處於催眠狀態。不過，這並非唯一的案例。二〇一〇年四月十二日，英國的《每日電訊報》（*Telegraph*）刊載了一則報導。有一個克羅埃西亞女孩從昏迷中甦醒後，竟然能說流利的德語。她在學校裡才剛開始學德語，而且她甚至失去說母語的能力。心理醫師米鳩・密拉斯（Mijo Milas）針對這個令人費解的現象提出看法：

> 早期可能會把這種現象視為奇蹟，但我們認為一定有合理的解釋，只是我們尚未發現而已。過去也曾有類似的案例，重病的人或昏迷的人甦醒後，突然會說其他語言，有些案例甚至說的是聖經上的語言，例如古巴比倫或古埃及所使用的語言。⑧

無論是清明夢、靈魂出竅、遙視、催眠狀態、昏迷或瀕死經驗，主掌思考的心智可能比意識清楚時更常使用到源場。這顯然使我們更有辦法取得源場中所儲存的資料，包括說各種語言的能力。許多人不知道愛德加・凱西進入催眠狀態的時候，不但能說出許多有趣的諺語，還可以用對方的語言與對方深談。但是他在平常的清醒狀態下只會說英語。據估計，他曾在催眠狀態中說過二十四種不同的語言。⑨

拉博吉博士相信夢境中的每一幅景象、每一件物品、每一個角色與情況，都代表你自己的某個面向。夢境是來自潛意識的訊息，也是／或是「靈體本身」，語言則是一種象徵。你在夢境中所遇到的各種問題，其實都來自清醒時的人生，只是通常偽裝成別的模樣。舉例來說，如果在你清醒的人生中受虐，施虐者可能會在夢裡化身為怪獸。夢裡的人事物都具有象徵意義，每一種象徵都代表你的一個面向，或是你清醒的人生中正在發生的事情。夢境研究者都了解這種象徵語言的基本概念⑩。最令人沮喪的是，當人們夢到地球毀滅時，卻把夢境當成即將發生的真實預言，殊不知夢境其實反映出他們自己的人生即將發生或已然發生的重大改變。

所以當你在夢境裡碰到可怕、危險又兇惡的人物時，別以為這只是惡夢那麼簡單。你可以訓練自己辨識這種可怕的情況是夢境，然後把他們當成一種開關，能幫助你在夢中保持清醒。拉博吉博士說，其實這些邪惡的人物都代表著你的某個面向，而且是你還沒原諒與坦然接受的面向。如果你學會清明夢的技巧，很快就可以把最可怕的惡夢變成最大的勝利。拉博吉博士以他的個人經驗教大家要怎麼做：

我夢到教室裡發生一場暴動，有個憤怒的暴民到處發飆，亂扔椅子、到處揮拳。暴民中有個體型魁梧、面目可憎的麻臉男子，我被他緊緊地箝制住……此刻我發現自己正在做夢，也想起先前處理過類似的情況，因此我立刻停止掙扎……我非常肯定接下來該怎麼做。我知道只有愛能化解我的內在衝突，所以我盡量嘗試去愛我面前的怪獸。一開始我完全做不到，只有憎惡跟噁心。他實在太醜了，我無法愛他：這是我發自內心的感受。但是我試著忽略他的外表，在心裡尋找愛的感覺。找到之後，我直視眼前的怪獸，然後相信直覺會幫我找到適當的表達方式。當我一說出寬容的美好詞句，怪獸就跟我的身體融合在一起，暴民也立刻消失得無影無蹤。夢境結束了，我醒來之後感到平靜喜樂。⑪

正如拉博吉與其他研究者所言，一個人在做夢時，當夢境中兇惡的角色與自己的身體融合在一起，他會看見一道刺眼的白光，然後哭著清醒過來。這種情況我親身經歷多次，每次都深受感動。

我幾乎每天都會聽到有人說，他們的感知因此變強……更能夠感應這世界的意識與效應。我相信這絕非巧合：我們的理性心智似乎正在經歷劇烈的轉變，而造成如此轉變的，正是影響著整個太陽系的外在力量，這點我們會在後面的章節討論。我們不禁想問幾個令人好奇的問題：夢境世界裡的規則也適用於現實世界嗎？如果我們共用集體意識，有沒有可能只靠思想的力量就能發揮實際的作用來改善世界？我們能不能藉由改善自己來改善他人的生活？是否只要改變想法，就能改變夢境？有精確的證據顯示，我們具有改善全球人類整體健康的能力，而且這股能力之強大，遠遠超乎我們的想像。

療癒自己，就是療癒全世界

在一段為期兩年的實驗中，有七千位受試者集體聚會三次。每次他們聚在一起都能成功減少全球的恐怖活動，而且減少的幅度高達百分之七十二。這種致勝策略顯然具有非凡的戰術價值，對國家安全極為重要。然而，這些受試者是怎樣的一群人？他們是外交官、政客或正在研擬下一波進攻計畫的軍事專家嗎？他們是擁護和平的行動派，會在槍林彈雨中跳進壕溝救人嗎？他們是聚集在政府機關前，要求改變的抗議者嗎？他們到底做了什麼？

這個問題的答案，或許會徹底改變我們對宇宙運作方式的想法。這群受試者只是一群普通人，他們聚在一起冥想，腦中充滿愛與和平的意念。別忘了這是一場科學實驗，實驗結果被《犯罪人回歸期刊》（*Journal of Offender Rehabilitation*）接受並予以發表。實驗排除了循環週期、趨勢、天氣、週末假日等其他變因，也就是說，恐怖活動之所以減少了百分之七十二，絕對是受試者冥想的結果，不可能是別的原因⑫。一九九三年夏天也進行了另一場實驗，當受試者的人數從八百人增加為四千人時，華盛頓特區的暴力犯罪率在兩個月內下降了百分之二十三．六，而且在受試者聚會之前，暴力犯罪率一直呈現上升狀態。聚會一解散，犯罪率又開始上升⑬。這種效應歸因於「犯罪率隨機變化」的機率低於十億分之二，包括溫度、降雨、週末、警方與社區的打擊犯罪活動等因素也都被排除在外。⑭

截至一九九三年為止，三十年之內已有五十份嚴謹的科學研究證明這種念力的效應確實存在。這些研究結果都出版於經過專業審核的主流期刊上，而且也都顯示冥想確實可以提升健康及生活品質，也能降低災禍、犯罪、戰爭與其他負面事件⑮。在某種程度上，我認為這種效應的原因是因為人類共同使用一個心智。我們個人的想法與直接來自源場的資訊之間，顯然存在著一種平衡。別忘了心能學會所做的實驗，彼此關係密切的受試者會有最同步的腦波頻率與生物節律。如果七千人的力量就能減少全球百分之七十二的恐怖活動，這或許意味著源場偏好正面情緒，而不是負面情緒。

因此，如果有人告訴你沒希望了、人類難逃一死、有夢或預言說地球上的人無法改變未來，我強烈建議你不要陷入這種無謂的恐懼之中。我們可以用科學方式證明，只要保持正面的人生態度，就能減少戰爭、恐怖活動、痛苦與死亡。此外，俄國也傳出有力的證據，顯示意識的力量也能減少劇烈天候、地震、火山活動等天災，稍後將會深入說明。

拉博吉博士本來以為在夢境中攻擊他的怪獸，代表壞人或敵人。然而，當他在夢中保持清醒之後，他發現怪獸其實是自己的另一面，而解決衝突的關鍵就是愛。我們已經知道只要冥想愛與和平，就能改變世人的行為，而且受到改變的人也是以自由意志做決定的一般人。我們可能永遠不會看見、認識或了解這些人。就算只有一小群人進入冥想者所說的「純意識」狀態，也能減少死亡、恐怖活動與戰爭。十六世紀西班牙的聖十字若望（Saint John of the Cross）說：「雖然看似什麼也沒做，但是相較於其他事工的總和，這種純粹的愛只需要一點點，對上帝與靈魂來說卻更加珍貴，對教會來說也更加有益。」⑯這裡他所說的「事工」，指的是我們想要幫助世界所做的任何事情。在《不知的雲》（*The Cloud of Unknowing*）一書中，有位十四世紀備受崇敬的英格蘭教士把這種狀態稱為「純粹沉思」（pure contemplation）。他說：「你的所作所為能以一種你所不了解的方式幫助全體人類……對你的朋友更加有益，無論是他們的身心，也無論他們是死是活……少了它，一切都失去意義。」⑰

我們已經知道一小群人就能對多數人的行為產生強烈的影響，真實世界就像是一場清明夢或一張全像圖，或許聽起來就沒那麼瘋狂了。說不定夢境世界的規則，真的適用於真實世界？果真如此，或許全球各地的災禍，只是反映出人類內在的煩憂：恐懼、痛苦、悲傷與憤怒。多年來的冥想經驗使我終於發現一個深層的事實，那就是悲傷來自一個難以推翻的錯覺，一個似乎無法逃避的事實，那就是：我們都感到孤單。

我們對別人所做的，總會回到我們自己身上

我在書中所提出的證據顯示靈魂確實存在，靈魂時時看顧著我們，同時也有它自己的體驗、思想與遊歷。我相信每個人都能觸碰到這個更高層次的自己，也有能力取得可靠的心靈指引——也就是了解，或許在我們出生為人之前就已經選好了更高的計畫與目標。我們可以在過程中避免許多不必要的痛苦，但如果拒絕這個目標，只會遭受更多痛苦、困難與看似隨機的厄運。二十世紀初的知名靈媒愛德加．凱西說，就算對崇高的心靈法則一無所知，依然不能免於法則之外（當然也包括因果報應）⑱。換句話說，我們對別人所做的，總會回到我們自己身上。如果我們經常違反別人的自由意志，也許來世必須花一輩子承受同樣的痛苦來抵銷。凱西還說，透過真正的寬容與接受，我們可以跳脫因果報應的輪迴，而他所說的寬容與接受，對象包括我們自己與其他人。這似乎就是每個人來到世上的主要目標。如果這是能夠簡單達成的目標，就不需要多次輪迴才能參透了。

我知道有些人一聽到「上帝」這個詞就很激動，不過你可能在看完前面幾章後，已對這種「愚蠢的觀念」改觀了。不過，在「凱西的解讀」（凱西的催眠報告）中，就是用這個名稱來討

論本書所調查的宇宙智慧（universal intelligence）。據說「凱西的解讀」所記錄的，都是凱西進入催眠狀態後以更崇高的自我所說的話，他說今日世界的一切紛擾，比如戰爭、恐怖活動、貪腐、天災、地震等等，全都屬於我們聽過的一個重要故事（big Story）。這個故事訴說的正是我們自己，以及我們跟宇宙之間的關係。

因為你施加在他人身上的事，就等於施加在造物主身上。當這些行為……使你的同胞蒙羞，也等於使你的上帝蒙羞，而且今日世上各種形式的紛擾也是由此而生……如果世界上有夠多的人渴望並尋求和平，那麼世上就會有和平。和平必定就在和平裡面。⑲

凱西催眠報告中所提到的上帝，是一種無處不在的慈愛智慧，不會對任何人帶有歧視，因此我們也不應歧視：「種族與宗教差異所引發的戰爭與流血衝突超越其他問題，這些差異也必須互相包容；人類必須學習……無論別人被冠上怎樣的稱號、屬於哪個黨派或教派、信奉哪種主義或信仰，上帝就是唯一。」⑳根據凱西催眠報告的記載，這種效應不需要七千人聚集在一起才會出現。我們共用的浩瀚心智具有足夠強大的威力，就算只有十個靈魂也能對地球產生驚人的正面影響力。

人類一直用權力來解決所有問題——金錢的權力、地位的權力、財富的權力等各式各樣的權力。但是這向來就不是上帝的旨意，也絕對不會成為上帝的旨意。我們應該用滴水穿石的力量，一點一滴地漸漸為彼此著想……這才是維持世界各個層面都安穩運作至今的力量。就是因為有許多城市聚沙成塔的力量，許多國家才得以躲過滅亡的命運。㉑

修・連恩（Hew Len）是夏威夷的心理醫師㉒，他發現一個類似的技巧也能大幅增進精神科住院病患的健康與幸福感，但並非一開始就很順利：「精神病罪犯的病房非常危險，心理學家通常只撐一個月就不願意再來，工作人員經常請病假或乾脆離職。經過病房的人總是背貼著牆走過去，深恐遭到病人攻擊。」㉓連恩醫師的工作完全無須走進病房，他只需要檢視病歷開藥，並且／或是與工作人員討論療程就行了。不過，他只要把每位病人的病歷握在手裡，使用我們即將介紹的「荷歐波諾波諾（Ho'oponopono）」這種技巧就能得到成效。

幾個月後，本來需要戴腳鐐的病人獲准自由走動……本來需要服用大量藥物的病人不再需要服藥，本來沒有機會獲釋的病人重獲自由……不僅如此……工作人員開始喜歡回到病房裡工作。曠職與人員流動性高的情況亦不復見，甚至出現人員過剩的問題，一方面是因為病人獲得釋放，另一方面是因為工作人員都重回崗位了。現在，精神病罪犯病房已經關閉。㉔

連恩醫師檢視病例時到底做了什麼？他只是把病患的痛苦與問題都當成自己的親身感受，然後在內心裡處理這些感受：「我只是一再重複：『對不起』跟『我愛你』這兩句話。」㉕連恩醫師使用一種他所改良的夏威夷傳統心靈療法「荷歐波諾波諾」㉖。他建議的做法是探索內心深處，找到自己被某個人或某件事傷害的地方，然後用最豐富的情感說出下面這四句話，同時仔細思考能讓你真切地如此感受的原因：「我愛你，對不起，請原諒我，謝謝。」㉗只要這樣就足夠了。你可以藉由療癒自己來療癒他人，這種做法顯然有用，因為從更高層次的意義來說，你們共用同樣的心智。

證據、信念與希望

在人生的道路上，我曾經遇過很愛冷嘲熱諷的人。他們不想聽見跟心靈有關的事情，也完全不在乎宗教。他們認為崇高的目標，只不過是愚昧的無稽之談。他們拿科學當武器，只要有人相信宇宙中有一個充滿愛的旨意，他們就加以攻擊。我們人類不是「肉做的電腦」，在地球上掙扎一段時間後，所有感知就會消失在空空如也的黑暗之中。

我也遇過來自另一個極端的人，他們是宗教的基本教義派，其中包括基督徒與神秘主義的信徒，他們也一樣激進，一樣確定自己沒有錯。當他們聽見「上帝」或其他相關詞彙，都認定自己已經明白了這些詞彙的意義，根本不用我們置喙。這就好像我們全體參加了一場大型賭馬，每個人都希望自己的幸運號碼能中大獎。或許宗教人士會利用這本書提及的科學突破做為證據，證明他們自己是上帝所選出來少數可以上天堂的人，其他人都會在永恆的地獄之火中受苦。

大衛．巴瑞特博士（David B. Barrett）花了四十年的時間，在四百四十四位專家的協助下，發現世界上的宗教總數超過一萬個，其中有一百五十個宗教的信徒超過一百萬人。巴瑞特博士幾乎走遍了兩百三十八個國家與地區，他發現基督教竟然就有三萬八千八百三十個教派㉘。也就是說，世界上有將近五萬個宗教團體在互相較勁，包括基督教的三萬八千八百三十個教派，加上其他宗教的一萬個教派。在這些教派之中，有多少個教派真正相信如果你跟他們持不同的觀點，就失去了存在的價值？

想像一下，如果聖經學者引述耶穌的話說：「愛你的鄰居就像愛你自己……前提是他必須是個基督徒，否則就殺了他。這麼做對我們是有幫助的，相信我。」那麼基督教必將迅速衰亡。

我強烈地感覺到，隨著源場調查變得越來越主流，不再受到無知、威脅或更可怕的打壓，正面的效應將會快速增加。我們不用再祈禱領袖或政客會實現競選時的承諾；也不用再傻傻等待救世主的出現或神聖力量的介入，希望他們能拯救我們逃出無法控制的可怕命運。

凱西對《啟示錄》（Book of Revelation）的詮釋，證實了地球變遷絕對不是偶發事件，而是人類努力對彼此展現愛與尊重的「真實」故事。在凱西催眠報告281-16中，凱西的「本源」說：「啟示錄中的景象、經驗、名字、教堂、地點、惡龍、城市等描述，都是一個人在物質世界的生活中，

內心可能互相交戰的力量。」㉙

讓許多基督徒與陰謀論者感到恐懼、進而大聲提出警告的反基督（anti-Christ），凱西催眠報告又做何解釋呢？

問：啟示錄中所提到的反基督會以何種形式出現？

答：它的精神將與真理的精神完全對立。基督精神的果實是愛、喜樂、順從、堅忍、友愛與仁慈。若與基督精神對立，一切便毫無章法。反基督的精神是仇恨，也就是爭吵、衝突、挑剔、自私、愛聽溢美之詞。這些都是反基督，會用來操控團體、群眾，甚至也會出現在日常生活中。㉚

「凱西催眠報告」也針對許多人（包括基督徒與非基督徒）所期待的毀滅性大災難，提出截然不同的全新觀點。報告說，世上目前正在發生的災禍，不管是地震、火山爆發、海嘯、颶風、龍捲風等，其實反映的是我們每一個人正在經歷的事情。這些話，在此展現了共同意識的原則。

如啟示錄所說，每一個靈魂與存在都會感受到大災難與大災難的艱困時期。這些大災難，都源自於人類在世間活動所產生的各種影響。

我認為抱持希望是好事，因為希望會以直接感受的方式指引我們，讓我們知道一切都會很順利。如果我們覺得諸事不順，也可以想辦法扭轉情況。這本書所提供的資訊完美地融合了三萬八千八百三十個教派，也顯示每個教派都包含某種形式的真理……包括他們對於黃金時代（Golden Age）的偉大預言，也很快就會出現在人類的未來。

06

末日傳說，其實有個光明面

因為分點歲差，許多學者都同意兩萬五千年的漫長週期將於二〇一二年左右結束。在此大變動的時刻，只要進入宇宙智慧，跟著源場一起思考，關於未來的故事，你永遠無須恐懼。

地球上是否出現過比我們一般所認為的、更古老的先進古代文明？這些人類祖先是否刻意在全球各地，創造與松果體相關的各種神話與超自然學說？這些古老的文化，或那些已被遺忘的文化創造者，有可能在馬雅與埃及這兩個完全隔絕的地方，心有靈犀地巧妙使用大石塊來建造金字塔嗎？這些文化的子民是否能夠直接與「神」接觸？這裡所說的「神」，有可能是比當時人類歷史更悠久、更先進的外星人嗎？這些「古代太空人」是否已經了解人類都是源場的一部分，而且也都使用源場來思考？最後一個問題是，這些古代文化有沒有留下足夠的歷史痕跡，供後人了解當時所發生的事情？包括這些「神」是誰，以及他們究竟知道些什麼？

我們幾乎可以確定在距今一萬兩千至一萬三千年前的冰河期，地球經歷了一場浩劫。如果真如許多相信「古代太空人」理論的那些專家所推測的，先進文明在冰河期之前就已存在於地球上，那麼這場大洪水應該已把先進文明摧毀殆盡了。佛列姆亞斯夫婦（Rand and Rose Flem-Ath）進行了詳盡的研究，彙集全球許多獨特的參考資料之後，得到了這樣的結論。

地球的各個角落都傳誦著同一個故事：太陽脫離正常的軌道，天空開始墜落，地震導致山崩地裂。最後，有一波大洪水吞沒了地球。在這場大災難中倖存下來的人，將竭盡所能阻止災難再度發生。那是一個魔法的年代。為了安撫太陽神（或太陽女神），或是為了追蹤太陽的軌跡，打造精密的裝置是一種合理又必然的做法。①

感謝葛瑞姆．漢卡克（Graham Hancock）的暢銷書《上帝的指紋》（*Fingerprints of the Gods*），桑提拉納（Giorgio de Santillana）與戴程德（Hertha von Dechend）的詳盡研究成果，現在已成為研究古老預言的重要參考資料。他們的重量級著作《哈姆雷特的石磨》（*Hamlet's Mill*）不僅集結了全世界大量的各種古代傳說，更發現這些傳說都有相同的源頭。作家柯林．威爾森（Colin Wilson）說明得很清楚。

事實上，桑提拉納彷彿在展示一張寫滿愛斯基摩人、冰島人、古代挪威人、美國印第安人、芬蘭人、夏威夷人、日本人、中國人、印度人、波斯人、羅馬人、古希臘人、古印度人、古埃及人與數十種民族傳說的織錦掛毯；並且提出以下的問題：如果這些傳說之間沒有共同的起源，怎麼會出現奇特的相似之處？他相信這個共同的起源就是天象。②

古老傳說中暗藏的密碼，一個蛻變的週期

地球上有這麼多不同的文化，為什麼大家都從天象得到一模一樣的訊息？這些傳說到底想告訴我們什麼事？其實答案非常簡單：這些傳說裡暗藏著密碼，那就是地球軌道約兩萬五千年一

次的漫長週期。這些預言，也告訴我們苦難終會結束，終將會進入所謂的黃金時代。古挪威人的萬物滅絕傳說就是一個典型的例子，這是公認最灰暗悲觀的預言之一，不過它有個皆大歡喜的結局。作家布爾芬奇（Thomas Bulfinch）在一八五五年做了以下的描述：

> 北歐國家深信總有一天，眼睛看得見的萬事萬物、英靈殿與死人之國的諸神，還有巨人國度、妖精之鄉與人類所居住的中庭，所有居民與房屋都會遭到毀滅❶……大地因受到驚嚇而顫抖，海洋離開自己的盆地，天空碎成片片，人類成群地死去……宇宙燃燒殆盡。太陽變得黯淡無光，土壤沉入海水之中，星星從天空墜落，時間不復存在。然後，全能的神阿法多（Alfadur）將創造新的天空，新的土地從大海裡升起。這片新的大地上資源豐沛，無須照料就會自動長出果實。世上不再有邪惡與痛苦，諸神與人類快樂地住在一起。③

讓我們回顧一下先前檢視過的證據。我不認為這些預言說的就是字面上的意思，但是或許預言使用了夢境般的象徵手法，想告訴我們一個關於未來的故事。我們已看見有力的證據顯示宇宙的基本能量具有意識，而且我們在某種程度上都「與源場一起思考」。那麼，有沒有可能存在著一個很長的時間週期，讓源場的個性、特質，甚至是智慧，在每一個不同的週期裡為地球上的每個人而改變？這些時間週期是否推動著我們的星球進行大規模的演進，讓我們無須在千萬年來反覆在輪迴中一再地得到同樣的教訓？許多學者都同意兩萬五千年的漫長週期將於二〇一二年左右結束，因此這個議題對今日的世界來說意義重大，與每個人都息息相關。

想要了解這個長達兩萬五千年的週期，最好的方式就是把地球想像成一個陀螺。假設有一個順時針高速旋轉的陀螺，一開始是直立的，但是當陀螺開始反向以逆時針方向旋轉時，旋轉的速度就會變慢。請想像地球就是這顆陀螺，而陀螺的軸貫穿了地球的南北兩極。在經過了大約兩萬五千九百二十年之後，地球的軸心開始慢慢反向旋轉，就像陀螺反向旋轉時，速度會變慢一樣。

有些古代神話把地軸比喻成湯鍋裡的湯匙，慢慢攪動湯匙所形成的環狀漣漪，就是地球的旋轉路徑。每過七十二年，地軸的緩慢旋轉就會在二分點（即春分及秋分）❷時，使夜空中的星星移動一度。在許多的古文明中，例如建造巨石陣的德魯伊教徒（Druid）❸，以及亞利桑那州的阿納薩齊人（Anasazis）❹，教堂或神廟的建造角度都是對準春分時的某一顆星星。因此當星體開始偏移時，就一定會發現並起疑，等到你的孫子長大成人後，你所建造的建築已經明顯地偏離那顆星了。

石磨與分點歲差：地球自轉軸引起的騷動

西方的占星學把這個天體週期分成「黃道十二年代（twelve Ages of the Zodiac）」。雖然地球會隨著週期稍微改變轉速，但是多數占星家粗估為每年相差五十弧秒❺。每兩千一百六十年為一個年代，十二個年代總共是二萬五千九百二十年④。如果根據現在每年五十．三弧秒的速度計算，完整的週期是兩萬五千六百七十五年，不過因為速度會波動，因此現代天文學家都取整數兩萬五千八百年⑤。這個週期的專有名稱是分點歲差，歲差（precession）這個詞的原意就是「移動」。

還記得桑提拉納與戴程德的書《哈姆雷特的石磨》嗎？除了這個石磨的故事，還有許多古代神話也都提到世界之軸的軌道被打斷。地軸經常被比喻為玉米石磨的軸心，石磨的構造是一根水平的木棍穿過沉重的石輪中心，而木棍本身也連接著垂直的中心軸。然後再由一位強壯的工人握住木棍往前推，一圈

磨玉米的石磨。全球許多古代神話中都出現過石磨圖像，用來描述地軸歷時兩萬五千九百二十年的緩慢移動。

又一圈地轉動石磨。當沉重的石輪移動時，石輪下面的玉米就會被磨碎。

許多神話都提到石磨軸心斷裂的場景，一般認為這代表著地球軸心偏移。神話裡的石磨軸心斷裂後，地球似乎會出現毀滅性的改變。舊金山大學物理天文學系的系主任蘇珊・李（Susan Lea）認為，神話故事背後有更深一層的含意。而神話故事裡的哈姆雷特，當然比莎士比亞的劇本要古老得多。

> 哈姆雷特的石磨神話跟宇宙有關，描繪的是分點歲差。莎士比亞改編了這則神話，在他的哈姆雷特裡，神話的起源與含意已變得相當隱晦……印度的薄伽梵往世書（Bhagavata Purana）也提過石磨的故事。「……毘濕奴崇高之位的四周永遠有星體環繞，宛如玉米石磨的垂直軸心。」根據桑提拉納與戴程德的研究，這些神話都在解釋歲差：石磨代表天球自轉，石磨軸心就是極軸，石磨斷裂代表歲差……每個年代都以大災難告終，通常是某種形式的洪水。哈姆雷特的石磨也符合這種意象。⑥

這個主題可以用一整本書來討論，其實坊間已經有好幾本這樣的專書了。這些神話都用了共同的象徵物，也就是地軸或宇宙軸心。

別忘了我們在第三章討論過古人經常以一顆石頭來象徵宇宙軸心，例如原始之山、濕婆神的生殖器、埃及的奔奔石、希臘的肚臍石或羅馬的貝托石，而且這些象徵物都讓人直接聯想到松果體。我們也不能忘記羅馬人在錢幣上，用尖尖的金字塔象徵貝托石。但是我們在第三章沒有提到的是，許多羅馬錢幣上的貝托石都有一根垂直軸，從金字塔形的聖石中心貫

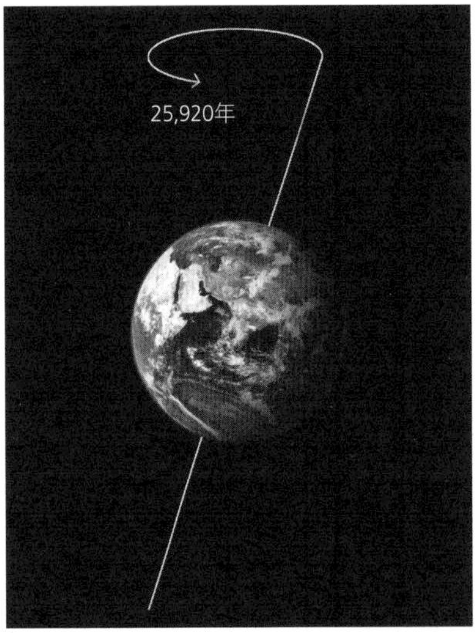

分點歲差：天文觀測的一個春分點偏移現象，每隔兩萬五千九百二十年就會完成一個週期。

穿而過。

雖然聖石理應是實心的……但是內部應該進行著一些神秘的活動。就好像可以打開外殼，露出內部的結構。五枚錢幣中有四枚印著一根桿子或支柱……一般認為這根桿子最有可能代表著宇宙軸心。或許這些錢幣以一種神秘的方式透露貝托石的含意……此外，這些錢幣上也出現了天使。⑦

這表示，羅馬帝國的在上位者可能對地軸偏移、金字塔與松果體感到好奇，或是著迷。如果羅馬人得知與兩萬五千九百二十年週期相關的全球大秘密，那麼他們應該也會相信週期結束會對人類意識產生直接的影響。別忘了埃及神話裡的奔奔石，總是被兩隻永生鳥圍繞，而永生鳥就是會經歷徹底轉變的浴火鳳凰。埃及人還說，永生鳥的叫聲開啟了由神聖智能所制定的時間週期。我們也在埃及的亡靈書中，看見追求永生的靈魂如何達成鳳凰般的轉變，而且在轉變的過程中，他們可以漂浮、施展奇蹟，並散發出耀眼的光芒。神秘學學派與主要宗教似乎都認為，松果體在心靈覺醒的過程中具有重要意義。

許多作者急著警告大家，因為他們認為時間週期與世界毀滅有關，而且這次的週期末日就在二〇一二年。我曾與幾位進行不同機密研究的人士談過，他們也都同意這樣的看法。有充分的證據顯示在每個週期結束時，地球會徹底改變。但是別忘了，我們早就看見了這些改變。

心靈的覺醒，在末日預言中浴火重生

根據桑提拉納的說法，世界各地的古代傳說都提到隨著週期接近尾聲，地球的生存條件也會變得越來越差，就像鳳凰的浴火重生。這些預言都預測了政府與社會可能出現各種問題：戰爭、饑荒、疾病及貪污腐敗，當然還包括毀滅性的地球大變遷。但是，神話也提到地球將進入美好而嶄新的黃金時代。如果用清明夢來做比喻，這些全球性的災難只是反映出人類的本質，也反映出我們睡得有多熟；而這也表示我們能夠把生命變得更加積極正面。

假設宇宙中存在著一種智能（intelligence），而且當這種智能造訪我們的時候，我們早已知道源場的存在，祂們透過預言告訴我們人類會在某一天滅亡，而且我們完全束手無策，這聽起來豈不是相當可笑嗎？

下一組的預言來自印度教經文摩訶婆羅多（Mahabharata），內容與人類近代史神奇地相似，包括地球變遷、普遍的貪污腐敗與道德淪喪等等，但是這部經文在五千多年前就已完成。這些傳說裡所列出的數字與所使用的象徵手法，完全吻合桑提拉納的理論，寫作者似乎早就知道兩萬五千年的歲差週期。摩訶婆羅多經文描述了地球上的人類進入最後的地獄時代，也就是所謂的黑暗時代（Kali Yuga），然後才能重返黃金時代。別忘了，在凱西的催眠報告中也提到與世界大災難有關的預言，這些預言都比喻了我們此刻正在經歷的變遷。凱西的催眠報告還說，《啟示錄》經常把東西以七為單位分成一組，象徵七個「脈輪（chakras）」，也就是身體的能量中樞。摩訶婆羅多經文顯然也用了同樣的象徵手法，在黑暗時代末期會出現「七顆燃燒的太陽」。

在黑暗時代，婆羅門（Brahmanas，祭司）……不再祈禱冥想……世界反其道而行，並且出現了宇宙毀滅的跡象。

喔，人類的神，無數的蔑戾車王（Mleccha kings）統御著地球！那些罪孽深重的君主，沉溺於虛假的言論、用虛假的原則統治臣民……喔，披著人皮的老虎，奸詐又狡猾的商人，偷斤減兩地販售大量物資。善良正直的人無法出頭，道德淪喪的人卻雞犬升天。美德失去了力量，罪惡卻強大無比……

喔，王啊，女孩七、八歲就受孕，男孩十一、二歲就成了父親……女子不守婦德、行為淫惡，連最善良的丈夫也遭受欺騙……
喔，王啊，歷經數萬年之久的四個時代接近尾聲，此時人類的生命變得短暫，並且出現了持續多年的乾旱。然後，喔，地球的神，人類與萬物只剩下些微的力量與生命力，他們飢腸轆轆、成千上萬地死去。
然後，喔，人類的神，天空出現了七顆燃燒的太陽，喝光了每一條河流、每一片海洋裡的水……風把聖火的火焰吹得更為猛烈，燃燒著已被七顆太陽烤成灰燼的大地。火焰燒穿了大地、進入地底，引發諸神心中的恐懼……喔，大地的神，地底與地面上的萬物被燒光殆盡，火焰迅速摧毀了一切。⑧

我不認為這些末日預言說的就是字面上的意思，「七顆燃燒的太陽」顯然象徵著人類突然的心靈覺醒。當地球上的萬事萬物如傳說中所言，被不可思議的火焰「迅速摧毀」之後，故事竟然奇蹟似沒有結束，人類依然存活下來。此時一位救世主降臨，他具有超自然的力量，打敗惡人、協助地球改頭換面。這裡一樣用了象徵手法。這種如夢境一般的神話世界各地都看得到，其中印度教的預言與現今的世界最為相似。上述的火焰災難也是一種暗喻，象徵我們的社會正以飛快的速度發生改變：我們用無知所建造的沙堡被推倒，過去的處世之道也被抹滅。凱西在解讀《啟示錄》時，也用了非常類似的比喻。

地球，會不會再重新上演一次《創世記》？

你當然可以說人類社會本來就充滿挑戰，預言家只是在哀嘆一個永遠不可能達成的崇高理想。然而，印度神話的開頭是黃金時代，也就是人間天堂。然後經過數千年之後，才慢慢走向黑暗時代。桑提拉納所彙整的全球神話都描繪了世道每況愈下，直到出現重大的地球變遷，也就是現今地球所面臨的情況。有些神話以洪水告終，而印度神話以大火為結局。邏輯思考告訴我們，如果在兩萬五千年的週期結束時「萬物瞬間遭到摧毀」，那麼地球上的所有生物都不可能存活太久，所以我們不能用字面意思來解釋預言。同樣的，聖經一開始的《創世記》提到亞當與夏娃，也就是最早在地球上生活的人類，最後的《啟示錄》則以大災難做為結局。但是這並非聖經的最終結局，因為大災難之後將迎來新天地，一個光輝燦爛的黃金時代。

跟聖經一樣，印度教預言也不是以毀滅做為結局。令人敬畏的聖火火焰將帶來全新的世界，也就是黃金時代（Krita Yuga）：

> 可怕的時代終將結束，萬事萬物將重獲新生……黃金時代於焉展開。雲朵適時降下雨水，星象呈現吉兆。在軌道上運行的行星也會變得吉祥無比。全世界都欣欣向榮、資源豐沛、健康快樂、一片祥和。⑨

在印度教預言中的黃金時代，大自然和宇宙開始恢復平衡，在一切苦難結束之前，創造出更繁盛、富足、健康與和平的世界。接著，印度教版本的救世主「迦爾吉」（Kalki）降臨世上，準備完成最後的工作。迦爾吉顯然具有「上升（ascend）」的能力，我們在清明夢裡也一樣具有這種能力。只要一個念頭，祂就可變出車輛、武器與戰士。

> 銜命於時間，名喚迦爾吉的波羅門將誕生於世上。他將讚美毘濕奴並擁有巨大的能量、智慧與勇氣……他只要念頭一起，就能隨心所欲地變出車輛、武器、戰士、軍火與鎧甲。⑩

愛德加・凱西對這個大改變的預言是，我們將在這個過程中看見「基督再度降臨」：「虔誠的男女將獲得光明的王冠……你們成為光明的河流、知識的泉源、力量的高山、飢餓的牧場，為疲倦者提供靜養，為軟弱者提供力量。」⑪因此，在你們即將讀到的戰爭與暴行之中，會有貪污腐敗的人遭到殺害，這些都有可能是夢境裡的象徵手法。字面上寫的是有人遭到殺害，但它的象徵意義可能是人類內心自我淨化的旅程，這裡所指的「自我（ego）」是指沉溺於控制、權力與支配等人類欲望的那個我：

> 他將成為萬王之王，以美德的力量取得永遠的勝利。他將為這個充滿生物與自我矛盾的世界恢復秩序與和平……婆羅門將消滅所有的蔑戾車人，無論這些低等又卑劣的人躲在何處……婆羅門將消滅小偷與強盜，地球四處將會繁榮昌盛……黃金年代降臨之後，罪惡將被根除，美德欣欣向榮，人類將再次虔誠舉行宗教儀式……
>
> 婆羅門將變得善良而誠實、洗心革面，他們將奉行禁欲的苦行生活，成為靜默的冥想者牟尼（Munis）；過去住滿卑鄙之人的苦行者庇護所，將再次成為虔誠之人的家，而一般人都會開始崇敬並實踐真理。
>
> 泥土裡所播下的種子都會成長，喔，帝王，每個季節都有各種穀物成長茁壯。人類將行善施捨，遵守誓約與禮儀……地球各處的統治者都將以善德領導自己的王國。⑫

在俄國預言家海蓮娜．布拉瓦斯基（Helena Blavatsky）頗具爭議的著作《秘密教義》（*The Secret Doctrine*）中，揭露了更多印度教預言的相關資訊，包括原始文本的摘錄。我們發現迦爾吉會發展出「八種超人神力」都與以下這則預言有關，這些神力顯然都遠遠超越現代人類的能力：

> 四個時代（Yuga）的週期總是以黃金時代為開端，最後以黑暗時代結尾。現在的印度處於黑暗時代，而且似乎與西方的時代互相呼應。無論如何，令人感到好奇的是，《毘濕奴往世書》（Vishnu Purana）的作者向未來佛彌勒（Maitreya）所預言的、關於黑暗時代的負面影響與罪惡確實

都發生了。他說「野蠻人」將會成為印度河的主宰，接著他說：

「因此，腐敗在黑暗時代期間將持續不斷，直到人類被徹底消滅為止……黑暗時代接近尾聲的時候，神人的一部分，那崇高而純潔的本質……將降臨在地球上……（迦爾吉阿凡達）被賦予八種超人神力……他將在世上重建公正，生活在黑暗時代末期的人將受到啟發，心智變得如水晶般清楚通透。因此而受到改變的人……將成為人類的種子，他們的下一代將遵守黃金時代的法律，這是一個純真的時代。」⑬

愛德加・凱西在催眠報告中，曾經仔細描述他稱之為「第五人種（fifth root race）」的人類。約翰・馮・奧肯（John Van Auken）在明德研究協會（Association for Research and Enlightenment）二〇〇九年三／四月出刊的《內心探索》（*Venture Inward*）雜誌中，也曾討論過這則預言。

凱西的催眠報告預測一個新的時代將會到來，並且會出現一種他稱之為「第五人種」的新人類，這也意味著更早之前還有四個時代與四種人類。人體的改變是隨著時間演進的，然而透過突變或許會出現新的身體，也就是更能適應心靈意識的身體。我們也許對自己現在的身體很滿意，但是你可以想像一下，輪迴轉世後進入一個更先進的身體，讓你雖然身為人類卻具有更多宇宙意識。這聽起來很棒，尤其是當你正好出生於一個全新的時代，「撒旦已被制伏」而且「在新的世界裡沒有邪惡或誘惑會考驗靈魂」。⑭

黃金時代何時到來？

當我們重讀《秘密教義》節錄的摩訶婆羅多經文時，發現了引人深思的線索：古代印度教經文已經寫出了黃金時代到來的明確時期。他們認為黃金時代與太陽系裡罕見的天體會合有關，因此我們可以計算出確定的日期。

據說「太陽、月亮、諦閑星群（asterism Tishya）與木星位在同一宮時，黃金年代就會回來。」⑮

布拉瓦斯基的書中並未計算黃金時代何時會到來，但是吉歐夫・史特雷（Geoff Stray）在《二○一二過後》（*Beyond 2012*）一書中，提出相當有根據的見解。

在《通往香巴拉之路》（*The Way to Shambhala*）一書中，艾德溫・柏恩堡（Edwin Bernbaum）說黃金時代到來的時候，太陽、月亮與木星會跟諦閑星群（巨蟹星座的一部分）出現在同一個象限裡。我用天文軟體（Cyber-Sky）計算的結果顯示，下一次它們出現在同一象限裡的日期是二○一四年七月二十六日……⑯

這個日期比馬雅曆的最後一天——二○一二年十二月二十一日，還晚一年半以上。在葛瑞姆・漢卡克幫我審閱這本書的初稿之前，我一直認為多數天文學家都相信，西方天文系統裡的雙魚座年代進入寶瓶（水瓶）座年代也會發生在二○一一年或二○一二年。彼得・勒曼蘇瑞（Peter Lemesurier）在《大金字塔解碼》（*Great Pyramid Decoded*）一書中說，法國的國家地理研究院（Institut Géographique National）把寶瓶座年代訂於二○一一年。⑰

顯然的，如果對寶瓶座年代從何時開始，意見是如此分歧，那麼我們就必須捲起袖子努力找出答案。多數天文學家認為當日出在春分時移向寶瓶座，就表示正式進入寶瓶座年代，問題是這事究竟何時發生尚無共識。如果你到美國太空總署的「有問必答網站」（Get a Straight Answer），問大衛・史坦（David P.Stern）寶瓶座年代到底何時開始，他會老實告訴你「我不知道」。⑱

古代人用最亮的星星來決定星座，並未定出明確的界線。現代星圖有明確的界線，通常會用像美國西部州界那樣的直線來分界，但是我不知道春分點何時會通過現代的雙魚／寶瓶界線。⑲

現代的歲差是由古希臘天文學家希帕求斯（Hipparchus）重新發現的，他在西元前一四六年三月二十四日前後的春分開始觀察天象。這個日期很重要，我們稍後就會知道它的重要性。天文歷史學家雪莉．柏吉爾（Shirley Burchill）指出，希帕求斯應該是依據更古老的紀錄進行研究的。

> 希帕求斯的研究成果之中，有一大部分如果沒有參考更早的天文學資料根本不可能完成。古巴比倫人留下天文觀察的紀錄、方法與設備，有證據顯示希帕求斯可能使用了這些資料進行比對。希帕求斯所謂的精準測量春秋分點，事實上只是用數學演算了古巴比倫人的知識。⑳

美國人德慕拉（David Andrew D'Zmura）創造了一種方法，能計算寶瓶座年代從什麼時候開始，而他也曾參考最原始的天文資料。德慕拉認為希帕求斯在西元前一四六年是因為從他處得到資訊，才會開始進行突破性的天文研究。如上所述，希帕求斯有機會取得古巴比倫的天文紀錄。我們已經看過巴比倫人在神聖藝術品上，展示過松果體／松果／宇宙軸心／有翼天使等符號。這些紀錄，極可能透露了地球在西元前一四六年左右進入雙魚座年代。若不是各種傳統都一直隱瞞這件事，大家可能會對黃道十二年代的交替更感興趣。沒有人能確定，當這個重要時刻到來時會發生什麼事。大家可能會仰望星空，試著了解推動黃道十二年代交替的偉大週期。而希帕求斯利用夜空中星星亮度的分類法，依然使用至今。㉑

德慕拉計算西元前一五〇年與西元二〇〇〇年之間的歲差平均值，他根據這段期間地球本身的振盪速度加以估算，算出一個略少於傳統上兩千一百六十年的黃道年代：二一五八．一九一四年。如果以希帕求斯西元前一四六年的起始日期開始計算，進入寶瓶座年代的日期應該是二〇一二年開始後的第七十天。

> 對心靈主義者、神秘主義者與相信的人來說，西元二〇一二年的這個日期非常重要；他們之中有許多人認為，救世主會在這一年出現。㉒

印度教徒、馬雅人與埃及／希臘／羅馬占星傳統，都預測地球將在二〇一二年到二〇一四這兩年中發生重大變遷。幾乎沒有人注意到與二〇一二年相關的這些預言，其實是一種全球現象，在大西洋兩端都曾出現過。有越來越多的神話與預言資料顯示，我們可能會在變遷的期間內經歷浴火鳳凰般的轉變，進化成「第五種人類」，而且這可能會影響地球上的每一個人。聽起來相當不可思議又不切實際，這種事情怎麼會發生在我們身上，但是我絕不願意呆坐著等待。一味「相信預言」，不去進一步研究釐清事實，反而更糟糕。

希臘醫神的古老預言：洪水沖走了罪惡，宇宙重獲新生

另一則絕妙的未來預言，則是來自一份古埃及文件，這份文件的年代絕對早於西元前四百年，而且可能古老得多。這份文件叫做《阿斯克勒庇俄斯的悲嘆》（*Asclepius's Lament*），據說內容是這個希臘醫神與宙斯之子赫密士（Hermes）之間的對話，因此這份文件被列為奧秘文本（Hermetic text）。早期基督徒都知道這份文件，也經常引述文件內容。一九〇六年，作家米德（G. R. S. Mead）曾討論過要確認奧秘文本的年代相當困難。

想以文本的內容來確定年代或是確認文本在宗教史方面的價值，根本不可能。然而，我們的拉丁文譯本的確年代久遠，神學家聖奧思定（Augustine of Hippo）曾引述拉丁譯本的內容就是最佳證明……因此，這份文本的年代至少不會晚於西元四〇〇年。但是聖傳（Tradition）認為這份文本的年代更古老……㉓

凱西的催眠報告曾多次提到赫密士的年代約為一萬兩千年前㉔，還說他是大金字塔的主要建築師㉕，更是耶穌在人間輪迴的前世。㉖

米德的書中，還有一段更古老、更難明白的《阿斯克勒庇俄斯的悲嘆》㉗。葛瑞姆．漢卡克融合了科本海沃（Brian Copenhaver）㉘與史考特（Walter Scott）㉙這兩位學者的現代譯本，提供一種更易親近的新版本，而且無償地放在多個網站上供人閱讀，內容如下：㉚

這個時代終將到來，已發生的一切都是徒勞，例如埃及人曾以虔誠的心與儀式崇敬神明……諸神將從地上回到天上……喔，埃及，埃及，妳的宗教最後只會剩下空洞的故事……只剩下石頭訴說著妳的虔誠。

到了那一天，人類將對生命感到厭煩，他們不再思考值得敬畏與崇拜的宇宙。因此人類最大的福氣，也就是宗教……將有毀滅之虞；人類會把宗教視為負擔，甚至藐視宗教……

至於靈魂以及靈魂不滅的信仰，或是靈魂可能希望達到不滅的境界，就像我在前面曾經提到過的一樣，這些都會受到人類嘲笑，甚至說服自己這些都是假的……諸神將離開人類，多麼可悲！只有邪惡的天使會留下來跟人類混在一起，讓可憐的鄙人犯下各種罪行、戰爭、搶劫、詐欺，以及種種違背靈魂天性的行為。

然後地球開始搖晃，海洋無法行船；星星無法在天空軌道上運行，諸神的聲音將被迫靜默；地球上的果實將會腐爛，土壤變得貧瘠，空氣變得污濁濃滯；萬事萬物變得雜亂無章，良善消失得無影無蹤。

當這樣的時代降臨時，造物之神阿斯克勒庇俄斯……會叫喚走上歧途的人重回正軌；他將洗去世上的罪惡，用洪水沖走罪惡，用最炙烈的火焰燒光罪惡，再用戰爭與瘟疫趕走罪惡。

所以他會把世界恢復成原本的狀態，好讓宇宙再次被視為一個值得崇拜敬畏的地方……這就是宇宙的新生。宇宙將再次充滿良善的事物，神聖而令人驚嘆的自然萬物也會重現；這一切都會隨著時間演進而精心打造出來，透過造物者不朽的意念。

我們再一次看見洪水、烈焰、戰爭與瘟疫的預言都已實現，我們可以證明、也即將證明地球最近的情況在近代前所未見。請注意，這則預言並未提到生物將被消滅，而是說「諸神」將會離開世界，前提是這樣的「人」曾經生活在地球上。預言裡也提到我們現在所經歷的變遷，將為「宇宙的新生」鋪路，在新的宇宙裡，「令人驚嘆的自然萬物也會重現」。其他預言也提到一樣的情況，時間也落在二〇一二年到二〇一四年左右。這則預言中還有一條非常奇特的線索，那就是赫密士說轉變會「隨著時間演進而精心打造出來」。這樣的措辭很有意思。到底什麼是時間的演進？是否與兩萬五千年的週期有關？在本書後半探索科學新概念時，時間會變得更加有趣。

在研究的過程中，我發現了越來越多關於黃金時代的神秘預言，不只是漢卡克針對《哈姆雷特的石磨》所進行的探討，還包括各種資料來源。我認為古代人是用非常認真的態度來看待這項預測的。事實上，我發現如果這些古代預言描述的是真實事件，必定會牽涉到一種物理過程（physical process）。其中一定有某種有形的、可測量的東西，因此可以用科學方法加以研究。我們從這些遍及全球的神話中，學到的最重要一條線索是：「研究春分秋分，找出其中真正的含意與作用」。這些年來，我投注所有的時間與精力研究春秋分點，一開始發現的重要線索中，有一條線索顯然藏在吉薩大金字塔（Great Pyramid of Giza，又稱胡夫金字塔），而且可能預言著當人類進入寶瓶座年代時，會出現救世主拯救人類。當我了解預言的象徵意義之後，美金一元鈔票上的符號也變得更加有趣。美國的開國元勳顯然對這些古老預言非常熟悉，然後把蘇美、巴比倫、印度、埃及、希臘與羅馬的預言改良包裝之後再重新呈現。象徵美國的老鷹，其實是埃及的永生鳥；美鈔上的金字塔就是貝托石，代表的是被喚醒的松果體。開國元勳們創立美國的目的，很可能就是為這些預言的實現做準備。

一旦你了解大金字塔的建造是多麼不可能的奇蹟時，就能夠明白大金字塔為什麼會被視為天神曾經公然幫助人類的真實證據了。

譯注

❶ 北歐神話認為宇宙是由九個世界構成，共分為三層，最上一層是神明國度「英靈殿」（Valhalla），第二層是人類居住的「中庭」（Midgard），最下面一層是「死人之國」（Niflheim），其他還有妖精之鄉（Alfheim）、巨人國度（Jotunheim）等。

❷ 二分點（equinox），即指春分和秋分，每年在這兩個時間點晝夜長度相等。

❸ 德魯伊教是古代塞爾特人所信仰的宗教，Druid是指擁有透徹知識的人。有一說巨石陣是該教的神殿遺址。

❹ 阿納薩齊人（Anasazis）是古印第安人，意思是「古代的異族人」，在十二世紀及十三世紀突然神秘消失，在現今猶他州、亞利桑那州、新墨西哥州和科羅拉多州的交界處還留有多處遺址。

❺ 弧秒（角秒）是量度角度的單位，一度＝60角分＝60角秒。

07 大金字塔要說的大故事

美國國璽與美鈔上藏著一個關於人類命運的大秘密，從美國開國元勳中有不少神秘組織共濟會的會員，到美國國璽背面未完成的金字塔、代表浴火鳳凰的老鷹，還有美鈔上都找得到的金字塔圖像，這些都是解密的線索。

我們是否都處於催眠狀態？我們是否已經忘記自己曾有前生，亦將有來世？我們是否與身邊的所有生物，都有直接的、有意識的關聯？我們的腦中是否存在著可用的第三隻眼？我們能否使用某些技巧直接進入源場，並施展看似不可能的奇蹟？其他人能否跟著我們一起進入源場，體驗相同的感受？兩萬五千九百二十年的週期只是單純的地軸擺動嗎？古代人是否傳給我們一種有用的源場技術——金字塔——顯示我們確實可以控制並利用源場，為地球上的所有生物謀福祉。大金字塔是不是現存最有力的證據，證明人類祖先擁有高度先進的科技？大金字塔是否也是一種工具，能讓我們重現消失的古老科技？

大金字塔被視為地球上最巨大的石造建築，底部面積約十三畝，相當於曼哈頓中城區的七個街區，高度約有四十層樓高。大金字塔用了大約兩百三十萬塊石灰岩及花崗岩，每一個石塊的重量在二．五噸到七十噸之間，因此總重約六百三十萬噸。沒有一台現代的起重機能舉起這麼重的石塊，如果嘗試舉起一定會翻倒。大金字塔的基底非常平整，底部每個角落的高度落差低於半英寸①。如此精密的水準測量，就連今日最嚴格的建築標準也望塵莫及②。

奇特的是，大金字塔剛好坐落在地球陸塊的正中心，也就是唯一真正的宇宙軸心。大金字塔的東西軸線準確地落在最長的陸地緯線上，這條緯線經過地球上最多的陸地、最少的海洋，穿過非洲、亞洲與美洲。最長的陸地經線穿越過亞洲、非洲、歐洲與南極洲，而且剛好也穿過大金字塔的正中央③。大金字塔湊巧蓋在這個「完美地點」上的機率，只有三十億分之一④。很多年之後，我才明白這個地點為什麼如此重要。然而，就像我們將要了解的真相，「完美地點」與地球自然的能量流動及能量場的定位有關，但是現代的主流科學家還未了解能量場為何物。

連太空總署都做不到的建造技術

金字塔的四邊精確對準正北方，每一個方向都只偏差三弧分（〇．〇五度），誤差低於百分之〇．〇六⑤。但是，大金字塔的「巧合」不止於此。如果你計算陸地高於海平面的平均高度（最低點是邁阿密、最高點是喜馬拉雅山），算出來的答案是五千四百四十九英寸，剛好就是大金字塔的高度⑥。

對我來說，最令我驚訝的是大金字塔落成的時候，外層覆蓋著面積二十一畝的閃亮白色石造外牆，材料是十一萬五千個純白石灰岩石塊⑦，平均厚度一百英寸。白天時，陽光在白色石塊上反射的光芒，一定耀眼得讓人睜不開眼睛，所以大金字塔才會被稱為塔庫（Ta Khut），也就是光明的意思。就連遠在數百英里外的以色列高山，都能看見大金字塔的反射光芒⑧。雖然有些外層石塊重達十六噸，但是石塊的六個邊都切割得非常精準，因此石塊緊密貼合，接縫寬度只有五分之一英寸⑨，比人類手指甲的厚度更細。十九世紀末，考古學家佩特里爵士（Sir Flinders Petrie）曾以望遠鏡的鏡片來比擬這些石塊的做工，說它們是「光學儀器工匠在以畝計算的寬廣面積上，進行最精細的加工」。前美國太空總署的顧問理查・霍格蘭也指出，就連太空總署在太空梭表面所貼的瓷磚都無法如此密合。更令人驚訝的是，石塊間的縫隙並不是空的，而是填入一種異常堅固的水泥。以現在的技術而言，根本不可能在寬度只有五分之一英寸的縫隙裡填入水泥，而且還是在垂直的五英尺乘七英尺的大範圍面積上施工，以現在的技術根本辦不到。如果你硬要用大錘子敲擊外層石塊，你會發現石灰岩石塊碎了，但是水泥依然文風不動⑩。

我知道這聽起來必定非常神奇。今天的金字塔靜靜站在原地，就像一個正在腐朽的巨大石塊。若能親眼看見金字塔原來的樣貌，一座在沙漠中閃閃發光的巨型純白建築，那一定是地球上前所未見的科技成就，無論對古代人或現代人來說都是如此。所幸有許多人看過這些外層石塊的原貌，而且數世紀以來的觀察所得都以書面方式記錄下來，彼得・湯京士（Peter Tompkins）的《大金字塔的奧秘》（*Secrets of the Great Pyramid*）彙整了大金字塔的歷史⑪。

根據湯京士的描述，不同於大理石，石灰岩會因為時間與風雨的洗禮而變得更堅硬、更有光澤，地底洞穴裡那些美麗的鐘乳石及石筍就是這樣。因此，金字塔落成後經過了好幾個世紀，外觀一點都沒有變得黯淡⑫。大約在西元前四四〇年左右，希臘歷史學家希羅多德（Herodotus）所描寫的大金字塔依然覆蓋著光可鑑人的外層石塊，接縫細緻到肉眼幾乎看不見⑬。十三世紀的阿拉伯歷史學家阿卜杜・阿爾・拉提夫（Abd-al-Latif）說，這些閃閃發光的石塊上銘刻著神秘難解的符號，數量之多足以寫滿十萬張紙。與他同時期的歷史學家，則認為這些符號是古代觀光客留下的塗鴉⑭。十四世紀初，巴爾丹索的威廉（William of Baldensal）在造訪過金字塔之後，形容金字塔上整齊刻畫著排成長列的奇特符號⑮。隨著外層石塊的消失，世人再也沒機會抄錄這些神秘的符號，以供將來進行解碼分析與研究。

西元前一世紀的希臘歷史學家狄奧多羅斯（Diodorus Siculus），生活年代略晚於耶穌基督，他形容大金字塔的外層石塊「外觀完整，看不見絲毫瑕疵」⑯。羅馬時代的博物學家普林尼（Pliny），看過土著男孩爬上光滑的金字塔取悅觀光客。西元二十四年左右，希臘歷史學家斯特拉波（Strabo）造訪埃及，他說大金字塔北面有一道裝了鉸鏈的石門，石門可以從下往上打開，但是當石門完全關閉時，從外觀完全看不出有一道門⑰。

大金字塔裡有三個不同的房間，最大的稱為帝王墓室（King's Chamber），整座金字塔只有這裡使用硬度極高的紅色花崗岩。在一九九〇年代，考古及計量學家伯納．皮許（Bernard Pietsch）分析帝王墓室地面二十種不同的石材，他得到的結果令人十分驚訝。雖然這些石塊都裁切成正方形或長方形，但是幾乎每一塊都不一樣。這些石塊被排成六排，每一排的寬度都不一樣。皮許在《剖析帝王墓室》（*Anatomy of the King's Chamber*）一書中舉出非常複雜又有說服力的證據，證明這些石塊的尺寸，其實包含著水星、金星、地球、月球、火星、木星與土星的各種測量數據，甚至包括這些行星的軌道週期。⑱

帝王墓室裡有一具未加固定的石棺，材料是深棕色的花崗岩，據估計重量約為三噸左右，其外部體積正好是內部體積的兩倍。藉由石棺內側發現的圓形鑽痕，工程師克里斯多福．鄧恩（Christopher Dunn）推估石棺是用管狀的鑽具切割而成，速度比現代的任何技術要快上五百倍⑲。懷疑論者認為切割石棺的鑽具尖端應該用了鑽石，但即使是現代科技也無法達到切割石棺所需要的速度。鄧恩指出當時最堅硬的金屬是銅，鑽石還沒在花崗岩上鑽出小洞，就會先切穿銅製的鑽具⑳。

石棺上有棺蓋用的溝槽，但是棺蓋至今都沒有發現，就好像刻意不被人找到一樣。許多金字塔研究者，包括彼得．勒曼蘇瑞，都認為無蓋的石棺象徵一個不再有死亡的時代，也就是黃金時代的到來。石棺是空的，而且沒有證據顯示裡面曾躺過木乃伊。此外，這具花崗岩石棺根本無法從前墓室抬進去，這意味著大金字塔興建之初石棺就已放在此處了，這種做法與已知的埃及葬禮

儀式大相逕庭。㉑

帝王墓室與皇后墓室（Queen's Chamber）的北牆與南牆，也有傾斜向上的通風井，直通到金字塔表面。通風井能為每間墓室提供足夠的氧氣。在一九九○年代中期，德國科學家甘特布林克（Rudolf Gantenbrink）曾讓一個迷你機器人沿著六十五公尺的通風井由下往上爬，證實帝王墓室的南側通風井正對參宿一，北側通風井正對天龍座的右樞星（在西元前三千多年曾是北極星）；而皇后墓室的北側通風井正對北極二（小熊座β），南側通風井正對天狼星（Sirius）㉒。這些通風井與星體之間的校準可追溯到西元前二五○○年，那也是最近一次通風井與星星排成一線的時間㉓。古文明研究者賈克曼斯（Joseph Jockmans）說：「利用電腦計算發現，由於分點歲差的緣故，西元前二四五○年刻在通風井上的星座排列，其實在更早之前也出現過，時間大約是西元前一萬五百年㉔。」一九三二年六月三十日，愛德加．凱西的催眠報告指出，大金字塔與人面獅身像就是從這一年開始興建的㉕。

十三世紀時，有一位阿拉伯歷史學家把大金字塔比喻成巨大的女性乳房，別忘了此時外層石塊依然完好，除了曾被哈里發馬蒙（Caliph Al-Mamoun）❶鑿開的入口㉖。然而，一三五六年發生了慘劇㉗，接二連三的地震讓北埃及大半區域慘遭夷平，城市街區成為一片廢墟。大金字塔受到強震搖晃，許多外層石塊破裂滾落，急於重建的埃及人就利用大金字塔掉落的石灰岩石塊來建設新首都卡黑拉（El Kaherah，意為「勝利」）及重建開羅。顯而易見的是，後來連尚未脫落的石灰岩石塊也被故意敲下來，因為大金字塔所使用的石灰岩品質精純，是非常上等的建材。一三九六年造訪埃及該區的法國安居爾男爵（Baron d'Anlgure）做了以下的描述：「有些石匠把大金字塔的

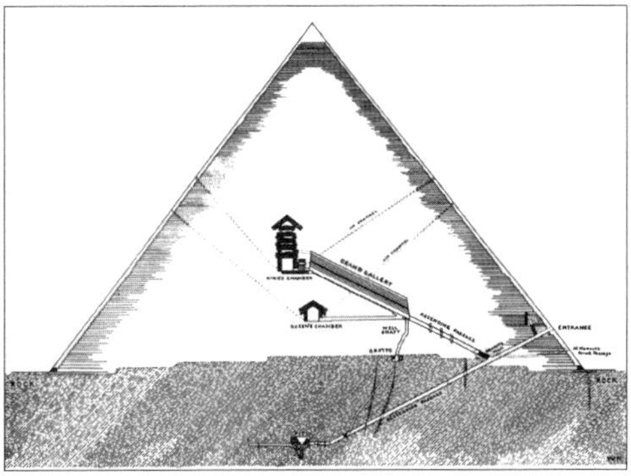

大金字塔內部的墓室、通道及通風井。

外層石塊拆下來，再把石塊推到山谷裡㉘。」他們還特地在尼羅河上搭了兩座橋，好讓駱駝隊能把石塊拉過河，用來建造開羅與卡黑拉的清真寺與宮殿。㉙

大金字塔隱藏的數字奧秘

時間就這樣過了好幾個世紀，曾經壯麗的石造外牆傳奇已成了一則帶有迷信色彩的神話。然而，英國探險家衛斯上校（Colonel Vyse）從一八三六年開始在大金字塔內部與周圍進行挖掘，他的挖掘結果就此消除了世人的懷疑。衛斯發現金字塔周圍有大量的石灰岩石塊與細砂，而且堆置在大金字塔腳下厚度有五十英尺深。他在大金字塔北面正中央清出一小塊地，希望能挖到大金字塔的地基與基座石塊。在這裡，他找到兩塊原本的外牆石塊，永遠平息了學界對於大金字塔外牆是否曾經平滑光亮又潔白的爭論。這兩塊石塊裁切得非常精細，甚至能精準地算出傾斜角度㉚。衛斯說這兩塊石塊完美無瑕：「斜面精準無比，幾乎像是用現代光學儀器打造出來的。很難看出有接縫，因為接縫的寬度就跟一張銀箔紙差不多薄。」㉛

一八四〇年，衛斯發表了詳盡的測量結果及紀錄，他的助手約翰．佩林（John Perring）也出版了一本書。一種全新的「金字塔學」研究於焉展開㉜。天才數學家兼業餘天文學家約翰．泰勒（John Taylor），曾於十九世紀擔任《倫敦觀察家報》（*London Observer*）的編輯，衛斯的埃及資料出版時，泰勒已經五十幾歲了。接下來的三十年內，他積極調查大金字塔的每一項測量數據，尋找隱藏在其中的數學與幾何公式。泰勒發現如果以英寸為單位來測量大金字塔基底的周長，結果大約是一百乘以三百六十六英寸；如果把總周長除以二十五英寸，所得的結果也是三百六十六。三百六十六這個數字，到底有什麼玄機？這個數字與一個地球年的時間很接近，也就是三百六十五．二四二二天㉝。泰勒發現只要稍微修改一英寸的長度，這些數據就會跟真正的地球年完全吻合了。這究竟只是粗鄙的數學手法，還是值得探究的科學根據？很快就找到了答案，因為在差不多同時期出現了一個非常幸運的「巧合」。

約翰．赫歇爾爵士（Sir John Herschel）是十九世紀初備受崇敬的英國天文學家，他正在尋找一種新的測量單位取代原有的英制單位，他希望這種新的測量單位能以地球的尺寸為依據。赫歇爾對泰勒的研究一無所知，他使用當時所能取得最精準的地球尺寸數據，然後指出本來的英寸應該增長一些，大約是人類頭髮一半的寬度，也就是一．〇〇一〇六英寸。赫歇爾嚴厲批評法國人以地球曲率為依據的公制單位，因為地球的曲率會改變，而兩極之間穿越地心的直徑是固定的。當時英國國家測量局剛剛修正了兩極之間的直徑是七千八百九十八．七八英里，也就是五億零五十萬英寸。如果把英寸稍微增長，就會剛好變成五億英寸。赫歇爾主張現行的英寸應該增長，才能成為真正符合科學的測量單位。

如此一來，五十英寸就剛好是地球極軸的千萬分之一。二十五英寸剛好就是實用的一腕尺（cubit），可以取代當時的英碼與英尺。赫歇爾不知道的是，泰勒早已在大金字塔中發現了一模一樣的長度單位㉞。後來當泰勒知道這件事時，非常興奮，現在他有充分的證據可以證明，大金字塔的建造者一定知道地球真正的尺寸數據，並且以這些數據做為建造依據。這也再次意味著古埃及人的科技之先進，遠超過現代人的想像㉟。彼得．勒曼蘇瑞曾指出，一九五七年的國際地球物理年（International Geophysical Year）利用衛星精準測量了兩極之間的地球直徑，這當然比赫歇爾時代所用的方法要精確許多。測量結果告訴我們，古埃及人使用的單位「金字塔寸」（pyramid inch）確實是地球直徑的五億分之一，而且精確到小數點之後好幾位數。㊱

這就表示大金字塔確實是透過精確的數學計算，以地球周長反映出地球年的長度。無論是在大金字塔的內部或外部，這些精確的地球測量數據一次又一次出現。

然而，當我們測量大金字塔的對角線距離時，卻發現了一個更大的秘密：從一個角先到塔頂再到對角的距離，正好是兩萬五千八百二十六．四金字塔寸[37]，非常接近現代計算出來的分點歲差週期兩萬五千八百年。

看起來，大金字塔的設計者似乎非常希望我們採用金字塔寸。用金字塔寸測量大金字塔的對角線剛好等於分點歲差的週期，似乎是要提醒我們這個週期的存在。大金字塔的建造者顯然知道地球的精確尺寸，因此他們很可能到過世界各地，把許多不同的古代神話散播到各個古文明之中。正如桑提拉納與戴程德在《哈姆雷特的石磨》一書中一再強調的，每一則古代神話都隱藏著同樣的訊息，提醒我們要注意分點歲差——許多古文明稱之為大年（Great Year）。原始之山、奔奔石、濕婆神的生殖器、肚臍石、貝托石與卡巴天房，還有全球各地一再出現的松果體象徵——包括馬雅、埃及、印度教、佛教、希臘跟羅馬——也意味著曾經有一段時間，世界各地的人都認為大年的結束與松果體的覺醒有關；而大金字塔似乎也是人類祖先想為後代子孫保留這則訊息的一種方式。梵蒂岡似乎也知道這件事，所以才會把一具無蓋的埃及石棺，放在巨大的松果銅雕正後方，而且兩側還各有一隻永生鳥／鳳凰。

大金字塔也具有象徵性的意義，而其中一個象徵手法是外觀刻意沒有完工。金字塔頂有一塊正方形的平坦之處，用來放置金字塔形的頂石，也是另一種形式的貝托石。大金字塔保存了地球的精確尺寸，無怪乎《大金字塔解碼》的作者彼得．勒曼蘇瑞會認為，平坦的塔頂跟大金字塔一樣，都象徵著地球本身，但是塔頂似乎尚未完工。或許大金字塔的建造者還想擇期回來完成最後的工作，也許

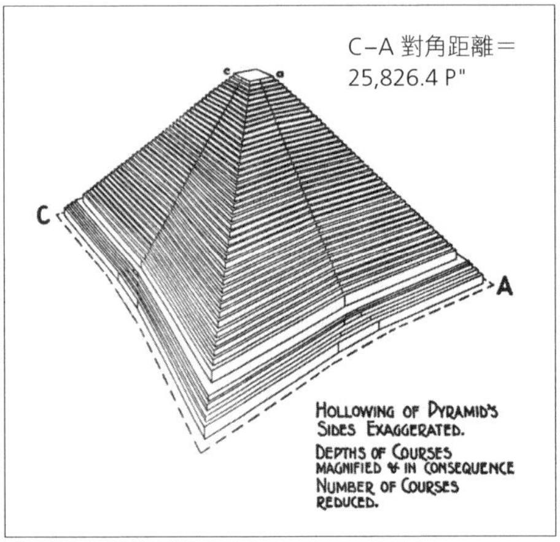

大金字塔外側對角的距離是25826.4金字塔寸，非常接近現代所預估的分點歲差週期。（編按：1金字塔寸約等於1.001英寸）

就是在大年結束之時。把頂石放回大金字塔頂之後，大金字塔就會從一個六面體（底、四邊、頂邊）變成一個五面體。勒曼蘇瑞指出，埃及命理學認為數字六代表「不完美」，五代表「神聖的開端」。我們已經發現大金字塔的周長剛好等於一個地球年，對角距離剛好等於歲差，這意味著歲差週期將清除人類的不完美，並且帶我們進入某種「神聖的開端」。

美國國璽的上帝之眼

我知道有些人可能會認為，解釋大金字塔的預言屬於命理學，缺乏任何科學上的可信度。然而，沒有任何一個人能反駁金字塔頂石回歸的象徵訊息，就刻印在美國國璽的背面。這個奇特的象徵是一隻眼睛嵌在閃閃發光的白色三角形裡面，正要降落在一座十三層的金字塔頂端，自一九三〇年代至今，這個圖像出現在每一張一元美鈔上。美國國璽問世的日子就是獨立宣言簽署日，一七七六年七月四日。湯瑪斯．傑佛遜（Thomas Jefferson）委託一位法屬西印度群島的肖像畫家迪西默蒂埃（Pierre Eugene du Simitiere）設計國璽圖案，再由傑佛遜、富蘭克林（Benjamin Franklin）與約翰．亞當斯（John Adams）共同核定。

就算在早期的幾個版本中，也有閃耀著光芒的一隻「上帝之眼」飄浮在金字塔上方。圍繞金字塔的句子本來是「Deo Favente Perennis」，Deo是「上帝」，也有「開闊天空」的意思，有時候也意指「充滿白晝光明」；favente是「贊同、友愛、支持與擁護」的意思；perennis是「連續、長久、常年與永恆」的意思。因此，這句話可粗略譯為「上帝永遠支持（我們）」。拉丁文的perennial意為「每年的」，也就是每年都會重複發生的事情。因此，或許這裡意指歲差的大年：「上帝支持大年」。美國早期有些紙鈔正面印著未完成的金字塔，不過金字塔上面沒有上帝之眼。我們現在已知道金字塔也是一種貝托石，也就是許多古文明用來象徵松果體的符號。或許美國的開國元勳認為加入這個共濟會的符號（三角形裡嵌著被喚醒的松果體或第三隻眼），對早期的美國殖民者來說爭議性太高了。在這個版本的圖案中，perennis這個字單獨寫在金字塔正上方。

到了一七八二年前後，美國國璽後來的幾個版本慢慢改成現在的樣貌：「Annuit Coeptis」在上面，「Novus Ordo Seclorum」在下面。這兩個句子所傳達的象徵意義更明確。Annuit是「贊同或有利」，通常是點頭表贊同之意；coeptis是「許諾」，也有「開端、開始與起始」的意思。加上上帝之眼做為象徵上帝的符號，這個句子可譯為「上帝贊同我們的開端」。然而，這個句子還有更深一層的象徵意義。annuit在拉丁文裡也有「每年」的意思，英文的形容詞annual（每年的、全年的）就是由annuit演變而來的，而拉丁文的annuit也可譯為「年度報酬」。因此Annuit Coeptis也可能意指「大年開啟」，而我們可以從大年得到的報酬，顯然就寫在符號之中：也就是隨著歲差週期再度降臨而展開的地球轉變。

一七七八年的五十元美鈔，金字塔共有十三層高，perennis一字很可能象徵大年或分點歲差。

當我們探究「Novus Ordo Seclorum」這個句子的神秘根源時，這則訊息就更明確了。一七八二年，美國國徽設計者查爾斯．湯姆森（Charles Thomson）把這個句子放在美國國璽上，官方資料公開表示湯姆森是受到古羅馬詩人維吉爾（Virgil）的《第四牧歌》（*Fourth Eclogue*）第五行所啟發，這一點我們稍後再行討論。詩的拉丁原文是Magnus ab integro seclorum nascitur ordo，意思是「偉大的世紀循環重新開展」，聽起來很像在描述歲差週期——「偉大的世紀循環」現在「重新開展」，並在過程中創造一個黃金時代。

偉大的羅馬神諭

大約是一九九四年，就在我剛開始積極進行研究的頭幾年，我找到一段美國陸軍第四砲隊托騰中尉（C.A.L. Totten）的直接引述，他解釋了美國國璽的深層含意。以下是一八八二年二月十日，托騰中尉寫給當時的美國財政部長查爾斯·福哲（Charles J. Folger）的信：

全知之眼（All-seeing Eye），是用來象徵上帝最古老的象形文字之一。三角形也是最古老的一種神秘符號……用神秘的眼睛與三角形構成頂石，放在這座世上有史以來最偉大的神秘遺址（大金字塔）上，象徵我們是世上最重要的民族。國璽上的題辭「Novus Ordo Seclorum」引述自《第四牧歌》，不過維吉爾也是借用自神秘的西比拉預言（Sibylline records）。㊳

托騰後來直接引述原文，結果令人震驚。不過，讓我們先詳細研究一下神秘的「西比拉預言」，這樣比較容易了解來龍去脈。西比拉是羅馬建城初期的女性預言家，源自於希臘文的sibulla，又稱為神諭者。德爾菲的神諭者供奉肚臍石，這是象徵松果體的石頭，據信透過肚臍石可以直接與阿波羅神互相感應。古代有十位知名的西比拉，其中受到最高崇敬的是庫麥（Cumae）的西比拉，她住在拿坡里附近的洞穴裡㊴。庫麥是希臘人在義大利建立的第一個殖民地，就在維蘇威火山附近㊵。一九三二年，因為發現了庫麥的西比拉洞穴，而破除了西比拉只是神話的傳聞。這座洞穴高六十呎，裡面有一條三百七十五呎長的通道㊶。西比拉把預言寫在橡樹葉上，再把樹葉放在洞口，不過這座洞穴的洞口就有一百多個。如果放在洞口的樹葉沒有被及時撿起，樹葉就會隨風飄走。

二〇〇一年《國家地理雜誌》（*National Geographic*）上刊登了一篇文章，推測神諭者之所以擁有神秘能力，可能是因為吸入洞穴中會引發幻覺的天然氣體，例如乙烯。德爾菲神殿遺址附近的泉水經測試後證實含有乙烯，乙烯聞起來甜甜的，有麻醉效果㊷。庫麥的西比拉顯然會坐在洞穴裡的一個三角台座上，台座正下方是一個石穴，火山氣體會從裡面飄出來㊸。她先吞下幾滴月桂汁，然後就進入恍惚狀態接收預言㊹。維吉爾在史詩《伊尼亞德》（*Aeneid*）中，生動描繪了庫麥的西比亞如何進行預言。從她的行為看得出來，她顯然受到強大的催眠影響。

> 她的五官與臉色馬上改變，頭髮突然豎立，胸口起伏喘氣，心跳猛烈加速，口吐白沫、聲音嘶啞……她在洞穴裡來回踱步，揮舞著雙手，彷彿想把胸口裡的諸神趕出來。㊺

第五十屆奧林匹克運動會與羅馬城建城期間，庫麥的西比拉帶著自己的九部預言書去找羅馬王塔克文（King Tarquin，在位時期是西元前五三四至前五一〇年），她說預言書裡詳述了羅馬的未來㊻。這位乾癟的老婦要求拿九袋黃金當報酬，但是塔克文王拒絕支付這筆高額費用。於是西比拉在塔克文王面前燒了前三部預言書，當時塔克文王還認為這沒什麼大不了的。後來她很快就成為一位知名的預言家，她再次回到羅馬，想以同樣價格把剩下的六部預言書賣給塔克文王。羅馬王再次拒絕，她又當場燒了三部預言書，這種舉動只讓她顯得更加瘋狂。最後，當她帶著剩下的三部預言書重返羅馬時，已經成為以準確著稱的傳奇預言師了。儘管她要求的代價依然是九袋黃金，但羅馬王在策士的極力勸說下，終於買下了最後三部預言書。

不管現代懷疑論者對於預言抱持著何種態度，西比拉的預言書很快就被視為羅馬最重要的寶藏，比其他任何政府資產都要珍貴得多。西比拉預言的準確程度相當驚人，內容顯然包括七百年後北非古國迦太基名將漢尼拔（Hannibal）的入侵及最終的挫敗，也在君士坦丁大帝出生前八百年就預言了他的名字㊼。當羅馬面臨國家存亡的危急時刻，都會參考預言書，例如地震、洪水、颶風、疾病與災禍㊽。米開朗基羅甚至在著名的西斯汀禮拜堂（Sistine Chapel）的天花板壁畫上，也描繪了庫麥的西比拉㊾。

正如庫麥的西比拉最初向塔克文王描述的一樣，這幾部預言書寫出了羅馬的未來，問題是預言的遣詞用字非常隱諱，並非總是清楚明白；甚至還發生過多次以下的情況：當羅馬王試著解讀神秘的預言書以預防重大災禍時，反而引發他們希望能避開的災禍。正因如此，預言書被視為危險之物，以高規格的安全措施收藏在羅馬卡比托利歐山（Capitoline Hill）宙斯神殿的地底密室中，只有大祭司才能取得。密室與神殿約在西元前五〇〇年完工，目的就是為了存放預言書，而且只有在嚴重的緊急時刻才會拿出來參考。

羅馬元老院認為預言書的內容極為珍貴，因此成立了一所祭司學院專職追蹤或重新想出遺失的前六部預言書，但從未成功找回西比拉的原始預言。當執政官雷古盧斯（Marcus Atilius）違反保密規定，找人抄錄這三部原版的預言書時，下場就是被處以死刑：活生生被縫在麻袋裡扔進台伯河㊿。西元八二年，維吉爾終於獲准把某些段落抄錄在牧歌裡㉛，隔一年宙斯神殿慘遭祝融之災，原版預言書幾乎燒光殆盡。到了西元四〇五年，史提利科將軍（Flavius Stilicho）以這些預言書是異教邪書為由，把剩下的抄錄本全部燒光。五年後，西哥德人（Visigoths）入侵羅馬，有些人認為這是羅馬焚毀預言書的懲罰。

此後，維吉爾的《第四牧歌》就被視為原版西比拉預言僅存的抄錄本。一七八二年，美國國璽直接引用神秘預言書的「Novus Ordo Seclorum」，再加上大金字塔的圖案，都使得美國開國元勳的故事顯得更有意思。彼得·湯京士在《大金字塔的奧秘》中寫道：

> 研究共濟會的專家曼利·霍爾（Manly P Hall）表示，美國開國元勳之中非但有不少共濟會的會員，而且還有某個神秘而尊貴的歐洲組織對他們提供金援，協助他們建立美國這個國家，以便達成「一個獨特而明確、只有少數會員知道的目的」。霍爾說美國國璽就是這個尊貴組織的標誌，背面未完成的金字塔「是一塊製圖圖板，象徵美國政府從建國之日就致力要達成的目標」。老鷹顯然代

表鳳凰，或是用來象徵人類不朽的靈魂。一元美鈔上也長期印有金字塔與鳳凰的圖像。[52]

美國從一開始就是為了一個神秘目的而創建的，這個想法非常有趣。這個目的顯然與大年結束、黃金時代到來的預言直接相關。根據我們在第三章所探討的證據，美國國璽似乎是這個古老符號最接近現代的版本，同樣的符號曾明顯地出現在希臘與羅馬的錢幣上。這個「神秘而尊貴的歐洲組織」似乎起源於蘇美、巴比倫與埃及，擁有喚醒松果體的秘密方法。

讓我們繼續研究托騰中尉的信，他在信中指出「Novus Ordo Seclorum」這個句子來自西比拉預言。一九九四年我初次讀到這封信時感到十分震驚，但是更令我驚訝的是幾乎沒有人知道這件事。庫麥的西比拉把歷史分割成一系列的「時代」（ages），她在一段稱為「庫麥歌」（Cumaean song）的段落中，明確指出最後一個時代的到來。以下是托騰中尉在一八八二年為西比拉預言所做的譯文，別忘了一元美鈔背面上的句子正是引述自這段預言，只是被修改成簡略的版本。

> 庫麥歌的最後一個時代現在降臨了。一個偉大的時代順序重獲新生。預言的處子與土星王朝也回來了。新的子嗣從高空降臨世上。純真的魯西娜（Lucina），請幫助即將誕生的男孩，隨著他的到來，鐵器時代將會結束，黃金時代將在地球上復活。[53]

讓我們仔細看看這段文字中幾個驚人的描述：「最後一個時代現在降臨了。一個偉大的時代順序重獲新生……新的子嗣從高空降臨世上。」子嗣（progeny）是「後代」之意，現在我們已經知道這或許是在形容一個偉大的時代結束之際，人類所經歷的轉變。新的子嗣可能是什麼？答案或許就在下一段文字中：「隨著他的到來，鐵器時代將會結束，黃金時代將在地球上復活。」由此可見，子嗣意指人類全體都會轉變，而不是某一個特定的救世主。此外，在轉變的過程中，人類會得到外來的幫助：「預言的處子與土星王朝也回來了。」

閱讀維吉爾《第四牧歌》的其他譯本，會發現更多詳細的描述。請注意古希臘與古羅馬傳統上視「英雄」為半人半神，也就是父母雙方有一方是人類、一方是天神。這種獨特的基因遺傳顯然使他們具有特殊能力，若是在現代，這些能力會被視為神奇的超能力。

在你的指引下，無論我們過去的邪惡還殘餘多少，一旦消失，就能讓地球擺脫永無止盡的恐懼。他將得到諸神的生命，看見英雄與諸神相伴，而他自己也是其中之一，以他父親之名統御和平的世界……承擔起你的偉大，因為時間正慢慢靠近，親愛的諸神之子，偉大的朱庇特子嗣！看看地球如何動搖：被封存的力量、陸地、寬闊的海洋與深邃的穹窿，看哪，全都為了即將到來的時刻而狂喜！㊹

在這段描述中，我們看見預言的確預告了諸神重返世界，地球上的人類將「得到諸神的生命」。而這出現在美國國璽上，也印在一元美鈔上。顯然的，這個預言預期人類在完成轉變之後將被視為神。西比拉的預言大膽預告一個即將到來的黃金時代：「黃金時代將在地球上復活」，這裡指的是地球上的每一個人。美國的開國元勳顯然很清楚西比拉預言書、大金字塔的象徵意義，以及被喚醒的松果體之間的真正關聯。如前所述，大金字塔外部的對角距離是兩萬五千八百二十六．四金字塔寸，正好是分點歲差的週期長度；頂石就放在對角的頂端。把這些線索拼湊起來，不難發現美國的開國元勳相信把頂石放回大金字塔頂端，象徵人類歷史在大年結束時將會進入一個全新的時代——迎來預言與古神話中經常出現的黃金年代，人類轉變成為類似神的存在，而美國的開國元勳也會重返這世界。從頂石與貝托石之間的密切關聯，不難看出美國開國元勳相信這則寓言與松果體的甦醒有關。

光明會：一個神秘的歐洲組織

有大量證據顯示，這個「神秘而尊貴的歐洲組織」今日依然大權在握。我們已經討論過共濟會、薔薇十字會與其他團體經常使用松果體的象徵符號，其中也包括梵蒂岡教廷。有越來越多人開始懷疑，世界政局背後有非常黑暗的力量操控，我們所選出來的領導人並非真正的掌權者。我曾提過有些源場研究者遭受威脅、收買、傷害，甚至謀殺。關於這一點，網路上充斥著大量的文章與書籍，其中有許多敘述都相當嚇人，寫滿了末日與恐懼。流傳了數千年之後，原本正面的黃金時代預言似乎已被曲解，變成一種「新世界秩序」（New World Order）的概念——有個跨國菁英權力集團想大幅降低地球人口，以一種全球獨裁的手段控制世界。我個人認為把這個主題寫得最完整的書面資料，就是威廉．史提爾（William T. Still）的《新世界秩序：秘密社團的古老計畫》（*New World Order: The Ancient Plan of Secret Societies*）㊺。網路上與新世界秩序有關的歷史參考資料中，有許多最具煽動性的資料都來自史提爾一九九〇年的這本書。史提爾提出證據，說十七世紀著名的英國哲學家法蘭西斯．培根（Sir Francis Bacon）曾與這個集團合作擬定「新亞特蘭提斯」（New Atlantis）計畫，推動全球性的民主制度，也就是一個沒有戰爭、犯罪與貧窮的世界。培根的願景顯然啟發了美國的創建，以及美國憲法中的自由原則。培根也相信當這個計畫付諸實行時，人類將恢復對自然力量的掌控能力。

我必須澄清我絕不支持這種世界菁英政治、政策、背叛、說謊與欺騙的行為，有些人，包括史提爾，稱這些集團為「光明會」，意即「被照亮的人」。這裡的「光明」顯然是比喻被喚醒的松果體，或許這些集團相信神秘的宗教儀式使他們在這世上大權在握，也讓他們覺得自己高人一等，甚至認為自己是神。儘管很多人對這些集團感到恐懼，但是我不覺得我們應該貿然譴責參與過這些集團的人，因為這樣的行為猶如希特勒在二戰期間對待猶太人的恐怖主義。仇恨只會招致更多仇恨。每一個人都有生存權，種族屠殺是違反人性的罪惡，更會讓下一代變得像他們所對抗的人一樣令人不齒。我認識幾位熟知內幕的朋友，他們告訴我有不少無辜的人受困在這些集團裡，有機會的話他們一定會大舉出走。然而，近來的網路流言使他們飽受仇視，就算他們真的脫離集團，誠心為世界奉獻一己之力，也會對自己的安危感到憂心。

美國的開國元勳顯然知悉黃金時代以及人類轉變的預言。世上的偉大宗教及許多秘密傳統，似乎都來自相同的起源，那可能是一種在身心進化上都比我們先進的人類，因此人類祖先視他們為神。黑暗、秘密與金權的外衣可能已扭曲了這些權力團體的初衷，導致他們神秘隱晦的教義，與許多宗教傳統正面的、充滿愛的精神大相逕庭，儘管兩者採用的都是相似的符號與主題。我認為這些集團中也有人努力為人類奉獻，但是他們不得不對一切保密，結果少數人的惡行與欺騙使多數人受到抨擊撻伐，這實在非常可惜。早年的幸運，加上近幾年我的網站與影片越來越廣為人知，我有機會認識幾位秘密集團的新生代。我相信改變正在發生，這些集團的成員已明白自己無須認同某些成員的消極、自戀與自私，他們可以試著深入了解集團的歷史任務。我相信秘訣在於「傳承延續」，把地球恢復到最初充滿愛的狀態。我不是在為古代宗教佈道，而是在分享積極而持續的科學調查結果。消極的神秘儀式會導致對事實嚴重的誤解。

雖然美國的開國元勳把大金字塔用在國璽上，但是我們無法得知他們對大金字塔到底了解多少。這項哲學傳統顯然年代久遠，而且曾經遍布全球，直到發生了一場幾乎摧毀埃及文明的可怕洪水。距離最初的教義時間越久，我們就越偏離本意，就好像在玩傳話遊戲一樣，本意會變得越來越模糊、扭曲。當然這些秘密集團尚未公布他們所知道的事情，我覺得最好的做法是終結秘密、公開真相。

大金字塔是偉大的建築奇蹟，建造的技術甚至超越現代。可能在幾百年前甚至幾千年前，就已經有人發現這件事，並且受到這件事的啟發。無論大金字塔的建造者是先進的古代文明、來自外星的神或是兩者合作，大金字塔的建造目的，可能是為了保存與黃金年代有關的重要訊息，或者甚至是為了幫助人類而打造大金字塔的建築師們所預見的「新地球（New Earth）」。

下一章，我們要來看看亞歷山大・葛洛德博士（Alexander Golod）從一九九〇年開始在俄國與烏克蘭興建的大金字塔。許許多多的頂尖俄國科學家曾在這些金字塔裡進行研究，並且證實了許多與金字塔的力量和神秘影響有關的推測。

譯注

❶ 哈里發馬蒙是阿拉伯帝國阿拔斯王朝的第七任哈里發，西元八二〇年，他率領人馬首度挖出通道進入大金字塔，看到的景象卻是非常樸素的房間，連一件陪葬品、珠寶、雕像都沒有。史學家們認為這次首度進入大金字塔的行為是盜墓。

08 進入黃金時代的那把鑰匙

金字塔能保存食物、風乾貓屍，能讓刀片自動變銳利，能大幅提升藥效，金字塔療法還能使運動員更健康，究竟這錐形建築裡藏著什麼秘密？為什麼人類下一個黃金十年，也需要仰賴金字塔開啟？

古代預言都沒有提到全球毀滅，但是都預言了黃金時代的到來。更棒的是，我們已經在大金字塔的測量數據中，發現了大量的技術相關細節，包括地球的精確尺寸、一年的精確長度、地球與太陽之間的距離、行星的各項數據、天體排列、分點歲差等等。這表示大金字塔的建造者，或許也負責傳承古代世界的神話與宗教教義的預言。說不定大金字塔本身，就是要傳遞給人類的重要訊息？這會不會是一種實際可行的科技，只是現在的主流科學尚未再次發現這種科技？

金字塔的神奇力量

一九七〇年代的金字塔神力運動（pyramid power movement）受到懷疑論者的訕笑，他們認為這只是曇花一現的大規模愚行。這個運動的開端是一位叫做安東・博維（Antoine Bovis）的法國人，據說他在二十世紀初曾經造訪大金字塔。一九七〇年代的許多金字塔書籍，都提到博維的傳奇故事，據說他在帝王墓室裡發現了裝著貓和其他小動物屍體的垃圾桶。奇怪的是，這些屍體非但沒有發臭腐爛，還完全乾燥成木乃伊狀態。如果大金字塔真的是墳墓，也許埃及人根本不需要費力把敬愛的法老王做成木乃伊，只要把屍體放進石棺一段時間，屍體就會自動變成木乃伊。

然而，這些珍貴的傳奇故事並未受到正面的歷史評價。一九九九年，埃及國家博物館的前館長告訴一位丹麥懷疑論者，帝王墓室裡從未發現裝著動物屍體的垃圾桶①。此外，雖然有許多作者曾詳盡研究過博維翻找垃圾桶時所感受到、看到和聞到的事物，但事實上，博維從未離開過法國；他造訪大金字塔的傳奇故事完全是其他作者捏造出來的，只因為他們誤解了博維的作品②。真相是：博維在法國的家中做了一座十三吋高的大金字塔木製縮小模型，然後宣稱他把一具貓屍放進模型的帝王墓室裡頭，最後貓屍竟然成了木乃伊。前面所說的那位丹麥懷疑論者叫詹斯・萊格（Jens Laigaard），他認為這個故事可能不是騙局。

> 成千上萬人曾把各種食物放在金字塔內，並且主張金字塔的能量可以保存魚、肉、蛋、蔬果與牛奶；還可讓剪下來的花保持鮮豔色彩與香氣。此外，據說咖啡、葡萄酒、烈酒與菸草只要在金字塔裡放一陣子，就能散發出更誘人的香氣。③

放上萊格文章的懷疑論網站，在附注裡表達了自己的真實感受，他們宣稱博維「以毫無實證的推理與超自然的實驗，建構出一套金字塔理論」。④

儘管懷疑論者嗤之以鼻，一九五〇年代布拉格的無線電工程師卡瑞爾・狄伯（Karel Drbal），用幾種不同的動物屍體成功複製了博維「毫無實證的推理與超自然的實驗」，這些屍體的保存狀態都很良好。狄伯推論「金字塔內部空間的形狀，以及空間內的物理、化學與生物變化，這兩者之間是有關聯的」⑤，但是他不確定原因為何。據說狄伯在一九五九年時，率先發現把鈍的刮鬍刀片放進紙板做的金字塔形結構中，刀片會自動變銳利。當時許多東歐國家都不容易找到品質優良的刮鬍刀片，因此他們很想知道這招金字塔磨刀法是否有效。布拉格專利局拒絕接受狄伯針對此項發現申請專利，除非有重量級科學家能做出相同的實驗結果；結果實驗當然成功了。狄伯的大金字塔磨刀片器取得捷克的專利，專利證號九一三〇四。事實上，當萊爾．華特森（Lyall Watson）在一九七三年的著作《超自然現象》（*Supernature*）中提及此事時，這項產品依然以保麗龍為材質進行生產⑥。

不只如此，二〇〇一年俄國科學家卡拉斯諾洛維茲博士（Volodymyr Krasnoholovets）也複製了狄伯的刮鬍刀片實驗，並透過掃描電子顯微攝影，證實了金字塔型結構確實可以改變刮鬍刀片邊緣的分子結構⑦。不過他的發現與狄伯有點不一樣，他發現如果把刮鬍刀片以南北走向擺放，就無法讓刮鬍刀片變銳利，而如果擺成東西向，反而會讓刮鬍刀片變鈍——在顯微鏡下，可以看見又直又平坦的表面變成凹凸不平的波浪狀⑧。這顯然無法以傳統科學解釋。

《超自然現象》的作者萊爾．華特森，也用蛋、臀肉牛排和死老鼠複製了博維的實驗，他發現：「放在金字塔裡的實驗品保存良好，而放在鞋盒裡的對照組卻很快就開始發臭了。我不得不承認，紙板做的大金字塔不是隨便拼湊的紙板結構，它確實有特殊的功能⑨。」華特森接著分享了更多耐人尋味的線索，不過他沒有特別注明資料來源。

有家法國公司曾為一種用來製作優格的特殊容器申請專利，因為這種容器的形狀能使微生物更活躍。捷克酒商也曾試著把圓形啤酒桶改得有稜有角，卻發現在釀製過程維持不變的情況下，這種新啤酒桶會使啤酒變質。有位德國研究員發現，把受傷的老鼠放在球形籠子裡，復原速度會比傷勢相同的老鼠更快。加拿大的建築師則指出，住在梯形病房中的精神分裂症患者，病情大有進展⑩。

如此不可思議的發現，怎麼可能是真的？

我當然知道懷疑論者會做何反應。美國幾乎沒有人做這一類研究，而且這種研究似乎也違反了許多人類所珍視的物理法則。西方世界幾乎沒有人知道俄國的源場調查（我們稍後將深入討論），他們所發現的異常現象都有確切的新解釋。閱讀這一章時，我要請讀者耐心聽我說明金字塔的各種特性，因為除非你已完全了解我們現在對金字塔的認識，否則任何初步說明都不夠完整且晦澀難懂。我們的老祖宗對這種技術深信不疑，因此他們以金字塔的形狀打造了人類史上最完美的建築結構，而不是建造一個大方塊。埃及與南美洲都有許多雄偉的金字塔，新的研究顯示波士尼亞⑪、義大利、希臘、斯洛維尼亞、俄國與中國可能也有金字塔⑫，不過大都埋在泥土、樹木或其他植被之下（中國的金字塔除外），因此比較難被發現。其中有些金字塔，是直接把天然山脈雕鑿成金字塔形狀。波士尼亞的太陽金字塔（Pyramid of the Sun）被認為有大金字塔的兩倍大，而且這個特殊的山區還呈現出令人讚嘆的幾何對稱。

波士尼亞太陽金字塔的空拍圖。這是歐洲第一個發現的金字塔史前文明，但傳統考古學家尚未認可這是靠人類智慧設計建造的金字塔。

如果沒有特殊原因，為什麼要費力地來回搬運重達數噸的巨大石塊，把一整個山區雕鑿成金字塔的形狀，或是建造巨大的金字塔形石堆？為什麼有這麼多文化不約而同地採用同樣的建築結構，而且所採用的技術遠遠超越現代？當你開始探索金字塔特性的奧秘時，這些問題都有了答案。

再次啟動金字塔的力量

儘管有這麼多證據，但是世人一直將金字塔的力量或能量視為無稽之談，直到二〇〇一年德薩沃博士（John DeSalvo）的吉薩金字塔研究協會（Giza Pyramid Research Association）網站首度為西方世界公布了俄國最新的金字塔研究突破。俄國的研究始於一九九〇年，當時莫斯科的科學家兼國防工程師亞歷山大・葛洛德（Alexander Golod）在俄國與烏克蘭境內開始建造大型的金字塔。到了二〇〇一年，俄國與烏克蘭總計在八個城市建造了十七座金字塔⑬。到了二〇一〇年夏天，全球總計有超過五十座金字塔，其中多數位於俄國與烏克蘭境內⑭。

葛洛德博士的每一座金字塔內部都以ＰＶＣ（聚氯乙烯）管做架構，再覆蓋上玻璃纖維板，表面非常平滑。所有的金字塔都按照黃金分割建造，也就是所謂的黃金比例一比一・六一八（生物的成長模式中經常出現黃金比例，例如貝殼的螺旋紋路）。葛洛德採用黃金比例搭建的金字塔比大金字塔更陡峭，傾斜角約有七十度。相對於基座的周長來看，葛洛德的金字塔高度約為大金字塔的兩倍，因此外形看起來更像方尖碑、教堂尖塔，或希臘、羅馬錢幣上的貝托石。

葛洛德最大的一座金字塔高達四十四公尺、重達五十五噸，歷時五年才建造完成，花費超過一百萬美元⑮。這座金字塔於一九九九年完工，使用「非導體材料，沒有一絲一毫的金屬元素」⑯。葛洛德發現如果金字塔結構含有金屬，就會大幅降低神奇效應，甚至完全消失；無論大金字塔具有怎樣的神秘能場，金屬物質似乎會吸收這種能場的效應；而這正是懷疑論者複製大金字塔的力量時總是失敗的原因。美國首府的華盛頓紀念碑也是做成方尖碑的形狀，或許美國政府也想利用這種神秘的技術，但是紀念碑使用了大量金屬，無法像葛洛德的金字塔一樣發揮功能。

德薩沃博士的吉薩金字塔研究協會網站，整理了葛洛德博士一群人專業的實驗結果。

許多領域都用了這些金字塔做實驗，包括醫學、生態學、農學、物理學等等。這些實驗之所以意義重大，是因為實驗者都是俄國與烏克蘭的頂尖科學家，並且以科學方式記錄金字塔內部所發生的變化⑰。

如各位所見，這並非超自然或毫無實證的科學，而是以最嚴謹的方法認真進行的科學實驗，花費了大量的時間與金錢。二〇〇一年我看了卡拉斯諾洛維茲博士對這份研究所做的摘要，當時大感震驚⑱。雖然這份摘要的英語譯本艱澀難讀，我還是明白了這份研究背後的含意；這是結合許多前蘇聯軍事工業頂尖專家的跨領域龐大計畫。蘇聯鐵幕瓦解後，這些科學家依然保有實驗室與研究經費，只不過現在已經不用再為戰爭費心了。葛洛德博士的金字塔，正好為科學家們提供了絕佳的科學探索機會。這個故事中唯一令人感到遺憾的一件事，是儘管他們以最嚴謹的科學方法進行研究，卻沒有任何主流學術期刊願意刊登研究結果。背後最主要的原因，似乎是這些科學發現極可能帶來的科技突破，會嚴重威脅到權力集團根深柢固的地位。

生命的金字塔（Pyramid of Life）網站，說明了這些金字塔如何在國際上吸引了高度關注。

> 至今已有數十萬人造訪過俄國最大的金字塔，其中包括知名演員、歌手、雕塑家、重要人物與國家領袖。在亞歷山大．葛洛德的監督下，這座金字塔被建造完工並接受科學家的研究。此外，來自日本、韓國與西藏的僧侶也對俄國金字塔感到興趣，他們認為這裡是理想之地，包括內部與周邊的空間。俄國科學研究院（Russian Academy of Sciences）的各研究機構進行了許多科學實驗，證實了這些僧侶的想法。他們的實驗顯示，參觀金字塔或使用在金字塔裡處理過的產品、水晶、溶液或物品，都對生態與人類的健康有正面影響。⑲

葛洛德博士的研究獲得高度重視，在金字塔裡處理過的水晶被送上俄國和平號太空站（Mir）一年多，同樣的實驗後來也在國際太空站（International Space Station）上複製。生命的金字塔網站上說：「美國有線電視新聞網（CNN）、英國廣播公司（BBC）、美國廣播公司（ABC）、美聯社、《波士頓環球報》（*Boston Globe*）、《紐約時報》與其他國際媒體都曾報導過上述實驗。」[20]

二〇〇一年我看了這項研究，深刻理解金字塔的確是地球上最令人震驚的先進科技。它們一直默默站在原地，等著人類的傳承；偏偏人類如此無知，面對如此先進科技卻視而不見。幸好，俄國有許多獲得認可的主流科學家為我們做了這方面的研究。他們的研究結果顯示，金字塔科技與衍生科技可以拯救全世界，大幅改善人類的生理、心理與心靈健康。此外，研究結果也徹底改變我們對身體及科學的基本認知。研究得越深入，就會對背後的意義更為驚奇。

想像一下，有一種可以幫助人類對抗病毒的藥，如果它的功效可以增強三千倍會如何？俄國科學研究院轄下的伊凡諾夫斯基病毒學研發機構（Ivanovskii R&D Institute of Virology）就做到了。柯林曼科博士（Dr. Klimenko）與諾席克博士（Dr. Nosik）把一種人體自然產生、對抗病毒的免疫球蛋白venoglobulin，稀釋成每毫升五十微克，放置在金字塔裡一段時間，短短幾天後，這種化合物對抗病毒的效果就變成了原來的三倍。奇怪的是，就算稀釋得再淡，抗病毒的效果依然不減，比如說濃度每毫升〇．〇〇〇〇五毫克，在正常情況下是完全無法對抗病毒的。[21]

至於俄國小兒科暨婦產科研發機構的安妥諾夫教授（A. G. Antonov）及同僚所發現的治療功效，簡直可稱為奇蹟了。他們在醫院裡經常需要治療有嚴重健康問題的早產兒，這樣的早產兒可能只有幾天生命。他們在得知金字塔能大幅提升醫藥功效，且藥品本身似乎可有可無後，就開始嘗試更大膽的做法。他們不用已知的藥品，而是把濃度40％、做為安慰劑使用的葡萄糖液放進金字塔，然後讓二十個幾乎確定無法存活的早產兒每人服用一毫升的葡萄糖溶液，令人驚訝的是，這二十個早產兒竟然完全康復了[22]。；而其他服用普通葡萄糖溶液的早產兒，死亡率就跟先前一樣。

他們猜測，難道是金字塔以某種方式活化了葡萄糖裡具有天然療效的化學物質？想要找到明確答案只有一種方法，那就是使用普通的水來複製這個實驗，結果是：僅僅一毫升的「金字塔水」，也同樣具有療效。

那麼，如果把生病的生物直接放進金字塔會發生什麼事呢？伊格洛瓦博士（N. B. Egorova）率領一支俄國醫學院的研究團隊試著尋找答案。他們準備兩組普通的實驗用白老鼠，在一天之內給每隻老鼠注射同樣劑量的四一五型鼠傷寒沙門氏菌。唯一的差別是第一組老鼠放在金字塔裡，第二組不是。神奇的是，金字塔裡的老鼠有百分之六十成功對抗疾病，而對照組只有百分之七。就算增加到足以讓每隻老鼠病死的劑量，金字塔組的存活率仍有百分之三十，不幸被分配到對照組的老鼠存活率只剩下百分之三。㉓

伊格洛瓦博士還為老鼠注射致癌物質，且幾乎肯定會讓這些老鼠長出巨大的癌症腫瘤。博士餵這些老鼠喝金字塔水，而讓對照組喝的是普通的水。結果：喝金字塔水的老鼠所長出的腫瘤數量，遠低於喝普通水的老鼠。㉔

在這些實驗中，從未觀察到出現危險或負面的效應。葛洛德的團隊還發現，金字塔越高，效應就越強。不過俄國最高的金字塔，也只比大金字塔高出四分之一左右。建造金字塔的確要花很多錢，話說回來，醫療成本往往會像滾雪球般越滾越大，尋求人人都能負擔得起的有效療法更是困難，相形之下金字塔的療效當然值得我們一探究竟。如果一毫升的水就能挽救一個寶寶的性命，那麼一座金字塔就能救人無數了。

發揮量子效應：金字塔能把有害物質轉變成有利物質

醫療奇蹟，只是這幅拼圖中的其中一片。還記得前面提到的，金字塔改變了刮鬍刀片的分子結構嗎？不僅如此，科學家也發現了量子效應。

例如，在葛洛德建造的最高金字塔內，把塊狀的花崗岩與水晶撒在地面上，連續放上一個月。在網路上的影片裡我們可以看到，石塊與水晶表面有一層微弱但清晰的白光，但是正常情況下應該是紅棕色才對。不過，並非每一個石塊與水晶都發出白光，而是形成一個對準金字塔中軸的環形。一九九七年到一九九九年初期間，這個實驗在同一座金字塔裡重現了四十次，每次都使用不同的石塊與水晶。但每次形成環形光的石塊與水晶數量都是五千三百顆，總重量都在二十公斤到兩百公斤之間。葛洛德的研究小組也找到證據顯示，在環形光最清晰的時候，鄰近地區的流行病也會變少。㉕

葛洛德博士還在金字塔上空進行實驗，他使用一種叫做「軍用定位器」（military locator）的俄製儀器，功能類似雷達，這個定位器在金字塔附近探測到一束「不明能量」，寬度五百公尺、高度兩千公尺。可惜葛洛德並未進一步說明這種能量，因為當時他們所使用的探測技術現在依然屬於機密。後來他們還在金字塔周邊發現範圍更廣的能量圈，直徑約三百公里。根據葛洛德小組的推算，如果要使用電能在空氣中製造如此巨大的干擾，需要俄國每一座發電廠同時把產能開到最大才能辦得到。此外在金字塔完工兩個月之後，金字塔正上方的臭氧層破洞就合上了。㉖

葛洛德也在一座油井上建造了一組金字塔，然後比較附近油井的開採情況。結果發現金字塔下的石油因為濃稠度變稀了百分之三十，而使產量增加了百分之三十，因為變稀的石油更容易抽取。葛洛德也發現，金字塔油田的石油比較精純，無用的膠質、焦性瀝青與石蠟都大幅減少了。古普金莫斯哥油氣研究院（Gubkin Moscow Academy of Oil and Gas）已證實此項研究結果的真實性，絕非捏造。㉗

此外，葛洛德研究小組也把種子放在金字塔裡一到五天，然後再拿去栽種。他們使用了二十幾種不同的種子，種植在一萬多公頃的土地上。在每一組實驗中，金字塔種子的產量都增加了百分之二十到百分之百不等，而且這些植物沒有生病，也沒有受到乾旱影響。如果把曾經放在金字

塔裡的石頭擺在作物旁邊，也會產生同樣的效應。㉘

葛洛德與同事也發現，金字塔能把對生命有害的物質轉變成有利的物質。只要把毒藥與毒素放在金字塔裡一陣子，毒性就會奇蹟似地大幅降低；放射物質的衰變速度也會超乎預期。危險的病原性病毒與細菌在金字塔裡放一下子，對生物的損害性也會降低。甚至連迷幻藥麥角酸二乙胺（LSD），對身處在金字塔內或周邊的人影響也會變得比較小㉙。別忘了人類的某些思想似乎直接來自源場，因此這種效應或許不難理解。

普普通通的安慰劑只要先放在金字塔裡幾天，例如葡萄糖溶液，效果就會變得更顯著，可以有效治療酗酒或毒癮等問題。㉚

至今無解的古代科技

接著要討論的是葛洛德博士在小型金字塔方面的諸多研究成果，這些金字塔位於俄國與烏克蘭境內。負責安排這些研究的是伯格丹諾夫博士（Yuri Bogdanov），他是轉錄、轉譯與複製科技研究院（Scientific and Technological Institute of Transcription, Translation and Replication）的科學家。

在莫斯科的新市鎮拉緬斯科耶（Ramenskoe），有一座十二公尺高的金字塔讓小麥的生長狀況改善了四百倍；放射性碳的半衰期明顯縮短；鹽的基本結晶模式出現奇特變化；固化後的混凝土強度升高；在金字塔內合成的鑽石硬度更高、純度更純；其他種類的結晶體也出現顯著改變，例如變得更通透。

伯格丹諾夫與同事發現，兔子與白老鼠放進金字塔後，牠們的耐力會增強為原來的兩倍，白血球數量也會升高㉛，這個發現顯然對專業運動意義重大。用這種方式來提升運動員的表現，就不會出現非法使用類固醇所帶來的傷害。事實上，金字塔療法能使運動員更健康。

俄國的阿千折斯克城（Arkhangelsk）有嚴重的水污染問題，他們把解決之道寄望於葛洛德博士的金字塔。市政府下令在市內各處建造金字塔，結果他們很快就抽到乾淨的水，而且從此之後水質一直保持純淨。同樣的事情也發生在莫斯科附近的克蘭斯諾哥斯基（Krasnogorskoe），只靠一座金字塔就淨化了被鹽份污染的水㉜。

這個古代科技的力量到底有多強大，我一直到看了俄國科學研究院其他團隊的研究報告後才知道。在他們的研究中，金字塔可以直接保護人類對抗毀滅性的地球變遷。颶風、海嘯、地震、火山等天災，都會導致令人難以置信的嚴重後果，因此我們理應更大規模地來探討金字塔力量的各種可能。如果有懷疑論者以「非主流的偽科學」為由，來反對人類嘗試利用這個技術，我一定會回答：「我們有什麼本錢不去嘗試？」傳統科學怎敢如此自大狂妄，要我們完全忽視一種經濟、方便，或許可以拯救地球的科技？

以下這個例子就是最佳例證，充分展現出金字塔科技的功效。俄國科學家比較金字塔建造前後，同一個地區發生地震的次數。神奇的是，他們發現建造金字塔後，那些地區就沒有發生過強烈大地震，只有數百次微弱的小地震，沒有造成任何損害㉝。金字塔顯然會慢慢釋出摩擦力與構造應力的電荷，避免一次釋出所造成的重大傷害。目前，主流科學還無法解釋這個過程是如何發生的。

莫斯科的全俄電工研究院（All-Russian Electrotechnical Institute）發現，把七塊重量一百克的花崗岩放在金字塔裡，拿出來後擺在一塊平坦的金屬板上，排成一個直徑一公尺的圓圈，正上方則釋放出一萬四千伏特的電極。在正常的情況下，打開電源後電流可能很快就會形成閃電擊中金屬板，在金屬板上留下足以融穿的燒痕。在經過一百次放電後，證實金字塔花崗岩圓圈內部受到了保護，圓圈內部被閃電擊中的機率只有圓圈外部的五十分之一㉞。

還記得金字塔周圍那道五百公尺寬的能量束嗎？這道能量束顯然並非一無作用，它能使風暴與劇烈天氣轉向，讓直撲而來的風暴從旁邊繞過，遠離金字塔附近㉟。這項科技對飽受颶風之苦的地區，會是多大的福音。雖然建造金字塔的成本或許很高，但比起因颶風災害必須一再重建的花費，要省事省力多了。

另一組研究的觀察所得，使金字塔之謎顯得更加神秘難解。在謝利格湖（Seliger Lake）上二十二公尺高的金字塔周圍，出現了一道三百公里的能量圈，幾個月後，不僅該區上方的臭氧洞神奇的有了大幅改善，慢慢的連鄰近鄉間也出現了新的溪流，甚至還有鸛鳥在此築巢。最神奇的是，野地上開滿了不可能存在的一種花，因為這種花理應絕種了㊱。簡言之，這塊土地重獲新生、療癒及轉變；這表示金字塔具有賦予生命的能量，這股能量能影響周邊的萬事萬物。

這些年來相關資料從未被提及或刻意被忽略，可以說是一種罪惡，因為如果能及早運用，一定能拯救無數條生命。此外，這也不禁令人懷疑古文明建造金字塔是否是出自於實用目的，或許是因為氣候變遷與可能使文明滅絕的災難即將到來，因此他們必須盡快讓金字塔完工，這或許可以解釋當時建造巨大金字塔的強烈動機。

在傳統考古學不感興趣的地區，都陸續發現了新的金字塔或金字塔形的山丘。有兩個據稱是金字塔，或者該說是有點像金字塔形的山丘出現在納霍德卡（Nakhodka）的一片平原上，納霍德卡是俄國東部的大港口。這兩座金字塔形的山丘一座叫兄弟（Brat），一座叫姊妹（Seska）。

二十世紀初，著名的俄國探險家、歷史學家與人類學家阿謝涅夫（Arseniev）說，這些山丘是古代的聖地，許多中國人與韓國人前來這裡朝聖。最早移居此地的韓國居民說這兩座山丘不是天然形成的，而是在很久很久以前建造的，但是他們不知道下令建造的是誰。研究員亞可凡科（Maxim Yakovenko）表示：「無論是過去或現在，都有人說站在山丘上感覺快樂又健康，我完全同意。這兩座山丘的山腰朝向北、西、南、東，就像埃及的金字塔一樣。」遺憾的是，一九六〇年代，為了取得興建工程所需要的石頭，兄弟山的頂端被炸開，高度矮了七十八．五公尺。令人驚訝的還在後頭：「兄弟山的頂端遭到破壞之後，納霍德卡的氣候連續好幾個星期變幻莫測。有人告訴我爆炸後連吹了好幾天的狂風，還開始下雨㊲。」顯然在這件事發生前，當地的天氣一向很平靜。這個改變與葛洛德等人的研究完全吻合，因為他們發現金字塔會影響天氣模式。

在俄國科學研究院的研究報告中，我看到的最後一份資料更讓我萬分震驚。這份研究顯示人類意識與周遭世界之間，存在著緊密的連結。別忘了，七千人就能使全球的恐怖活動減少百分之七十二，而且只靠冥想就能做到。如果金字塔可以減少地震、龍捲風、海嘯與火山爆發等天然災害，那麼可不可能不需要靠人類冥想或其他人為方式，就能對犯罪活動產生類似的效應呢？

意識的力量可以拯救地球

我們的意識是否能夠增強，甚至製造地震、颶風、劇烈天氣、火山爆發或海嘯？這是否意味著有一種經濟又簡單的方式，能夠幫助地球度過關鍵的過渡期，人類無須期盼某個人或某樣東西來拯救世界？這是否也意味著地球是一種人類意識的回饋機制？人類的集體「疾病」是否就是毀滅性的地球變遷？此刻世界的景況，是不是一種缺乏愛的鏡像效應？即將到來的黃金時代，是不是指在這段期間內能讓夠多的人類改採更正面的態度，使人類不再受到更嚴重的問題所侵擾？

俄國科學研究院已經證實，金字塔的能量能夠降低犯罪活動、提升關愛與和平感。他們把花崗岩等結晶體放進金字塔，再把這些結晶體擺在某幾個監獄內部或附近，囚犯總人數約有五千人㊳。吉薩金字塔研究協會的網站上傳了研究結果的摘要：「幾個月之內，大部分的犯罪行為都不見了，犯人行為有大幅改善㊴。」這些監獄的其他條件完全沒改變，唯一的改變就是多了金字塔花崗岩㊵。

最後這項監獄實驗，意義最為重大，綜合本書一到五章的源場效應就能看得更清楚。關愛感與和平感通常被視為抽象的情緒，本質上是一種心理現象，卻能對環境產生直接影響。金字塔的能量可以大幅改善犯罪活動，就像之前提過的七千人冥想實驗，光靠冥想就能有效降低全球的恐怖活動。這就像是生命本身有一種尚未被發現的能量場，這種能量場直接來自地球，可以回過頭來療癒地球。獨特的金字塔能夠駕馭這種能量場，迅速降低輻射、密合臭氧洞、減緩地震與劇烈天氣、淨化水質、提高作物產量、大幅降低疾病，甚至連犯罪行為、恐怖活動與精神疾病也能大幅減少，甚至完全消失。這些被我們視為毫不相關、無法以一人之力解決的個別問題，現在可綜合成一個環環相扣的大問題。

當我坐下來細細思考這些新發現的完整含意時，我明白了為什麼會有這麼多古文明耗費大量心力，在世界各地建造巨大的金字塔、巨石陣及各種形式的巨石建築。石灰岩跟花崗岩等天然的結晶物質，顯然是最好用的建築材料，能打造最好、最堅固的源場製造機（Source Field generators）。使金字塔展現力量的物理法則，應該適用於任何一個住著智慧生物的星球，無論是過去、現在或未來；因此金字塔可能是宇宙裡常見的建築。人類似乎現在才開始加快腳步，研究金字塔背後的科學原理。

DNA重組：能量與生物之間的關聯

這一切，與二〇一二年以及黃金時代的預言到底有什麼關係？顯然這些新發現裡頭，還有許多我們還不了解的秘密，我們必須抽絲剝繭才能明白握在我們手裡的黃金時代藍圖。其中最需要一探究竟的，顯然就是人類本身的生理構造。金字塔的療效如此怪異、神奇，以至於我們忽略了某些非常基本的物理法則，以及金字塔對生物有何意義。無法否認的是，人類本身也必須吸收某種形式的能量才能生存。而且只要置身在金字塔內部、住在金字塔形狀的物品附近，或是攝取曾放在金字塔內的純粹物質，似乎就能吸收到這種能量。

在研究的過程中我發現驚人的證據，證明這種能量與生物之間的關聯。最棒的是，這股隱藏的力量顯然直接來自生命的起源與創造者，而且也可以自動重寫ＤＮＡ，把已知的物種變成全新的物種。想想在謝利格湖的金字塔附近，已經絕種的植物為何又突然出現？它們是從哪裡來的？它們的遺傳物質從何而來？現存植物的ＤＮＡ是否也曾被改寫，回復成一種更古老的物種？那麼演化呢？ＤＮＡ碼是否有可能就寫在銀河的基本能量中，使我們可以積極走進全新階段的人類演化？

許多古代預言所說的黃金時代即將在二〇一二年後到來，指的可能就是一次大規模、以能量為驅動力的人類物種演化。我知道傳統科學一定會迴避這件事。你可能從小到大都被制約，認為像我這類的概念實在荒謬。但是請別急著一笑置之，我想請你跟我一起調查確切的科學證據，證實一場演化正在發生……而且已經進行了一段時間了。

09 與諸神共舞的靜好歲月

人類需要開發的是一種全神貫注的力量，密宗大師證實這樣的專注力訓練能製造能量波；而當我們的意念變得更一致，還能提高自由進出源場的能力。

人類古文明，可能比我們想像中更加先進。我們的祖先費盡千辛萬苦，提醒我們研究兩萬五千九百二十年為一週期的分點歲差，歷史上將這個週期再細分成以兩千一百六十年為單位的黃道十二帶。吉薩大金字塔的建造，似乎也是為了警告我們兩萬五千九百二十年的週期，因為這個數字正是以金字塔寸為單位所測得的大金字塔對角線距離。大金字塔的建造技術遠遠超過現代科技，尤其是曾經覆蓋大金字塔外層、如鏡子般閃亮的白色石灰岩石塊。我們已經知道美國的開國元勳把頂石重新放回大金字塔的象徵，這要跟西比拉預言中與黃金時代有關的神秘段落放在一起來研究。西比拉預言明確指出，大年結束時，我們將再度與諸神共同生活，而且也將獲得超能力，好讓「黃金時代在地球上復活」。

如果我們想認真探討俄國的研究結果，當然會假設就算在沒有金字塔的情況下，也能對物質、能量、生理與意識產生同樣驚人的效應。我們已經探討過源場是一種有生命的、會思考的意識狀態，這表示我們必須用更開闊的心胸來思考生命的本質。我們與所有生物共用思想，而且就算在臨床上被宣布腦死，我們的身體很可能依然具有感知。我們將在本章深入探索源場的生物特性。

源場是活的，也有獨特的生物特性

有鮮為人知的大量科學數據，證實源場具有獨特的生物特性。我們不妨先看看一八九一年德國科學家漢斯·德利希（Hans Driesch）的研究，德利希以海膽這種獨特的無脊椎動物為實驗對象，他把剛完成第一次卵裂的海膽胚胎一分為二，結果發現，分開後的兩個細胞各自形成了一個完整的幼蟲，只是體型偏小，而不是變成一種畸形的不完整生物。當時，這是一項令人震驚的發現。此外，德利希還發現如果把海膽生長初期的球體胚胎切成八塊，每一塊又會各自發育成全新的胚胎；就算是全部只有營養細胞，完全沒有動物細胞的胚胎碎塊也一樣①。

現代人會認為這樣的觀察結果沒什麼了不起。我們會自動推想，生物的每個ＤＮＡ分子都含有生長密碼，可以讓一顆細胞長成全新的生命體。但請別忘了，這只是其中一種理論，並非唯一的理論……甚至不一定是正確的理論。德利希相信有一種全面性的指引力量，決定了每一個胚胎細胞的生長②。這股力量含有一種訊息，會根據細胞當下的處境下達指令，指示細胞做正確的事，海膽就是一個例子。

德利希在一九一二年發表了關鍵的研究報告，這份報告啟發了俄國生物學家葛威區（Alexander Gurwitsch）延續相關研究。葛威區相信能量場不只存在於胚胎中，能量場也會影響並調節成年的生命體。葛威區也相信，這種「有絲分裂能量場」（mitogenetic energy field）是所有生物的維生關鍵，生物在自己的生命週期裡會吸收、也會散發這種能量場。葛威區用洋蔥的生長歷程，來探索這種能量場的散發過程。因為所有葉子都是從洋蔥頂端長出來的，所以葛威區假設洋蔥發芽時，大多數的生命能量會從頂端散發出來。他把一顆發芽的洋蔥頂端對準另一顆洋蔥的側面，兩顆洋蔥並未碰觸到。很明顯的，第二顆洋蔥的生長速度遠遠超越其他洋蔥，而且在第一顆洋蔥對準它的地方，還出現了明顯的隆起。有趣的是，葛威區發現只要在中間放一片能阻擋紅外線與紫外線的玻璃，就能完全阻擋這種效應；不過如果放的是石英板就沒有阻擋作用。由此可知，我們完全不需要金字塔的力量就能使生長突然加速，光是靠洋蔥的生命力就足以對其他洋蔥細胞產生影響。

一九二六年，葛威區發表了關鍵的研究報告③。當時他已經進行過幾場實驗，證明洋蔥頂端散發出可測得的微弱紫外光，產生所謂的「致細胞分裂效應」（mitogenetic effect）④。這個例子再次告訴我們，紫外線顯然是源場特有的現象，就像丟一顆石頭到湖裡，我們看見的是湖面上所泛起的漣漪，而不是石頭本身。多年來，許多俄國科學家複製葛威區的經典實驗，也都得到確切的結果。但是隨著基因與ＤＮＡ理論占為主流，上述的有趣研究就被淡忘了。

另一位值得一提的早期研究者，是耶魯大學的神經解剖學家哈洛德．波爾（Harold S. Burr）。他發現未受精的蠑螈卵有一種帶電的能量場，也在植物的秧苗及其他各種不同的生命體發現電場。同時，他也注意到電場的電荷會隨著生長、睡眠模式、光照量、組織再生，甚至月亮週期而變化⑤。除此之外，外科矯正醫師羅伯特．貝克（Robert Becker）也曾研究過人體的自然電場，他發現每個受試者身上電荷最高的地方，就是中醫針灸的穴道⑥。顯然的，古代科技之進步，超乎許多現代人所能想像。

ＤＮＡ的魅影效應：ＤＮＡ與光子的連結

接下來我想直接跳到一九八四年，因為這一年人類對ＤＮＡ「上癮」的現象遭受到強烈挑戰，甚至差點被擊潰，一切都是因為彼得．卡里耶夫博士（Peter Gariaev）。卡里耶夫的發現也提

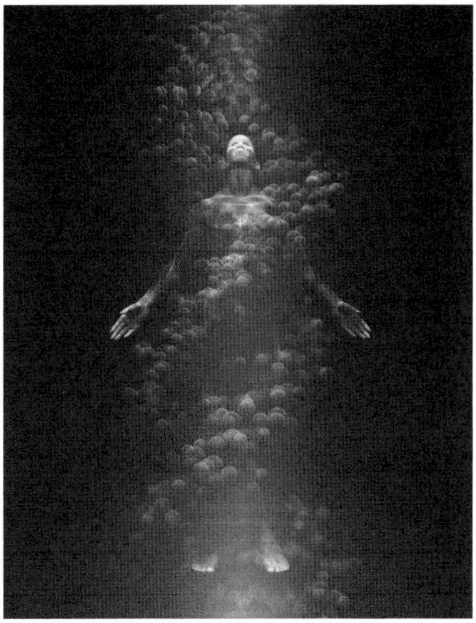

卡里耶夫博士的DNA魅影效應（The DNA Phantom Effect），證實了DNA分子會捕捉並儲存光。就算DNA分子已經被拿走，某種神秘力量還是讓光繼續留在原地達三十天之久。

供了一則有力的線索，那就是葛威區的「致細胞分裂輻射」——也就是源場——很可能透過ＤＮＡ運作。此外，卡里耶夫的發現也指出，ＤＮＡ分子裡可能沒有生物的完整遺傳密碼，至少ＤＮＡ分子並非遺傳密碼的最終位置。

當卡里耶夫把ＤＮＡ樣本放在一個小小的石英容器裡，然後用微弱的雷射照射，再用精密的光子偵測儀觀察變化；他發現ＤＮＡ就像一塊吸收光線的海綿。ＤＮＡ分子把光子全數吸收，並且以螺旋狀的方式儲存光子⑦。這種現象非常非常怪異，ＤＮＡ顯然創造了一種會吸收光線的漩渦，跟黑洞概念差不多，只是規模非常非常小。

幾乎沒有一個科學家願意承認松果體裡可能出現光，但是卡里耶夫證實了ＤＮＡ分子會以一種未知的方式從某處吸收光子。因為要研究活人的大腦相當困難，松果體自然從未進行過類似實驗——或至少沒有向外公開。在卡里耶夫的實驗中，ＤＮＡ分子使得光子排列成螺旋狀，目前只有一種技術能做到，那就是光纖電纜。不過，光纖電纜不會如此飢渴地吸收附近的光。

我們不習慣把光想成可以儲存的東西，因為光通常都是以高速穿過空間。如果可以把光留在一個定點，我們大概會認為光會慢慢消失，然後失去能量。即使是光合作用，植物儲存光的唯一方法，就是立刻把光能轉換成葉綠素。現在光本身變得像食物一樣，任由ＤＮＡ把它儲存起來……就像松鼠把松果藏在空心的樹幹裡過冬一樣。這種現象引發出更多的新問題。儲存光的到底是什麼？光如何儲存？又為了什麼要儲存？為了回答這些問題，我們必須更深入研究卡里耶夫的發現。

當卡里耶夫博士準備結束實驗的時候，觀察到了一種神奇的現象。他拿起裝有DNA樣本的石英容器，把容器挪到一旁。就在此時，發生了讓他震驚的事：雖然他已經把樣本倒光了，但是容器裡面竟然繼續發著光，螺旋狀的光在原地旋轉，彷彿DNA還在容器裡面一樣。

無論是什麼把光留住，都代表完全不需要透過DNA分子。那是別的東西，一種看不見的東西。這種東西有強大的力量能留住可見光並加以控制，把光排列成DNA分子的形狀。唯一合理的科學解釋是DNA分子具有一種能量場，就像是DNA的能量「複製品」。這個複製品跟原版DNA分子呈現同樣的形狀，雖然拿掉了DNA分子，但是複製品還留在原地。複製品不需要DNA分子也能進行自己的工作，那就是儲存可見光。有某種類似重力的力量，把光子牢牢抓住。

這項結果引發的背後意義，令人難以想像。顯然的，人體要考慮的DNA分子遠遠超過一個，人體有幾兆個不同的DNA分子，而且排序結構分明。如果要擴大卡里耶夫的實驗，很可能會發現人體也有一個能量複製品。這與德利希、葛威區、波爾和貝克的理論及觀察完全吻合——有一個資訊場（information field）會告訴我們的細胞該怎麼做，以及在哪裡做。有了卡里耶夫的研究成果，我們發現也許DNA分子最重要的功能是儲存光，包括在身體裡與能量複製品裡。傳統科學顯然需要徹底檢討，生物還有許多資訊是主流科學所不知道或不認得的。

DNA魅影效應，可說是現代史上最重要的科學發現之一。我們因此發現了DNA分子與量子力學之間的奇特關係，這是主流科學尚未發現的事實。現在我們有證據顯示，DNA連結著看不見且尚未被發現的能量場，雖然這種能量場不是電磁場，卻顯然可以控制電磁能——例如儲存光子，甚至在實體分子已經離開後，依然能夠把光子留在原地。

還不只如此。卡里耶夫用液態氮去噴灑DNA魅影，突然的低溫讓螺旋光隨即消失，但是過了五到八分鐘後，螺旋光又神奇的再度出現⑧。DNA魅影，也就是我們的能量複製品，竟然在遭到摧毀後還能重生，這個現象非常奇特。即便我們破壞DNA魅影的同調性，例如突然爆發的低溫，魅影還是能重組並恢復同調性。傳統科學完全無法解釋這種現象，但是這種現象確實存在。

猜猜這種魅影可以持續多久？DNA魅影從首度現身後，竟然可以維持三十天之久⑨。卡里耶夫在這段期間內，一次又一次的用液態氮噴灑DNA魅影，但是DNA魅影總是能夠再次重現。我相信各位已經看出，這徹底顛覆了傳統生物學，更別說還有物理學，但這就是DNA魅影的現象。

DNA魅影的研究資料已經存在二十五年，一九九〇年同樣的實驗也在美國由佩科拉（R. Pecora）複製，只是結果從未公布。DNA魅影顯然不具電磁性，它所展現的各種怪異特性也都違反我們所了解的電磁能。然而，DNA魅影的特性非常符合我們所謂的「源場」。從微生物層次來看，它就是我們的能量複製品。人類DNA以某種方式與能量場連結，而能量場會把容易被測量到的魅影留下來。這表示即使你已經離開了，你的複製品仍在原地為你捕捉光。如果你此刻正坐在椅子上閱讀這本書，當你站起來走到別的地方時，你的能量複製品仍會留在原地，無數的小小螺旋發出光芒，數兆個DNA分子中的每一個都閃閃發光，在你離開座位後至少三十天都不會消失。因為DNA魅影實在太過微小，用肉眼無法看見，不過卡里耶夫可以在實驗室裡進行測量。DNA魅影就像人類身體的全像圖，連最小的細胞都跟實體一模一樣。

請回想一下我們在第四章提過的史提文森博士的研究。史提文森花了四十多年，從三千多名兒童身上蒐集靈魂輪迴的證據。他發現記憶、怪癖、天份與個性，都會從今世傳到來生。此外，他也發現我們都會跟前世的長相很相似⑩。吉姆．塔克博士進一步做相關研究，他利用臉部辨識軟體，以法醫鑑識的角度，證實了這個說法⑪。此外，別忘了前世所受到的致命傷，通常會以胎記方式出現在「新身體」上。如果我們的能量複製品不會隨著身體死亡，那麼這些現象就說得通了：能量複製品帶著我們的記憶，從今生延續到來世。有些人可以直接取得這些記憶，尤其是小孩子，但隨著我們漸漸長大，在父母、師長的強烈灌輸下，我們只會認為輪迴是無稽之談。

大腦的全像複製品

如果你的身體在源場裡還有一個能量複製品，這不就表示你的大腦裡也有一個全像複製品（holographic duplicate）嗎？也許，這就是答案，而這又引發了另一個更具爭議性的問題。如果我們大腦的DNA真有一個能量複製品，這個全像複製品是否也負責了至少一部分的思考與大腦功能？在你閱讀本書的此時此刻，你的心智是否有一部分正在一個隱藏的平行世界裡運作？是否有另一個一模一樣的全像大腦會跟實體的大腦互動，把每個神經元裡的DNA當成天線使用？這些問題都很耐人尋味。我們已在第一章到第五章裡提出驚人的新證據，支持能量心智（energetic mind）的存在，但是現在我們必須看看其他的生物學研究。

一九九七年，《紐約時報》曾經報導過腦部受損的兒童（或許我們可以說他們的天線壞了，甚至整個被摘除了），其智力與肢體協調反而變得更好。如果失去半邊大腦，會不會失去一半的記憶跟一半的大腦功能？顯然不會。約翰霍普金斯大學的艾琳．韋寧博士（Eileen P.G. Vining）研究了五十四個動過腦部手術的兒童，她表示：「孩子顯然都保有完整的記憶，連個性與幽默感也一如往常，這使我們大感驚訝⑫。」任何父母都很難決定讓孩子接受這麼極端的手術，但是這種手術很有效。二〇〇三年約翰霍普金斯大學發表了同一份研究的新版本，受試者是一九七五年到二〇〇一年之間動過開腦手術的一百一十一名兒童。其中百分之八十六的受試者，癲癇不再發作或至少不用再服藥。醫學博士艾瑞克．科索夫（Eric Kossoff）說明這種手術宛如奇蹟的效果。

> 對長期嚴重癲癇發作的孩子們來說，手術後的生活品質大幅改善……幾乎每個病患都無須繼續服用多種藥物；術後多數病患都能跑跳行走，過著正常生活⑬。

一九八〇年，羅傑．勒溫（Roger Lewin）在聲譽卓著的《科學》（*Science*）期刊上，發表了

〈你真的需要大腦嗎？〉一文，討論水腦症（腦水腫）權威約翰・羅伯博士（John Lorber）的研究⑭。水腦症是指腦脊髓液堆積在顱內排不出去而導致腦壓上升，最嚴重的情況是顱內整個充滿腦脊髓液，甚至完全看不見大腦組織，許多病人因此喪命或嚴重致殘。現在醫生會使用分流手術引出腦脊髓液，但是在羅伯的那個年代還沒有這種先進手術。

羅伯在倫敦的雪菲爾大學（University of Sheffield）研究了兩百五十三個腦水腫病患，其中有九位只剩下百分之五的正常大腦組織。儘管如此，這九位病患之中有四人的智商超過一百，其中有兩個人的智商甚至超過一二六。九位病患中有六人表現如常，看不出大腦已幾乎完全摘除。

以下直接引述自勒溫對此驚人現象的研究報告。

> 「這所大學有位年輕的學生，」羅伯說：「他的智商一二六，曾獲得數學優等獎，社交行為也完全正常。但是這個男孩幾乎沒有大腦。」大學校醫發現這位年輕人的頭部比正常人大一些，於是介紹他去找羅伯進一步檢查，動機只是為了好奇。「我們為他做大腦掃描，」羅伯回憶道：「我們在腦室與大腦皮質之間沒看到正常四・五公分厚的大腦組織，只剩下一層厚度約一公釐的薄膜。他的顱腔裡充滿了腦脊髓液。」⑮

我再次提醒各位，羅伯說這個學生只剩下一公釐厚的大腦組織緊貼在顱腔壁上。根據倫敦大學學院解剖學教授派翠克・沃爾（Patrick Wall）的說法，這種現象並不罕見。

> 醫學文獻中有許多類似病例，可以追溯到很久以前……但是羅伯的研究之所以重要，是因為他做了大量的、有系統的掃描，而不是只談個別病例。他收集了重要的病歷資料，並提出挑戰：「我們怎麼解釋這種現象？」⑯

這個富爭議性的研究發表之後，批評當然如浪潮湧來。羅伯博士承認大腦的掃描結果很難解讀，後來在一九八四年他還發表過更詳盡的研究。他發現剛才那個智商一二六的數學系學生已喪失百分之四十四的大腦，剩餘的大腦組織被擠壓成一片薄膜緊貼在顱腔內側⑰。儘管如此，他的智商依然高於平均值，思考與記憶能力都毫無問題。羅伯形容這一類人，有著一個「看不見的大腦」。

幸運的是，現在的分流手術可以把腦脊髓液引出顱腔。不過，動物的世界就不一樣了。中歐許多實驗用倉鼠有遺傳性的腦水腫。二〇〇六年，《動物病理學》（*Veterinary Pathology*）期刊刊登了一份研究報告，顯示就算是腦水腫最嚴重的倉鼠，在大腦組織所剩無幾的情況下，依然可以正常生活。牠們沒有奇怪的行為或生存困難，可以照常行動、思考、記憶、移動身體與繁殖⑱。

卡里耶夫的ＤＮＡ魅影，以及為我們進行部分思考的全像大腦，兩者之間的關聯值得我們一探究竟。如果卡里耶夫的推測無誤，而且ＤＮＡ分子真的會捕捉並儲存光，我們應該可以假設其他科學家也曾獨力發現了同樣的現象。

光的修復效應

《療癒場》一書，我最喜歡的部分是討論德國生物暨物理學家波普博士（Fritz-Albert Popp）的研究，他從一九七〇年開始就發現了非常類似的現象⑲。雖然波普沒有發現ＤＮＡ魅影，但是他的研究結果跟卡里耶夫十分近似，而且也有其他突破。波普先檢驗一種最危險的致癌物質多環芳香烴化合物苯駢芘（BaP）。他用紫外線照射苯駢芘，發現苯駢芘會吸收紫外線，再以完全不同的頻率反射出來。另一種類似的化學物質苯駢(e)芘不會擾亂光頻，對生物完全無害。

這種改變光頻率的效應，是否是了解癌症成因的關鍵？波普研究了三十七種化學物質，其中也包括致癌物質，他發現每一種致癌物質都會改變紫外線的頻率，而引起這些危險的致癌物質起反應的是波長三百八十奈米的頻率。事實上，波普發現各種致癌化學物質之間只有一個共通點，那就是都會吸收波長三百八十奈米的光，然後改變其頻率。這顯然意味著波長三百八十奈米的光對健康有重要意義，如果你每次曬太陽都擦防曬乳，就不會吸收到太多波長三百八十奈米的光，因為防曬乳會隔離紫外線。

波普發現有許多生物實驗已證實，紫外線能讓一顆細胞受損至百分之九十九，但是只要給細胞同樣波長的微弱脈衝，原先受損的細胞幾乎可以完全復原，而且是在一天之內。這就是所謂的「光修復」（photo repair），但是沒有人知道其背後原理。令波普感到驚訝的是，早就有人知道波長三百八十奈米的光能提供最佳的光修復效應，但是還沒有任何科學家知道他的發現[20]。

因此，當源場流入可測量的人類世界時，源場的電磁訊號在波長三百八十奈米時最強。此外，源場也具有液體的特色（這一點稍後將會深入說明）。這表示你能在源場內製造一種節奏性的脈動（或是多數人所說的振動），並得到更強烈的效應。想想看，羅馬士兵過橋時，都必須分組並改變速度。如果他們以同樣的速度過橋，整座橋就會開始晃動，甚至解體。這些小幅振動會產生共振，很快就會累積成更大的效應。源場也一樣，不過在這裡，共振是件好事。

在光修復的實驗中，波長三百八十奈米光的微弱脈衝顯然會在源場製造振動，讓更具療效的三百八十奈米波長的能量流進來。於是，死掉的細胞能在短時間內得到一股新生的能量。

波普非常想知道人體能否儲存並發出光，他讓他的學生伯納．路斯（Bernard Ruth）設計實驗，證實人體的確會發光，並以這個實驗撰寫博士論文。路斯認為這個想法荒謬至極，因此波普反過來要學生證明他的想法是錯的。路斯絞盡腦汁設計了一個可以計算光的實驗，一次算一個光子。一九七六年，路斯把儀器準備妥當，進行了第一場實驗，他們決定先用黃瓜的種子做實驗。令他們驚訝的是，這些種子的確釋放出光子，而且這些光脈衝比波普預期的還要強[21]。不過路斯的疑慮未解，他認為這是葉綠素造成的，所以他們改用馬鈴薯，因為馬鈴薯沒有葉綠素，也不會行光合作用。沒想到，馬鈴薯釋出的光竟然比黃瓜的種子更多。除此之外，兩者所釋出的光具有高度同調性，與雷射光束一樣。

接著，他們在DNA裡加入了一種叫做溴化乙錠（ethidium bromide）的化學物質，溴化乙錠是一種強誘變劑，可能也是一種致癌物或致畸劑，會使DNA分子的雙螺旋體解旋並死亡。不意外的，波普加入越多溴化乙錠，DNA就放出越多光㉒。波普因此推斷，儲存與釋放光是DNA的運作關鍵，這與卡里耶夫後來的發現相符。

波普在研究過程中發現，所有生物都會持續釋放光子，從少量到數百顆光子都有。有趣的是，比人類原始的動物或植物發出的光遠超過人類，可達每秒每平方公分一百顆光子，相同的面積，人類只有每秒十顆光子。這種光是高頻光，介於兩百奈米到八百奈米之間，高於可見光的範圍，而且這是一種高同調性的光，就像雷射光束一樣。

波普也發現，如果用光照射活細胞，細胞會先吸收光，過一會兒再釋放另一道強烈的光。他稱這種現象為「延遲發光」（delayed luminescence）。在卡里耶夫發現DNA分子會儲存光之後，波普的實驗結果並不令人意外。DNA顯然會與光產生反應，而不只是無限期儲存光而已。這種現象也與葛威區的觀察相吻合，他發現洋蔥頂端會釋放能量，而且擋住紫外線就能阻擋這種效應。簡言之，我們的DNA顯然會把光當成一種直接的能量與活力來源而儲存起來。如果DNA接收到過多的光，就會再把光送出來；或許就像生物把身體不需要的廢物排出體外一樣。不過，波普相信DNA釋放光不是一種排泄行為，而是出於一個有用的目的：光裡含有訊息。他的意思是，光脈衝攜帶的密碼能重建身體的平衡與秩序。

波普還發現，感受到壓力時會釋放更多光子，儘管我們並沒有吸收更多光。我認為這一點非常重要。我們知道壓力會加重或導致許多疾病，當我們壓力過大或承受負面情緒時，很可能儲存在DNA裡的光會藉由釋放而流失某些生命力；而這些釋出的光可能含有細胞需要療癒的訊息。

因此，為了恢復健康，我們必須為DNA補充能量：吸收更多的光。這又讓我們想到另一個有趣的問題。除了最外層的皮膚，我們身上大部分的細胞都沒有暴露在外界的光源中。到底該怎麼做才能吸收到更多光呢？光又是如何跑到身體的最深處呢？想要吸收光，環境裡的可見光源是唯一的來源嗎（但顯然的，就算我們住在黑漆漆的房間裡也不會死）？這些光子是不是直接從源場散發出來的？如果真的像俄國金字塔所做的研究所言，源場和源場的能量都與意識相互連結，我們的心智與情緒是否也會影響光的吸收？我們必須對源場敞開心胸，才能讓療癒的效果進入身體嗎？這一點能否解釋安慰劑效應，也就是光靠信念就能讓身體獲得治療？簡單而言，我們的態度是否會決定ＤＮＡ與細胞吸收多少光？

人體發出的光，可以幫我們了解健康情況

畢業自倫敦大學的生物化學家格蘭．瑞恩（Glen Rein）有驚人的發現，顯示ＤＮＡ會對人類意識產生直接反應。一開始，當細胞即將分裂或受損時（也就是已經死亡），ＤＮＡ會自行解旋；而當ＤＮＡ進行自我修復時，又會盤捲成螺旋狀。ＤＮＡ的捲曲或解旋都可以直接測量，方法是看ＤＮＡ吸收了多少兩百六十奈米的光。在這些了不起的實驗中，瑞恩博士從數個人類胎盤取出活的ＤＮＡ放入去離子水中，再把混和液放進燒杯裡。接著請幾個人光靠意念，全神貫注地試著盤捲或解旋ＤＮＡ。結果，實驗組的改變比率在百分之二與百分之十之間，而沒有人嘗試以念力影響的對照組只改變了百分之一．一。這表示人類的意念，至少會對人類的ＤＮＡ發揮雙重效應㉓。

更有趣的是，受試者之間如果腦波模式的同調性最高，改變ＤＮＡ結構的能力也最強。相反的，情緒特別激動的人（也就是腦波非常不同調），則會使ＤＮＡ所吸收的紫外線產生異常變化，出現在波長三百一十奈米的這個變化，很接近波普所發現的那個神奇的三百八十奈米波長㉔。此外，生氣的人也會使ＤＮＡ蜷縮得更厲害。這兩種效應都很不尋常。瑞恩表示，光的波長

之所以會變成三百一十奈米只有一種解釋，那就是「DNA分子的一個或多個鹼基的物理／化學結構產生變化㉕」。也就是說，我們的意念可以在DNA結構裡產生實際的物理和化學變化，也能捲曲或解開DNA。這個微生物學的證據，證實了生氣的情緒與致癌組織的生長確實有關聯，這也是我們期待已久的答案。這項證據意義重大，重要性不亞於治療癌症。別忘了在第四章裡，我們在對某個地方進行精準的遙視時，甚至可讓光子穿越電磁屏蔽室。這些光子可能帶著遺傳訊息，可以重組別人的DNA，讓對方恢復健康。

另一個例子則是把DNA放在腦波同調性高的人面前，但是受試者不要有改變DNA的念頭，結果DNA樣本的捲曲與解旋都沒有任何變化。換句話說，只有當受試者想要改變DNA時，DNA才會改變。這表示改變DNA的，極有可能是人類的意念。路．奇德博士（Lew Childre）可以在距離實驗室一哩半以外的地方，使實驗室裡的DNA盤捲或解旋；維拉利．沙迪林（Valerie Sadyrin）可以從莫斯科的家裡，捲曲瑞恩博士加州實驗室裡的DNA，而且只花了三十分鐘。瑞恩博士表示，這種可以產生同調腦波、直接影響DNA的能量有一個關鍵特性，那就是愛：「雖然不同的治療者所使用的技巧看似大不相同，但是他們都需要全心投入㉖。」

這些發現的含意重大，製造DNA魅影，以及把光儲存在DNA分子裡的顯然正是源場。在瑞恩博士的實驗裡，一開始看起來好像是我們的意念改變了DNA魅影，但是後來我們才發現實體DNA分子發生了變化。最棒的是，現在我們知道源場最重要的情緒特質是愛。瑞恩博士證明了愛對DNA有直接且重要的影響，而且很可能與製造DNA魅影使用同樣的能量傳遞過程。

更高的同調性、更強的組織、更緊密的結構與更好的結晶體，所有這些特性都告訴我們，能量場、分子與細胞都是以更和諧的方式運作。這也是人類第一次以科學方式證明愛，愛不是一種抽象的情緒或生物學概念（比如吃巧克力會讓大腦釋放某些化學物質），也不是與生俱來的繁殖渴望。現在，我們可以說愛就是宇宙能量的基本原則。人類彼此的同調性越高、結構越緊密、相處越和諧，世上就會有越多愛。正如俄國金字塔的研究告訴我們的，愛也會對地球行為產生直接反應，並且再次顯示出，在某種程度上，我們可能集體活在一個清明夢中。

讓我們再回到波普博士的研究。波普發現人體有各種不同的週期，在這些週期中，光的強度會隨著時間增強或減弱。這些週期長短不一，包括七天、十四天、三十二天、八十天與兩百七十天的生物節律，而且一年後依然觀察到同樣的現象。他也發現白天跟晚上、週跟月之間也存在著相似之處，顯示人體的節律也跟地球移動有關。這個現象的基礎原理，是二〇〇九年由一群日本科學家所發現的。他們使用高靈敏度、能在暗房裡偵測光子的相機，令這群日本科學家大感驚訝的是，人體確實在發光。強度最弱的光出現在早上十點，最強則出現在下午四點，然後會逐漸變弱㉗。另一項有趣的發現是，臉部發出的光比身體其他部位更強。這群日本科學家堅信，人體發出的光能幫助我們了解健康情況，但是他們似乎不知道相關研究其實早有進展。

波普博士發現，癌症病患喪失了人體自然週期的生物節律。此外，他們散發的光，同調性也遠遠不如健康的人㉘。大致而言，他們身體裡所儲存的光似乎被大幅削弱。不過，多發性硬化症的病人卻不一樣，波普發現這類患者是吸收了太多光，讓混亂的光頻干擾了細胞的正常功能。

波普想知道人體所儲存的光如何反映健康程度，有一次他發現放養母雞下的蛋，所發出的光同調性高於養雞場的雞蛋。接著他檢查各式各樣的食材，發現最健康的食材所釋放的光強度最低、同調性最高㉙。這是相當有趣的發現，顯示在這個生物能量（bioenergy）的系統裡，品質絕對比數量重要。

波普在研究一種水蚤時獲得重要突破。他發現，只要有一隻水蚤釋出光，其他水蚤就會吸收牠所釋放的光，牠們直接從彼此身上取得生命力。這意味著，當我們吸收了過多的光，我們所釋放出去的光子並不是廢物，而是依然含有身體所需要的生命力。後來波普也發現小魚會吸收彼此的光，向日葵也會面向可以吸收到最多光子的方向，而細菌則會從周遭環境裡吸收光㉚。此外，波普還測試了各種植物的萃取物，想知道是否能藉此找出癌症擾亂光頻的解決之道。不過，他測試的物質似乎只會讓問題更形嚴重，只有一樣例外：槲寄生。在波普的實驗中，有一位女性受試者使用槲寄生萃取物治癒了癌症㉛。

波普博士不是唯一值得我們探討的早期先驅人物。俄國生物物理學家亞達曼科（Viktor Adamenko）在一九七五年的「葉子魅影效應」（phantom leaf effect），是另一項經典突破。當時亞達曼科正在研究「克里安攝影術」（Kirlian photography），這種技術是把葉子或其他生物放在通電的克里安板上，就會看見模糊的電流在生物四周形成美麗的光暈。亞達曼科剪下半片活葉子放在克里安板上，令他驚訝的是，板上竟然出現了另一半葉子的幻影，時間約有十到十五秒㉜。全球各地有許多科學家都複製了這個實驗，一九七〇年代討論金字塔力量的書也經常提到這個實驗。

我要再次強調的是，普通的電磁能量應該無法製造出這種效應，但是源場概念卻可以加以解釋。每一種生物的ＤＮＡ都會儲存並釋放光子，就算把ＤＮＡ移開，光子還是會留在原地達三十天之久。我們幾乎可以確定，這就是葉子魅影效應的原因。因此，假如我們先把一整片葉子放在克里安板上久一點，說不定稍後被剪掉的葉子幻影會持續得更久；因為克里安板上的葉子已經在源場內建立更強的螺旋流（spiral flow）。

基因重組與治療

葉子魅影效應發現一年後，俄國科學院院士卡茲那雪夫（Vlail Kaznacheyev）也有了重大的突破，帶領我們更加深入未知之境。卡茲那雪夫培養了兩組細胞，放在完全密封的環境裡，其中一組細胞感染了疾病。當他用生病細胞的光照射健康細胞時，健康細胞也染上了同樣的疾病㉝。從已知的任何遺傳觀點來看，這絕對是不可能發生的事。唯一可能的解釋，是健康細胞裡的ＤＮＡ

重組成病毒ＤＮＡ，然後病毒把四周的細胞物質蠶食鯨吞，製造出更多病毒，這也是典型的病毒生命週期。這是ＤＮＡ與活組織被同調光內部所攜帶的遺傳密碼重組了。

更有趣的是，當卡茲那雪夫把一片玻璃擋在中間時，健康細胞就不會生病。玻璃擋住了紅外線和紫外線，讓病毒的遺傳密碼無法傳送到健康細胞身上。還記得嗎？葛威區也用了同樣的方法，擋住發芽洋蔥頂端所發出的能量。

同調光為什麼能徹底改變ＤＮＡ分子，甚至使分子重組成另一種生命體？我們周遭的環境也充滿了帶有訊息的電磁波，這些電磁波裡有手機對話、衛星電視和高速網路，都存在我們生活的環境中，隨時上載和下載無數位元的資訊。雷射光的同調性很高（高度相干性），也就是說雷射光的光波排列很整齊。這使得雷射光非常適合用來傳遞訊息，就像電磁波傳遞資訊一樣，只是效率更高。只要一個光脈衝，就包含了製造生物的完整遺傳密碼。根據卡茲那雪夫的重要研究結果，只要能收到適當的遺傳密碼，ＤＮＡ顯然隨時可以重組成另一種生物。

自從一九八四年發現ＤＮＡ魅影效應之後，卡里耶夫博士在二〇〇〇年又有對人類健康具有重大意義的新發現。他在車諾比收集死於輻射毒害的植物種子，神奇的是，只要用非燒灼性雷射光照射同種植物的健康種子，再把同樣的光照射死於輻射毒害的種子，死亡的種子就會奇蹟似復活，而且完全健康，並能順利成長茁壯。

卡里耶夫相當興奮，決定再用老鼠進行類似實驗。他在老鼠身上注射了一種叫做四氧嘧啶（alloxan）的致命毒素，這種毒素通常會攻擊胰臟，中毒的老鼠四到六天內就會死於第一型糖尿病。卡里耶夫從健康老鼠身上摘除了胰臟，先用雷射光照射健康的胰臟，再去照射注射了四氧嘧啶的老鼠。在二〇〇〇年、二〇〇一年及二〇〇五年，他與不同的研究團隊多次複製這個實驗，以雷射光治療的老鼠有將近百分之九十完全復原。牠們重新長出了胰臟，血糖恢復正常，短短十二天之內就重獲新生[34]。

更神奇的是，卡里耶夫可以在二十公里之外的地方，不須透過電纜或電線就能傳送健康胰臟的光，也能達到一樣的治療效果㉟。二〇〇五年，卡里耶夫表示：「我們使用同樣的方式大幅遏止了人類細胞的老化速度，甚至讓掉牙的成年人長出新牙齒㊱。」他曾在幾篇研究論文中提到，長出新牙的個案純屬意外。當時他正在治療一位糖尿病患，他從她十歲孫子的血液取得能量，想讓她長出健康的新胰臟。

這位女士的前排牙齒只剩下一顆，治療兩星期後，她的下顎開始疼痛腫脹，嘴裡的三個腫包後來竄出了三顆牙齒。因為長了新牙，她的牙醫必須幫她重新做上下牙托。卡里耶夫寄給我一張這位老太太的X光片，可惜沒有長新牙之前的X光片做比較。在卡里耶夫還沒來得及複製這項實驗之前，莫斯科包曼州立大學（Bauman's State University）就斷言這是「偽科學」而中止實驗，還把他給開除了。有些人認為這對身為科學家的卡里耶夫來說，是公信力的致命打擊，但是事實上這種情況並不少見。這個領域有許多科學家（甚至可說是大部分的科學家），都曾經受到奚落、嘲笑、恐懼及惡意攻擊。而其中許多人都獨力發現了同樣的實驗結果，因此不太可能是騙局或偽科學。

另一位俄國科學家布達科夫斯基（Budakovski）則證明，我們甚至完全不需要真正器官做為媒介。布達科夫斯基先用紅外線照射了健康覆盆子的全像圖，然後再去照射得了骨痂的覆盆子病株，結果骨痂消失了，有病的覆盆子植株重新回復健康㊲。這證明了只要具有能量印記（energy signature）的必要訊息，不需要任何活體組織提供原始碼，透過同調光就能傳遞修復能量。比如這個覆盆子實驗中只使用了全像圖，就能告訴骨痂裡的組織如何重新生長成一株健康的植物。

俄國科學家博拉科夫博士（A. B. Burlakov）也有具啟發性的重大突破。他把發育中的魚卵放在一起，讓光可以在魚卵之間傳遞，他從中發現了一件非常神奇的事：當他把比較年長、成熟的魚卵放在剛開始孵化的年輕魚卵前面，年長魚卵顯然會從年輕魚卵身上吸取生命力，讓自己長得更強壯且更快速，而年輕魚卵則會變得衰弱、畸形，死亡率也大幅升高。博拉科夫還注意到母魚產卵時，總是小心翼翼地避開其他魚卵，這似乎就是原因所在。另外，如果是彼此成熟度相差不大的魚卵，較年輕的魚卵反而能吸取到生命能量，直到成熟度趕上旁邊較年長的魚卵為止㊳。

當你知道生物會互相吸收能量之後，很容易會反應過度，懷疑別人會偷走你的能量。但是我相信源場裡有取之不盡的能量，當你覺得筋疲力竭時，就可進入同調狀態（state of coherence）充電，恢復精力。只要內心充滿愛，心平氣和，只需要很短的時間就能幫你充電完畢。我常把人類的能量複製品（或稱為氣場），想像成一只裝滿水的氣球：水球會隨著你體內儲存的能量而變大或變小。目前還沒有任何工具能讓我們直接測量這個水球的大小或形狀，不過從博拉科夫的魚卵實驗中，我們知道強者可以直接從弱者身上吸取源場能量。

這種現象也發生在獸群身上，得利者是獸群中的雄性領袖。波普發現當我們處於壓力之下，儲存在DNA裡的光會大量耗損；而在貝克斯特的實驗裡，壓力與死亡會送出各種頻率的訊號，同一空間裡的植物、細菌和其他生物體都會接收到這個訊號。大自然可能內建了一套系統，讓獸群在面對壓力與恐懼時會自動釋出能量給牠們所仰賴的雄性領袖，這極可能是一種生存機制，讓雄性領袖能在打鬥中變得更強壯、更有戰鬥力，以便保護大家。這或許也能用來解釋，為什麼運動團隊在主場的表現往往會比客場好。當然，我也同意主場優勢的看法：對場地比較熟悉，觀眾的喝采聲也會讓他們更有精神。但是，或許能量也是其中一個因素，只是我們尚未發覺而已。

博拉科夫的發現，證明能量交換無時無刻都在發生。比如說，有些魚卵先天有缺陷而導致生長較為緩慢，大自然就有一套修復機制，讓其他魚卵釋出能量來幫助牠們加速生長。然而，如果這些魚卵的發育遠不及旁邊的魚卵，牠們就會淪為犧牲品，成為較強壯魚卵的能量提供者。博拉科夫看過葛威區的研究，他也用一片玻璃隔在兩組魚卵中間。同樣的，只要擋住紅外線及紫外線，就能完全阻擋能量交換；而改用石英板就無法阻擋能量交換㊴。

博拉科夫也發現，使用不同波長的光與偏光鏡片，可以創造出畸形怪物，例如有好幾顆頭或好幾個心臟。但如果再換回正常的波長，畸形部位就會消失，小魚又會回到正常模樣，完全看不出先前的突變跡象[40]。真是如此，達爾文的演化理論勢必會受到嚴重挑戰。

根據俄國科學家凱伐萊能博士（Alex Kaivarainen）的研究，細菌跟昆蟲只要跟健康的同類在一起，就能神奇獲得療癒；二〇〇二年，帕森斯與希爾（Parsons and Heal）發現，中毒的細菌只要靠近健康的細菌就能恢復健康；二〇〇三年，亞格詹尼安（Agadjanian）在昆蟲身上也觀察到相同的結果[41]。因此，擁有健康的朋友很重要。此外，臨終的人經常會伸出雙手撫觸身旁的人，這很可能是因為用雙手觸摸能夠增加對源場的吸收。

人類能否傳遞正面能量給細菌、植物、動物或其他人類？這正是丹尼爾．班諾博士（Daniel Benor）所做的研究，他總共分析了一百九十一個療癒實驗的結果。在這些實驗中，有百分之六十四在統計學上具有顯著意義，包括跨越遙遠距離的靈癒效果[42]。不過，也有百分之三十六的實驗完全沒有療效。遺憾的是，主流媒體只討論失敗的實驗，便斷言我們已有「科學證明」顯示靈癒是無稽之談。但，事實並非如此。

亞歷珊卓．大衛尼爾（Alexandra David-Neel）曾在一九二〇年代造訪過西藏，她在一九三一年出版的《西藏的密宗和魔法》（*With Mystics and Magicians in Tibets*）一書中，記錄了這段期間的奇妙體驗。她親眼目睹許多神奇的事情，西藏僧侶告訴她，他們所有的神秘力量都來自於控制能量波——透過冥想的方式。

> 超自然訓練的秘訣……在於發展全神貫注的力量，甚至要遠遠超越天生專注力最強的人。密宗大師證實這樣的專注力訓練能製造能量波，可以用不同方式運用……他們相信每一次的生理或心理行為都會製造能量[43]。

也就是說，只要我們能讓思想變得更一致，就能提高進出源場的能力，並且進一步決定能量流動的方式與方向。這點非常重要，因為這可以解釋為什麼有這麼多古代宗教傳統都強調冥想的重要性。回想一下七千人一起冥想的實驗，他們減少了全球百分之七十二的恐怖活動。顯然的，這是因為他們在源場裡創造了同調性，而直接影響到所有人的心智，因為我們在某種程度上共同分享同一個宇宙意識。

在卡茲那雪夫驚人的發現中，我們強烈意識到ＤＮＡ不是一種固定不變的結構，透過能量形式，遺傳密碼可以從一個生命體傳到另一個生命體。這項神奇的發現打開了全新的調查之門，讓我們通往最神秘的科學領域：物種演化。物種演化真的像達爾文派科學家所堅稱的，是一個隨機的過程，還是另有原因？相信我，我絕對不是神創論者，把聖經上的每個字都照單全收，以為七千年前地球上一無所有。儘管如此，主流媒體的討論一樣顯得荒謬，他們把「科學」放在天平的一端，而「宗教」放在另一端。我們已經見識了諸多證據，證實生命的密碼可能存在源場裡。這個資訊經由紫外線流入我們這個現實世界，就像視覺化的訊息透過銀線流入松果體一樣。在下一章，我們將會探索物種演化的新資訊，看看這些嶄新的概念是否已找到確切的支撐證據。

IO

生命自己會找到出口：能量驅動演化

達爾文的演化論正受到前所未有的衝擊，有越來越多的證據顯示，有一種智慧具有引導力量，可以根據生物的需求調整遺傳密碼，讓生物能自行改組DNA，以便在環境驟變下生存下來。

古代祖先用各種方式預言黃金年代的到來，大金字塔似乎是其中之一，關鍵的時間點就在二〇一二年左右。金字塔的結構本身顯然也是訊息的一部分。俄國科學家使用聚氯乙烯管與纖維玻璃建造金字塔，在沒有金屬的環境中，他們發現各種令人震驚的效應。這些發現相當驚人，也使我們不得不徹底檢驗我們對科學與物理學的認知。癌症不再是神秘又可怕的問題，肇因可能是身體所儲存的光缺少同調性，而致癌物質會攪亂波長三百八十奈米的光頻。在金字塔裡，致癌化學物質很快就變成無害物質，它們的分子結構重組之後，反而會滋養而不是傷害生命。同樣的，威脅人類生命的地質與天候問題，也能透過建造金字塔而減少。

一旦我們開始以科學方法研究金字塔的力量如何影響生物系統，一定會有神奇的新發現。包括我們可以光靠思想就能治療他人，也許是我們的能量複製品直接去找這些人，並且釋放含有治療密碼的光子；古代文明顯然有這方面的知識。我們也發現了DNA分子會留下魅影，從環境裡面吸收光，幾乎就像一個迷你黑洞，而且就算ＤＮＡ分子已經被拿走，魅影仍會在原地停留多達三十天。這讓我們想問一個非常重要的問題：誰先出現？先有ＤＮＡ還是先有魅影？會不會先出現的，其實是魅影？

俄國生物科學家卡里耶夫已證明ＤＮＡ魅影會吸收光子，並讓光子留在原地。ＤＮＡ魅影是否也有辦法對原子和分子做同樣的事？我們的確看到幾個有趣的線索。二〇〇八年，塞吉・萊金博士（Sergey Leikin）把各種ＤＮＡ放在普通的鹽水裡，沒有蛋白質或其他物質能讓它們彼此交流。每一種ＤＮＡ都用不同的螢光化合物標記。令人吃驚的是，一模一樣的ＤＮＡ分子會神奇地聚集在一起，呈現出「心電感應」般的特質。相同的ＤＮＡ分子聚集在一起的比例，是序列不同的ＤＮＡ分子的兩倍。萊金相信這是電荷造成的，但重點是這種效應確實存在①。更進一步的實驗或許能證實源場就是背後的力量，能把尚未形成基本胺基酸的ＤＮＡ原子與分子聚集起來。

二〇〇七年，一支由俄國、德國與澳洲科學家所組成的團隊，在齊托維區博士（V. N. Tsytovich）的帶領下，發現當普通的灰塵懸浮在帶電粒子的電漿中，會自動排列成ＤＮＡ狀的結構，跟外太空的情況很像。他們用電腦模型重建同樣的環境，並未預期灰塵會出現任何秩序或結構，但是灰塵自然形成軟木塞開瓶器的螺旋狀。這些如ＤＮＡ般的結構會互相吸引，也會在分裂後變成兩個跟原版一模一樣的結構，與繁殖複製的過程非常類似。它們也會改變其他灰塵的結構，只要靠近對方就行了。此外，在模擬的過程中，它們的結構會逐漸變得更加複雜。齊托維區表示：「這些複雜、自動形成的電漿結構，完全符合『無機生物』（inorganic living matter）的特性……它們獨立自主，會繁殖也會演化②。」除此之外，二〇〇六年加州大學洛杉磯分校的天文學教授馬克・莫利斯（Mark Morris）宣布一項驚人的發現，在靠近銀河中心的地方，有一個形狀很像ＤＮＡ結構的雙螺旋星雲：「我

美國太空總署所拍攝的星雲，位置靠近銀河中心，莫利斯博士發現星雲的形狀很像雙股螺旋的DNA分子。

們看見兩股互相交纏的星雲，結構宛如DNA分子……在研究宇宙的領域中，從來沒有人看過這樣的景象……這是擁有高度秩序的結構③。」

二〇一一年一月，諾貝爾生物獎得主、法國病毒學家路克・蒙塔尼耶（Luc Montagnier）宣稱他將細菌的DNA放進一支只裝了水的密封試管裡，試管裡的水竟然重組了一個與細菌DNA結構一模一樣的分子。實驗方法是把DNA樣本高度稀釋後，再施加七赫茲的微弱電磁場。八小時後，密封試管裡已有一些水分子轉變成完美的DNA分子。約翰・鄧恩（John Dunn）在Techworld.com網站上，詳述了這項發現。

> 這代表什麼意義呢？可能是生命的繁殖過程可以利用實物的量子特性（quantum nature），以微妙的方式把自己投射出去，就像許多先前的實驗結果所顯示的一樣。另一個可能，則是生命本身就是這些量子現象的複雜投射，而且高度依賴這些量子現象，我們現在對這種現象了解甚少，因為極難偵測……水或許是一種很好的DNA自我複製媒介，複製的過程可能正是量子纏結（quantum entanglement）與「遠距傳物」（這是我們的用語）④。

DNA可能是根據一種我們看不見或無法直接測量的量子樣板（quantum template）製造出來的，這種量子樣板以一種結構型態存在於源場，並被寫入主宰物質與能量的基本法則中。這種能量結構是否會把光子、原子與分子聚集起來，然後形成螺旋結構，組成我們所知的生命型態呢？根據蒙塔尼耶的發現，答案很可能就在我們面前，只是大部分科學家不願意進行相關研究。自從宗教革命之後，科學界與羅馬教廷就達成了一種默契：「宗教負責心靈，科學負責事實；生命的出現是場意外，宇宙中並沒有更高的目標或更高等的智慧。」然而，這樣的想法簡直跟盲目的宗教信仰無異。我個人只相信證據。接下來就讓我們看看一些證據吧。

關於地球生命的演化：達爾文沒說的事

地球的每個角落都有細菌。《科學人》（*Scientific American*）雜誌曾經報導，在薩瓦那河（Savannah River）五百公尺深處鑽取的樣本中，發現了各式各樣的微生物。就連地球表面底下二．八公里的鑽取樣本中，也發現了活細菌。在一公克的普通表土中可以找到十億以上的細菌；甚至連地殼以下四百公尺的岩石樣本裡，也能找到一千萬到一億個細菌。地球表面已發現九千多種不同的微生物，有些細菌生存在攝氏七十五度的高溫中⑤。

你可能以為達爾文的演化論非常科學，但是請思考一下：既然已經有微生物，就表示創造生命所需要的大部分條件已經存在，包括ＤＮＡ、蛋白質合成、呼吸作用、運動、感知，以及神奇的光子捕獲效應。地球形成至今只過了四十億年，起初它可能只是一塊熔岩。一直到三十八億年前，地球才冷卻下來，形成海洋，但是即使是這段時期的岩石樣本，也含有植物光合作用之後所製造的所有基本的同位素植物⑥。更厲害的是，三十八億年前的岩石裡發現了一種原始的、類似酵母的生物⑦，這意味著地球上一出現水，就立刻出現了生命。

三十五億年前的岩石中已能找到更多微生物化石，而且這些岩石並非火山熔岩。據麥法登博士（Johnjoe McFadden）說：「地球還沒有大到可以全靠運氣演化出生命，……這些微生物化石看起來跟今天的微生物很像，很可能也一樣複雜。生命也許不是隨機出現的，但它出現得很快⑧。」為了證明機率有多低，有一位麻省理工學院的生物學家計算了一百個胺基酸以隨機突變的方式形成蛋白質的機率，答案是在小數點後面接了六十五個〇⑨。

二〇〇八年的《連線雜誌》（*Wired*）中，有篇文章提到與細菌有關的新發現：細菌可以住在地球上最惡劣的環境，包括炙熱的火山內部及核子反應爐，以及酷寒的南極冰裡頭。事實上，在南極發現的細菌，即使過了一千萬年也可以解凍復活。那篇文章中，也提到微生物甚至可以承受發射進入太空的衝擊，而威德二號彗星（81P/Wild 2）的微塵粒子中也發現了胺基酸（所有生物的前驅物）[10]。倫敦帝國理工學院（Imperial College of London）最近有一份研究提到，一九六九年掉落在澳洲的隕石裡，發現了尿嘧啶（uracil）與黃嘌呤（xanthine）碎片，也就是DNA的前驅物[11]。二〇〇一年一月，美國地質學會宣布，在鹽晶內部的液體發現了三萬四千年前的活細菌。這些細菌已經萎縮得很小，而且顯然處於一種冬眠狀態，並在兩個半月後甦醒，開始正常繁殖。「我們不確定這是怎麼回事。」羅溫斯坦（Tim Lowenstein）教授說：「它們需要修復DNA，因為DNA會隨著時間降解[12]。」

英國著名天文學家霍伊爾爵士（Sir Fred Hoyle）與威克蘭瑪辛格博士（Nalin Chandra Wickramasinghe）有更驚人的發現，他們在一九六〇年代觀察銀河塵的結構，發現有越來越多的證據顯示，銀河系中大部分的塵埃（約百分之九十九．九）[13]都是冷凍乾燥的細菌。兩人在用紅外線研究銀河系塵埃時發現了這件事，從而推斷這些塵埃粒子是中空的，且有堅硬的細胞壁。結果證實銀河塵粒子幾乎都是冷凍乾燥的細菌，完全符合他們的觀察結果[14]。

他們因此做出令人震驚的結論：「星際塵粒（interstellar grains）必定是細菌，只是處於冷凍乾燥的狀態，很有可能已經死亡。但至少這是一項值得探索的假設。」霍伊爾在一九八〇年四月十五日的一場演講中做了以下解釋。

> 微生物學起源自一九四〇年代，一個複雜程度令人震驚的新世界等著被發現。回顧起來，有件事相當值得注意，那就是當時微生物學家並未立刻體認到，他們所深入探索的世界必定具有宇宙秩序。我猜微生物所具有的宇宙特質在下一代眼中，就像我們這一代視太陽為太陽系中心一樣明顯。[15]

我寫這本書時，距離他的這篇演講已過了三十幾年，但是他所預測的改變顯然尚未出現。就算有科學家願意寫跟星際細菌有關的文章，大部分也只敢用演化論來解釋這些細菌如何透過突變演化，在太空中冷凍乾燥後，再墜落在地球上孕育了生命。細菌無所不在，是一個遠遠超越過去的大膽概念，因為這正是宇宙的功能：創造生命。果真如此，我們怎麼會忽略如此重要的科學發現？

哈佛教授詹姆斯・史翠克（James Strick）在他的重要著作《生命的火花》（*Sparks of Life*）一書中，指出十九世紀有一場大規模的陰謀，目的是壓下任何討論微生物自然出現（即由非生物自發性變成生物）的科學發現，而不是公認的「隨機的演化突變」⑯。史翠克博士在二〇〇三年由威廉賴希研究院（Wilhelm Reich Institute）舉辦的一場會議中表明立場，傑克・弗蘭諾（Jack Flannel）記錄演說內容並發表在網路上⑰。十九世紀法國科學院提供了一份獎金，要給能夠證明生命究竟是自然產生或隨機出現的科學家，微生物學家巴斯德（Louis Pasteur）贏得了競賽，就是他發明了牛奶的低溫殺菌法。巴斯德用實驗證實生命必須從生命而來，推翻了「自然產生論」，但問題是，巴斯德的競爭對手的確在無生物的環境中培養出生命體。但巴斯德不願重複這些實驗，更令人失望的是，巴斯德的實驗也發現了有小部分的生命體自然產生，但是他從未公布相關發現，因為他認為這必定是不值一提的錯誤⑱。

反駁生源論（biogenesis）❶的證據可上溯到一八三七年，當時英國業餘科學家安德魯・克羅斯（Andrew Crosse）發表了一份鮮為人知的研究報告。當時電還是一種新鮮的現象，克羅斯為了要人工生成結晶體，混合了鉀鹼與鹽酸做成矽酸鹽溶液，再把拳頭大小的氧化鐵塊丟進去，然後再用一顆小電池電擊矽酸鹽溶液，希望氧化鐵塊上會出現二氧化矽結晶。但是他得到的結果非常古怪，泡了十四天後，通電的氧化鐵上出現了白色小點；再過四天，每個小點都變成兩倍大，而且上面還長出六至八根小絲⑲。克羅斯把接下來所發生的事情，記錄在一八三七年他為倫敦電氣學會（London Electrical Society）所寫的論文之中。

實驗進行到第二十六天，那些東西已經呈現出昆蟲的形體，站在牠們所長出來的硬毛上面。雖然我認為極不尋常，但是直到兩天後我才注意到這個現象的重要性；在實驗的第二十八天，我用放大鏡觀察到這些東西的腳會動。我必須承認，當時我嚇呆了。再過幾天，牠們離開氧化鐵塊，在腐蝕性的酸液中游來游去。在短短數星期內，這些東西在氧化鐵塊上出現的數量超過了一百個[20]。

這種生物顯然是很像蟎蜱目的一種小蝨子：「我用顯微鏡觀察牠們，發現小隻的有六條腿，而大隻的有八條腿。其他觀察過的人說，牠們一定屬於蟎蜱目，但也有些人說這是全新的物種。」克羅斯知道自己一定會受到其他科學家的抨擊，於是他小心翼翼地複製實驗，實驗前先用加熱方式在密閉容器裡消毒所有材料，但是這些小動物還是出現了。

複製克羅斯實驗的科學家，也得到相同結果。法蘭克．艾德華茲（Frank Edwards）在一九五九年的一篇文章中提到，這些科學家不敢公開實驗結果[21]。直到科學界的傳奇人物法拉第（Michael Faraday）告訴英國皇家學會，他也用相同的條件培育出這些小生物[22]。他不確定這些生物是否真的是在無菌的溶液中自然出現，還是被電擊而復活。但是無論是哪一種情況，對我們所熟悉的主流科學與生物學都是一大挑戰。

另一位我們曾在第一章提過的早期先驅是威廉．賴希，他將自己所研究的能量稱為奧根宇宙能（orgone energy），但是卻飽受嘲笑。然而，從本書所進行的調查可看出，他的研究絕非無稽之談。賴希推斷宇宙空間裡充滿奧根宇宙能，這種能量沒有質量，卻可穿透物質而產生測量得到的脈動，深受水的吸引，而且會透過飲食、呼吸和皮膚在生物體內累積。到目前為止，這段描述聽起來非常熟悉。賴希製造出能夠集中奧根宇宙能的蓄電池，並發現這些蓄電池可以使實驗室老鼠的傷口與燙傷加速痊癒；這種治療方式也可以降低休克的機率。使用賴希的奧根蓄電池電擊種子，種子可以長成更大更健康的植物[23]。

賴希也在無菌的環境裡，找到生命自然出現的證據。他在顯微鏡下看見泛著藍色的光點，這些光點後來發育成生命體，他叫這些光點為「無菌生物（bion）」。這個理論受到無情的揶揄，甚至到今天還有懷疑論者在網路上抨擊，認為賴希的實驗過程在科學上站不住腳㉔。然而，帕契可教授（Ignacio Pacheco）在二〇〇〇年時卻成功複製了賴希的實驗，他還拍下試管中生物的照片㉕。帕契可從未受污染的沙灘取得沙子，再把沙子加熱到白熱程度，也就是攝氏一千四百度。如此高溫可以殺死所有的已知生物，只有我們先前提過出現在火山與核子反應爐裡的「嗜極生物」❷可以存活。然後他在無菌環境中冷卻沙子，再把沙子倒進裝著蒸餾水的無菌試管裡。接著他把試管放進壓力鍋連續殺菌兩次，中間間隔二十四小時，以殺死任何已知的孢子與植物細胞。在殺菌之間的二十四小時裡，帕契可用顯微鏡觀察漂浮在試管上層的粒子，神奇的事出現了。

竟然有多種不同的構造出現在水中，而且這些構造看起來很像複雜的生物體，具有生長與分裂的能力。這些東西在溶液裡游來游去，帕契可用錄影方式拍攝實驗結果。雖然他尚未檢驗這些東西是否含有ＤＮＡ，但是他覺得「無論從哪個角度來看，這些無菌生物都可被視為生物結構」。有些無菌生物看起來像單純的微生物，有些看起來比較複雜。

其中有些微小海洋植物看起來很像角珊瑚（Gorgonia），而最具說服力的照片還是單片的葉子，葉子一放上載玻片時就從植物上斷裂開來了。他還發現看起來很柔軟的小點點，小點點的周圍慢慢發育出鈣質的亮白色螺旋外殼，像極了海貝的迷你版。外殼的螺旋紋路一開始就清晰可見，和我們所預期的貝殼很像，而內部柔軟的身體有部分外露。

我最喜歡的是下頁的照片，這種奇怪生物有一顆頭及略呈球形的身體，外層覆滿了自衛用的尖刺。帕契可教授相信這是「從無機結構階段進入有機及生命狀態的一種傳統演化方式」㉖。有趣的是，如果他沒有先消毒海沙，這些微小生物就完全不會出現。分子是否夠純淨，似乎是形成生

帕契可博士顯微鏡下的葉子狀物體，在只有海沙跟水的無菌溶液中漸漸成形。

命的重要條件。當我們觀察這些小傢伙時，一定會想問一個問題：牠們的DNA從何而來？

對於生活在地球上最惡劣環境中的細菌，我們也必須問同樣的問題，當然還有銀河系裡的塵埃粒子。雖然巴斯德在十九世紀因為支持達爾文的演化論而贏得獎金，但是在競賽過程中，我們反而被剝奪了更重要的真相：生命的確是智慧設計的產物。這一點，就算你不是逢人就傳教的死硬派也看得出來，只要理性思考面前的諸多證據就知道答案。

達爾文演化論的破綻

接下來讓我們看看演化論。雖然主流看法認為達爾文的演化論是經過科學證明的事實，但是許多學者依然斷定這是不可能的事。這些人並非神造論者，而是腳踏實地、擁有專業公信力的科學研究者。例如法國國家科學研究中心（French National Center of Scientific Research）主任邦努爾教授（Louis Bonoure）就說：「演化論是成年人的童話故事。這個理論對科學進步毫無助益，是一個無用的理論㉗。」麻省理工學院與俄勒岡州立大學的數學教授史密斯（Wolfgang Smith）也清楚表明立場。

> 今天……達爾文的演化論正受到前所未有的抨擊……有越來越多受人敬佩的科學家離開演化論的陣營……這些「專家」之所以放棄達爾文主義，主要不是因為宗教信仰或因為被聖經說服，而是基於嚴謹的科學原因㉘。

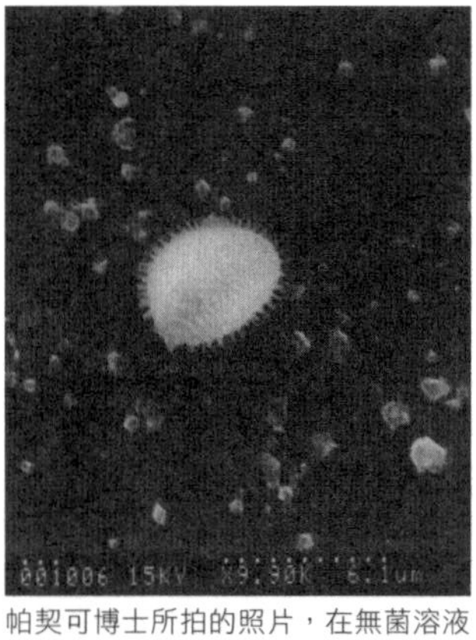

帕契可博士所拍的照片，在無菌溶液中漸漸成形的一種生物，看起來類似多細胞生物，有頭和防禦性尖刺。

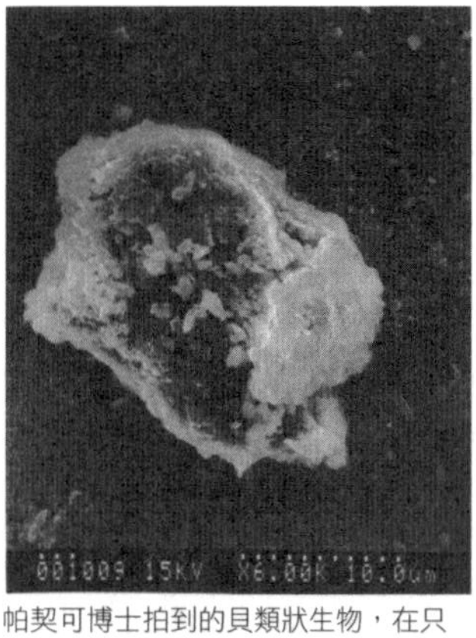

帕契可博士拍到的貝類狀生物，在只有海沙跟水的無菌溶液中漸漸成形。

美國自然歷史博物館的古生物學家奈爾斯・艾垂奇（Niles Eldredge），曾討論過複雜的生命體突然出現在地球上的速度有多快。

> 大約在六億年前……全世界幾乎在同一個時期，原本完全沒有生物化石的岩石層中，突然出現含有殼無脊椎動物的沉積層：三葉蟲、腕足動物、軟體動物……神造論者早已善加利用這突然出現史無前例、豐富又多樣的生物化石紀錄……這的確是一項值得探究的智力挑戰㉙。

英國自然歷史博物館的動物學家諾曼（J. R. Norman）在一九七五年時說過：「目前尚無地質紀錄可證實魚的起源㉚。」同樣來自英國自然歷史博物館的史溫頓（W. E. Swinton）說：「鳥類的演化起源主要是演繹推論而來。從爬蟲類演化成鳥類的大幅改變，目前還沒有找到任何化石證據㉛。」一九七六年，倫敦帝國理工學院地質系的德瑞克・艾格教授（Derek Ager）寫道：「值得注意的是，我在求學期間所聽過的演化故事……現在都已經被『揭穿』了㉜。」

達爾文的信徒當然積極打擊敵對陣營，宣稱他們已有新的進展。但是，我們已提出許多證據，再加上更多的數據佐證，演化論實在不太站得住腳。如果達爾文的演化論是正確的，那麼漫長的演化過程中一定會出現許多過渡物種，但以地質學的角度來看，化石紀錄中一直都只存在一種情形：一種生物在極短的時間內升級成更新、更進步的物種；幾乎沒有任何過渡時期的生物化石可以支持達爾文的理論。我們沒有看過有一種魚是一半骨骼在體內、一半在體外，只有貝類與硬骨魚，中間的過渡期毫無證據。這還只是眾多例子中的一個而已。甚至在人類的演化過程中，也有許多重要而無解的問題。你應該有聽過尋找所謂的失落環節，也就是可以解釋人腦為什麼突然在短時間內變成兩倍大的過渡期物種，提醒你，這類物種現在還沒找到。

英國政府的首席科學顧問暨伯明罕大學的解剖學教授祖克曼（Solly Zuckerman）說：「如果人類是從類似猿的動物演化而來，這個演化過程並未留下一絲化石紀錄㉝。」

如果這些改變不是來自達爾文所說的「隨機突變」，那究竟從何而來？也許有兩位芝加哥大學的古生物學家，大衛．洛普（David Raup）與詹姆斯．塞普科斯基（James Sepkoski），已經找到了答案。他們一起仔細拼湊有史以來規模最大的海洋生物化石，涵蓋三千六百種海洋生物。一九八二年，他們率先在《科學》雜誌發表了一篇文章，描述他們在化石紀錄中發現了四次大規模的滅絕現象，以及較不顯著的第五次㉞。在處理資料的過程中，他們碰到一個難解的問題：他們發現不應存在的模式一再出現在化石紀錄中。但是他們越深入研究，越努力想用事實把這個模式剔除在外，這個模式反而變得更加明顯。一九八四年，也就是他們第一次發表報告的兩年後，他們終於承認事實。這次他們發表了驚人的研究結果，但是對科學界沒有產生應有的影響。簡言之，化石紀錄顯示新物種持續在短時間內自然出現，而且以兩千六百萬年為週期不斷循環㉟。他們分類的化石涵蓋五億四千兩百萬年，而循環的模式可追溯到兩億五千多萬年前。

二〇〇五年，故事有了更有趣的發展。當時加州大學柏克萊分校物理系教授穆勒（Richard A. Muller），以及他的研究生羅伯特．洛德（Robert Rohde），在洛普與塞普科斯基的資料中發現了另一種演化週期。這次他們發現週期可追溯到最早的海洋生物化石紀錄，也就是五億四千兩百多萬年前。穆勒與洛德發現，大約每隔六千兩百萬年，地球上所有的生物就會進行相當自發性的升級，變成更新、更進步的物種㊱。在那一年《國家地理雜誌》的一篇文章中，穆勒說：「我真希望我知道這代表什麼意思……我猜答案藏在天文學裡，但洛德認為應該

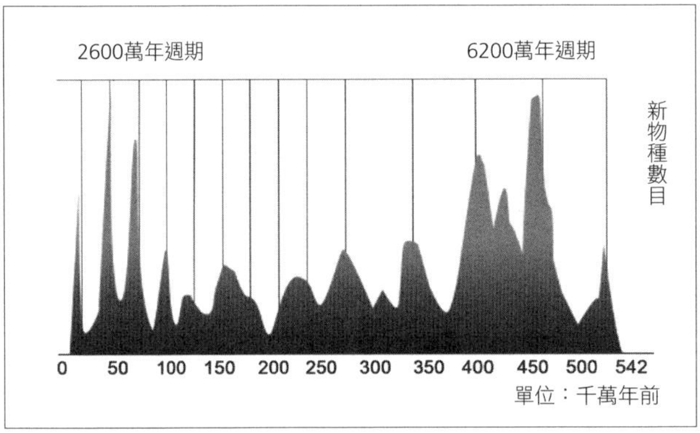

洛普與塞普科斯基，以及洛德與穆勒的實驗數據圖表，由本書作者引用製作。

往地球內部找答案㊲。」

根據一篇最初刊載在二〇〇九年《每日銀河報》（*Daily Galaxy*）的文章，穆勒的猜測顯然比較準確。原來天文學家早已發現，太陽系會以很長的、像翹翹板般的波浪式擺動方式運行，運行時會在銀河盤面（galactic plane）上下移動。完成一次上下擺動的週期大約要花六千四百萬年，非常接近穆勒與洛德所發現的六千兩百萬年週期。距離如此遙遠的天文計算顯然很容易出錯，因此真正的銀河擺動週期很可能是六千兩百萬年。堪薩斯大學教授梅洛特（Adrian Mellott）與默德維戴（Mikhail Medvedev）相信，這個銀河週期就是解開謎底的答案。當太陽系疾馳穿越太空時，銀河的上半部正對著處女座星團（Virgo cluster）。梅洛特與默德維戴相信這個地方應該有更多帶電粒子和宇宙射線，他們的理論是：我們每次上升離開銀河盤面的磁場，進入北部區域時，就會暴露在更多宇宙射線下；而這些輻射會導致更多的基因突變，所以可能創造出新的物種㊳。

這當然是一種可能的解釋，但是現在我們已經知道源場的各項研究突破，說不定有其他答案能讓我們更接近真相。銀河翹翹板理論，依然無法解釋洛普與塞普科斯基最初發現的兩千六百萬年週期，一定還有別的原因。銀河能量場，很有可能就是答案。

我們已看見含有ＤＮＡ的活細菌及其他物種，如何從非生物的物質中自發性地冒了出來。如果ＤＮＡ可以「無中生有」，而且波普與卡里耶夫的研究證實ＤＮＡ會儲存和釋放光，那麼為什麼ＤＮＡ不能用適當的光頻改編和改寫呢？別忘了卡里耶夫只用健康胰臟的光波訊息照射中毒的老鼠，老鼠受損的胰臟在短短十二天內就獲得重生。俄羅斯科學家布達科夫斯基發現只要用一張健康覆盆子的全像圖，就能轉化植株身上致命的腫瘤組織。這是因為高同調性的紫外線帶有複雜的遺傳密碼，能直接影響ＤＮＡ的結構與行為，使生病的組織完全恢復健康。那麼，有沒有其他線索顯示，只要給予正確的訊息，ＤＮＡ的「原始碼」就像拼圖一樣，正確的解答不只一個？令人驚訝的是，這樣的線索確實存在。

人為何生而為人：DNA是一種可以重組的波狀結構

許多心靈敏銳的人總會覺得跟海豚特別親近，這種感覺似乎不假。二〇〇〇年，美國海洋暨大氣總署（National Oceanic and Atmospheric Administration，簡稱NOAA）的科學家巴斯比（David Busbee）有令人驚訝的發現。

> 人類的每一條染色體都能在海豚身上找到相對應的染色體……我們發現海豚的基因組與人類的基因組，基本上是一樣的。只是因為幾條染色體重組，就改變了遺傳物質組成的方式㊴。

這實在令人太驚訝了，因為人類與海豚的外觀一點都不像。二〇〇四年英國國家廣播公司在新聞中公布了加州大學聖塔克魯茲分校郝斯勒博士（David Haussler）團隊的研究。他們比較了人類、大鼠與小鼠的DNA碼，「非常驚訝地發現，這三種生物有幾條DNA一模一樣」。雞、狗，甚至於魚類，也有和人類幾乎一樣的DNA碼。郝斯勒博士說：「這令我驚訝萬分……想到科學界過去從未注意到這些元素，我就激動不已㊵。」

如果人類、海豚、大鼠、小鼠、雞、狗和魚的DNA都如此相似，而DNA分子又會吸收和釋放同調光，那麼我們離這樣的一個想法已經很接近了：所有的DNA都是一種單一波的產物，只要稍做調整，就能製造出各式各樣的物種。

果真如此，我們能否注入新訊息來改變這種波，進而直接改變DNA來創造新物種呢？如果我們回想亞歷山大·葛洛德博士在謝利格湖建造的金字塔，就會發現其實這種現象早已發生——金字塔附近的土地長出許多早已滅絕的植物。我們還有沒有其他證據，可以證實如此神奇的效應呢？答案出現於一九八九年，當時生化界歷史悠久的汽巴嘉基（Ciba-Geigy）化學藥廠為一種能培育出全新植物與動物的過程申請專利，其實這個過程極為簡單：他們把種子放在兩個金屬板中間，在種子發芽期間用直流電通電三天。他們用這種方式電擊普通的蕨類種子，卻驚訝地發現蕨類變成一種早已滅絕的品種，而且這個品種只有在煤礦床的化石曾被發現過。這個「滅絕」的蕨類有四十一條染色體，而不是一般的三十六條。此外，在四年之內，原本的植物突變成更多不同品種的蕨類，其中有一些本來只長在南非㊶。

汽巴嘉基把同樣的技術用在小麥上面，同樣可以把小麥變成更古老、更強壯的品種，也就是小麥被過度培育之前的原始品種。這種小麥只需四到八個星期就能收割，而普通小麥的收穫期是七個月。當然，這對在貧窮地區挨餓的人來說意義重大。該化學藥廠也用鬱金香做同樣的實驗，結果發現花莖上長出棘刺，這顯然是花匠們改良之前的鬱金香特徵。這種效應不只在植物種子身上有效，他們也用鱒魚卵做了實驗，培育出更強壯、抗病力更強的鱒魚。最棒的是，他們還用兩億年前的孢子做實驗，這些孢子來自地底一百四十公尺深的鹽礦床。雖然無法取出孢子，但是只利用靜電場加以電擊，孢子就復活了，彷彿兩億年的時間不存在似的㊷。

遺憾的是，進行這些實驗的是一間化學藥廠，他們大部分的業務都來自脆弱又容易生病的農作物，這樣生產的化學肥料才派得上用場。汽巴嘉基知道這種植物可能會影響他們的生意，很快就放棄研究這項新技術。幸好最初的研究報告被保存了下來，相關資訊才沒有遺失㊸。

另一項奇特的發現，刊載於二○○九年的《國家地理新聞》（*National Geographic News*）網站。法國翰尼大學（University of Rennes）的科學家把三個品種共一百二十隻蜘蛛放在水中淹死。他們每隔兩小時就戳戳蜘蛛，直到確定蜘蛛死透不動為止；森林裡的品種經過二十四小時確定死亡，沼澤裡的兩個品種經過二十八小時和三十六小時才確定死亡。確定蜘蛛死亡之後，科學家把蜘蛛屍體風乾，然後秤重。

神奇的是，在每隔兩小時戳一次蜘蛛的過程中，蜘蛛的腿會抽搐，甚至復活；而且其中一種沼澤蜘蛛竟然花了三十六小時才死亡。科學家推斷這是因為蜘蛛僅僅陷入昏迷，尚未死亡；但是，這種現象又引發更多有趣的問題㊹。生命可能比我們想像得更加有韌性。就像前面提過的三萬四千年以前的細菌，竟然可以在兩個半月後復活；還有卡里耶夫取自車諾比的種子。遺傳物質只要一息尚存，就算技術上來說已經死亡，只要提供一點刺激就足以讓其復活。相較於要從無生命的分子創造出生命，對源場來說，這樣的過程顯然更容易也更快速。

牠們都自己改寫了遺傳密碼

如果我們想要進一步了解這種演化的新概念，就必須知道有些物種可以不需要任何外在靜電場就能自行重組DNA，例如汽巴嘉基藥廠所做的實驗。二〇〇九年四月，洛克斐勒大學（Rockefeller University）的一份研究指出，有一種叫做布魯氏錐蟲（*Trypanosoma brucei*）的寄生蟲在非洲傳染嗜睡性腦炎，布魯氏錐蟲會自動重組DNA，所以人體的免疫系統無法將其打敗。神奇的是，這種寄生蟲能夠把兩股DNA都碎裂重組，改變外殼以躲避偵測。雖然參與研究的科學家早在二〇〇七年就懷疑布魯氏錐蟲會重組DNA，但是直到二〇〇九年才找到證據。他們所發布的新聞稿改寫自《科學日報》的文章：「這意味著寄生蟲與人類使用相同的機制重組DNA，真是令人難以置信。」德瑞森博士（Oliver Dreesen）說：「我們做了一次又一次的實驗，百試不爽㊺。」

這幾位科學家顯然不知道有人也發現了類似的效應，那就是二〇〇五年普渡大學（Purdue University）的遺傳學家普瑞特博士（Robert Pruitt）。普瑞特和同事研究一種稱為阿拉伯芥的植物，他們正在探索一種基因突變現象，會使花瓣畸形地糾結成一團。他們發現就算雙親都把突變基因傳給下一代，經過三年之後，有百分之十的阿拉伯芥會回復成正常狀態。植物改寫了自己的DNA，自動修正了突變的情況。驚訝的科學家檢查這些植物的DNA，證實它們的確已改變成最初的健康狀態㊻。這是DNA自動改寫、修正突變的例子，對達爾文的演化論也是重要的一擊。如果DNA含有一種可以修正突變的波，達爾文可能就要丟飯碗了。

加州理工學院的植物遺傳學家梅耶羅威茲博士（Elliott Meyerowitz）表示，普瑞特的研究結果「似乎是很不可思議的發現」㊼。我也很喜歡這份研究，因為這證明了沒有任何一家企業能製造出真正的「終結者種子❸」。大自然總是能找到修復損害的方法。

另一個「不可思議」的基因修復案例，來自法蘭西斯．希金（Francis Hitching）一九八二年的著作《長頸鹿的脖子：達爾文的錯誤》（*The Neck of the Giraffe – Where Darwin Went Wrong*）。希金指出自己以果蠅進行實驗，這也是生物實驗中最常使用的活體生物。雖然有許多科學家曾經嘗試用輻射來加速突變，但是「無論設計怎樣的環境，果蠅依然維持果蠅的樣貌㊽」。更有趣的是，希金移除親代雙方跟眼睛生長有關的遺傳密碼，但後代還是長出了眼睛，雖然是過了五代以後。希金認為「遺傳密碼似乎有一種內建的修復機制，可以重建缺少的基因㊾」。當然這也使我們想問一個更深入的問題：什麼是「遺傳密碼」？

有越來越多證據顯示有一種智慧具有引導的力量，可以根據生物的需求調整遺傳密碼。還有沒有其他生物，自己改寫DNA來適應環境變遷？一九八八年，哈佛大學公共衛生學院教授約翰．凱因斯（John Cairns）率先發現這種效應，他研究一種無法消化乳糖的細菌，把細菌放在只有乳糖的環境裡。絕大部分的細菌當然都在挨餓，並進入一種假死狀態。然而，一兩天之後，有些細菌突然自動演化，改寫自己的DNA並開始消化乳糖。這並非隨機事件，如果環境裡沒有乳糖，這種「適應環境的突變」就不會發生㊿。貝利．赫爾博士（Barry Hall）接續這個研究，並在一九九〇年發表研究結果；他發現只要剝奪細菌的關鍵營養素，例如色胺酸與半胱胺酸，細菌的某些後代會開始在體內合成這些營養素51。無論如何，為了生存，細菌總能找到賴以活命的東西，這就是大自然的秘密法則。赫爾博士也認為這種效應或許可以用來解釋，為什麼致命的細菌總是能快速適應新的抗生素52。

二〇〇八年還有另外一個實驗，證明生物可以快速重組ＤＮＡ，幫助自己適應環境挑戰。一九七一年，生物學家把五對繁殖期的義大利壁虎，從亞得里亞海南部的荒蕪島嶼遷移到鄰近一座林木蓊鬱的熱帶島嶼。這是這種壁虎第一次出現在鄰近島嶼上，牠們在家鄉本來靠捕食昆蟲維生。二〇〇四年初，生物學家重回這個島嶼，令人震驚的是，最初那五對父母的後代在短時間內已經過大幅演化。

《每日銀河報》寫道：「短短三十六年後，壁虎的頭部大小與形狀已有顯著差異，咬合力變強，並發展出新的消化道結構。三十六年是極為短暫的時間尺度。」這篇文章的作者是鄧肯·厄席克（Duncan Irschick），他是麻州大學艾姆斯特校區的生物學教授[53]。每項改變都是量身打造，目的是讓壁虎更容易吃植物。多虧了快速的ＤＮＡ改寫過程，壁虎的消化系統發展出盲腸瓣膜，這是該品種前所未見的器官，能夠靠著發酵來分解植物，全世界有這項獨特構造的蜥蜴品種不到百分之一。這些壁虎的頭變得更長、更寬、更高，大幅增加了咬合力，使牠們能夠更輕鬆地咀嚼植物纖維。有趣的是，牠們也不再具領域性了，現在牠們看到能吃的植物就吃。厄席克博士說：「我們的數據顯示，生物可以在極短的時間尺度內就演化出新構造[54]。」

另一項經典研究是格蘭特夫婦（Rosemary and Peter Grant）所做的研究，這兩個演化生態學者花了二十年的時間，在加拉巴哥群島的一座島嶼上研究和鑑定每一種鳥類。他們剛到時，島上有四百種鳥，現在已經鑑定出超過一千種鳥類。在二十年的歲月裡，他們持續觀察芬雀達二十代之久。令他們驚訝的是，每一種鳥類都在短時間內出現遺傳改變，而大部分的改變都發生在喙部的大小跟形狀上面。舉例來說，當島上經歷長期的乾旱，種子變得更小時，雀鳥會演化出更長更尖的喙部以便能吃到種子。格蘭特夫婦也發現，鳥類會改寫自己的ＤＮＡ來製造改變。強納森·溫納（Jonathan Weiner）在《雀喙之謎：從芬雀喙看達爾文的物種源起》（*The Beak of the Finch: A Story of Evolution in Our Time*）一書中寫道：「達爾文……大大低估了物競天擇的力量。物競天擇既不罕見、也不緩慢，每天每小時都在朝演化邁進，無所不在，睜開眼睛就能觀察到㊺。」二〇〇九年，鳥類學家宣布了另一項森林鳥類快速演化的發現：當森林被砍伐後，鳥類的翼尖很快就變得更尖；反之，如果森林面積擴大，鳥類翼尖就會變得比較圓㊻。

二〇〇九年《國家地理雜誌》報導在剛果河裡出現了一種前所未見的「怪獸魚」，這種魚會穿梭游動在非洲的好幾個國家之間。美國自然歷史博物館的魚類學家史提亞斯尼博士（Melanie Stiassny）說：「這種魚其實是加速演化的結果㊼。」

深入海洋，我們會發現「燈塔水母」（immortal jellyfish）可以在飢餓、生理傷害或面對其他危機時完全改寫自己的ＤＮＡ。賓州大學研究員米格麗塔（Maria Pia Miglietta）表示：「為了避免終須一死的老死情況，燈塔水母會把所有的細胞變成更年輕的狀態。」這種水母會把自體組織和遺傳物質恢復到發育初期的狀態，而且「細胞通常會在過程中徹底轉變，肌肉細胞會變成神經細胞，甚至會變成精子或卵子」。另一個有趣的現象是，他們發現的每一隻燈塔水母，無論在世界的哪個地方，都擁有一模一樣的基因，只除了熱帶區的燈塔水母有八根觸手，而較冷海域的燈塔水母可能有多達二十四根的觸手。隨著海流漂盪，不足以解釋遍布全球不同地區的燈塔水母為什麼會一模一樣。米格麗塔博士猜測，水母必定是搭遠洋貨輪的便車長途旅行㊽。

雞生鴨、桃子變蘋果……能量驅動物種轉變

一九九七年，海洋中發現了另一項看似不可能的遺傳神秘事件。陳齡保博士（音譯，Lingbao Chen）與同事發現，南極魚類和幾種北海鱈魚都演化出幾乎完全相同的防凍蛋白質。古生物學證據、古氣候研究，以及這些物種本身的生理外觀都顯示，牠們必定是各自分開演化的。科學家推論這些蛋白質必定是透過所謂的「趨同演化」而出現的；也就是說，看似隨機的達爾文演化論突

變，其實會在兩個各自獨立的環境中，進行同樣的過程59。

二〇〇九年二月十五日的《國家地理雜誌》上，有一篇報導特別令我感到驚奇。國際海洋生物普查計畫（International Census of Marine Life）的重點是鑑定和評估海洋中的所有物種，包括過去、現在與未來。在收集龐大資料的過程中，科學家發現了驚人的事實：至少有兩百三十五種一模一樣的物種，分別在南北極被發現；牠們在地球的其他地方都不存在。這些物種包括海天使（swimming snail）、鯨魚、蠕蟲及甲殼動物。牠們不可能從南極運到北極，或是從北極運到南極；世界上沒有這樣的航線，而且牠們也絕對無法承受途中經過的溫暖海域。科學家承認這個謎團讓他們大感震驚60。

二〇〇二年，理查・巴金尼克（Richard Pasichnyk）出版了上下兩冊的著作《浩瀚無垠的生命》（*The Vital Vastness*）。他在書中所討論的「拉撒路效應」（Lazarus Effect）最讓我震驚，因為物種可以在滅絕數百萬年後又自動出現。

> 有個特別值得注意的例子，那就是我們幾乎沒有發現白堊紀時期的昆蟲化石。可是白堊紀結束、恐龍滅亡之後，昆蟲化石再度大量出現——還伴隨著大幅增長的開花植物……難道說有時候環境會導致遺傳物質回復成失落的密碼61？

最近在寮國的肉品市場裡，出現了一種尾巴毛茸茸的齧齒動物叫石鼠（*Laonastes*），問題是這種動物早在一千一百萬年前就已經滅絕了。二〇〇六年的《科學》期刊報導了這件事62。卡內基自然歷史博物館的生物學家瑪莉・道森（Mary Dawson）也感到相當驚訝。

> 這是不可思議的發現……在哺乳動物的研究中，科學家第一次發現已經滅絕約一千一百萬年的活化石。這是相當長的斷層，先前哺乳類像這樣的斷層僅在數千年到一百多萬年之間63。

另一個例子與一種長相怪異的大象有關，這種大象叫嵌齒象（gompothere）。嵌齒象的象鼻與象牙向前伸出，下顎還有兩根突出的牙齒。據信嵌齒象已在一百七十八萬八千年前滅絕，但是最近在北美早期殖民克洛維斯人（Clovis people）的遺址中，竟然發現了嵌齒象化石。這很可能也是拉撒路效應的結果，休士頓自然科學博物館的網站說：「此項發現具有重大含意。」[64]

我也找到一篇微軟國家廣播公司（MSNBC）的文章，內容是關於法國科學家在新喀里多尼亞西北方的珊瑚海下方四百公尺深處，發現與侏儸紀蝦（Glyphea）同屬的甲殼動物——新雕蝦屬（*Neoglyphea*）；海洋生物學家布謝（Philippe Bouchet）形容這種生物「介於蝦子跟海蛄蝦之間」。這裡還是一樣的問題，根據化石紀錄，這種蝦早在六千萬年前就已經滅絕了[65]。二〇〇五年，合眾社的一篇新聞稿，報導在澳洲的小樹叢中發現了一棵瓦勒邁杉（Wollemi pine tree），這種樹可以長到一百二十英尺高，樹幹寬達三英尺。問題是，這種樹早在兩億年前的侏儸紀時期就已絕種[66]。為了嚴密保護這棵樹，搭機前往取樣的科學家都要矇上眼睛，以確保這個物種能夠生存下去。就像先前的例子，這種樹的化石紀錄僅出現在兩億年前，此後就再也沒出現過。根據合眾社的報導，「雪梨皇家植物園表示，此項發現『等同於發現一隻活生生的小恐龍』」。[67]

所謂的拉撒路效應，或許是因為現存物種把ＤＮＡ重組成更早期的版本，原因有可能是不尋常的能量刺激——就像之前汽巴嘉基所申請的專利一樣。一九九三年，韓國科學家張剛根（音譯，Dzang Kangeng）發表了一份值得注意的報告，說明拉撒路效應可能的發生過程。他發現可以把一個物種的遺傳密碼轉移給另一個物種，而且只要透過能量波就行了[68]。他把一隻鴨子放進一個五邊形的容器裡面，上面蓋上一片鏡面圓頂。容器的五個邊都有一個洞，洞上插著一支漏斗；每支漏斗都接著一根管子通往隔壁房間，裡面有一隻懷孕的母雞。連續五天，鴨子接受高頻靜電發電機的電擊。神奇的是，母雞下蛋孵化後，破蛋而出的竟然不是小雞，而是半鴨半雞的混合體：扁嘴、長脖子以及比較大的內臟，包括心臟、肝臟、胃和腸子。一年後，這種混合種的體重比普通的雞高出百分之七十[69]。

這個實驗再次複製時使用了五百顆蛋，其中有四百八十顆成功孵化發育。四百八十隻雛雞中，有百分之八十是扁嘴、鴨頭；百分之九十的眼睛位置比較像鴨子、不像雞；百分之二十五的腳趾有蹼，這也是雞所沒有的特徵[70]。這些雞鴨混種彼此之間可以交配繁殖，後代也一樣是半雞半鴨的混種，而不是一般的鴨子或雞。張剛根成功申請到專利，他的發明是一種「直接轉移生物資訊的儀器」，不過這種儀器顯然並不常用[71]。他也透過電擊花生的方式，把花生的「資訊波」傳遞給葵瓜子；這種植物混種看起來、嚐起來及聞起來都很像花生，產量則增加了百分之八十，而且這種改變同樣是代代相傳的[72]。

這個領域有一位鮮為人知的義大利科學家伊吉那（Pier Luigi Ighina）。他是無線通訊之父馬可尼（Guglielmo Marconi）的學生。主流國際報刊《大紀元時報》（*The Epoch Times*）曾刊登過文提尼（Leonardo Vintini）的一篇文章，他說伊吉那「操控在地球與太陽之間流動的能量」，並利用這股能量使生病的細胞恢復健康。他有一種儀器叫「Elios」，據稱可用電擊方式淨化任何食物。這聽起來有些熟悉，因為俄國的金字塔研究也有類似的效應。伊吉那發明的技術顯然很實用，也能達到跟俄國金字塔一樣的驚人效果。他還發明一種可以消除地震的儀器，以及一種他稱為磁力閃頻儀（magnetic stroboscope），看起來像一個「古怪螺旋槳」的儀器。天氣多雲時，他會打開這台儀器，短短幾分鐘內，他家正上方的雲層就會慢慢散開，露出藍色的天空。這一定是很壯觀的景象：「伊吉那坦言，這個非比尋常的發明最令他感到滿意的部分，就是孩子們看見雲層宛如魔法般散開時，臉上天真的笑容。」[73]

以下的摘錄包含伊吉那研究中最有趣的部分，而且跟我們的討論有關。

在實驗室裡辛苦工作了多年之後，伊吉那發現物質最重要的特性——原子不會振盪而是振動。

這項發現使他創造出最奇特、最高明的一項發明：磁場振盪器（magnetic field oscillator）。這位科學家發現，只要他能改變一群粒子的振動狀態，物質本身就能改變。接著他以磁場振盪器為主進行了許多實驗；有一次，伊吉那把實驗儀器架設在一棵杏桃樹前，並把原子的振動調整成跟蘋果樹一樣……十六天後，他確定杏桃樹已經發生突變，幾乎完全變成了蘋果樹[74]。

這與卡里耶夫及張剛根的研究完全符合，我們看到越來越多相同的發現，這項發現的真實性就越高。伊吉那接下來的故事越來越精彩。

有了這次經驗，伊吉那進一步把這項發明用在動物身上。他花了四天時間，把老鼠尾巴的振動狀態變得跟貓尾巴一樣。雖然老鼠在實驗結束後死掉了（可能是因為身體無法承受如此快速的分子改變），卻讓伊吉那更想嘗試相關研究。他先研究健康兔子的骨骼振動，然後用來刺激另一隻兔子骨折的腳部，直到兔子的腳以最快速的紀錄痊癒。伊吉那了解生病的細胞（包括癌症細胞），只要透過正確計算，都能以一種簡單的漸進方式來改變振動指數而獲得痊癒[75]。

這些實驗結果，跟卡里耶夫等人各自完成的實驗結果一模一樣，更別說我們看過的俄國金字塔研究了。遺傳資訊的轉移可能時時刻刻都在發生，根本不需要技術輔助，只要把兩種生物近距離放在一起、放得夠久就可達成。知名心理學家塞瓊克（Robert Zajonc）也曾收集過相關的科學證據，證實長時間（比如二十五年）住在一起的人，彼此的五官會變得相像。該研究請來了一百一十位受試者，當他們看不同對夫妻（包括結婚第一年及結婚二十五年）的照片。實驗結果，老夫妻的照片配對正確率要高於新婚夫妻的照片[76]。

回到我們的ＤＮＡ實驗，成功製造出動物的混種後，有沒有可能把一個物種完全變成另一個物種呢？卡里耶夫博士用綠色雷射光照射蠑螈卵，然後再用同樣的雷射光照射青蛙卵，青蛙卵竟然神奇地徹底變成蠑螈卵。雖然這些蠑螈是從青蛙的遺傳物質中孵化出來，但是牠們都像正常的蠑螈一樣，也可以跟其他蠑螈交配，繁衍出健康的下一代77。

我在二〇〇〇年知道了這項突破，對我產生了改變人生的重大影響。這正是我在尋找的直接證據，證明演化可以自然發生，只需要把現存物種的DNA分子重新排列就可以了。這些年來，我詳盡收集相關現象的其他案例，也很高興終於能把這些資料集結成冊。我當然認為卡里耶夫的發現，對黃金時代的古代預言意義重大——黃金時代將於二〇一二年左右開始。

我們真的能確定，現在就是人類演化的高峰嗎？我們如何知道所謂「人類」的這套設計，對地球來說獨一無二？我們的太陽系每隔六千四百萬年，就會穿過銀盤上下擺動，而化石紀錄的變化週期則是六千兩百萬年，或許銀河中確實含有所有生命的「原始碼」。當我們越過銀河週期時，或許地球上的所有生物也會隨之改變。我們在銀河裡看見的每一顆微塵粒子，幾乎都是冷凍乾燥的細菌，這表示生命無所不在。人類的生命很可能只是一種銀河設計，只要找到條件適當的星球就會自然演化而成。雖然每個星球上的人，外形或許不同，但是這些物種之間很可能比我們想像的更為相像，不像刻意操弄的好萊塢電影那樣嚇人。最棒的是，我們可能很快就要再次經歷宇宙的升級過程了。突發的演化證據就在化石紀錄中，卡里耶夫的青蛙—蠑螈研究與其他類似的研究，也為這種機制提供了直接證據。

演化仍在繼續，人類越來越聰明

如果這就是二〇一二年預言的真實樣貌，我們不太可能在有生之年看見大幅度、橫掃一切的遺傳變化。但是，我們或許可以從遺傳基因裡尋找蛛絲馬跡，看看有沒有DNA證據顯示人類演化正在加速。這正是威斯康辛大學麥迪遜分校的研究員霍克斯博士（John Hawks）所發現的事，ＢＢＣ新聞、《每日銀河報》與其他主流媒體都曾經報導過。霍克斯研究人類ＤＮＡ的各種標記，並推斷過去四萬年來，人類的演化正在以超高速進行。更令人震驚的是，在過去這五千年來，人類的演化速度是史上任何時期的一百倍⑱，而這段時間僅代表一百到兩百個世代。霍克斯還揭露了另一項驚人的研究結果，那就是直接觀察ＤＮＡ數據後發現，比起你我，西元前三千年的人類跟尼安德塔人的相似度更高。大約有一千八百個基因（約占人類基因的百分之七），都在近代經歷過演化⑲。

另一個顯示演化正在快速進行的跡象，是所謂的弗林效應（Flynn Effect）。一九八〇年代，紐西蘭科學家詹姆士．弗林（James Flynn）發現人類的智商一直持續攀高。以往智商一百被視為中等，但是現在智力測驗的成績卻越來越高，心理學家只好更改計分系統。從那時候開始，已有無數研究證實人類智商每十年平均會增加三分。分數上升的情況出現在每一種智力測驗中，這些智力測驗涵蓋每一種受試族群，橫跨二十個國家——甚至包括識字率不高的地區。此外，也有證據顯示，智商升高的速度正在加快。弗林檢驗了瑞文氏測驗（Raven'sProgressive Matrices）❹，這種智力測驗已施行了超過一個世紀。令人震驚的是，一百年前分數排在前百分之十的人，現在會吊車尾落在後百分之五。除此之外，現在分數高到屬於「天才」等級的人也增加了超過二十倍。分數上升的科目通常不是文化或傳統的學校知識，最顯著的分數上升出現在辨識抽象的、非語言的圖像。弗林認為，這應該會造成「一場文化的文藝復興，規模之大，不容小覷。」⑳

智商升高的不只是人類。二〇〇八年，《英國線上時報》（*U.K. Times Online*）報導博物學家非常震驚地發現，紅毛猩猩竟然會游泳，這是過去從未觀察過的現象。牠們還會用棍子把魚敲昏，甚至用棍子刺魚㉑。這也是另一個時機成熟，可以進一步研究的領域。

根據二〇〇九年《連線雜誌》的報導，安慰劑效應也在短時間內變得更強大。這對製藥大廠來說可是個大麻煩，因為藥品要通過臨床測試，效果就必須比安慰劑更強。從二〇〇一年到二〇〇六年，在要求較低的第二階段臨床測試後被取消的產品就多出了百分之二十，另外有百分之十一的產品沒有通過大規模的第三階段測試。舉例來說，有一間新的幹細胞公司叫歐西里斯（Osiris Therapeutics），他們在二〇〇九年三月不得不暫停慢性腸炎克隆氏症的新藥研究，原因是受試者對安慰劑產生「不尋常的高度反應」。短短兩天後，禮來製藥（Eli Lilly）也必須放棄一種治療精神分裂症的新藥，因為受試者對安慰劑的反應上升了百分之兩百[82]。

現在已上市的藥品，例如百憂解，由於效果越來越比不上安慰劑，有些甚至在申請上市時無法獲得核准。有兩個針對抗憂鬱劑的全面性調查發現，從一九八〇年代至今，人類對安慰劑的反應已顯著上升。其中一項研究推斷，安慰劑的效用在這段期間增強了幾乎兩倍，而且在所有的測試中都是如此。這使得製藥產業面臨嚴重的財務損失；一直以來，像百憂解這類昂貴又廣泛使用的藥物，早就成了製藥產業的金雞母。現在這些製藥大廠說，不是因為他們的藥效變弱了，而是因為安慰劑的效果變強，只是沒有人知道原因何在[83]。這種現象跟源場正在改變的概念不謀而合：人類正往更高的一致性邁進，用有利的方式重新排列我們的遺傳密碼。我們智商的層級似乎與源場流入我們的身體有關，而這個關聯似乎也在短時間內急速加強了。看起來，源場會以虛擬光子的型態出現在我們的DNA裡頭，然後被儲存起來變成可用的能量。

另一個人類可能正在演化的跡象，則是從一九八一年到二〇〇七年在全球五十二個國家中，有四十五個國家的整體幸福感顯著增加了，其中也包括發展中國家，不只是西方先進國家。不可否認的，進行這項研究的密西根大學的社研所認為，幸福程度上升的原因，包括經濟成長、更民主的政治以及包容度更高的社會[84]。此外，根據二〇〇八年的《幸福學期刊》（*Journal of Happiness Studies*）報導，幸福感能幫助身體對抗疾病，而缺少幸福感會像吸菸一樣毒害身體[85]。

另一項有趣的研究，是由賓州大學的夫妻檔經濟學家史提文森（Betsey Stevenson）及沃弗斯（Justin Wolfers）主持。從一九七二年到二〇〇六年之間，他們每年都向芝加哥大學綜合社會調查

（General Social Survey）收取資料。他們的研究發現，雖然美國的整體幸福感沒有上升，但是非常高分的人數變少了，而非常低分的人數也變少了，感覺就像社會裡出現了一種歸一化、正常化的作用。史提文森說：「這是相當有趣的發現，因為其他研究顯示收入、消費與休閒時間的落差都變大了。」㊻

歲差週期，是否就是人類的遺傳演化週期？

許多古代神話都提到了兩萬五千九百二十年的分點歲差週期，將會迎來一個黃金時代。如果我們檢視人類歷史紀錄時，把這一點也考慮進去會如何？有沒有證據顯示，人類的演化也跟隨著兩萬五千九百二十年的週期？果真如此，我們怎麼知道該尋找什麼，以及去哪裡尋找？顯然，我們可以從尼安德塔人滅亡的時間點著手，那可能就是人類快速演化的時期，況且對於更早之前的人類我們也一無所知。可以確定的是，尼安德塔人大約在兩萬八千至兩萬四千年前滅絕㊼。

許多科學家質疑尼安德塔人絕跡於兩萬四千年前，因為當時地球上沒有出現足以讓他們滅亡的氣候變化。馬克斯普朗克演化人類學研究院（Max Planck Institute for Evolutionary Anthropology）的古人類學家哈瓦提（Katerina Harvati），提出了進一步的說明。

我們的發現顯示，當時沒有出現導致尼安德塔人滅亡的氣候事件。只有放射性碳定年的結果說他們約在兩萬四千年前消失，但是這個時間點頗具爭議；如果證實無誤，當時剛好發生過一次重大的環境改變。但就算是如此，氣候也扮演間接影響的角色，讓人類族群之間的競爭更形激烈㊽。

這個兩萬四千年前的「重大的環境改變」，在BBC的一篇文章中有清楚的說明。在那段時間裡，海平面溫度達到二十五萬年以來的新低，結果迎來冰河時期㊾。

如果我們回到前一個以兩萬五千九百二十年為週期的大年，距離現在大約是五萬年前。這顯然符合上一次人類的突然大演化。五萬年前人類所使用的工具只是粗糙的石斧⑨⓪，但是卻在忽然之間，我們開始製造樂器、細針和其他精密工具，而且也開始畫畫⑨①。古人類學家伕里格（John Fleagle）表示，我們也看見具有宗教意義的骨雕。魚叉、箭頭、珠飾和其他裝飾品，全部都在「五千年前突然一次出現」。除此之外，「五萬年到四萬年前第一群離開非洲的現代人類，似乎已經有完整的配備了」⑨②。宗教藝術顯然也在五萬年前突然出現，原因不明。人類的墳墓用紅土標示，方位朝著夜空中的某一顆星星。詹姆士·路易斯（James Lewis）針對這個主題寫了一篇文章，發表在二〇〇七年的《美國思想家》（*American Thinker*）網站。

在史前世界中，權力與奉獻的具體象徵都鋪在地上，放在崇敬的死者身旁；舊世界裡到處都有巨大的新石器時代石頭作品，就像巨石陣一樣，只是分散於四處。甚至連幾十萬年都沒改變過的手持石斧，也突然改造成精緻的儀式用具，甚至太過精細而不具實用價值。五十萬或七十萬年前，人類的本質一定發生了非常重大的改變，而我們誤把這些改變所留下的記號統稱為宗教⑨③。

有趣的是，這個時期生物圈也出現了一項重要改變，讓地球變得更適合人類居住。彼得·沃德教授（Peter Ward）於二〇〇四年表示，巨大的哺乳動物在五十萬年前曾發生大規模滅絕，每個大陸塊都是如此，只有非洲例外⑨④。許多大型哺乳動物都會對人類構成嚴重的危險性，因此地球似乎再次以明智的調整，來協助人類繼續演化發展。

如果我們繼續往回追溯，最近有兩個在非洲發現的人類頭骨，定年後大約是二十萬年前，而且這不是尼安德塔人的頭骨。猶他大學（University of Utah）的地質學家法蘭克·布朗（Frank Brown）說：「這個發現，把現代人的生理構造源起繼續往回推。」既然文化、宗教藝術與複雜的工具製造，都直到五萬年前才出現，布朗說這「可能意味著智人過了十五萬年毫無文化的歲月」⑨⑤。資深科學作家布里特（Robert Roy Britt）為《生活科學》（*LiveScience*）網站寫的一篇文章中說道：「這項發現意味著，有很長很長的一段時間，人類祖先都過著毫無音樂、藝術或珠寶飾物的無文化生活。」⑨⑥

由能量驅動的直接演化一直都在進行。約翰．霍克斯博士從遺傳學角度，證實過去四萬年來大規模的人類演化一直在加速，而且最近五千年來的速度更是加快了一百倍。還有其他的有利證據，證明分點歲差對這些突然的演化確實有影響，就像發生在尼安德塔人身上的情形一樣；除此之外，五萬年前人類也突然發揮創意，並且出現了宗教行為。

神奇的大金字塔留下來的蛛絲馬跡，已經引領我們找到充滿神奇治療技術的聚寶盆，以及讓地球不致被看似即將到來的劇變所威脅。這項關鍵的技術或許可稱之為一致性或同調性，也就是愛的能量。懷疑論者再也不能抨擊說，這只是偽宗教狂熱一廂情願的想法。這是一種積極又有實際效用的存在，我們可以稱之為源場。

因此，接下來我們的調查將提出一項驚人的證據，證明時間也是一種源場現象，而且可以透過各種能量過程加以調整。我們也要探索有力的新證據，證實本書中所討論的事情，對古人來說其實只是常識而已。他們留下了藍圖，教我們如何重建失落的科學，其中包括用巨大石塊建造金字塔的能力，以及了解金字塔的運作方式及原理。

註釋

❶ 生源論（biogenesis）認為一切生物來自生物，生物只能由其親代或孢子產生。

❷ 嗜極生物（extremophile），這類生物可以在被人類視為「極端」的環境中生存及繁殖，通常是單細胞生物，比如在美國黃石公園熱泉中發現的超嗜熱菌。

❸ 終結者種子（terminator seed），長成後無法繁衍出下一代的種子，如此一來，農夫就必須不停買種子。

❹ 瑞文氏測驗（Raven's Progressive Matrices）屬非文字測驗，係英國心理測驗學者瑞文（J.C. Raven）從一九三八年以後編訂。

PART 2
時間與空間

也許放棄時間觀念，
是思考量子物理學與現實關係的最好方法；
這樣一來，就必須以時間不存在的方式
來對整個宇宙做基本描述。
——卡洛．羅維理（Carlo Rovelli），法國馬賽地中海大學的物理學家

II

時間到了

世界上的所有衝突都是我們內在衝突的反映結果，我們把這樣的感覺投射到世界上，因此解決這種衝突的方法只有我們自己。有史以來，戰爭不曾真正停過，這是因為我們都沒有準備好處理衝突真正所在的地方——我們的內在。

源場調查讓我們有確實的科學證據，證明非電磁的宇宙能量會影響我們的思考方式、痊癒速度，甚至我們DNA的結構與功能。能量的強大影響，還可能讓現存物種轉變成全新的生物；這在人類演化的過程中似乎已經發生了，也使得「黃金時代」即將來臨的古老預言更顯得耐人尋味。兩萬五千九百二十年的週期不只是遠古神話中的數字、大金字塔的尺寸，而是地球實體上可測量的擺動。也就是說，地球以及其他星球的移動，也許對我們的身心都會有直接的影響。

所有的科學都在探討事物如何運作

為了要了解時間是否能加以度量、體驗，甚至藉由能量來驅動——儘管這可能不是肉眼所能見——我們可能必須拋棄過去對時間最深的成見、最基本的假設。一旦我們做到這一點，一切就非常合理了……不管是在物理面、數學面、邏輯面，都是如此。

俄國物理學家施諾爾（Simon Shnoll）研究「從放射性衰變到生化反應速率的物理、化學、生物過程」已經二十多年了，而他的研究發現，確實會改變人類文明①。這個研究題目聽起來可能無聊透了，不過它的意思是，施諾爾研究了地球上每個原子和能量波的行為，找出任何共通的行為模式以及發生的時間。當你將水加熱變成水蒸氣的時候，分子出現了什麼樣的變化？當水結成冰的時候，又會發生什麼事？如果把兩種化學物質混在一起會怎麼樣？你身體裡的細胞互相交換訊息與營養時，又會發生什麼事？放射性同位素慢慢釋出能量時會怎麼樣？一道電流通過導體時會發生什麼事？這些都是很基本的問題，都是關於「事物如何運作」。

大部分的科學家預期所有物理、化學、生物、放射性過程都會一點一點穩定地累積，達到一個良好的高點，接著順勢往下滑，回到零的位置——往下的路徑看起來就和往上的一樣。當圖形不符合這種完美鐘形時，科學家接受的訓練是利用所謂「重整化」（又稱為重新正常化）的簡單過程拋棄這筆資料。

但是，施諾爾教授決定不這麼做。他的理由很容易理解，因為他發現這種圖形不是不正常，而是非常不正常。有時候這些反應會突然加速到最大的強度，接著筆直落下，幾乎直接回到零的位置。接著，它們又會一樣快速地衝回高點。這種情況甚至可能在短時間裡連續發生三次，完全不會形成一條順暢的曲線。如果物質或能量一直都是這樣活動，它們怎麼可能保持穩定呢？

出去走走吧，思考一下世界上有多少物理、化學、生物反應。電沿著電線嗡嗡地通過，陽光照耀在你周遭所有的東西上，讓顏色慢慢褪去；樹葉將陽光轉化成食物；流水溶解了土壤裡的鹽分結晶；鳥消化從地面啄食的種子……當你走向信箱投下信件時，郵票背面的乾膠在你的舌尖轉變成味道奇怪的黏膠。

就在你目光可及之處，數兆個各式各樣的這類反應隨時都在發生。施諾爾發現，你周遭的每個原子和每波能量都同時在進行同樣詭異的事——以非常特定的模式趕著往前或往後。這些模式幾乎和指紋一樣獨一無二。

你是否曾經想過，此時此刻在你周遭有無數個原子和能量脈衝持續以最細微的規模，進行上下起伏、快速活動的行為模式？你有沒有想過，它們並非是完美、順暢、正常的反應，而是間歇性地一直跳來跳去？你並不孤單，畢竟幾乎沒有人知道這些事。斯諾爾的研究不管在科學界與精神領域，幾乎都尚未為人所知——儘管他至少從一九八五年開始，就在俄國的科學期刊上發表他的發現了。同樣的，這個故事最令人驚訝的部分就是，雖然這些反應本身時有時無，但我們周遭的萬事萬物依舊完美地運作著……一直都如此。雖然聽起來像是驟下結論，但能量波和分子的反應，表現得就像是影片膠卷裡的一格一格畫面，在我們的現實中一直反覆地忽隱忽現。

一九八五年，施諾爾發現，如果你同時畫出任何物理、化學、生物或放射性的反應圖形，它們真的看起來都一樣——就算相距數千公里之遠也一樣②。既然距離看來並不會對這種效應造成任何阻礙，那麼這應該是一個舉世皆然的現象。換句話說，地球上每個原子、每個分子、每一次的能量爆發，在非常微小的量子層級都同時經歷了一樣的波動。顯然，這不是學校教我們的科學。這些反應，應該是完全沒有任何關係才對；但實際上卻不是如此。西方的量子物理學家似乎都還不知道施諾爾的發現，不過他們的某些發現也將我們帶往了同樣的方向。

所以物質和能量到底發生了什麼小波動呢？我們要怎麼解釋這一類的事？施諾爾教授並不確定，但他相信「空間—時間結構的一個全球性改變」可能是原因③。

用最簡單的話來說，這表示時間本身會在量子層級加速與減速；而且這種現象顯然會以相同的方式、在相同的時刻在世界各地發生。空間和時間本身就像在跳一支怪異的舞蹈，舞動範圍至少和整個地球一樣廣大，因為我們全都被這支舞影響了。但同時，我們卻不知何故還是能照常享受工整、線性的時間經驗。

記住——不管這些圖形看起來有多奇怪，一切都還是能順利運作。這種忽隱忽現的不穩定特性，似乎對能量的流動或是對化學物質的反應，都沒有任何不利的影響。事實上，多虧了愛因斯坦突破性的發現，我們知道如果你能把自己縮小到量子層級，搭乘超小型太空船，你的時鐘看起來也會很正常——不管你周遭有多少時間往前與往後飛逝，對你都沒有影響。關鍵在於不管你發生了什麼事，你的時鐘也會有一樣的經歷，所以在你自己的「參考座標系」裡，你不覺得有任何改變。時間看起來平穩流動著，這可能不只是要讓我們的心理經驗免於產生嚴重的心智扭曲而已。如果這些量子效應也以放大尺度發生在我們身上，那麼從我們的時間流之外的制高點來看，我們看起來就會像是凍結在一個時點上，然後很快又移動到下一個時點。

時間流大規模的改變

儘管聽起來很奇怪，但有些人卻以這些原則為基礎，發展出比量子世界規模更大的技術。根據一九七七年《溫哥華太陽報》的報導，多倫多發明家席德．賀維齊（Sid Hurwich）透過一種技術程序，顯然發現了在特定區域內改變時間流動的方法④。因為這台儀器的奇異效果，在一九六九年出現搶銀行潮之後，賀維齊發現他的發明或許能派上用場。

賀維齊和警方關係一向良好。有天晚上，他找了負責銀行保全的警察和警官到他家看他示範新發明。《太陽報》引述了目擊者比爾．波頓（Bill Bolton）巡官的證詞：

波頓說：「我只記得東西放在桌子下面，就是那個不知道是什麼的儀器，桌上鋪了一張床單。你就是無法從桌上拿起槍來，也沒辦法扣下扳機，他把我的配槍『凍結了』。」賀維齊接著說：「然後我說：『現在看看你們的手錶。』我記得其中一個人說：『什麼時候變成這樣的？』我說：『從你自那扇門走進來開始。你大概二十五分鐘前進來的，現在看看你的手錶，時間慢了二十五分鐘左右。』賀維齊太太在這些警官飛也似地逃出她家時，還聽見其中一人提議應該要讓軍方知道這個裝置。賀維齊說：「那是我第一次想到這樣的東西可能會被用於軍事用途。」於是他回到地下室工作。在他覺得裝置已經完成後，就聯絡住在以色列的兄弟⋯⋯沒多久，兩位以色列的高級軍官就來拜訪賀維齊。在簡短示範過後，他們就帶著成功的裝置以及賀維齊手上所有的平面圖和設計圖離開了⑤。

想想看這種技術在軍事上的可能用途。那篇報導還宣稱「賀維齊因為七年前贈送給以色列的秘密軍事武器，在當年六月獲頒『以色列保護者』獎。」⑥我認為這篇文章最耐人尋味的是這一段：「賀維齊堅稱他的儀器並非新發明，他說他只是『把最古老、基本的電學原理用在不同方面。』」⑦為什麼警察扣不了扳機——甚至連從桌上拿起手槍都做不到？同樣的，我們也必須以全然不同的方式來思考，不過大部分的人可能都會覺得這只是科幻小說的情節。聽起來雖然瘋狂，但有個可能的解釋是：這些警察周遭的時間流動得太緩慢了，他們想拿槍的舉動在正常時間裡可能只有數毫秒，不夠久到讓他們施加在手槍的壓力去克服慣性，如果他們能再多花一段時間去推手槍就能讓它移動了。

一切都是相對的

這當然違反了我們的理性心智，我們一向都把運作良好、穩定前進的線性時間視為理所當然，我們已經受到制約太久，不相信有證據可以證明時間速率會加速或減速。我們相信「時間必定以不變的速度往前行」，這是科學，也是我們認定的事實。如果你覺得這是真理，應該看看愛因斯坦的理論。《發現》（*Discover*）雜誌提到：「關於時間問題，一個世紀以前就出現了，當時愛因斯坦的相對論就推翻了時間是通用常數的概念了。」⑧

這到底是什麼意思？愛因斯坦預測，當你在空間中移動，你不只是穿過對你毫無影響的一片虛空；相反的，當你通過空間時，你其實也通過了時間。總而言之，這表示時間不是像變魔術一樣憑空而來的，而是由某種形式的能量，或者說是存在於整個空間中的某種構造所推動的。我們在空間中移動的速度越快，通過的時間就越少。其實，哈菲爾（J. C. Hafele）和基廷（Richard E. Keating）在一九七一年十月就已經證明了這一點。他們在往東和往西環繞世界飛行的商用噴射機上放了四個原子鐘，接著再比較原子鐘的時間和華盛頓特區的美國海軍天文台的時鐘時間。他們預測搭乘飛機往東的時鐘會慢四十奈米秒（一奈米秒＝十億分之一秒），往西的則會多兩百七十五奈米秒。不管你相不相信，結果真的落在他們預測值的九〇％之內⑨。一九七六年的進一步實驗更證明，九九％以內的結果都符合愛因斯坦的原始預測⑩。

如果地球不轉動，我們還會有時間的感受嗎？也許不會。我們周遭同時有各種不同的活動在發生，需要我們分心思考。地球依照地軸自轉，繞著太陽公轉。地球自己也還有更長的時間週期，像是兩萬五千九百二十年的歲差就是其一。太陽繞著銀河系中心旋轉的週期大約是兩億五千萬年，銀河系同樣也朝著稱為大引力子（Great Attractor）的天體移動過去。所有這些移動，驅動著我們穿過愛因斯坦所謂的「時空」（我個人喜歡稱之為「源場」），也就是建構宇宙的基本東西。既然我們或多或少以穩定的速度往前移動，我們所經驗到的時間也維持了穩定與一致。

然而，愛因斯坦也提出了一個結論：一旦你開始以接近光速的速度旅行，你就會比地球上的所有人更快通過時間。只要你以接近光速的速度離開地球，旅行兩週後再回來，你就會發現地球在你離開的期間內已經過了五百年。如果你有辦法從太空船內部發射電視訊號回到地球，只要你開始以接近光速的速度前進，觀眾眼中的你就會變得完全靜止。

這不是推測，也不是胡言亂語，而是現代物理學界普遍接受的事實。賀維齊顯然發現了一種在局部地區讓時間流加速的方法。想當然，主流科學界一定會強烈否認我和你們分享的這些驚人的新觀念。早在一九一〇年，在大部分的科學家都認為虛空中充滿了一種稱為乙太的特殊物質時，愛因斯坦卻獨排眾議，他的「時間—空間」論在當時比較像是一種抽象的數學概念，他並不期望空間中會出現任何實質的能量，而且幾乎所有西方科學家至今都深信愛因斯坦完全排除了宇宙中存在著乙太這種能量的觀念。羅伯特．楊桑（Robert Youngson）在《科學的謬誤》（*Scientific Blunders*）書中就表達了這種典型的態度：「一九三〇年左右，年輕物理學家會對提到『乙太』的任何說法嗤之以鼻。套句美國本土哲學家的說法，現在所有科學家都同意：『根本就沒有那種玩意兒。』」⑪

所有科學家都同意空間中沒有乙太？那麼顯然愛因斯坦不是科學家囉，因為你瞧，到了一九一八年，愛因斯坦就推翻了自己先前的看法了。

> 空間中沒有物質、沒有電磁場的部分，看起來似乎一片虛空……但根據廣義相對論，就算是一無所有的空間，依舊具有物理性質。這……用狀態隨時在改變的乙太來解釋就很好懂了。⑫

一九二〇年，愛因斯坦的說法更堅定了：

> 根據廣義相對論，沒有乙太的空間是難以想像的；因為在那樣的空間中，不只無法傳遞光，就連……物理上的時空間隔都無法存在⑬。

愛因斯坦的意思是，如果沒有乙太之類的東西存在於空間中，就不會有我們所知的「時間間隔」（time intervals）。我們的時鐘看起來就像完全凍結了——如果它們的原子還能維繫在一起的話。所以用愛因斯坦的話來說，時間是以空間中的能量為動力，而且這種能量並不是在任何地方都一樣平順或均等，而是「隨時隨地在改變」。我們通過的空間越多，也就通過越多這種時間能量。根據我們的速度快慢，時間速率也會跟著加速或減速。如果我們能在局部地區內加速這種能量的流動，也許就能創造出類似席德・賀維齊所發現的效應。可惜的是，目前沒有任何與賀維齊或其發明有關的資訊。

不斷周而復始的時間週期

如果時間是空間中的一種能量，那麼我們怎麼能確定時間只會往前，進入我們心目中所謂的「未來」？愛因斯坦假設時間是一維的，也就是它只會往前，以單一直線移動。這可能是他犯下的唯一一個大錯誤。假設地球回到以前相對於太陽的軌道原位，會不會就回到一個擁有與過去相似特質與影響的時間區域？這就是施諾爾教授的發現。畫出任何物理、化學、生物、放射性反應的圖形，然後研究你得到的這個如同指紋的圖形。現在回到地球轉一圈之後的位置，也就是二十四小時之後……你的圖形會和二十四小時之前看到的幾乎一模一樣。過一年以後再畫一次圖形，依舊會出現非常相似的圖形。

這代表時間往前和往後的移動，也就是說施諾爾的發現並非隨機或偶發的。雖然我們還不確定為什麼這些圖形會這樣前進和後退，但我們知道這些模式會依照地球的基本週期重複。簡而言之，地球上小至量子層級的每個分子，不知何故都以某種重複的模式受到地球在太空中移動的影響。如果這是真的，那麼我們就必須改寫幾乎所有我們目前視為理所當然的科學法則。

施諾爾教授發現這些重複的模式有下列間隔：大約每二十四小時、每二十七・二八天……以及三個接近一年的時間間隔：三百六十四・四、三百六十五・二、三百六十六・六天⑭。地球繞太陽一周是三百六十五・二四二二天，而施諾爾的週期中就有一個是三百六十五・二天——已經非常、非常接近了。

施諾爾顯然沒有足夠的數據，將這些週期放在更長的時間跨度去印證，比如兩萬五千九百二十年的分點歲差。他全心研究的是物質與能量的行為，並發現它們做的事非常怪異，而且這些模式還會不斷反覆循環。雖然還需要進一步研究才能知道其他星體的運動是否也會造成施諾爾發現的這些影響，但是如果以為這只適用於地球和月球，那似乎也太愚昧了。時間流很容易因為地球、月球和其他星球的移動而以一致的方式往前推或往後拉，而且會從一個軌道週期順利地移到下一個週期，不斷周而復始。

空間與時間

很多人都知道，我們送到太空深處的衛星探測器速度會減慢——儘管按理說，這是不該出現的現象。因為我們脫離太陽系時，重力應該會變弱而不是變強。二〇〇一年，英國ＢＢＣ記者懷特豪斯（David Whitehouse）報導，有四枚不同的太空探測器在太空中減速，其中包括位於太陽系兩端的先鋒十號（Pioneer 10）和先鋒十一號（Pioneer 11），還有快速飛往木星的伽利略號（Galileo）與繞行太陽的尤里西斯號（Ulysses）。美國太空總署噴射推進實驗室的約翰・安德森博士（John Anderson）表示：「這些探測器的行為似乎已完全不再遵循已知的重力定律……為了解決這個問題，我們已經努力了多年，也已經考慮過所有我們能想得到的因素。」⑮

情況在二〇〇八年變得更複雜。太空總署的科學家又發射了另外三個太空探測器，現在總數已達到了七架。其中伽利略號、前往小行星愛神（Eros）的ＮＥＡＲ號、前往土星的卡西尼號（Cassini）、預定和彗星會合的羅塞塔（Rosetta）都發生了無法解釋的異常速度變化。目前已經退休的安德森博士說：「這個情況讓我既謙卑又困惑……太空船的移動發生了奇怪的事，不管是先鋒號的異常或是飛行時的異常，我們都沒有任何能讓人信服的解釋。」⑯

以ＮＥＡＲ號為例，它在南緯二十度位置飛向地球，而在南緯七十二度位置開始飛離地球。

這個路徑讓它的每秒飛行速度比原本預計的快了十三公釐。看起來可能不多，卻是貨真價實的偏差，所造成的效應必須精準加以研判。

這是否意味著探測器經過地球時一定會加速或減速呢？奇怪的是，並非如此。信使號（Messenger）探測器曾以相當對稱的路線經過地球——在北緯三十一度飛近地球，在南緯三十二度離開地球，速度幾乎完全沒有改變。安德森博士發現，探測器經過地球時如果離赤道角度越遠，速度變化就會越大。這也使得安德森博士獲得一個結論：地球的運動想必以某種方式造成探測器移動速度的改變，但是沒有人知道原因為何⑰。雖然他們現在想用愛因斯坦的相對論來解釋這種現象，卻行不通，但相對論確實是一個好的開始。

即便這只是未解的重力效應，依舊會迫使我們重寫物理定律。同樣的，假如說這和重力無關呢？如果時間流本身就是會減速或加速呢？

在愛因斯坦的模型裡，時間不會在空間中的某個區域加速或減速，或至少不會大規模加速或減速。不管你去哪裡，時間基本上應該是以你的行進速度移動——只除了黑洞。其實，時間變化端視你在空間中移動的速度。先鋒號和近天體探測器的異常卻不同於上述，它們的情況顯示，時間快慢會在特定的局部地區發生變化。

當衛星在經過地球時加速或減速，我們只會觀察到那每秒十三公釐的差異——這只占了它們正常飛行速度的百萬分之一——所以這是多年來很容易被忽略的細微作用。

地球的轉動似乎在時間當中起了漣漪——可以把地球想像成一個草坪灑水器，會一邊轉動，一邊把時間的水流往外噴灑，而背後的原因就是我們所謂「源場」的運動。如果太陽的能量也會給時間流小小的推力——不是很大的規模，而是類似我們在太空探測器看到的每秒十三公釐——那會怎麼樣？倘若真的有這種推力，那麼在太陽能量活動突然達到高峰時是最有可能觀察到的。以施諾爾觀察到的全球性改變為基礎，我們也許能發現地球上的每個原子和每個能量波都會被太陽的行為影響。此外，既然我們的腦部也是帶電系統，也許時間流突如其來的一個小波動，也會對我們的腦波模式造成某些干擾——可能會讓我們覺得不舒服、疲累、情緒化……如果是這樣，也許會引發戰爭、暴力，或是經濟崩盤。

太陽週期和意識效應

接著來看二十世紀初的俄國科學家希策夫斯基（A. Chizhevsky）。希策夫斯基創造了「大規模人類應激性指數」（Index of Mass Human Excitability），研究地球上七十二個國家從西元前五百年到西元一九九二年的兩千五百年間混沌、動盪的生活。他專門尋找人類不快樂的顯著跡象，例如戰爭、革命、暴動、經濟動盪、大規模出走和移民潮。他也根據牽涉到的人數將這些事件依照嚴重程度排出順序。出乎意料的，「希策夫斯基發現，高達八〇％的重大事件都在太陽黑子活動極大期的五年中發生」⑱。太陽黑子的週期並非固定的十一年，有時會提早，有時則比較晚。無論如何，太陽活動達到高峰時，就是八〇％的負面事件發生的時刻。這個比率相當驚人。

令人難過的是，希策夫斯基因為指出一九一七年的俄國大革命也發生在太陽黑子週期高峰，而被囚禁在蘇聯監獄中達三十年之久。共產黨堅信世界上沒有神，所以他們絕對不願意被說他們發起的革命是受到太陽活躍期的影響。

現在回頭想想第五章的內容，七千個人光是靠冥想，就

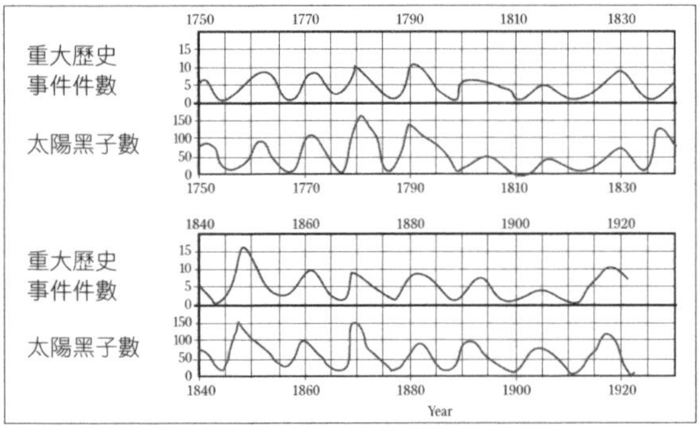

美國心能學會（The Institute of HeartMath）重建俄國科學家希策夫斯基發現的太陽活動與大動亂之間的精準關係。

能減少世界上七二%的恐怖主義。他們也減少了國與國之間突發的暴力、殺戮與敵意。施諾爾的理論讓我們發現，我們的星球繞著太陽移動會相當程度地影響地球上的每個原子。希策夫斯基的發現則讓我們看到，太陽活動對我們的感覺有直接的影響：隨著太陽黑子活動的增加，我們會覺得壓力越來越大，暴力衝突也隨之在世界各地爆發。而隨著太陽活動衰減，我們也從壓力當中恢復，在這段時間只有二〇%的重大負面事件發生。這種效應，確確實實在希策夫斯基所研究的兩千五百年期間發生了。

如果我們的模型正確，就能假設太陽活動的這些改變也會造成時間流的改變，然後會干擾我們腦波模式的平順流動，使得我們莫名地感到不舒服。對我們來說，要用地球上的時鐘來測量時間流的改變會很困難，因為這些時鐘會跟時間流本身以相同的速率加速或減速。不過我們可以觀察地球的自轉速度，因為太陽在太空中的位置是固定的，這樣一來就有一個在地球之外的穩定物體可供我們比較。

太陽一冷靜，人類也跟著和平了

一九五九年有一場劇烈的太陽風暴，地球當時自轉的速度也同時慢了下來，使得一天的長度突然增加了。接著在一九七二年八月，發生了更強烈的太陽風暴。根據天文物理學家葛瑞賓（John Gribbin）和太空總署科學家普雷格曼（Stephen Plagemann）在著名的《自然》（*Nature*）期刊中所述：「我們確實發現在事件發生之後，一天的長度……立刻出現非連續性的改變。」⑲地球的運行在劇烈的太陽風暴中「打了個嗝」，起了波動。很多科學家的確發現太陽活動和一天的長度，兩者之間有明確的關係⑳。事實上，自一九六〇年以降，在「過去四十年中有大部分的時間」㉑，太陽活動的多寡與地球自轉的速度確實有完美的關係。要記得，我們從一九五〇年開始才真的有優質的數據能追蹤一天的確實長度；而一九二〇年之前的數據更糟糕㉒。太陽活動也會改變大氣層環繞地球的速度。

另一個時間流改變的例子，可能會發生在水星在夜空中開始後移（或稱「逆行」）的時候。幾乎所有占星家都會以他們專業的經驗告訴你，機械裝置在這段時間裡特別容易故障——也許是因為電流受到干擾——而且人們在這個時候也特別容易跟他人發生爭執，許多問題也容易在這時爆發。現在既然我們已經知道了施諾爾教授的研究成果，就可推測行星逆行時，時間流本身是不是會受到干擾。

二〇一〇年八月，史丹佛大學與普渡大學的研究人員為這個謎團加入了更多新資料。這些科學家和施諾爾一樣，研究的也是放射性物質的衰變率。就他們所知，衰變率應該是恆久不變的，但情況並非如此。他們在施諾爾研究多年的成果上發現了新的變異。

> 衰變率在夏天會略減，冬天則略增。實驗錯誤和外部環境差異都已經排除……看起來只有一個答案。在北半球比較接近太陽的冬季月份（我們的行星軌道略有偏軸，或者說是長橢圓形的），太陽是否會影響衰變率？在另一個怪異的時刻，普渡大學核子工程師簡金斯（Jere Jenkins）在二〇〇六年某個晚上測試錳-54時，注意到同位數衰變率出現難以解釋的下滑。而這次的下滑恰好就發生在太陽耀斑大規模爆發的前夕……史丹佛大學應用物理學榮譽教授斯迪羅克（Peter Sturrock）建議普渡大學的科學家尋找其他重複出現的衰變率改變模式，後來發現衰變率與太陽的連結更加顯著明確。身為太陽內部運作的專家，斯迪羅克直覺地認為太陽微中子可能是解開這個謎團的關鍵。當然這些研究人員也注意到，輻射衰變率的改變每三十三天會循環一次——這正是太陽核心旋轉一圈的時間。㉓

這些太陽活動的改變不只改變了時間流，也使得更多的負面事件發生；用希策夫斯基的話來說，這些負面事件就是「人類的應激性」。那麼太陽活動的改變，對於我們的直覺能力或心靈能力的強度，是否也會有類似的影響呢？斯帕德斯伍博士（James Spottiswoode）針對「異常認知」（anomalous cognition）進行了二十年扎實的科學研究，他在一九七六年到一九九六年間一共進行了五十一項不同研究，他發現太陽活動對於人類的心靈能力有明確且重大的影響㉔。一般來說，太陽活動越是劇烈，我們在這種「異常認知」測試中的表現就越差。

現在，我們可以強烈認為：太陽的能量爆發會讓時間變慢，而且地球的自轉速度也會跟著變慢，不過原因未明。這也許也會干擾我們神經突觸的電子活動，繼而對人類心智造成壓力，影響我們的意志集中力。這種對大腦的衝擊，也許會導致暴力行為、戰爭、動亂的增加。在過去兩千五百年中，只有二〇%的「人類應激性」事件是在太陽「冷靜期」時發生，也許這時的時間流比較平順，人類意志同調性較高。此時我們的腦波比較平緩，彼此相處得較好，而這種平和的腦波模式可能有助於我們進入更深層的意識——因此增強了我們在「異常認知」測試中的表現。

精神與物質之間會相互影響？

如果這些週期真的會對我們產生影響，改變我們的行為，那麼我們可以反過來影響它們嗎？假如激烈的太陽活動擾亂了時間流，讓時間變慢，那麼我們是否也能影響時間流呢？如果地球上每個人都突然受到負面事件的突然打擊，是否也會讓平順的時間流瞬間動搖，而對全世界的同調性造成破壞？那麼，假設冥想的人數夠多，我們能否讓時間流變得平緩，就像施諾爾在實驗室裡測量到的那樣？

現在，我們就來看看尼爾森博士（Roger Nelson）的「全球意識計畫」（Global Consciousness Project）。一九七九年開始，羅伯特．楊恩博士（Robert Jahn）成立了普林斯頓工學異常研究室（Princeton Engineering Anomalies Research laboratory），研究「敏感的電子儀器……是否會受到人類強烈情感與意圖等特殊意識狀態的影響。」㉕尼爾森博士在一九八〇年加入，最後成為這個研究計畫的主力。楊恩和尼爾森很早就決定了研究方向，他們要探討的是人類心智對電子儀器的影響㉖。

楊恩和尼爾森想把電子雜訊轉換成數字，以便畫成圖表並加以測量，這樣一來，如果一個人真的能以某種方式影響電流，他們就能用數學證明這一點。他們認為最好的做法就是製造一個亂數產生器，這種機器可以測量電流是否順利通過迴路，而電流的任何小波動都會使亂數產生器產生的數字建立一套規律模式。一旦我們看出數字模式，它們就不再是亂數了。當然，若以傳統科學的角度來看，時間不應在電流通過時減速或加速。然而，如果時間真的開始在一個隨機的電子迴路中減速或加速，這些數字就會開始發展出某種模式，讓你能測量得出來並能繪製圖形。

多年以來，尼爾森博士一共用了三個不同的亂數產生器，所有的電子迴路都受到仔細防護，以免受到外部電磁場或溫度改變的影響。此外，他也確保了這些元件的老化不會成為影響因素之一。尼爾森表示：「這個實驗在超過十年的時間裡，累積了龐大的資料庫——結果顯示，人類意志對於亂數資料的排序有小而顯著的影響。」㉗

簡單來說，尼爾森發現像你我一樣的普通人（特別是置身在大團體中時），真的可以改變電腦產生的數字，而且是亂中有序，有模式可循㉘。如同尼爾森在二〇〇八年論文中所說的：

> 舉例來說，我們會把亂數產生器連接到筆電或掌上型電腦，然後帶到音樂會場、宗教場合、運動賽事、董事會議等各種可能產生「集體意識」狀態的活動場所中……多年下來，我們也從規模較小，但也有相當人數的「世俗」場所（比如購物中心、繁忙的街角、學術會議）累積了超過一百筆的資料……概括來說……最強大或者說最可靠的效應，似乎和儀式或其他會讓人產生共同心智狀態的活動有關。㉙

全球意識

一九九五年，兩台相隔十二英里的亂數產生器在同一個時間出現了重大變化，當時正有數百萬人從電視上觀賞奧斯卡頒獎典禮㉚。超心理學家迪恩．雷諦（Dean Radin）發現在一九九七年辛普森案鬧得沸沸湯湯的關鍵時刻，在世界上五個不同地方的亂數產生器都出現了劇烈波動，而這也是電視史上收視率最高的節目之一㉛。一九九八年在黛安娜王妃下葬當天，位於美國和歐洲的十二台亂數產生器在「最關鍵或最悲痛的時刻」都出現「統計學上值得注意的偏差」㉜。

一九九七年底，這些科學家開始建造一個一天二十四小時、一週七天持續運作的全球網絡，目的在於找出這些模式。這些資料都透過網路傳到位於普林斯頓大學的基地進行分析。到了二〇〇一年，「全球意識計畫」已經擴張到全世界有三十七台電腦不分晝夜產出這些數字。而就在全球新聞爭相報導九一一事件時，他們得到了結果。

我們發現在這三個月內，有個日期和統計上的異常有關：二〇〇一年九月十一日。在這一天，三十七台電腦中最頻繁出現異常的時間段是早上六點到十點，最高峰則是出現在早上九點到十點之間，地點主要是美國東岸。㉝。

事實上，越接近紐約的電腦所受到的影響越大。在隨機情況下，這麼高的分數只可能每百萬秒出現一次。迪恩．雷諦博士在二〇〇一年表示：「這些效應，提供了我們目前為止所見最令人震驚且最具說服力的證據，證明群眾的注意力與意念會影響實體世界——或許是因為這起事件也是最恐怖的。」㉞

科學就是關於預測，你不能光是坐著等待事情發生，然後再事後諸葛。尼爾森等人的做法是先預測會發生什麼事，再看預測是否會成真。尼爾森說到二〇〇八年為止，他們已經選出了「超過兩百五十起經過嚴格檢驗、事前有明確徵兆的事件」，所以他們能確實預測是否有事件即將發生——而不是像九一一事件，只能爬梳數據加以分析。這兩百五十起事件，包括「慘劇、慶祝活動、天災或人禍，以及計畫內與自發性的大規模人潮聚集」。這兩百五十起事件，都造成了值得注意的世界性影響——產生出他們所謂的「全球意識的時刻」。這兩百五十起事件不是由集體意識所引發的機率，只有千萬分之一。[35]

讓我們回到二〇〇一年九月十一日當天。如果全世界三十七台不同的電腦都在早上九點到十點之間記錄到值得注意的改變，這就表示全世界每一條電源線、每一個電子迴路都在這段時間出了狀況——而且是以某種方式受到全球動盪所影響。現在我們又回到了施諾爾效應，不過這一次是我們的集體意識造成了這樣的情況。

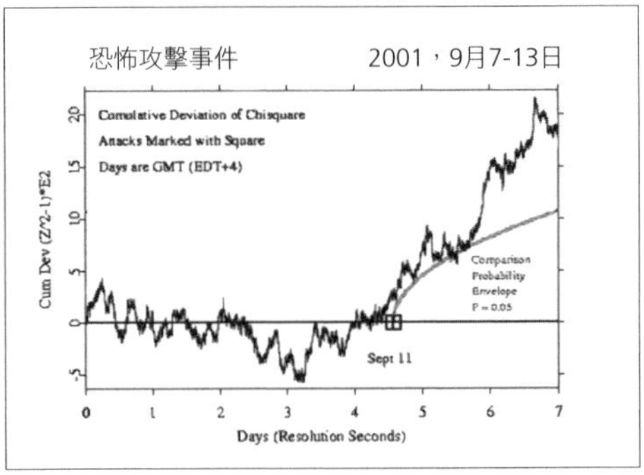

「全球意識計畫」發現，亂數產生器在重大的全球事件中會表現出不可思議的有序模式。

如果我們意念總和的力量能對全世界的亂數產生器有重大的影響，讓電流產生波動，那麼對地球的磁場又會有什麼影響呢？地質學家桂格．布萊登（Gregg Braden）在他的作品《碎形時間》（*Fractal Time*）中揭露了這些影響：

在二〇〇一年九月，兩顆繞行地球的同步氣象衛星（GOES）偵測到地球磁場的磁力增加，自此改變了科學家對世界與對我們的看法。GOES八號和GOES十號都顯示地球磁場強度出現劇烈的波動……最高峰比過去同時期的正常值多了將近五十個單位。時間是東岸標準時間早上九點，這是第一架飛機撞擊世貿中心十五分鐘後，第二架飛機墜毀前大約十五分鐘。這些事件與數值的相關性，是無庸置疑的。[36]

二〇〇一年九月十四日有一場全球性的和平禱告，許多備受崇敬的公眾人物都參加了，全球有許多的電視台也同時轉播了這項活動。數以百萬的觀眾參與了這場全球冥想。神奇的是，就在這個時間，圖表出現了大變化，而且方向與九一一時相反。

> 九月十四日，有一場全球矚目的重要紀念性活動，在歐洲和美國都有大群民眾參與默哀……圖表出現了令人注目的變化……圖形穩定地朝著(與平常)相反的方向……㊲

這顯然意味著我們可以讓「時間流」往兩個方向改變——可以像是在大悲劇發生時那樣造成混亂和動搖，或是像全世界為和平守夜時那樣形成更強大的同調性。當我們心情平和時，電腦迴路的隨機會更完美——也許是因為電流相較於平常更加平順、一致。這些效應，和我們在前面章節裡討論的俄國金字塔研究所得完全吻合。

我的朋友克勞德・史旺森（Claude Swanson）畢業於麻省理工學院，他在《同步的宇宙》（*The Synchronized Universe*）一書中做了很好的總結。

> 西方文化教導我們意念並不重要，西方觀念認為，如果我們每個人每天都帶著憤怒與怨恨過日子，對於世界不會有直接的影響。只要我們克制自己，不將暴力行動外顯，那麼就不會對其他人造成任何傷害。但是從現在的證據來看，這種觀念已經站不住腳了。我們確實和他人緊緊相繫，就連我們的意念都會影響其他人。詹姆斯・崔曼（James Twyman）帶領了數次全球性的同步集體和平祈禱，這些祈禱都有顯著的效果，甚至暫時改變以量子為背景的物理學，以及全球的混亂程度……他的觀察如下：「世界上的所有衝突都是我們內在衝突的結果，因為我們都沒有準備好接受我們自己就是肇因，也是解決衝突的關鍵。有史以來，戰爭就不曾停過，這是因為我們還沒有準備好處理衝突真正所在的地方——我們的內在。」㊳

I2 虛空中的偉大能量

遠古的黃金時代預言，驚人的創造能力不會只留在少數幾個有天分的人手中，而是會成為一般常見的能力。如果人類能開始改變，讓純淨的意識與更廣大的宇宙心靈合而為一，那麼我們即將唾手可得一個新世界。

不論在此生、來生，我們擁有的連續意識都與更廣大的宇宙心靈合而為一。建造金字塔的技術，看來是要將這種有智慧的源場能量聚集在一起，進行生物上、心理上，甚至精神上的治療。「全球意識計畫」給了我們強力的證據，證明我們的意念也能對世界各地流經電線、元件、電腦晶片裡的電流，產生直接、可測量的影響。在重大悲劇發生時，或者是我們許多人專注在同一個事件時，我們的心靈似乎也會在能量流裡創造全球性的波動。我們的想法似乎真的會創造出一股能量，直接影響其他人的行為。

愛因斯坦自始至終都在尋找一個「統一場域」，能從中建構起整個宇宙，包括所有空間、所有時間、所有物質、所有能量、所有生命，當然還有所有的意識。在著名的質能互換「$E=MC^2$」公式中，代表能量的E和代表物質的M分別位在等號兩邊——意味著物質最終必定由能量所形成。愛因斯坦希望證明電磁能量就是統一場；換句話說，時間流和重力都是一種電磁效應。

他在世時，無法證明這是真的（後世也沒有其他人能證明這件事），不過愛因斯坦倒是承認，虛空中一定曾經有一股能量，使得時間會隨著你移動速度而加速或減速。的確，很多科學家都在尋找統一場，他們也為它創造出許多不同名字：零點能（zero- point energy）、虛擬粒子（virtual particles）、暗物質（dark matter）、暗能量（dark energy）等等。如果有人真的解開了這個謎團，那他就會得到無上的好處——一旦你了解怎麼使用統一場，理論上來說你就掌握了重力和時間。我們一直在談的「源場」似乎完全符合這些觀念——只要我們學著用全新、不帶預設心理的方式來思考。

如果真的有統一場——大部分物理學家都相信有，那我們看到的不只是一股推動時間流的能量，而是創造宇宙所有一切（包括空間、時間、物質、能量、生命）的「源頭」。看起來，源場並不是透過單一大爆炸就創造出宇宙，也不是放任所有原子自生自滅、不相往來，反而是會積極性的肩負起讓所有物質持續下去的責任，而且是無時無刻。

科學家一般會假設原子和分子在正常狀態下會永遠轉動下去，而且不會損耗任何能量。從事遙視研究的物理學家哈爾．普特夫博士①認為，原子和分子必須從某個能量場擷取能量才能夠生存下去，就像蠟燭的火光必須燃燒氧氣和蠟才能維持一樣。由於大部分的單一原子都是漂亮的圓球體，源場會平均從各種角度流進原子內，顯然，源場應該也以同樣的方式流向地球。

已經有強力的證據證明，地球上的所有生命形式為了生存，必須一直吸收光子並儲存在DNA內。當源場內產生渦流運動時，顯然會創造出這些虛光子；而對所有生物的生命來說，最重要的波長（頻率）是三百八十奈米。如果這個波長被擾亂了，我們的DNA就無法吸收並儲存所需要的光——我們還可能會因此罹患癌症。

現在看來，重力應該是大規模能量流流向地球所造成的。地球顯然是由原子所構成，我的朋友及同事哈拉美茵（Nassim Haramein）是個量子物理學家，他提出了一個很有說服力的論點來說明原子是由重力所驅動的。哈拉美茵研究了黑洞周圍的能量場和行為，發現它們看起來和我們在原子核周圍看到的一模一樣。在哈拉美茵的模型裡，原子是「一個迷你黑洞，透過萬有引力讓質子互相吸引」②。另外一篇論文也可做為有力論證，篇名是〈中心節律器與空間量子媒介〉（*Central Oscillator and Space-Quanta Medium*》③。哈拉美茵由此而得到了一個結論：「時空」（space-time）是像流體狀的東西，這一點很重要。

顯然，如果原子是受重力所驅動，那麼流經地球的能量流，同樣也會流經所有物體，只是規模比較小而已。地表上的物體，接著會被流向地球的能量洪流所困住，也許這就是將我們往下拉的一股重力。大部分的人談的都是重力的拉力，好像有股來自地面的力量把我們往下拉一樣，但其實把「重力視為推力」的想法，似乎才比較合理，如同華特・萊特（Walter Wright）一九七九年在《重力是推力》（*Gravity is a Push*）一書中的看法④。萊特模型的細節也許不完全正確，但是他看來確實是走在正確的路上。同樣的，這意味著重力就是源場，源場就是重力；它們可能只是兩個不同的名字，但指稱的是一樣的東西，只是我們過去不了解重力究竟是什麼而已。

有些形狀光是存在，就能製造出強大的能量流

當我們有一個完美的球體時，源場進入物體的能量流顯然就會是球形的。現在有個很重要的問題：源場是怎麼流入金字塔這種形狀的呢？此時的能量流也會是平均對稱的嗎？顯然，如果物體不是對稱的，源場的能量流也不會是對稱的。金字塔形狀很明顯是扮演漏斗的角色，在源場的能量流入時在裡面形成一個漩渦——就像水往排水管流出時會打轉那樣，看來這是我們遺漏的一個很重要的物理原理——但是古人卻清楚知道這一點。有些人可能會認為，每個原子都是分開行動的個別單位，能量的流動不會牽涉到鄰近的原子。相反的，源場似乎會流過整個物體，流過組

成物體的每個原子，就像是一個巨大的漩渦旋進旋出。物體的形狀會決定能量流如何流動，其中有些形狀光是存在，就能製造出強大的能量流，就像是一部不用元件就能自行運作的機器。

一九九五年，哈洛．亞斯本博士（Harold Aspden）在引擎中央的磁轉子裡面，發現了很重要的「漩流效應」。亞斯本的實驗用了一個八百公克的轉子，讓它從速度零加速到每分鐘三千兩百五十轉的轉速。正常來說，這樣大約需要三百焦耳的能量才做得到。不過，如果你讓轉子運轉五分鐘以上再讓它停下來，並且能在接下來的六十秒內讓它再度開始運轉，就只需要三十焦耳的能量。也就是說，讓馬達回到原來的速度所需要的能量，只有原本的十分之一，而且整體效能需要好幾分鐘才能消耗完畢。這表示，在轉動的轉子完全停止後，還是有某些形式的能量在裡面打轉，亞斯本博士稱之為「虛擬慣性」（virtual inertia）：

> 有某樣具乙太性質的旋轉東西和機器馬達在同一空間裡……[它]可以單獨旋轉，而且經過數分鐘才會衰退，而馬達卻在短短幾秒鐘後就停止了。兩台機器所用的轉子尺寸不同、組件也不同，在一天中的各種時段與不同方位都測試過後，完全都有這個現象……這是意料之外的發現，這原本是一個測試「真空旋轉」的計畫，它卻突然冒出來，並大肆叫嚷著自己的存在。這個發現就這麼冒冒失失地出現了，而我還不知道它能否改善機器的效能，或是反而對機器有害。⑤

我認為重力是推動轉子以十分之一能量再度旋轉的原因。在你創造出一個流動的源場流之後，它會停留一陣子而不是立刻消失。金字塔結構看起來也是以同樣的基本原理在運作——單純靠著本身的形狀，在源場裡創造出一個穩定、持續的漩渦。金字塔的形狀，顯然就是要讓流體的源場能量流相當程度的旋轉起來，對周圍環境的同調性及結構造成戲劇性的改變。

圓錐體或圓柱體等其他形狀，當然也能創造出源場流。比如我們先前提過的、用來製作優格的容器，還有啤酒廠使用的圓形桶子就比其他形狀的桶子發酵得更好；德國研究人員還發現，老鼠在球形籠子裡復原得比較快，而加拿大建築師也發現，精神分裂症患者住在梯形病房裡，病情會「突然好轉」⑥。

愛因斯坦告訴我們，空間和時間是不能分割的——是同樣一股潛在力量的兩種表現。這顯示源場（重力）流進原子時，也會推動原子內部的時間流動。時間的速度接著會由原子內的移動速度來決定，當原子內的流動變得更一致時，裡面的時間移動速度會加快。這是一個相當重要的觀念，因為它意味著時間從一地流動到某地時，變化之多可能超乎我們的想像。

心靈也有能量，令人震撼的實驗突破

蘇聯著名的物理學家科濟列夫（Nikolai Kozyrev），是第一個提出月球可能有冰層的人。聰明又有天分的他鋒芒早露，在史達林政權下，跟許多科學家一起被關進了集中營。在集中營的苦難歲月，科濟列夫潛心鑽研一個改變時間流的概念，當他在一九五〇年代重獲自由後，就開始做實驗證明他的想法。

一場了不起的科學革命隨即展開。到一九九六年為止，關於時間流的論文就有成千上萬篇⑦，其中超過一半的論文都是俄國科學家所寫，不過其他國家也有相關研究。這個研究意義不凡，包括可發展各式各樣有用的新科技。既然時間流最終能影響重力、天氣、電磁裝置，甚至人類心靈，那麼知道怎麼控制它的國家，顯然都占有戰略優勢，也因此蘇聯政府將這方面的研究大部分都列入「國家安全」等級。直到一九九一年蘇聯解體，一般大眾才能夠接觸到這些突破性的資訊——主要當然要感謝網際網路的崛起——不過科學界對此仍後知後覺。

如果不是有扎實又大量的機密科學研究做背景，亞歷山大．葛洛德博士絕對不可能會把那麼多錢拿來建造金字塔。

這些資訊被列入機密檔案的問題在於，這種科學包含了很多「黃金時代」的藍圖。我們已經看過這樣的科學如何製造出神奇的療癒效果，降低地震等其他潛在的災難，還會開發我們的智能及洞察力。我們可以把DNA看成是一幅拼圖，有一種以上的解法，因此我們才能轉變成更高階的人類。而現在，我們甚至發現，我們也許能操控時間。

現在，在實驗室裡有一架用來感測與維持方向的裝置——陀螺儀，如果我們能改變局部區域的時間流，也許陀螺儀的轉動會加速或減速。問題在於：實驗室裡的其他地方，時間流絕對不能改變，否則不管是時鐘、儀器、能量場，甚至是我們自己的身體，都會同時隨著陀螺儀一起加速或減速。這樣一來，我們就不可能發現有任何事發生。愛因斯坦認為，時間流不會在像實驗室這樣的局部區域改變，這是所謂的「局部不變性」（locally invariant）。然而，科濟列夫和我們剛剛提過的那些科學家，他們的發現卻把這樣的想法掃地出門了。

旋轉的陀螺儀有所謂的「逆動性」（precession），指的是內部緩慢、環形的搖擺，就像地球一樣。當時間流加速或減速時，陀螺儀的逆動性速度就會出現可觀察到的細微改變。這些陀螺儀是由電力驅動，可以長時間轉動而不出現任何問題，代表我們在轉動中看到的任何波動，都不是因為陀螺儀的能量不足，也不是自然減速。

根據列維奇（A. P.Levich）為科濟列夫的研究所撰寫的詳細摘要，科濟列夫的陀螺儀或其他機械檢測器出現的變化，是小至物體移動速度的十的負六次方或十的負七次方⑧，因此科濟列夫需要發展出極敏銳的方法才能偵測到時間流的改變。

科濟列夫還使用了另一種機械檢測器。他用線或繩子綁住一根水平的棍子，做成一個左右兩端維持在相同高度的秤子。科濟列夫發現秤子的一端必須比另一端重（其實是重十倍），這樣才能對細微的動作更敏感。然而真正的「秘訣」是讓勾著秤桿的掛勾快速震動，一旦你這麼做，秤桿就會突然且顯著地移動——就算只是對著它輕輕吹一口氣，都會有相同的效果。也正因為這樣，你必須把它密封在一個玻璃圓罩下，再抽空裡面的空氣，確保沒有會讓它移動的任何外在因素。接著讓秤桿處於完美的靜止狀態，只要時間流一出現絲毫波動，就會破壞秤桿岌岌可危的平衡狀態，而出現顯著的移動。

科濟列夫發現，很多東西都會造成時間流的變化，不過他最大的驚喜則是他看歌德的經典作品《浮士德》時發現的。劇中，惡魔梅菲斯特（Mephistopheles）主動接近主角，提議用世界上最大的財富換取他永生的靈魂。別忘了，科濟列夫曾在集中營裡經歷過令人難以忍受的日子，所以他想必也曾經面對偷東西等種種誘惑，或是想辦法逃避勞役，因此他對這個故事應該有強烈的認同感。他坐在實驗室裡看著書，就在秤桿檢測器的旁邊。隨著故事接近高潮，他突然情緒激動了起來，就在那一刻，秤桿突然轉向指著他。

那是他首次了解到，他不只發現了時間流，不只是能量流進流出而已，而是「心靈」的無形能量。這個發現讓科濟列夫得以證明，我們的思想、意念並非只是深鎖在我們自己的腦袋裡，而是會創造出相當的訊號，使得檢測器能夠偵測到這樣的能量。在「全球意識計畫」中，我們也發現有足夠多的人想法一致時，就會創造出電子儀器能測量出來的全球性影響。科濟列夫的發現，與前面章節提到的其他科學家的發現完全符合。我們顯然共享著一個「心靈」，至少就某種程度來說，這種能量就在我們周遭，而且是像流體一樣的流動著。

有些人可能會攻擊科濟列夫的研究，認為這一定是由磁場或靜電所造成的。為了避免這種現象，他也把他的偵測器放在法拉第籠裡，隔絕所有的電磁場。

時間可以被創造出來，也可以被吸收不見

接下來，我們必須了解要怎樣才能讓時間流加速或減速。科濟列夫發現，冰塊融化、液體

蒸發、物質在水中溶解，甚至植物枯萎……都會加速時間流，或是如科濟列夫所說的「創造出時間」。反之，「相反的過程，例如冷卻物體、水凍結成冰，都會吸收時間」，造成時間流出現相當細微但可觀察到的減速⑨。

這讓我們得到更多的證據，證明時間流確實與實體物質的形成與維持有關。當物質開始崩解（比如冰塊開始融化、液體蒸發、物質溶化在水中或植物死去時），都會釋放出內部儲存的能量。當物質崩解時，在量子層次不停旋轉的小迴路會重獲自由，在源場造成一個漣漪——能量與運動的突然釋放。接著，就如科濟列夫所發現的，時間會在能量流出的確切位置突然加速。另一方面，當源場如螺旋般轉進一個區域時，同調性會增加，讓物質變得更有組織，而外部周遭的時間流就會減速，就像漩渦外側邊緣那樣——邊緣的水會流得比漩渦出現之前慢。因此我們現在就能了解，在俄國科學家博拉科夫的魚卵實驗（參考本書第九章）中，大自然的手並非有意殘忍，年長的魚卵之所以會從年輕魚卵身上吸取生命力，是因為牠們能吸收更多的源場能量，形成更強大更快的漩渦，自然就會從年輕魚卵周遭較慢又較弱的能量漩渦中吸取能量。

如同科濟列夫的發現，當物體冷卻（此時量子移動會更一致，繼而吸收更多的源場能量）、水凍結成冰（形成更一致的晶體）或植物等生命形式成長時，會從源場吸收能量，而使周圍區域的時間流動得比較慢，產生時間流暫時減速的現象。顯然的，這是一種全新的思考方式：把熱量減少想成是源場流的增加（因為我們已經習慣把熱的增加當成是能量的增加）。在這種情況下，熱的多寡和源場流的量似乎有逆向的關係。

下面列舉一些科濟列夫在實驗室裡的發現，這些都能以某種方式改變時間流——在源場造成相當的漣漪，就像水體上的波紋一樣：

·實體的彎曲、斷裂或變形

- 對物體發射空氣
- 摩擦
- 燃燒
- 任何吸收光的物體或表面
- 加熱或冷卻物體
- 物質的階段轉換（固態到液態或液態到氣態）
- 溶解與混合物質
- 電流通過電線
- 觀看者的動作，例如轉動頭部
- 植物的瀕死狀態
- 人類意識的突然改變

科濟列夫發現，這些漣漪能夠穿越磚牆，視之如無物⑩。這也讓大部分的俄國科學家得到一個結論：時間流和重力的關係，遠比和電磁的關係更密切——這和我前面說過的一樣。電磁能是會被屏蔽的，但是不管你在磚砌建築或鋪鉛的籠子裡，你所承受的重力都和在外面一樣。

其實，要偵測時間流，最簡單的方法就是溫度。

每個原子都會有持續的旋轉運動，科學家稱之為自旋（spin）。物體受熱時，原子的運動會更混亂、更無法預測，使它最終發散出亮紅色、黃色或白色的光。熱會製造隨機、無法預測的運動，干擾源場在量子層次的自由流動，降低同調性。反之，物體冷卻時會降低對量子流的抵抗，因此移動得比較快也比較順暢，這就解釋了為什麼超導體需要維持超級低的溫度。只要缺少熱，就會使干擾電流的運動減少，科濟列夫因此了解到，他用普通的水銀溫度計就能測量時間的改變——只要把溫度計放在溫度會維持不變的環境裡。

科濟列夫也發現，他的實驗在前半個冬季最有效果。夏天時，周圍環境的高溫似乎會對時間流造成雜亂效果，使他的實驗難以進行；而溫度增加也會降低源場的同調性。科濟列夫還發現，時間流的變化也會影響電流——這和「全球意識計畫」偵測到的結果相同。科濟列夫發現金屬鎢對時間流的反應特別明顯，如果你用夠強大的時間流去轟炸鎢，它的導電性就會永遠改變。

另一個用來偵測時間流的有趣方式，就是看水的濃稠度（或黏性）。當水中的時間流變慢，水的同調性就比較差，不規則的隨機移動會干擾水的流動能力，因此水會變得比較濃稠，或說比較黏；也就是沒有那麼容易流動。當水中的時間流加速時，同調性也會增加，水就會流得比較快。這是很容易測量的。最後科濟列夫還發現，細菌和植物等生物，都會依照流經它們以及它們所在位置的時間流的速度，決定生長的快慢。此外，科濟列夫也是最早發現流經細胞的時間流，會直接影響我們健康的科學家之一。

食物與源場能量的關係

科濟列夫發現，時間流不是以直線通過空間，而是一邊移動一邊旋轉或扭轉著。「時間擁有的不只是能量，還有旋光性……可以傳輸到一個系統。」⑪這表示當時間流影響到陀螺儀、秤桿、鐘擺或任何系統時，你會看到轉動的外顯現象。旋轉或扭轉，用科學術語來說就是「扭力」（torsion），因此很多俄國科學家都把這種「時間波」稱為「扭場」或撓場（torsion field）；不過我個人比較喜歡用「源場」這個詞，因為我覺得這個詞，讓我們更了解這種能量最終是如何創造出宇宙所有一切的。總之，這種重力的扭轉就是我們在模型中發現源場魔法的地方。

有些分子是右旋性的，也就是說它們的分子明顯地往順時針方向旋轉，例如糖。另外一些分子則是左旋性，也就是往逆時針方向轉，例如松節油和鹽。科濟列夫發現，右旋分子會吸收時間流，讓時間變慢；相反的，左旋分子會強化時間流，讓它加速。如同科濟列夫等科學家的發現，流進你身體的源場能量越多，你就越健康；所以如果你吃了太多糖，你就會讓糖吸收掉源場能量，需要儲存光來維生的DNA就沒有多少源場能量可用。一個測試的好方法是檢查你身體的酸鹼平衡，只要拿一小張試紙放進嘴巴幾分鐘就行，糖、飽和脂肪、肉、乳製品、甜的水果、白麵粉、速食、酒精及藥物都會讓你的身體偏酸性；而有機蔬菜、堅果、偏酸的水果會讓你的體質比較接近鹼性。但在某種程度上，其實我們兩邊都需要，也就是要平衡。科濟列夫發現鹽可以強化時間流，但吃太多就會很糟糕，因為它會影響你的血壓，你的身體要從血管中清除鹽分，負擔會更大。

結論是：時間流在左旋分子中會加速，而在右旋分子中會減速，這個原則也讓科濟列夫發現，PVC塑膠等常見的聚乙烯薄膜會阻擋源場內的旋轉流；鋁也是作用很強的屏蔽物質，所以住在鋁製拖車裡是個很糟糕的做法，因為你根本就把可以讓你保持健康的源場能量擋在外面。雖然最後它們還是進得去，但旋轉模式已經受到干擾了。

天體物理學觀察

有些研究過科濟列夫資料的科學家坦承，目前確實有重大的事件正在發生，但他們並不是很認同這些都是時間流所造成的結果。因此，我們要談談科濟列夫的發現中，最令人著迷的部分——也就是天文學。科濟列夫相信「天上的星星是一台台的機器」，它們使用的能源來自時間流——而他也找到了非常有說服力的證據。⑫

科濟列夫在一九五〇年代中期設計了一種特殊的望遠鏡，他在望遠鏡上安裝了一個時間流偵測器。接著，他在望遠鏡的前面放了一塊金屬片，阻擋所有可見光和所有電磁輻射線，不過時間流偵測器還是能在他瞄準一顆星星或其他天體時，捕捉到可測量的訊號。

我們都知道，星星發出的光要好幾百萬年才能到達我們這裡，在此同時，它們的實際位置已經移動到其他地方去了。所以當我們看著夜空時，所凝視的是過去。科濟列夫發現，如果他把望遠鏡對準他利用各種方法所估算出來的星星實際位置，訊號會強大許多⑬。這意味著源場內的波，速度比光速還要快上許多——根本就是即時的。

後來，科濟列夫還用望遠鏡觀看了星星未來可能的位置，結果也從那個位置偵測到散發出來的能量。這聽起來像瘋言瘋語，但當你獲得奇怪的新資料時，並不表示就要把它丟在一旁。相反的，我們得試著了解這到底是怎麼一回事。顯然，萬一科濟列夫是對的，那麼關於線性時間這種老派、讓人安心的觀念，在新的證據之下根本站不住腳。

的確，行星或天體在真正的位置散發出來的能量最強，接著當你往星星過去的位置移動時，能量會穩定衰減，而在你把望遠鏡往星星未來位置移動時，能量會更弱：不過，往兩個方向的強度變化圖形是一樣的⑭。彷彿星星會在時間中像波一樣擴散開來——而且只要觀察源場（而非電磁光波），就能同時偵測到它過去、現在及未來的位置。你越是接近星星當下的位置，就能偵測到越多能量。

人類的重要發現：時間是三維的

這是很重要的發現，因為這顯示源場並不受限於線性時間。星星過去、現在及未來的位置都會散發出相當的能量，差別只是能量的強度會隨著時間改變。我們一直理所當然地認為「過去」永遠都在我們後面，「未來」則是我們無從得知的；但是在科濟列夫的科學中，「未來」其實也投影在「過去」當中，而且是我們見得到並能以相對簡單的技術來衡量的。如果時間只是一維的，就不可能有這樣的表現。以實際的角度來看，時間一定是三維的才能發揮這種效果——而我們會在後面的章節談到這一點。

不過，你應該覺得這一切都很熟悉吧？比如說，遙視者可以毫無破綻地展現出他們預知未來事件的能力；而很多人也在生活中都有過這種預知經驗，只不過我們通常會把這種情況視為巧合。記得我們前面討論過的「DNA魅影效應」嗎？多虧了科濟列夫的研究，我們在星體上也看到了魅影效應。

雖然科濟列夫的有生之年，沒能看見自己對星體行為的觀察結果被延伸到DNA上，但如同前面提到的，他的確發現自己的意念可以產生時間流。這種波狀效應意味著，在我們坐著不動的這一刻到下一刻之間，能量都不是只困在我們的體內而已，事實上很有可能的是，我們的每個想法都以某種方式立即對整個源場造成了漣漪。腦波可能不只是電子訊號，它們顯然製造出能量流，而且持續對周遭環境釋出，而松果體極可能就是大腦傳送與接收這些想法的關鍵。在「全球意識計畫」中也可以看出，我們的想法並不局限在我們的腦子與身體裡，而是對我們的環境有深遠的影響。

科濟列夫領悟到：星星以即時的速度向全宇宙發送能量，於是他產生了一個不凡的洞見：這種即時的能量交換，或許能解釋天文學中關於「雙子星」一個經常被忽略的問題。在我們從夜空中看到的星星當中，兩兩成對的星星數量超乎你的想像：肩並肩的兩顆星星，大小、亮度、發光度都差不多，彷彿它們會互相對話，兩者間有一種讓它們能同步的能量聯繫。從我們這邊來看，它們好像彼此很接近，但這兩顆星之間的距離其實非常非常遠，因此即使透過光速也不可能達成這樣的同步聯繫，因此一九九六年科濟列夫在國際天文學聯合會（International Astronomical Union）的一場會議中，提出雙子星是兩顆星彼此透過時間流達到能量和諧所形成的，而且時間流的速度遠超過光速⑮。

再一次提醒你，科濟列夫發現在星星過去、現在、未來的位置都有能量出現；而我們也看過ＤＮＡ在過去位置留下了可觀的能量藍圖，就算ＤＮＡ已經不在那裡，ＤＮＡ魅影還是能捕捉及儲存光子——擁有非常真實、可觀的能量效應。既然我們已經具備這個知識，就得到了一個實用的模式，解釋太陽、行星以及其他天文週期（也許包括兩萬五千九百二十年的歲差）會如何影響我們。既然地球繞著太陽轉動，那麼地球也會在過去位置留下可觀的能量。一旦我們再度回到相同位置（也就是過了一年），能量還是會在那裡。這也意味著，如果能量對我們的思想及感受會有可觀的影響，那麼那些意識效應將會再回來。即便地球自轉軸通過了歲差、改變位置，同樣也會發生。

每個星球、月亮、小行星、彗星在我們太陽系的位置，都可能對彼此有重大的影響，這些天體在宇宙間搖擺起舞的同時，能量似乎會在這些天體間進行即時的交換——在時間流中推擠、拉扯。我們的太陽系似乎正往一個同調性更高的區域移動，並將會造成如我們前面所提過的人類ＤＮＡ與意識的快速演化。馬雅曆的結束日、寶瓶時代預計來臨的日期、印度教經典提到的黃金時代，確切的時間點似乎都指向同一個時間：西元二〇一二年——一個改變一切的關鍵分水嶺。人類在五萬年前曾經有過一次大規模的智能大躍進，尼安德塔人約在兩萬五千年前退出了演化週期——這些都發生在每次「大年」預定結束的時候。在過去五千年裡，我們ＤＮＡ的演化速度是人類史上速度的一百倍。越來越多的跡象顯示，我們遠古的祖先似乎早就知道這些事件訴說的是什麼。

念力的強度：我們能改變時間流到什麼程度？

科濟列夫的研究中最奇怪也最驚人的部分，就是他發現我們的心靈真的能改變時間流；「全球意識計畫」似乎也發現了同樣的事。如果人類的心靈真的能讓時間流加速或減速，那麼天分特別高的人會怎麼樣？他們能不能比科濟列夫發現到更特別也更戲劇化的事？

在《中國的超心靈現象》（*China's Super Psychics*）一書中曾提到「超高能力」（Extra High Functioning）的小孩。一九九二年，中國官方為美國石油業高層在天津市人體科學研究機構舉辦了一次正式會議。對於來訪的貴賓來說，這是相當大的榮幸，因為他們獲准親眼目睹很少西方人能夠看到的珍貴畫面。在敞亮的光線下，有個叫姚真（音譯）的小女孩坐著，她的前面擺著幾天或幾週後才會開花的花苞。在大家目不轉睛的注視下，她只禱告了約十五分鐘，這些花突然在大家眼前綻放開來。她旁邊還坐了另一個小孩，這個小孩只用念力，就把離他一、兩英尺的一個玻璃罐子打開，拿出裡面的藥丸。我們來看看這種現象還能強到什麼程度：

> 中國有很多人擁有這樣的超能力，姚真只是其中之一。當然，還有很多人的力量更強大。一九九四年四月一日晚上，陸軍上校傅松山（音譯）在北京通訊兵團的禮堂裡，當著一千人面前，只用了三十分鐘就讓一位觀眾手上的全部花苞都綻放……然而傅松山還不是最厲害的，有個神秘的女人只對著成千上萬的花苞說道：「我要你們全部都開花。」然後手一揮，所有的花苞都開了。⑯

在《同步的宇宙》一書中，克勞德・史旺森博士提到了中國的一個實驗：某人口袋裡的一台小型無線電發報機，被念力移動到了隔了一道牆的另一個人手中的密閉容器裡。德國神秘文化研究領域的知名學者豪斯多夫（Hartwig Hausdorf），曾親眼目睹這些令人驚嘆的表現，並寫在他一九九八年出版的《中國的羅斯威爾》（*The Chinese Roswell*）一書中：

在進行念力傳送時，發報機的頻率慢了下來，而且在傳送過程中真的暫停了很短暫的時間，接著漸漸恢復原來的頻率。這顯示時間本身可能受到念力傳送的影響，因為頻率是測量時間的單位。這種行為讓人聯想到量子力學：如果一個基本粒子（例如一個電子）在空間中停止下來，它的頻率會變得比較低，位置會散射在較大的區域。這就是「測不準原理」的結果。如果中國的實驗也是如此，那麼念力傳送的過程應該涉及到一種類似量子的離域作用（delocalization）。⑰

史旺森也提到一位能讓體內時間幾乎暫停的印度瑜伽師塔拉·貝（Tara Bey）。為了防止昆蟲進入他的身體，他的助手會用蠟嚴實地封住他的眼睛、耳朵、鼻子、嘴巴；假如他要維持這個狀態長達數週以上，他會讓助手把他全身都封在蠟裡。沒錯，他一口空氣都吸不到。瑜伽師解釋背後的原理：

面對我創造的這種現象，人們都會覺得這要不是魔術，就是超能力。但這兩種想法都是錯的。他們似乎沒能理解，這些事都非常科學，而且完全遵循大自然的法則。我確實用了很少人了解的心靈法則，但儘管如此，這些依舊是法則。我所做的，既不是超自然，也不違反這些法則。⑱

遠古的黃金時代預言，這種驚人的能力不會只留在少數幾個有天分的人手中，而是會成為一般常見的能力。如果人類能夠在時間流中創造出如此驚人的改變，那麼我們終將可以利用科技達成相同的驚人表現。科濟列夫的研究，可能只是我們即將唾手可得的新世界的起點而已。

13 真相是什麼？

空間與時間的轉換、念力傳送、時光旅行……許多充滿豐富意義的實驗證明，我們對於這個世界的了解只是吉光片羽，有時還看錯了方向。

尼可拉．科濟列夫博士最驚人的發現是，星星會從過去、現在、未來的位置散發出可觀的能量，而能量在星星當下的實際位置是最強的。我們在量子物理學中也看到了非常類似的效應，不過似乎只有少數科學家了解情況究竟是怎麼樣。每個量子物理學家都知道，當你一測量一個次原子粒子時，這個粒子就會變成波，不再固定在原地。這似乎完全違反了我們的直覺，並衍生出所謂的「測不準原理」。然而，這只是講得比較好聽，其實言下之意是：「我們不知道在量子的層次到底出了什麼鬼問題，好像沒有一樣東西是穩定、理性又合邏輯的。這不是粒子，也不是波，而是一種我們永遠無法了解的東西，但同時又具有這兩種特質。」

既然愛因斯坦證明了空間和時間是互相串連、無法分開的，粒子在轉變成波時就不只是散射在空間而已——它們在時間中也是非局域的（nonlocal），也就是不受時空的約束①。這意味著有些粒子此時會出現在過去，有些還停留在原地，有些則進入了未來。這聽起來想必讓人難以置信，但「波與粒子的雙重性」在質子、中子、電子，甚至整個原子②中都能觀察得到。換句話說，所有量子領域中的東西一直都是忽隱忽現地存在。傳統科學家無法解釋這是怎麼回事，因此做出「這個謎團永遠無法解開」的結論，認為我們就只是活在一個不確定的宇宙中。還好這不是真的。我們即將會看到，這一切是有答案的，只是尚未為大眾所接受而已。

如果整個原子「去物質化」的概念還不夠奇怪，那麼這個謎團在一九九九年的時候又變得更大了，這要從歐拉夫・納爾茲（Olaf Nairz）博士與同僚的研究講起。納爾茲和研究小組可以把一顆足球大小的碳六十分子群——即所謂的「富勒烯」（fullerene）❶或「巴克球」（buckyball）——直接轉換成一道波。記住，巴克球是固體，內部甚至可以用來儲存其他物質，而且每一個巴克球都有七百二十個原子單位，由六十個緊密相連的碳原子所組成。儘管如此，只要把巴克球往有些許裂縫的牆上丟過去，納爾茲就能把球轉變成波，而且一次能穿過一道以上的裂縫③。

如果你和我擁有這種能力，那麼上鎖的門就擋不住我們了。我們只要以最快的速度朝門板跑過去，然後撞上去就好了。當我們一撞到門，不會痛得哇哇叫，反而會變成一道波，然後從門上的小縫隙穿過去。

儘管這個充滿豐富意義的實驗已經在《自然》期刊上公開發表過了，卻依舊未能成為我們常識的一部分④。接著在二〇〇一年，同一組人又發現他們根本不需要把巴克球往牆上丟，只要使用高同調性的雷射光就能把固體轉換成波⑤。這項實驗的結果，也公開在《物理評論通訊》（*Physics Review Letters*）發表過⑥。

面對這些看似矛盾的理論，有些科學家開始思考：如果這些粒子其實不是真的做到了這些不可能的事情，而只是因為時間不是線性的，所以它們才能在空間中伸展、跳進跳出呢？二〇〇七年，曾獲得美國物理學會科學寫作獎的佛爾吉（Tim Folger）在《發現》雜誌的一篇文章裡討論了類似的概念。

大約四十年前，當時普林斯頓的著名物理學家約翰．惠勒（John Wheeler）和在北卡羅萊納大學的布萊斯．德威特（Bryce DeWitt）發展出一個特殊的等式，提供了整合相對論與量子力學的可能框架……但是惠勒－德威特方程式一直都備受爭議。法國馬賽地中海大學的物理學家羅維理（Carlo Rovelli）說：「在惠勒－德威特方程式中，你會發現時間不見了……也許放棄時間觀念，是思考量子物理學與現實關係的最好方法；這樣一來，就必須以時間不存在的方式來對整個宇宙做基本描述。」⑦

自從相對論和量子力學出現之後，科學家一直努力想要整合這兩個分別處理巨觀與微觀世界的理論。愛因斯坦的夢想是「統一場」最終能製造出一切；換句話說，沒有光子、中子、電子，只有「場」本身的轉動。當然，問題在於量子力學能彎曲時間的這些奇怪特質，似乎無法讓我們建立一個那樣的可用模型。不過根據《發現》期刊的內容，只要我們改變對時間的想法，也許就能解決這些問題了：

包括羅維理在內的一群雖然弱勢、但人數依舊相當可觀的物理學家相信，要成功將二十世紀物理學上最重大的兩個傑出理論融合，最後必定要將宇宙描述為「無時間」的……[更好的是]如果時間會回頭，所有的法則——包括牛頓、愛因斯坦，或是古怪的量子法則——都還是能運作良好⑧。

因此，這些對於時間本質看起來激進的新觀念，就不會被懷疑論者拿著以科學為名的武器擊倒，因為它們就快要被接受為科學事實了。線性的時間，並不是我們解釋物理法則所必需的。可惜科濟列夫的研究並不為俄國科學界以外的地區所知，因為他的研究提供了相當重要的新證據，有助於我們了解：當粒子轉變成波時，它依舊是一個粒子。只不過，此時它成為時間中的粒子。

杜威．拉森和三維時間

在我們的現實裡，時間一直以穩定的速率往前——除了一些小波動和失常的情況之外。所以愛因斯坦才會假設時間只是一維的。然而，如果我們想解決最大的科學謎團，我們只要讓時間是三維的就可以了。認為所有事物本質上都是一維的，其實只是數學的概念，就跟認為地球是平的沒兩樣。物理學家杜威．拉森在一九五〇年代初為我們的宇宙建立了一個非常成功的模型，因為他假設時間是三維的，但不被主流科學家所接受。儘管如此，拉森的模型確實能解決非常多困難的量子物理問題，還能破除天文學許多費解的難題。拉森的結論是，有一個三維的「時間領域」（Time Region），持續和我們三維的「時空」互動。拉森另外一個重大的觀念是，整個宇宙都是由運動所形成，而我認為這個在運動的東西就是「源場」。重力、電磁力等與量子力學有關的種種力，其實都是同一個東西，只是名字不同而已。整個宇宙都是由源場內流體狀的旋轉漩渦所建構出來的，僅此而已。愛因斯坦最大的夢想——統一場——是正確的。

發展拉森理論的科學家尼赫魯（K. Nehru），對這個東西有比較技術性的說法：

拉森主張原子沒有部分之分，它是一個進行複合運動的單元，而運動就是物質宇宙最基本的組成，這表示原子核和所謂的軌道電子都不存在。其次，他也認為根本沒有電子力，因為那與原子結構有關。這使得萬有引力和時空連續體成為在時間領域中運作的唯二運動（力）……⑨

據尼赫魯所說，這個拉森稱之為「交互式系統」（Reciprocal System）的理論，也可以用來釐清天體物理學的觀察結果。

此外，在「交互式系統」中協調三維時間的概念，可以解釋並衍生出超新星、白矮星、脈衝星、類星體、緻密的X射線源和宇宙射線的特性，而不需要依賴簡併物質（degenerate matter）❷或時空彎曲這些概念……在「交互式系統」中，所有愛因斯坦說的「相對效應」都來自這個額外時間要素的存在。⑩

更棒的是，拉森在一九五九年就預測到了類星體的存在，直到一九六三年這種星體才由施密特（Maarten Schmidt）正式發現。

電腦程式設計師艾許利（Dave Ashley）⑫，看過我的影片後開始讀起拉森的書，然後他鼓起勇氣開始在詹姆斯・蘭迪（James Randi）的懷疑論者論壇上開啟了相關討論。

拉森的物理學淘汰了過去一百多年關於一切的傳統物理學知識，因此不見容於主流科學界，也無法受同儕審查的期刊所接受，因為這個理論基本上戳破了現在的所有理論……〔拉森的模型〕對於原子、化學物質、複合物中原子的空間等，都做出了相當多準確的預測……如果他是對的，很多教授和研究生就會丟了飯碗，而政府補助金是隻肥羊。如果背後的物理學其實很簡單，就不需要痛苦努力了好幾年才能「了解」，甚至在高中就可以教了。所以，有非常強大的動機與精力必須維持現狀。

在這個現實世界之外，還有一個平行世界

拉森把他的理論取名為「交互式系統」，因為他覺得空間和時間是完美的相對關係……一個相對互補的關係。雖然大部分的人都認為空間和時間還能怎樣不同，但拉森認為這只是因為我們的想法都被制約了。現在拉森邀請我們想像一個在我們周遭的平行世界，幾乎每個方面都和我們現在所看到的世界一模一樣。這個平行世界裡有著和我們一樣的物體、適合居住的區域——同樣也都由我們在周遭看到的相同原子和分子所組成。

我們甚至能以某種方法進入這個平行世界，在裡面走動。唯一的差別是，從我們的角度來看，這個平行世界只會存在於更高維度的地方——更正確來說，是平行的三個維度。理論上來說，我們此時此刻都被這個平行世界——也就是「時空」所包圍，這就是能找到我們的實體與大腦能量複製體的地方。這裡很有可能就是我們作夢、感受出體經驗（靈魂出竅）、遙視（天眼通）或是所謂「來生」所前往的地方。我們可以測量這個平行世界的主要方法，就是追蹤它對時間流的影響。

拉森提出最令人震撼的一點是，我們在周遭看見的空間，這個「已知的宇宙」嚴格來說不是真的，而這個時空的平行世界其實也不是真的。唯一真正存在的，就是兩者所屬於的三個維度。在這三個真正的維度裡，能量會持續在兩個世界中流動，這樣兩者才能繼續存在。（技術上而言，拉森會將這稱為「運動」而非「能量」，但我認為我們說的是同樣的東西。）

簡單來說，所有在我們的這個世界形成空間的能量，就是在平行世界中推動時間的能量；而所有在平行世界中形成空間的能量，就是在我們這個現實世界中推動時間的能量。乍看之下，這好像完全無法想像，但這種理論之所以能成立，是因為空間與時間彼此會流動交換，而這種交換一直都在我們宇宙中的每個原子和分子中發生。這表示，這兩種世界都是我們能前往的穩定地點，而且它們的聯繫密不可分，兩個世界都無法單獨存在。它們的關係緊密，完全仰賴對方而生存。雖然我們能看到原子和分子一直進出這個平行世界，但直到現在，我們仍不知道自己看到的究竟是什麼。這也表示我們看到的空間其實是一個幻象，每一個點其實都是宇宙的中心。

再一次的，這意味著你在周圍看到的所有東西都有一個能量複製體，不僅僅只有你的身體。在這個平行世界裡，你的房間看起來還是像你的房間，更精確地說，你的房間至少是你能看到的最明顯的區域，因為你的房間是時間流中最接近你進入這個平行世界的那個瞬間。你可能還會在你的房子裡看見有如鬼影般的幽暗影像——因為那裡確實有另外一個建築。如果一切條件對了，你還可能看到恐龍還在的那個史前時代。

這個理論還導出了一個奇怪的結果，那就是只要走進這個平行世界，你所看到的畫面就會發生很像影片快轉或倒帶的效果。你怎麼知道你是走進未來，或是退回到過去？你必須要發揮更大的想像力才能知道答案，但宇宙似乎真的是這樣運作的。

如果你走進這個平行世界後乖乖靜止不動，你就不會在時間中穿梭。只有在你開始移動時，你才會進入未來或回到過去。說得更清楚一點，就算你走來走去，探索事物，在我們這個現實世界裡也沒有人能看到你。拉森說，以我們地球的一般觀點來看，你是受困在空間裡；而從量子物理的觀點來看，你看起來就像變成波了。如果有人能看見你，你也只會像是一般所描述的「鬼」。就算你可以在這個平行宇宙自由移動（你當然可以），你也不過就是在時間中移動而已。「在時間領域中會發生的，只有在時間中的運動⑭」，意思是在這個平行世界中，從一個地點移動到另外一個地點，其實就是「時間旅行」。

時間旅行，不只是科幻小說的情節

然而，說你完全被困在空間裡，嚴格來說也不正確。本書後面章節的證據告訴我們，如果你在某個點跳進去，走到另外一個位置後再跳出來，你就是在地球的這兩個位置瞬間移動。更棒的是，如果你在這個平行世界走得夠遠，你回來的時候就會經歷相當的時間旅行。這叫做「時間穿梭」(time slip)，我們將會看到確實的證據，說明造成這種現象的漩渦會自然出現在地球上。這種漩渦經驗，通常會被誤以為是經歷「時間消失」的「外星人綁架」事件。如同我們會看到的，在典型狀況下，通常不會讓你穿越超過五天的時間。

如果你只是隨意走走，怎麼知道你在時間裡是往哪一個方向走？關鍵在這裡：如果你真的進入平行世界，從地球原本的位置往前走就會走進未來；如果你是往後走，就會回到過去，之所以如此，是因為地球以地軸為中心自轉，又繞著太陽公轉，而太陽又繞著銀河系公轉，銀河系則朝向處女座星團移動。還好宇宙法則不會讓我們進入時空後，在空間的絕對位置無依無靠，不管我們在時間裡往前或往後，都還是和地球同在。地球從西往東轉，所以如果你往東走，就會開始看到未來，往西走，你就會開始看到過去。

重力也會把你往下推，就像它驅動時間一樣。重力流就是時間流，因此如果你在時空裡往上走，就會回到過去，也就是一開始時間重力推你進入的時間點之前。如果你往下走，就會進入未來。在這些例子中，你穿越的時間可能不是很多，但在某些情況下，所引發的影響都能夠準確測量。

時空穿梭：七二七客機在空中消失的十分鐘

一架飛機要返回機場時顯然是往下飛的，但如果它撞上了一個較小的漩渦，而進入時空中呢？一九七四年，伯利茲（Charles Berlitz）在他的經典作品《百慕達三角》（*The Bermuda Triangle*）中，針對一起很像是進入時空的事件寫下了三段摘要，內容引人入勝。在伯利茲的敘述中，這架飛機從東北方往西南方飛行——但很多目擊者都表示，這架飛機是從邁阿密國際機場的西邊過來的，換句話說是往東前進；所以如果這架飛機真的撞上了漩渦，即有可能飛進入未來。

大約五年前，邁阿密機場發生了一起牽涉到時間消逝的事件，而且至今都沒有令人滿意的解釋。這是一架國家航空公司七二七客機，從東北方飛往機場準備降落，但在空中管制中心的雷達追蹤下，這架飛機卻突然在雷達螢幕上消失了約十分鐘，接著又重新出現。飛機毫髮無傷地降落，駕駛和機組員都對地勤人員的憂慮感到不明所以。因為全部的機組人員都沒有發現有過任何不尋常的事。管制中心的人員對機長說：「老天，剛剛有十分鐘時間你們是不存在的。」就在此時，機組員檢查了自己的手錶以及飛機上各種時間裝置，發現它們全都比真正的時間慢了十分鐘。特別要注意的是，這架飛機在事件發生前二十分鐘才做過例行的時間校準，當時並沒有發現有任何時間落差。⑮

如果這件事屬實，那看來這段內容還遺漏了很多東西。一架載滿乘客的飛機，連機帶人跳進了未來的十分鐘。如果他們進去時是晚上八點五十分，他們出來時應該也還是八點五十分，即便其他人的手錶顯示的都是晚上九點鐘。幸好有名飛行員馬丁・凱登（Martin Caidin）對這起事件進行了比較詳盡的調查，並且將結果寫在他一九九一年出版的《空中鬼影》（*Ghosts of the Air*）一書中。

我和幾個事件當事人談過，包括航空公司的機長、一些協助我研究的朋友、美國聯邦航空總署的官員，還有相當多的調查人員，他們都提供了各自擁有的資訊，讓我收集後記錄下來。⑯

凱登寫道，這架七二七飛到邁阿密準備降落時，所有的儀器都運作正常。機長依照空中交通管制員的指示將飛機轉向，接著毫無預警的，他們在雷達上的亮點消失了。當然這可能是電子故障、雷達失靈或是機組員關掉了雷達收發系統造成的，但也有可能表示這架七二七撞進了「邁阿密國際機場西方的沼澤地」。此時，機場當然是一陣恐慌。

警報立刻響起，邁阿密出入境管理局和塔台發出消息，要求該區內所有飛機「尋找從雷達範圍內消失的一架七二七飛機」。駕駛員們幫忙尋找任何跡象：不管是金屬的反射光、閃爍的燈光、明亮的火光、升起的煙霧——什麼都好。

但什麼都沒有。這架飛機不見了。

邁阿密入境局通知海岸巡防隊與其他救援單位，直升機立刻拔地飛升，趕往國家航空這架七二七最後被發現的位置。

什麼都沒有。

接著，就在這架飛機消失在邁阿密入境局預設的雷達範圍內整整十分鐘過後，亮點再度出現在擠在雷達旁看得目瞪口呆的一群人眼前。

重新出現已經夠奇怪了，這架七二七消失十分鐘後，居然重新出現在它當初消失的老位置。七二七機長以尋常的聲音繼續和邁阿密入境局和邁阿密塔台通話，從他的語調裡完全聽不出來有任何異狀。驚魂甫定的雷達操作員指示這架七二七要飛得更近點，接著把這架客機交給塔台進行最後的著陸指示。這架七二七滑進跑道，張開阻力板，放下起落架，完成了相當正常的降落。

……當飛機停好、艙門打開時，聯邦調查人員和國家航空的官員等不及地衝進客機裡。面對這種毫無來由的激動行為，以及一連串問題轟炸，機組員全都嚇了一跳……

機組員和乘客被問得一臉茫然，他們身上發生了很神奇的事，但他們自己一點都不知道。機長堅持：「什麼事都沒發生，沒有任何異常，就是這樣。我們正接近機場，接著進入機場上空，我們和塔台聯絡，然後降落。就是這樣。」

「通訊沒有中斷？」

「完全沒有。」⑰

消失的重量跑哪去了？

如果時空（時間—空間）真的存在，我們要怎樣才能到達那個地方？一旦我們找到答案，就非常有可能做到去物質化、念力傳送和時間旅行了——這麼一來，黃金時代一定會很有意思而且非常好玩。關於我們如何直接進入時空，我發現的第一條清楚線索來自機械工程師暨工業科學家金茲堡（Vladimir Ginzburg）。

他在著作與技術文獻中，揭露了愛因斯坦相對論的另外一個錯誤。你可能已經知道，傳統相對論認為沒有東西的速度能夠超過光速。根據愛因斯坦的方程式，當你接近光速時，你的質量會增加。所以你永遠無法達到光速，因為理論上來說，你在光速時應該會跟整個宇宙一樣巨大。然而，金茲堡有革命性的發現：你可以把同樣的相對論方程式上下顛倒。這樣一來，一切都還是會成立，你不會違反任何物理法則，但是有一個很大的差異是：當你接近光速時，你會失去質量，而非得到質量。這表示一旦你到達光速，你就沒有任何質量——至少在時空裡沒有。將愛因斯坦的方程式做出這樣簡單的改變，對於人類文明有著絕對震撼的影響。

以下是金茲堡在他個人網站上的解釋：

> 你可能還沒準備好立刻拋棄存在了一個世紀的相對論方程式。但一旦你準備好了，就會發現很多驚人的事：只有粒子靜止時，才能視之為一個純粹的物質。只要粒子開始移動，它的重力質量和電荷就會開始減少……所以（這個物質的）一部分就會轉換成一個場。當粒子的速度V等於最後的螺旋場速度C（光速），它的重力質量和電荷就會等於零。在此時，物質就會完全轉換成「純粹」的場。[18]

現在我們懂了。如果我們能推動原子內的旋轉運動超過光速，那麼這個原子就會跳進了時空中。直到最近我才了解，這背後有著更重要的觀念：原子內的運動其實是以光速或非常接近光速的速度在進行，所以不需要多少時間就能做到上面這一點。就在此時，多年來我所收集的各種資訊都在我腦中產生了關聯——我得到了人生中最棒的一次領悟。

實體物質一直都處於這兩個世界（或稱實相）間的邊緣，我們只要推它一下，就能讓它穿過界線，翻身進入時空中，這也是巴克球只要撞擊牆壁就能變成波的原因。在量子領域中，光子、中子、電子和原子無時無刻不在翻轉跳動。你不一定能看到固體中的原子翻轉成波並消失，但一旦我們了解它們這樣的行為，就很清楚知道其他人曾經觀察到並測量過這個現象。

舉例來說，科濟列夫發現，物體只要撞擊到堅固的表面就會造成重量減少。有一次他讓一顆球撞擊鉛板，並在撞擊前後都測量過球的重量。有些原子只要受到撞擊就會跳進時空裡，而讓物體的重量減輕。更有意思的是，「這些實驗顯示，重量減少的現象不會在撞擊後立刻消失，而是會繼續再減少，回復至原狀的鬆弛時間大約要十五到二十分鐘」[19]。這表示一旦逸失的那些原子靜悄悄地回來時，消失的重量也會恢復。它們不會立刻回到光速或次光速，而是有十五到二十分鐘的延遲。

用暴力撞擊物體並不是必要的。科濟列夫在另一個實驗裡發現，只要用手上下搖晃一個物體三十次就足以讓它的重量減少[20]。最奇怪的是，消失的重量並非以平順的曲線速度回歸，而是每過一段時間，以量子化的小跳躍方式增加重量，而且每次增加的重量都會與總質量成比例。

如果這麼說不夠清楚，我們就來看一個假設性的例子。假設你丟擲一個重物後，它失去了一百毫克的重量，那麼在回復至原狀的過程中，一開始可能會回來十毫克的重量。然後……什麼事也沒發生，但突然之間，又增加了十毫克。接下來一段時間又沒有變化，然後又多了十毫克。這個過程會在撞擊後的十五到二十分鐘內反覆發生。他也發現這個所謂的量子效應，其實「幾乎每個實驗裡都有發生」[21]，所以我們眼前的，其實是實體物質的一種基本特質。當原子從時空跳回來時，並非是以和諧、平順的方式回來的，而是好像每個原子裡面都有好幾層，每層原子只有在減速到足以跨過光速的界限時才能回來。

所以再一次的，基本的概念就是：只要撞擊、丟擲或甚至搖晃一個物體，物體內的一些原子就會跳進時空裡，重量也因而減輕了。

目前為止，我們創造出的效果都非常小，需要特殊的實驗室儀器才能偵測到。這聽來令人沮喪。所以，現在我們要想想怎樣才能讓這麼好的內容大規模發生呢？要找到答案，我們必須重新回頭思考重力。請記得在拉森的模型裡，重力（能量場）是無所不在的，而原子和分子不過就是能量場裡的小漩渦而已。

譯注

❶ 富勒烯是完全由碳組成的中空球形、橢圓形、柱形或管狀分子的總稱，是繼金剛石和石墨之後發現的碳元素的第三種晶體形態，一九八五年。由於這個分子與建築學家巴克明斯特·富勒（Buckminster Fuller）的建築作品很相似，因此以他為名。

❷ 極端纖密的物質，壓力和溫度不再有關聯，因為在這類物質中，粒子之間的距離比物質波的波長短，所以量子力學的效應非常顯著。

14 重力與輕力的拔河賽

宇宙間有往下拉的力，也有往上浮的力，兩股作用力的拉鋸戰不斷上演。往下拉的重力就是源場，猛然流進我們的星球，在同一時間裡創造出所有的原子和分子，接著這股相同的能量流從我們的星球中流出，因為損失一些動能而形成往上推的力量。

讓我們看著溪水中的漩渦一分鐘。水進入漩渦後，真的消失了嗎？捲進漩渦裡的水怎麼了？是不是轉進了一個平行世界裡，永遠不回來了？當然不是。水顯然還在溪流裡，而且一直在流動。這種情形，可以用來類比地球——簡單來說，就是流入地球的能量一定也會從地球流出來。重力是一種往下的力，所以一定也有一種往上的力，而我最喜歡把重力的這個相對力稱為「輕力」（levity）。源場（或者說重力）猛然流進我們的星球，在同一時間裡創造出所有的原子和分子，接著依舊必須繼續運動。這股相同的能量流，從我們的星球中流出時會失去一些動能，所以流出的速度會比流進的速度慢一點。當你了解到這一點，你就知道地球可能有一種往上推的力量，和往下推的力量進行永遠的拔河賽——而且這種往下推的力量只是險勝而已。如果我們沒有這股向上推的力量來平衡一切，我們很可能馬上就會被重力壓扁。

原子和分子只不過是重力裡的小漩渦。在杜威．拉森的理論中，只有三個真正的維度——在這個絕對的實相世界中，時間和空間其實是一樣的。因此，我們擁有兩個平行世界，在其中一個世界的空間創造出了另一個世界的時間，反之亦然。這兩個世界裡的每個原子都不斷流動、交換。當某個原子跳進時空中時，它旋轉的動能就會在平行世界中轉化成流體狀的能量，再也不受我們這個世界的重力所影響。可是如果原子（或是在時空中的漩渦）開始失去速度與動能，重力就會把它拉回到我們這個空間—時間的世界。如果是多原子的大型物體，整個轉換過程約需十五到二十分鐘，就和我們在科濟列夫的實驗中所看到的一樣。有趣的是，著名的數學兼物理學家彭若斯（Roger Penrose）在一九九七年的《科學人》中提到，重力會引發在量子層次的粒子與波之間的轉換①。前史丹佛大學物理博士哈爾．普特夫，則計算出所有粒子內的「顫動行動」（德文的 Zitterbewegung）和重力有直接的關係②。

早在一九八二年，普林斯頓的科學家就已經發現，保存在超低溫或用世界上最強大的磁鐵掃射過的電子會變成流體狀。這非常符合我們的模型。

> 電子……似乎會「合作」，一起形成科學家所謂的「量子流體」，在這種相當罕見的情況下，電子會步調一致，比較像一團濃霧，而非個別旋轉的單元。③

龍捲風的異常現象：葉子刺進牆裡，牛卡在樹幹上

接著是我最喜歡的部分。理論上來說，在空間—時間中的原子會被重力推動，但一旦原子跳進了時間—空間的平行世界，就會被輕力所推動。因此，如果你想讓物體漂浮，只要讓它的分子一半留在我們這個空間—時間的三維世界裡，一半脫離就可以了，這樣一來，輕力就能抵銷重力——就像你控制肺裡的空氣含量，讓自己能維持漂浮在水面下一樣。如果推進時間—空間那個平行世界的分子占了大部分，物體就會去物質化，那麼使它在我們這個世界升起的那股力，現在會讓它掉進平行世界中。這種在兩個世界（實相）之間穿梭的情形，可能就像莫比斯環（Möbius loop）那樣。

這就是大自然的法則。ＤＮＡ分子會儲存光子，而顯然在光速邊緣跳進跳出，正是ＤＮＡ能輕鬆交換兩個世界的能量與資訊的原因——也就是在我們的實體身體和能量複製體之間的交換。這一章接下來，我們會探討幾個反重力效應。

首先要看的是龍捲風。傳統上對於龍捲風內部浮力的解釋是空氣的抽吸作用，可是如果考慮到記錄下來的其他怪異的龍捲風效應，包括美國海洋暨大氣總署（ＮＯＡＡ）網頁上的一些紀錄，可能就不會再那麼篤定了。有很多例子是人、動物、物體，甚至整個房子都被捲入龍捲風裡，並且毫髮無傷地被搬移到遙遠的地方④。但想想看，龍捲風裡劇烈旋轉的氣流，照理說應該會把這些東西都撕裂才對。此外，也有很多不可思議的異物併合（matter- blending）的記載。我是在著名天體物理學家帝密特夫（Alexei Dmitriev）的論文裡，第一次讀到這個部分的記載。特別引起我注意的其中一個故事，是嵌進灰泥牆的一片酢漿草葉子，彷彿那面牆在龍捲風中像塊海綿似變軟了⑤。另一個例子是一九四二年發生在奧克拉荷馬州的一場龍捲風，一輛車子被吹掉了一個輪子，但車體其他部分卻毫無損傷⑥。我當時心想，如果輪胎上的大螺絲帽變得像液體一樣，那麼輕力確實能輕輕鬆鬆就把輪胎拉下車子，抬舉到半空中。

在帝密特夫的論文中，也提出了其他異物併合的幾個例子，做為去物質化的證據。比如，一塊老舊又會滲水的木板，硬生生穿過了一間木造房屋的牆壁而沒有受損；一塊木頭刺進了一吋半厚的門框中⑦。我想如果這些故事屬實，應該還會有更多類似的例子。後來我找到了ＮＯＡＡ的官方網站，網上收集了密西根州大湍流市（Grand Rapids）一九五六年四月三日龍捲風的目擊報告。ＮＯＡＡ表示：「為了保留歷史原貌，下列敘述都未經重新編輯，都是送交國家氣象局時的原件內容。」這些報告中，包括一扇窗戶毫無破損地栽進沙土裡；一架農耕機的油箱底殼被稻草刺穿出好幾個洞；在一間房子的磚牆上發現稻草；草枝刺進樹幹裡，牛也卡進樹幹裡⑧。

在史黛芬妮・布洛茲（Stephanie Blozy）的「天氣蟲」（WeatherBug）部落格上，有人留言表示他看過一塊二寸×四寸的木板穿過一棟兩層樓房的後牆，而且入口處形成的洞比木板本身還小，發生地點在賓州；還有人說看過插在電線桿裡的半條香蕉、吸管穿過電線桿……。史黛芬妮對這些事件的成因發表了她的意見，雖然很多人留言攻擊她，但她的說法現在看來相當正確。

另外一個以量子物理為基礎的理論是，這根吸管在龍捲風內部旋轉時，被超快速地充電，使得它能以「高能量密度」存在。當它從龍捲風中飛出去時，一碰到其他能量密度較低的物體，就會像鬼魂般地穿過去；當兩者的能量相等時，吸管就凍結在物體當中了。⑨

有時候，有人會看到奇怪的球體。NOAA的網站上，有人說曾在龍捲風中看見黃色的「巨大菌菇」；佛萊德·舒密特（Fred Schmidt）說，他看見一面玻璃窗上有個像「綠色大理石」的東西被推著跨過天際，當時沒有下雨、打雷或閃電。他在網站上也提供了一則他的親身經歷，現在看起來像是他跳進了平行世界——所有在我們這個空間—時間世界裡的正常聲音都消失了。

周遭安靜得可怕。沒有平常的鳥鳴聲，其實是根本沒有任何動物的聲音……後來我還看到了刺進電線桿的一根稻草，稻草看來完好如初。⑩

水、樹、昆蟲的自然反重力

光是簡單的空氣旋轉，所造成的效果就足以完美地符合我們的模型了。那麼旋轉的水呢？別忘了，在我們的新模型裡，重力裡是有旋轉流的——因為

1925年造成重大傷亡的美國「三州龍捲風」（Tristate tornado）中，這塊木板被插進一根垂直的木柱裡。

在一八九六年聖路易斯的龍捲風中，這根樹枝被推進鐵橋厚厚的金屬結構裡。

重力是由流體狀的能量所造成。如果源場裡轉動的漩渦運動使得這些旋轉流夠強大，就能創造出自己的重力。它們似乎是在兩側作用而創造出轉動的渦流——就像龍捲風、颶風、海流、大陸板塊下的地幔流——但在某些情況下，這種力會直接反抗往下壓的重力。如同亞歷山德森（Olof Alexandersson）在經典作品《活水》（*Living Water*）當中的描述：據說奧地利自然科學家修伯格（Viktor Schauberger）在研究鱒魚如何能輕鬆逆流游上高聳的瀑布時，發現了反重力效應（gravity-shielding effect）[11]。他從數十年的觀察中了解到，魚會先「瘋狂地旋轉跳舞」，接著「動也不動地往上浮」通過瀑布，就算瀑布再高也沒問題。更驚人的是，在一個月光皎潔的冬日深夜，他親眼看到鵝卵石出現同樣的效應。他看著一潭山泉裡的湍急溪水流中，有一顆幾乎和人頭一樣大的鵝卵石開始像鱒魚一樣旋轉舞動，接著升到水面——而且周圍馬上就結了一圈冰（這種詭異與突然的溫度改變，也和物質進入時空世界的情況一致。記住：我們可能會覺得進入時空世界會使得溫度變高，但科濟列夫證明了溫度其實會變低）。最後修伯格看到好幾顆鵝卵石輪流發生同樣的情況，他分析後發現，這些石頭除了都是鵝卵形之外，也都含有金屬成分。

再來看看大樹怎麼會連根拔起呢？物理學家瓦格納（Orvin E. Wagner）任職於美國橡樹嶺國家實驗室，並於加州理工大學教授物理學。他也研究了這個主題。他從一九六六年就開始從事生物物理學研究，一九八八年時已經發現了植物內的波效應，並開始投入所有時間研究這些謎團[12]。一九九二和一九九四年，他分別在主流期刊上發表自己的論文，概略描述他的發現：植物和樹木都使用反重力效應讓樹液流動[13]。即使有些流動可能是因為樹葉蒸散作用造成吸力所致，但無法完全說明瓦格納的所有發現。樹枝似乎會產生相當於我們在金字塔內看到的漩渦效應，足以把樹液往上推。

瓦格納在樹的木質部鑽出小孔，使用小型加速度計確認了這些區域內的重力比較弱，孔洞裡的重力最多減少了二二%；此外，他也發現水平樹根裡的洞也有類似的推力，讓樹根往所指方向延伸。

俄國昆蟲學家葛列別尼科夫（Viktor Grebennikov），在昆蟲身上似乎也發現了反重力現象。

> 一九八八年夏天，我正在用顯微鏡觀察昆蟲的幾丁質外殼、羽狀觸角、蝴蝶翅膀上的魚鱗狀細微構造、燦爛的虹光色彩……我把一個小的凹面幾丁質片放在顯微鏡下，想放大檢查上面奇異的星形細胞，我再次讚嘆大自然的巧奪天工。當我要把第二片底側有相同細胞結構的幾丁質外殼放在第一片上方時，突然間這一小片東西掉出了我的鑷子，在顯微鏡臺上的上方懸空了幾秒鐘，接著順時鐘轉了幾度後滑到右邊，接著開始逆時鐘轉動了一會兒，然後突然掉回桌面上。
>
> 你可以想像我當時的感覺。回過神之後，我用一根金屬線把幾片外殼綁在一起。這可不是簡單的事，我得把它們垂直擺放才能成功。這樣一來，我就得到了一個由好幾層幾丁質片所組成的塊狀物，接著我把它放在桌上……當我把圖釘放在這個塊狀物上面時，我看到了不可思議的事：圖釘在我眼前消失了一下子。此時我了解到，事情完全不一樣了。[14]

可以想見的，葛列別尼科夫博士的這次經歷被當成了謊言，但我們已經看到符合我們模型的效應出現了。當他把圖釘放在翅膀外殼上時，外殼形成的漩渦流讓圖釘的原子都跳進了時空裡，所以看起來就像是消失了一樣。

過去數千年來，地球上有些人顯然已經知道透過源場螺旋運動的加速，可以克服重力流的這個技巧，而這似乎也是建造金字塔的秘密。然而，我們還沒有找到更深一層問題的答案：我們要怎樣才能讓夠多的原子跳進時空裡，讓物體能漂浮起來？我們熟悉的術語又再度出現給我們答案：同調性。我們需要讓原子內的頻率達到比光速更快的某一點，這樣它就能跳進時空裡。我們只要在源場（也就是重力）裡創造出諧調的脈動，就能做到這件事。所以，如果我們想讓魔法發生，只要開始讓物體或某個區域以正確的頻率振動就行了。藉由在某個區域內創造同調性，有些原子會開始跳過光速的界限，接著被我們所謂的「輕力」推高。

重力不見了？西藏聲波漂浮

聽起來可能很複雜，但只要你知道你在做什麼，技巧使用起來並不難，而且幾乎不需要任何特別的技術就能創造出這種同調性。我發現最有意思的例子是「西藏聲波漂浮」（Tibetan Acoustic Levitation），這也是我多年來費盡心力想了解的另外一門特異科學。這是瑞典飛機設計師榭列松（Henry Kjellson）透露的事，後來紐西蘭研究員布魯斯・凱希（Bruce Cathie）在奇爾德雷斯（David Hatcher Childress）的《反重力與世界網格》（*Anti-Gravity and the World Grid*）一書中對此做了詳細的分析。

榭列松有個好友是醫學博士（因為他不願具名，暫時稱他為「札爾醫生」），他在牛津念書時和一位西藏年輕人成了朋友。札爾醫生後來接受英國一個科學學會的補助要造訪埃及，他的西藏朋友知道後就托人傳話給他：有個德高望重的西藏喇嘛要求見札爾醫生——而且非常緊急。札爾醫生後來獲得學會允許，可以在西藏停留一段長時間，回報他在西藏的所見所聞。札爾醫生在西藏時，看到了各種西方人很難目睹的現象，其中最大的一個秘密就是「振動和壓縮的音場（sound field）能使重力失效」。

札爾醫生被帶到一片草坡上，西北方有高聳的懸崖包圍著。其中一面懸崖壁上有塊突出的岩架，可以走進一個離地約兩百五十公尺高的洞穴裡。西藏人正在用巨大的石塊在岩架上建牆，但是除非用繩子爬上去，否則沒有辦法到達那個地方。在距離懸崖約兩百五十公尺處有塊寬約一公尺的平滑石板，中間鑿出了一個深度約十五公分的碗狀區域。接著一隊犛牛把一個大石塊拖進碗狀區域，這塊巨石高有一公尺、長約一・五公尺。

奇怪的地方來了：有十三面鼓和六支號角全都對著那塊石頭，排成一個形狀完美的四分之一圓弧（九十度）。所有的鼓都由三十公釐厚的鐵片製成，僧侶使用的皮製鼓棒尖端包覆的是金屬而不是皮革。六支號角都很長，確切數字是三・一二公尺。這些僧侶仔細測量石頭到這些形成四分之一圓弧的樂器之間的距離，結果是六十三公尺。十三面鼓當中，有八面和石頭的大小一模一樣，都寬一公尺、長一・五公尺；另外四面鼓的尺寸比較小，恰好是大鼓體積的三分之一，即寬〇・七公尺、長一公尺。其中還有一面最小的鼓，寬〇・二公尺、長〇・三公尺。大中小三種鼓形成了最佳比例：你可以在中型鼓裡放進四十一面小鼓，在大鼓裡放進一百二十五面小的鼓⑮。

所有的樂器都固定在架子上，這樣才能準確瞄準位置。最後，你還需要一個關鍵元素才能成功——將近兩百位僧侶在十九個樂器後方各自排成一列，每列約八到十個人。沒有人會認為這些僧侶能利用這些樂器，有意識地產生出巨大的能量。

接著讓我們直接看看布魯斯・凱希對後續發展的描述：

> 當石頭就位後，在小鼓後方的僧侶發出了一個信號，指示演奏會開始。小鼓的聲音非常尖銳，在其他樂器發出吵雜的喧囂聲時都還聽得見。所有僧侶都在吟頌著禱告文，而且速度越來越快。在前面四分鐘裡，什麼事都沒發生。隨著鼓聲和吟頌聲的速度越來越快，那塊巨石開始搖晃擺動，然後突然加速升空，在上升三分鐘後，石塊落在了離地面兩百五十公尺的平台上。⑯

真是不可思議。我們看到一塊巨石（就和建造大金字塔的石塊一樣大），經歷三分鐘緩慢的笨重之旅，以五百公尺的弧線飛越半空中。顯然我們不可能用鼓、號角和頌讚聲的力量，就讓物體漂浮起來，但是如果它們在石塊內造成了正確的同調性，就能和石頭內的原子共鳴而突破光速的界線。接著它們就進

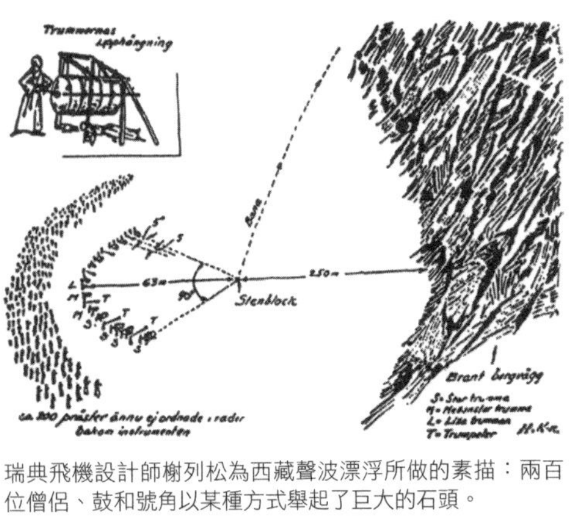

瑞典飛機設計師榭列松為西藏聲波漂浮所做的素描：兩百位僧侶、鼓和號角以某種方式舉起了巨大的石頭。

入了時空中，改由輕力去推動。如果你在此時觸碰石塊，石塊幾乎肯定會變得像海綿一樣，因為裡面一半的分子都不存在於我們這個現實裡了。似乎，這也是秘魯薩克塞華曼（Sacsayhuaman）石牆的巨石塊能緊密接合，連剃刀刀片都無法插進去的原因。

有些石頭會因為強度太強而裂開，西藏僧侶就會搬走這些石頭。儘管如此，他們還是可以維持生產線的運作，用這種方法在一小時裡搬運五到六塊巨石。

札爾醫生認為他是被催眠了，所以他架設了一架攝影機，拍攝整個過程——而且還拍了兩次。當他後來重看影片時，影片內容就和他在現場看到的一模一樣。札爾醫生目瞪口呆，認為這次的發現足以撼動我們所知的世界基礎。不過當贊助札爾醫生的科學學會聽說有這些影片後，馬上趕過來沒收了這些原版帶，宣稱這些是機密文件而扣留了下來。

建造可搭乘的飛行器

這種漂浮方法看起來還是很麻煩，而且可能需要相當專注的意識程度才做得到，我們大部分人目前都還沒有這種能力。可是，如果我們建造一種內建這種推進系統的物體，讓我們搭乘它飛行呢？我們再回頭來看發現鱒魚和石頭在水中漂浮效應的修伯格博士，他就建造了一個卵形結構，還在內部裝設能讓水高速運轉的特殊渦輪，製造出和他在自然界觀察到的相同漩渦。關於他如何利用這個過程成功建造一個可運作的反重力飛行器，有很多的書面資料可以參考。⑰

不少研究者都寫過這種技術及其他科技是怎麼落入德國納粹的手中，連修伯格都無法置身事外，最後因為他與家人受到強大的威脅，也只能屈服。在尼克．庫克（Nick Cook）的《尋找零點》（*The Hunt for Zero Point*）一書中，他解釋納粹「反重力計畫」的代號是「時」（Chronos），指的就是「時間」，納粹顯然發現了空間的移動會導致時間的移動。

如果你創造出範圍夠大的扭力場域，理論上你就能彎曲……〔修伯格〕產生器周圍的空間。你產生的扭力越大，干擾的空間就越大……當你彎曲空間時，你也彎曲了時間。

……

不管有沒有電磁元素，如果一個旋轉的扭力場和重力綁在一起會產生一種浮升效應，也就是一種反重力效應，這不會發生在我們這個四維世界裡，而是會在別的地方產生。這就解釋了為什麼德國人試圖利用一個扭力場來影響第四維，也就是時間。理論家認為，時間就像重力，是起源於超空間（hyperspace）的另外一個變數。⑱

葛列別尼科夫博士在昆蟲翅膀裡發現了反重力效應，並利用這個發現建造出一個讓他可以搭乘且能使用的飛行器。他在可以像百葉窗一樣開闔的葉片上設計了像摺扇般展開的多重翅膀外殼，當外殼互相疊在彼此上方時，翅膀的提升力會大幅增加，而這個機械系統讓他能控制上升過程。使用方法就像滑板車一樣用腳站著，腳踏車的煞車掣是開關，用來控制垂直上升的推進力；前進速度則由決定翅膀傾斜度的第二個煞車掣控制。葛列別尼科夫把自己綁在一根頂住煞車掣把手的金屬柱上，透過身體前傾方式來操控方向。葛列別尼科夫跳進了時空裡，並在上升到某個高度時變得就像是一道波一樣：

〔飛行時〕地面上的人看不到我，這不只是因為距離太遠，而是因為就算我低空飛行，也幾乎不會在地面出現陰影。後來我發現，有時大家會抬頭仰望著我在空中的位置，我在他們眼中變成了一個光球、一個圓盤，或是一片以銳角傾斜的雲，只是他們說這片雲的移動方式很奇怪，不像真正的雲。⑲

葛列別尼科夫也經歷了時間扭曲，例如無法關閉相機快門：「我看得見，卻不能拍照……我的相機快門關不上，兩捲底片都曝光了；一捲裝在相機裡，另一捲在我的口袋裡。」這讓我想起了席德．賀維齊的裝置，因此只要葛列別尼科夫按相機鈕的時間夠長，還是可以打開快門。最棒的是，他發現只要反重力效果足以讓他穿越空間，他也同時穿越了時間。

除了相機之外，我的手錶也出了問題，月曆可能也是。當我降落到熟悉的林間空地時，我有時會發現「時節不對」，大約有兩週的誤差……因此我可能不只是在空間中飛行，好像也在時間裡飛行。我無法對後者做出百分之百的保證，只能說也許在飛行當中，尤其在剛開始時，手錶的運作會出現異常，一下太慢，一下太快。可是在短短的旅程結束後，手錶又恢復了準確的時間與速度。不論如何，這就是我在旅程中遠離人群的原因之一。如果操縱時間和操縱空間有關，也許我可能會意外干擾到因果關係，因而讓某人受到傷害。⑳

據說是葛列別尼科夫博士搭乘自己製作的裝置升空的照片，顯然能反重力的昆蟲翅膀殼是這個裝置的動力來源。

葛列別尼科夫也曾在時空旅行中把昆蟲帶回來，但多數都消失了，不過有一次，他成功抓回來的昆蟲從成蟲變回了蛹——表現出無法否認的時間旅行效應。

在「那裡」抓到的昆蟲會從我的試管、盒子或其他容器消失，幾乎不留下任何痕跡。有一次，一根試管在我的口袋裡破成碎片；還有一次試管玻璃上出現了一個橢圓形的洞……我的確曾多次在我的口袋裡感覺到燃燒或電擊，也許那就是我的囚犯消失的時刻。我在試管中唯一一次發現了被我捕捉到的昆蟲，但牠已經不是觸鬚上有白環的姬蜂成蟲，而是蛹，也就是成蟲前的階段。當時牠還活著，我碰觸牠的時候，牠的腹部還會動。令人難過的是，牠在一週後就死了。㉑

一九九二年，一份俄國報紙刊登了葛列別尼科夫這項發明的著作內容預覽，裡面有一張據說是他搭乘這個裝置升空到二到三英尺的照片。㉒

一本俄國雜誌《新科技》（*Technika Molodezhi*）也刊登了這些照片，並且提到他已經在西伯利亞農業與農化研究機構公開展示過這台裝置。他的著作本來有五百頁，裡面有四百張的彩色照片，但後來出版社告訴他，這些資訊被禁止公開，出於「國家安全」理由，不能釋出這些資料。書中留下了兩張他們先前在預覽時已經公開的葛列別尼科夫飛行照片，但是書的總頁數減少到剩下三百多頁，而他也必須重寫全部的內容。㉓

天才科學家的反重力原型機器

據說天才科學家特斯拉（Nikola Tesla）開發出了一種可行的反重力技術，而且他可能暗中獲得了一些幫助。作家科克派翠克（Sidney Kirkpatrick）是第一個能完全使用愛德加．凱西資料庫的人，我們才會知道特斯拉與愛迪生從一九〇五年到一九〇七年都曾和凱西有專業上的往來㉔。這也意味著，特斯拉至少看過一篇凱西的催眠報告解讀。在凱西的解讀檔案中，曾描述過一位正在製造反重力原型機器的發明家，而這台機械原型就叫做「無燃料馬達」（No-Fuel Motor）。在第一九五之五四號解讀檔案中的第十三個問題，凱西接獲的訊息來源明確表示重力是兩種力的結果：一股往下的力及一股往上的力。此外，消息來源還說這只是一種很粗略的解釋，因為往這兩個方向分別還有一道持續旋轉的螺旋狀漩渦運動㉕。可惜的是，兩次火災毀去了凱西早年工作的所有紀錄，包括他可能曾經為特斯拉做過的解讀。不管特斯拉是否曾經得到凱西的幫助，在他們開始通信後短短四年，特斯拉就在《紐約通訊報》（*The New York Herald*）的訪問中發表以下言論：

未來的飛行機器，也就是我的飛行機器，會比空氣重但又不是飛機。它沒有翅膀……但可以在空中往任何方向移動，非常安全，而且達到前所未有的高速……它能在空中長時間維持靜止狀態，就算在風中也不受影響……它的漂浮動力不用像鳥類一樣依靠任何精細裝置，而是仰賴正面的機械動作。

在《失落的科學》（*Lost Science*）一書中，作者瓦西拉托斯（Gerry Vassilatos）收錄了宣稱親眼看到特斯拉使用這項技術的目擊者說詞：

特斯拉站在一個周圍都是紫色光暈的平台上，離地約有三十英尺，這個裝置上有一個小小的線圈，由一片光滑的銅片完全包覆。這個平台總深度大約兩英尺，裡面塞滿了元件。特斯拉大步走過平台，站在一塊控制面板前面，在半空中用手輕拂過白色火花。火花會隨著離地面越高而逐漸消失，有時會跳火形成金屬色的弧形圍欄……據說特斯拉常常開心地搭乘這個裝置在夜空中翱翔，每天晚上飛行數小時。㉖

以宇創子引擎為動力的碟形飛行器

二〇〇六年八月，美國「亞瑟圓桌會議」（Project Camelot）揭密組織訪問了七十一歲的技師瑞恩（Ralph Ring），他曾在一九五〇年代及六〇年代初期，與發明奧的斯電梯系統的卡爾（Otis T. Carr）共事。卡爾曾經跟著特斯拉學習，據說也得到了他的反重力技術秘密。卡爾在一九四七年完成碟形飛行器的開發，並且製作了數台，不過一開始並沒有引起任何官方注意。二〇〇六年，瑞恩提出了相當多來自卡爾OTC企業的技術文件，其中還包括了詳細的藍圖。卡爾的碟形飛行器是以「宇創子引擎」（Utron engine）做為動力。

「宇創子引擎」顯然是特斯拉的發明，而且還有一個重要關鍵：這個引擎從上面俯瞰是圓形，從側面看則是完美的四方形。所以它的形狀像一個蓋子，或是底對底的兩個圓錐體。瑞恩說出這些事並沒有得到任何金錢上的好處，他提供了清楚並廣泛的文件資料，包括卡爾和裝置的合照，製作藍圖更是詳細到不可能是他花錢造假的。瑞恩所發表的言論可信度非常高，首先我們看到固體金屬變得有彈性——在這裡就像是果凍一般：

回想起一九五〇年代末和卡爾一起夜以繼日的工作，那些令人興奮的事，瑞恩會一再強調，關鍵在於充分利用大自然。他會不斷強調：「共鳴。你必須和大自然合作，而不是反抗她。」他描述模型飛碟是如何得到動力升起，達到特定的轉速……「金屬變成了果凍。你可以把手指伸進去，它不再是固體，而是變成另外一種形式的物質，彷彿不完全存在於這個現實中……這是我所經歷過最可怕也最詭異的感覺了。」㉗

這個飛行器在空間中穿梭的同時，也在時間中穿梭：

這個東西會飛嗎？「『飛』不是正確的用語。它能越過距離，看起來是轉瞬間的事。我和另外兩個工程師一起駕駛四十五呎的飛行器，跨越了大約十哩，但我以為它根本沒有動，我以為這東西失敗了。當我們發現我們還從目的地帶回石頭及植物的樣本時，簡直目瞪口呆。這東西太不可思議了，就像是念力傳送一樣，而且時間還以某種方式被扭曲了。我們覺得自己在飛行器裡大約有十五到二十分鐘，但事後人家告訴我們，在精準的計時下，我們待在裡面的時間不到三、四分鐘。」㉘

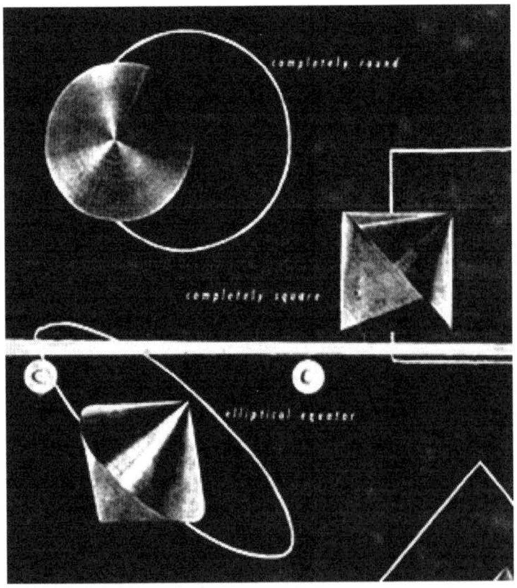

此圖為電梯發明者卡爾所推廣的反重力渦輪，原發明者是天才科學家特斯拉。

也許更有意思的是，他們在這個過程中和源場有了意識上的直接互動：

宇創子是一切的關鍵。卡爾說它的形狀讓它能累積且集中能量，並能回應我們的意念。我們在操縱時沒有用到任何控制器，而是進入某種冥想狀態，而且我們三個人的念頭都專注在想要達成的效果上。我知道這聽起來很可笑，但是這就是我們做的事，而且就是成功了。卡爾已經用到某些尚未了解的原理，讓意念和工程學結合，創造出一種驚人的效果。你無法用方程式描述這件事。我完全不知道他怎麼知道這樣會成功，但它就是成功了。㉙

卡爾告訴大家要在口袋裡裝滿目的地的石頭、泥塊和草，否則當他們回來時，他們的意識中根本沒有去過任何地方的記憶，會以為任務失敗了。所以瑞恩從旅程中回來時，雖然一切都不記得了，但口袋裡卻裝滿了草。他非常震驚，就像從夢中醒來一樣。當他問卡爾怎麼會這樣時，卡爾是這麼回答的：

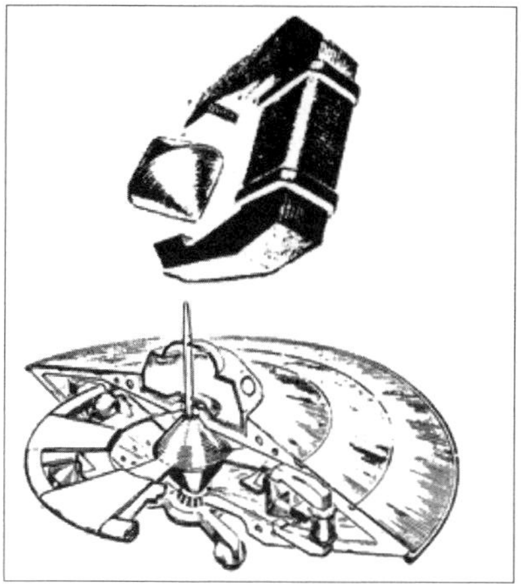

卡爾用圖示說明特斯拉渦輪，如何安裝在碟形反重力飛行器上面。

你的腦操縱著你的身體。你就在一個容器內，這是一個大家都不了解的虛幻容器，因為它是我們在毫秒之間所創造出來的。從這一秒到下一秒，這些快門開開關關，創造出你在周遭所看見的這個現實中的一切，但它其實並不存在。一切都是精神，一切都是能量，都是我們創造出來的……人類就某方面來說創造了時間。本質上來說，時間並不存在，只有當我們創造它時，它才會存在——我們讓某事有開始和結束，我們將之稱為時間。但就更廣義的實相來說，根本就沒有時間這回事。㉚

藏人的「神行」

在我寫作此書時，我們都還沒能隨意使用這些驚人的技術，但也許進入黃金時代，我們就不需要這些外在技術了。人類能不能產生足夠的同調性，不靠任何技術就能讓身體漂浮起來呢？西藏人似乎繼承了這種驚人技能的秘密。這個技巧稱為「神行」（lung-gom），由大衛尼爾親眼所見，並記錄在她一九三一年的經典作品《西藏的密宗與魔法》一書中㉛。在神行時，僧侶會進入深層的昏睡狀態，他們以快得驚人的速度進行極大距離的跳躍——使用身體的方式，完全無視於我們目前所知的重力。

最初，神行可能用於橫越長途旅程，因為這樣比走路或騎犛牛都要快得多。每次他們的腳一碰到地面，就會立刻開始下一次的大跳躍，每次跳躍都能讓他們至少達到最高三十英尺的高度，前進距離長達一百英尺。大衛尼爾聽說過這種能力，有一天她終於用望遠鏡親眼目睹。她的西藏旅伴光憑肉眼就能看見一位僧侶的身影，並證實他是一位「神行師」（lunggom-pa），也就是精通這種奇妙技巧的僧侶。

她想上前近距離觀察，並且向他提問，可是他們嚴厲地警告她：

> 妳無法使喇嘛停下腳步，也無法和他交談。因為這樣做，會讓他必死無疑。絕對不能在這些喇嘛的行進途中打斷他們的冥想，一旦他們停止念誦真言，體內的神就會逃走，在非適當的時機脫離他們的身體，使他們劇烈搖晃致死。㉜

對我來說，這聽起來就像是用神秘傳說，來解釋我們重新發現的新物理法則。我們可以假設這些僧侶之所以能夠做到「神行」，就是讓身體半數的原子和分子進入時空的平行世界，所以他是一半「身體」在這裡，一半「身體」在另一個世界。他們是怎麼學會這種方法的？這需要某種

「喚醒松果體」的過程嗎？這也許是部分原因。大衛尼爾解釋，為了接受這種能力的訓練，必須花多年時間練習各種不同的呼吸方法。最後你的上師會給你一句真言，讓你有節奏地重複念誦。練習時，你的呼吸和你的腳步必須配合真言的音節。

我們前面提過，高溫會干擾源場的同調性，同樣的，在一天最熱的時間，神行通常都不容易成功。此外，一個地區的形狀也會決定源場的結構，就像金字塔效應一樣。所以崎嶇的地面、狹窄的谷地、樹木都會產生影響，都會干擾神行者的路線；相反的，平地和廣闊的荒地對神行者來說就比較輕鬆。最後，你會從正常的心智狀態轉換成深層的昏睡，你的意識不存在於我們這個空間—時間的現實世界裡。你的松果體可能會很活躍，因為你的意識現在大部分都轉換到了你在平行世界的靈體（astral body），也就是卡里耶夫博士等人在ＤＮＡ魅影上所發現的能量複製體上。有意思的是，大衛尼爾也提到了如果僧侶太常這麼做，他們可能會卡在中間點上——接著就必須用鍊子增加他們的重量，才能讓他們待在地面上。

在克勞德．史旺森博士《同步的宇宙》一書中，曾提到一個人體漂浮的故事，特別引起我的注意。一九八〇年代有個希臘年輕人索格瑞斯（Peter Sugleris），他能隔空移動物體、彎曲湯匙等其他金屬用品，很多人都親眼目睹過。這些彎曲湯匙把戲，現在就能用原子跳進時空中來解釋。而且沒錯，索格瑞斯也能漂浮。一九八六年，他的妻子拍下他漂浮在廚房離地十八寸高的地方，還騰空停留了四十七秒。使用這項能力讓他的臉看起來面目猙獰，結束後還全身冒冷汗、筋疲力盡，過了十到十五秒才能恢復正常知覺。為了做到這件事，他「需要高度集中精神，並在事前茹素數個星期」。㉝

15

把幾何課變得更有趣

流體狀的源場，流動時會自然出現立體幾何圖形，像金字塔這樣精細的幾何體，可以治癒生物的生命、改善我們的心理健康、調整海洋與大氣，保護我們不受地殼劇烈變動所影響。

我們這趟重新尋回遠古失落秘密的旅程，似乎就要完成了。我們最大的發現是，我們在周遭看見、視為真實世界的三維空間，其實只是全貌的一半而已。另外一半是一個平行的實相（或稱平行的世界），在那個世界，所有的規則基本上都與我們這個世界一樣，只不過那裡的空間是時間，反之亦然。這兩個實相的關係親密，互依互存——在每個原子裡，它們的旋轉運動是交融在一起的。對大自然來說，重力屏蔽是不存在的；但這種情況卻彷彿一直都在發生，比如在龍捲風裡、瀑布裡、植物的莖、某些昆蟲的翅鞘裡。重力內似乎有更多的結構，不只是往下推的重力和往上推的輕力之間的拔河而已。在重力內也有旋轉運動，除了直接往下推之外，也會往其他方向推。為了抵銷重力，達到同調性，進入時間—空間的平行世界，我們必須知道如何在源場內創造出適當的漩渦流，這樣我們就能漂浮、用念力傳送物品、進行時間旅行——這可能就是即將來臨的黃金時代的關鍵部分。漩渦流是達成這些驚人結果所必需的，而幾何學看來就是關鍵。

幾何漩渦點：無法解釋的失蹤事件

地球上有些地方的同調性，真的有可能遠大於其他地方，因此在那些地方進行漂浮、念力傳送及時間旅行都比較容易。重力可能在這些地方產生旋轉、斜向的推力，在空氣、水、磁場或地幔中創造出圓形或橢圓形模式的能量流。一九六〇年代，美國博物學家桑德森（Ivan T. Sanderson）和他的「未解謎團調查學會」（Society for Investigation of the Unexplained）就在尋找這種漩渦點。查爾斯·伯利茲在一九七四年撰寫《百慕達三角》一書時，其實已經廣泛使用了桑德森圖書館的資料。從一九四五年到一九七五年，整整有六十七艘不同的大小船隻、一百九十二架各種類型的飛機消失在百慕達三角洲，在這些事件裡共有一千七百人消失無蹤。而且這些數字，還不包括我們之後用傳統說法解釋的許多其他失蹤事件①。二〇〇四年，百慕達三角網站的站長吉安·夸薩（Gian Quasar）揭露，在過去的二十五年裡，有七十五架飛機和數百艘遊艇在百慕達三角洲無故消失；他在出版的書封上指出，超過一千零七十五人因此從人間蒸發②。

百慕達三角洲，只是怪異事件的發生地點之一。到了一九六〇年代末期，桑德森已經確定地球上有十個類似的「神秘地點」，彼此之間的距離約略相等，都有類似的怪異事件不斷發生，包括船隻與飛機無故消失、在海上和空中目擊到怪異現象，以及設備突然故障失靈的情況③。

這些地點當中，有五個都在北緯的熱帶地區，每個地點與下一個地點的經度都差了七十二度。另外五個地點位於南半球，每個地點則比北半球那些地點往東挪移了二十度。一九七〇年代初，桑德森幾乎每次在電視上露面，討論的都是這些造成相當多謎團的漩渦點。由於他廣受歡迎，軍方與商用飛機的飛行員開始提供他更多的有趣資料。這些飛行員說他們曾經在這十個地點或是接近那些地點之處，親身經歷過「時間異常」：不是「太早」就是「太晚」到達目的地。他們的儀器和地面紀錄，都能證實這些說法④。

「迪克・卡維特秀」（*Dick Cavett Show*），是美國廣播公司一九六〇年代末到一九七〇年代初期風行一時的一個電視節目。亞瑟・戈弗雷（Arthur Godfrey）是節目的常客，他是經驗豐富的飛行員，活躍於電視圈三十年，經常代表大型航空公司的觀點發言。一九七一年三月十六日，戈弗雷和桑德森預定展開一場關於這十個漩渦點的辯論。雖然兩人是老朋友，但在前兩次上節目時，戈弗雷對桑德森的說法提出質疑，並且嗤之以鼻，說那全是「胡說八道」。儘管如此，當桑德森拿出清楚標示這些地點的地球儀，並提出所有證據時，就連戈弗雷也目瞪口呆，因為他曾在那些地點有過三次怪異的經歷，直接證實了桑德森的說法。

其中一次是戈弗雷飛越日本南部的魔鬼海[1]時，他的無線電和儀器通訊失靈了一個半小時，而且只剩下四個小時的燃料——他顯然嚇壞了。他也說當飛行員往這片海域的東岸直飛時——這樣比貼近地面飛要來得快——他們必須非常小心注意儀器。其他飛行員也說過一樣的事，曾經上過貝瑞・法伯（Barry Farber）廣播節目的鮑伯・杜倫特（Bob Durant）就是其中一人。

當迪克・卡維特最後直接問戈弗雷，這種現象是否接受過正規的科學調查時，他面對鏡頭、神情嚴肅地肯定說：「有。」[5]

這引發了科學家和工程師對這種現象的新一波興趣。其中有人指出，南北極應該也要算進來，因為這兩處完全符合這些地點的幾何關係。桑德森在他一九七一年四月號的「追尋」（*Pursuit*）日誌中，公開這十二個他所謂的「邪惡漩渦」。一九七二年，《故事》（*Saga*）雜誌刊登他的經典文章〈世界十二個惡魔墳場〉後，再度引來大眾的熱烈關注。因此三位蘇聯研究者開始進行科學調查，他們分別是歷史學家岡察拉夫（Nikolai Goncharov）、土木工程師莫羅佐

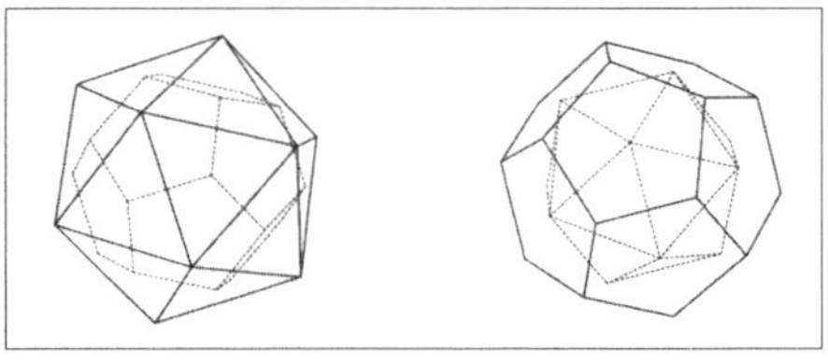

桑德森在全球發現的漩渦點形成了一個二十面體，經過幾何轉位後會形成這樣的一個十二面體。

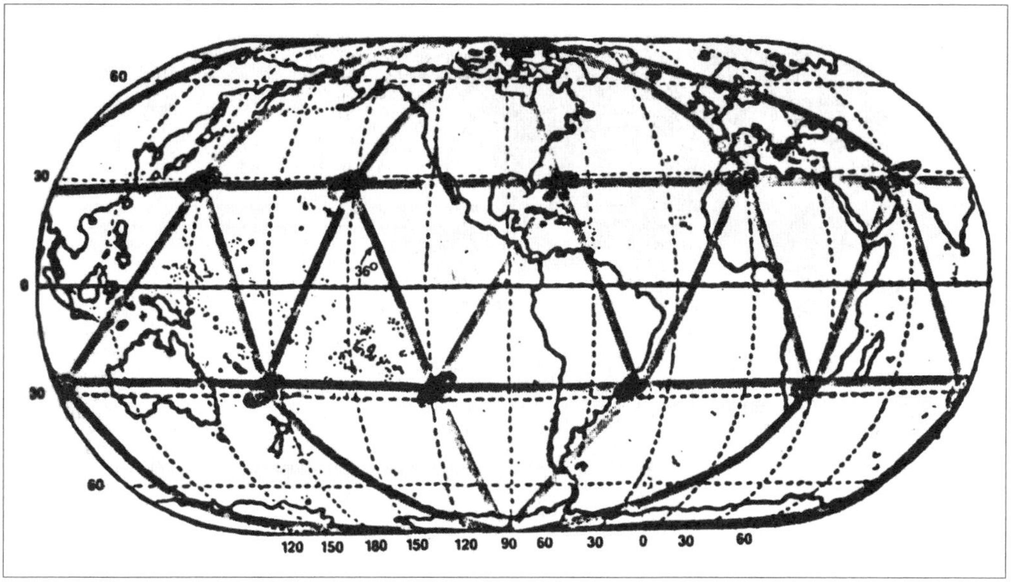

美國博物學家桑德森發現，大多數的船隻和飛機消失事件都發生在世界上這十二個等距地點，形成了這個幾何模式。

夫（Vyacheslav Morozov）及電子專家馬卡羅夫（Valery Makarov）。他們在俄羅斯科學院（USSR Academy of Sciences）深受歡迎的期刊《化學與生活》（*Khimiya i Zhizn*）上發表了一篇關於漩渦點的論文。論文在一九七三年發表，篇名是「地球是一顆大晶體嗎？」。這三人發現，如果你把桑德森的十二個漩渦點在三維空間中連起來，會創造出一個二十面體，這是一個約略接近球形的幾何物體，每一個面都是完美的正三角形。他們覺得這是存在於地球內部的某種能量晶體構造⑥，他們稱之為「宇宙能量母體」。⑦

他們也知道，如果把這個二十面體由內往外翻，就會得到一個反向的十二面體，看起來像顆足球，每一個面都是五角形。他們根據桑德森的十二個邪惡漩渦點，畫出了這些幾何圖形出現在地球表面的縱橫線段，從中發現了豐富的寶藏。

很多大型地震的多發斷層線都在這片網格上，包括大西洋中洋脊在內的海底火山脊，通常也和這些線段形成的網格相符⑧。這些都可能是地幔中的自然旋轉流所造成的結果，而這種重力的側向力會推動溶解的物質，形成環形的流

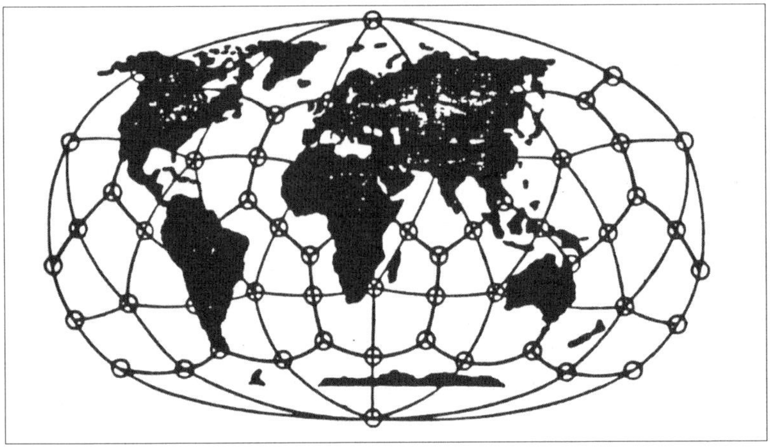

把這個十二面體再加上桑德森的原始發現，蘇俄科學家發現有三千三百多個遠古遺跡都建造在這面網格上。

動模式。在任三條線交會點的某些區域，同時也是最高和最低的大氣壓力區，這樣的地區一共有六十二個。同樣的，這可能是重力透過目前主流科學尚未承認的螺旋流影響大氣行為的結果。這些漩渦區也形成主要洋流和渦流的中心點，顯示重力對水流模式的影響。地磁高斯最高和最低的地點，也完全符合這個幾何圖形⑨；重要的礦藏和石油集中地也落在這些地點上。此外，動物的遷徙也自然地依循著這些路線行進，特殊的野生動物也出現在這些地方，連重力場的異常也發生在這些地點⑩。

最厲害的是，史前文明及古代文明都出現在這些地點上，事實上，在這張網格上共有三千三百多個不同的神聖建築和紀念碑，通常都由巨石所建造，包括埃及的大金字塔、中非的大辛巴威遺址、英國的巨石陣及艾夫伯里（Avebury）的同心圓巨石群、中國西安的金字塔群、澳大利亞的庫奴達石圈（Kunoonda）、澎貝島（Pohnpei）的南馬都爾（Nan Madol）古城、復活節島的神秘石頭像、秘魯的馬丘比丘、墨西哥迪奧狄華肯（Teotihuacan）的太陽與月亮金字塔，以及美國西南屬於霍比族四角保護區的紅石國度塞多娜（Sedona）等等⑪。這是相當具有說服力的證據，證明這些古人都把巨石紀念物放在同調性最高的地點，讓他們能輕鬆對抗重力——同時還具有最強大的癒療效果。如果你知道行星對齊排列的正確時間，甚至可能在這些地點進行時光旅行。

貝克（William Becker）和哈根斯（Bethe Hagens）兩

人補強了俄國科學家的研究成果：他們畫出連接更多幾何點的線段，創造出可能是目前為止最進步的全球網格（Global Grid）視覺化圖像。在他們的經典作品《行星網格：新綜合體》（*The Planetary Grid: A New Synthesis*）一書中，提到了兩起與網格有關的飛機無預期改變航線的事件，與駕駛員操作無關，而且改變的路線都符合這些網格線的構造⑫。第一起事件發生於一九八三年九月一日，從阿拉斯加安克拉治起飛的大韓航空〇〇七號班機；第二起事件發生於一九七八年四月二十日，從巴黎飛往安克拉治的大韓航空九〇二號班機。兩個航班時間，分別是在兩個不同文化中的重大節日期間。大韓航空〇〇七號班機事件發生時，是印度教毘濕奴神（Vishnu）的祭典，九〇二號班機事件則發生在耶穌受難日／逾越節⑬。某些古老的節日之所以選擇這些日期，可能事出有因——隨著季節更迭，地球的位置可能會讓地球上的原子和分子在這些特別的日子裡獲得額外的動力。顯然，我們還需要更多研究來確認這種推測，而且有些節日並不是在每年固定的日期，不過這還是一個很有意思的可能性。

金字塔、神廟、巨石陣……位於靈線上的古遺址

二十世紀時，沃金斯爵士（Alfred Watkins）在英格蘭幾條稱為「靈線」（ley line）的直線上，發現了為數眾多、來自不同歷史時期的建築遺址。其中又以一條幾乎水平切過英格蘭南部的線段最為特別。

我很高興找到一篇英國國家廣播公司在二〇〇五年以嚴肅態度討論這些謎團的文章：

「靈線是地球強大、隱形力量的排列模式，據稱連接了各種神聖的地點，例如教堂、神廟、石圈、巨石陣、聖井、墓地等精神或具有魔力的地點。」——摘錄自《哈氏神秘及超自然體驗百科全

書》（*Harper's Encyclopedia of Mystical and Paranormal Experience*）……「超自然」活動確實在這些地方更顯著（包括鬧鬼現象）……這種能量效果據說和靜電類似：皮膚會感到「刺痛」，頭髮末梢會豎起……在調查當中經常出現的現象是技術設備出現異常……較重要的大型史前建築經常會出現在兩條以上的靈線交叉點上。⑭

文章最後的免責聲明表示，以上內容不代表英國國家廣播公司立場。但他們提到的這些效應，完全符合我們至今對源場的了解。

對古神秘學素有研究的美國人喬查曼斯（Joseph Jochmans），有一篇文章對我有極大的啟發。那篇文章叫「地球：一個晶體星球？」（*Earth: A Crystal Planet?*），於一九九六年發表於超自然雜誌《崛起的亞特蘭提斯》（*Atlantis Rising*）。文章中提到了一些我前面已經提過的重點，喬查曼斯接著說明，世界各地很多古文明都聚集在這些古老的線段上。愛爾蘭人稱這些線段是「仙子通道」（fairy path），德國人稱為「聖線」（holy line），希臘人稱為「赫耳墨斯聖道」（Sacred Roads of Hermes），古埃及人稱為「米恩神的通道」（Pathways of Min），中國人稱之為「龍脈」。澳洲原住民稱為「夢徑」，他們會週期性地沿著這些路線徒步旅行，幫這些地區注入生命力。古代波里尼西亞人把這些路線稱為「光之線」（te lapa），顯然覺得這些線會發光，可以幫他們在海上導航。復活節島和夏威夷原住民稱這些線為「阿卡線」（aka threads），並在這些路線上建造巨石以及能駕馭生命力的歐胡平台（Ahu platform）。印加文明圍繞著賽克線（ceque line）發展，並在沿途建造神聖中心（waca），最後的交會點就是太陽金字塔的所在地庫斯科（Cuzco）。

馬雅人沿著這些路線建設筆直的白色高架道路「薩克貝斯」（Sacbes），將所有的金字塔建築連結在一起；北美西部的藥輪（Medicine wheel）和地穴圈（kiva circle）也呈直線排列。喬查曼斯還說，美國原住民的薩滿巫醫經常會提到地球的療癒能量。有意思的是，喬查曼斯也宣稱霍比族的長老曾說過，地球就像一隻背上有斑點的小鹿，當小鹿漸漸長大，斑點也會改變位置——而且會出現新的斑點⑮。

地球不斷地往外擴張

科學家斯比爾霍斯（Athelstan Spilhaus）在一九七六年發表了一篇論文，證明霍比族長老可能沒說錯。斯比爾霍斯是漫畫家，也是個天才發明家，他開發出供潛水艇使用的深溫儀（bathythermograph）探測器，這是二次世界大戰擊潰希特勒的一個關鍵⑯。斯比爾霍斯也是極機密的「莫古爾計畫」（Project MOGUL）的發起者與研究主任，一九九四年官方宣稱在羅斯威爾遭擊落的物體就是這個計畫使用的偵測氣球⑰。也因此，斯比爾霍斯的威信對飛碟墜毀的傳言相當具關鍵性。

故事要從美國太空總署所屬的戈達德太空飛行中心（Goddard Space Flight Center）劉漢壽博士說起，他發現在兩億兩千萬年前，原始的超大陸板塊「盤古大陸」是沿著這些等距線條破裂的，並形成了幾何上稱為四面體的金字塔形狀邊緣（四個面都是正三角形）。

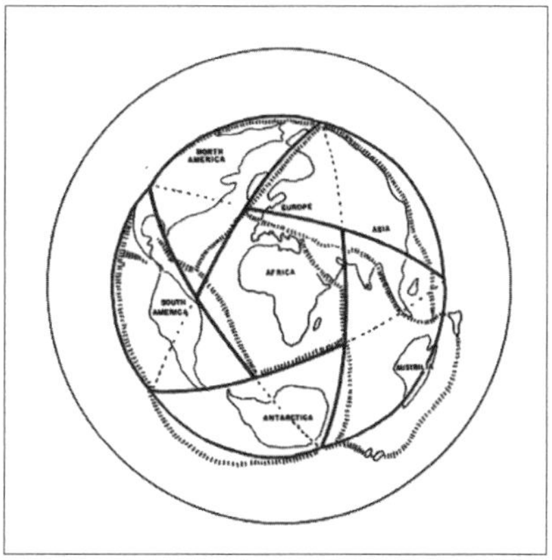

地球的大陸塊、山脈、海底火山脊後來都延伸進入這個二十面體的幾何形狀裡。斯比爾霍斯將太平洋上的單一點擴大後，就形成地圖投影上整個圓圈的邊緣。

當他跟擅長地圖投影的斯比爾霍斯討論時，兩人又發現大陸板塊、火山脊、地震斷層線當時都移動了，並結合成立方體和八面體形狀，而八面體看起來就像兩個底部相對的埃及金字塔。從這時開始，地球再度轉變——變成桑德森和俄國科學家分別在一九七一年和一九七三年所發現的那個相同模式。斯比爾霍斯畫出了一個特殊的地圖投影，選定太平洋上的一點延展成一個大圓，讓地球上的所有東西都在這個圓裡面。從這個角度來看，這個幾何圖形就變得非常明顯了——以驚人的精準

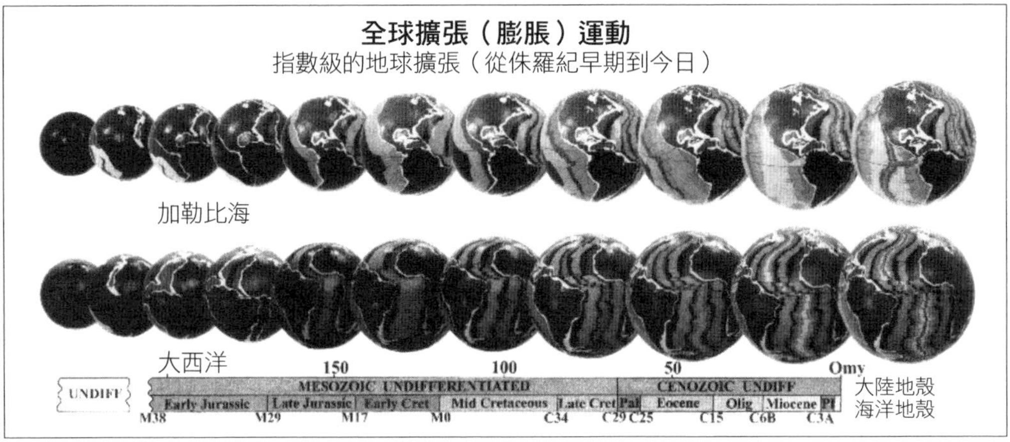

麥克斯羅博士的地球擴張模型。隨著地球尺寸增加，海底的火山脊會產生新的地殼。

度涵蓋了許許多多主要的地震斷層與火山脊。

我在二〇〇四年六月聯絡了劉漢壽博士，想知道這個值得注意的故事是不是真的——而他同意我公開他的以下聲明：

親愛的威爾科克先生：一九七六年，斯比爾霍斯博士到戈達德太空飛行中心找我，想重印我的三篇論文……我在辦公室向博士指出這樣的幾何模式，看到地球沿著等距點分裂並形成所謂的四面體，讓他精神一振……我們也討論了岩石圈擴張時可能的立方八面體（cuboctahedron）及截半二十面體（icosadodecahedron）階段。博士離開我的辦公室之前，對我的研究發表了意見：「你對於板塊構造破裂的看法可以不需要用數學來說明，而是用一種沒有受過科學教育的人也能理解的方式來解釋。你能有這些想法顯示了你的大膽、洞見及勇氣，並轉變了我們對地球動態的理解。」身為一個專業的數學物理學家，我覺得非常光榮。⑱

現在看起來，幾何學對地球的成長與發展，顯然比我們以為的重要許多。傳統的板塊構造學模型或所謂的大陸漂移學說，都可追溯到一九一二年韋格納（Alfred Wegener）的論點，而且將近一個世紀以來都沒有太大改變⑲。然而，南明尼蘇達大學榮譽教授陸克爾特（Karl W. Luckert）⑳和麥克斯羅（James Maxlow）㉑㉒都提出了清楚的科學案例，顯示地球至少從兩億兩千萬年前——就是盤古大陸第一次分裂時——就開始從內部持續擴張。麥克斯羅只是簡單地從地表總量中，減去全球海床所經歷的每個擴張階段，結果就令人很驚訝，因為看起來如果你把地球縮小到現在尺寸的五五％到六〇％，所有的大陸都能完美地嵌合在一起。麥克斯羅的研究在某些科學圈裡獲得了重視——例如二〇〇七年《全球板塊新概念》（*New Concepts in Global Tectonics*）的新知通訊裡就曾討論過他的發現㉓。但麥克斯羅和陸克爾特，只是推廣這類模型的眾多科學家其中的兩人而已㉔。

很少有科學家會想碰地球擴張理論（Earth Expansion Theory），因為這暗示地球內部正在產生大量的新物質。然而，大部分科學家卻可以毫不猶豫地支持無中生有的「大爆炸理論」，認為宇宙中所有物質都是從單一的巨型爆炸中誕生的。麥克斯羅、陸克爾特等人確切表示，板塊構造模型充滿了問題。如果我們相信地球是透過一個持續創造物質的過程從內部向外擴張，就比較能貼近目前可取得的真實世界資料；而這就表示物質可以自動自發地從源場誕生。最棒的是，我們看到地球一直都透過幾何相位（geometric phase）在擴張。

地球內部有個晶體核心

這個幾何體看起來如果不是隱藏的能量模式，就是沿著地球表面的輪廓勾勒，我們透過地震斷層線、山脈及海底火山脊的位置，都可測量出來，而所有這些，可能都是重力應力流所造成的。但如果說地球裡真的存在著一個這種形狀的晶體呢？在

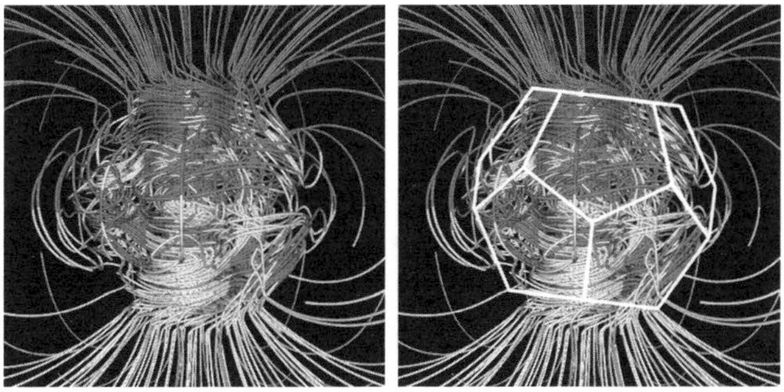

美國太空總署的Glatzmaier-Roberts模型，顯示地核內部確實有一個符合十二面體的「晶體」結構，如右圖所示。

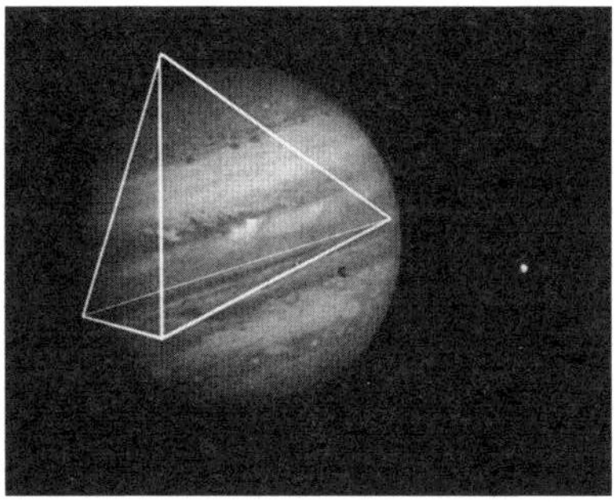

木星大紅斑是一個巨大的反氣旋暴風，看起來就像是被呈四面體形狀流動的重力所驅動。在固體星球上，就在這些旋渦點上地幔會往上衝而形成火山。

卡內基美隆大學匹茲堡高速計算中心（Pittsburgh Supercomputing Center）的網站上，我發現以下具有啟發性的引述：

> 地球內部埋藏著一個巨大的結晶體，就在正中央位置，深度超過三千英里。這聽起來像是最新的奇幻冒險遊戲，或是印第安納瓊斯的電影，但這卻是科學家在一九九五年用先進的電腦模擬顯示地球內核所得到的發現㉕。

我很高興終於出現了用來探測地核的Glatzmaier-Roberts模型㉖，這是運用超級電腦所建立的第一個以數學計算模擬地球物理磁場的模型，證實地球內部的確有一個很清楚的幾何形狀——某些科學家稱之為「六角模式」（hexagonal pattern）㉗。

然而，假如你放進一個十二面體再稍微傾斜個十度，兩者就能完美貼合了。我們也能清楚看到，一個流體狀的漩渦通過這個幾何體的中心。有研究指出，在這個幾何結構之外，地球內核某些部分的行為類似流體，這就和我們預期源場具有流體特質是一樣的㉘。美國地球物理學會（American Geophysical Union）曾公開宣稱，地球幾何核心的傾斜角度與地球自轉並不一致㉙。另一個主流研究則提出：「令人驚訝的是，地球的內核轉速比外核與地幔快。」㉚科學家甚至承認，目前的模型無法完全解釋地心中央的這個「晶體」。就像「線上今日物理」（*Physics Today Online*）所提出的：「地核的幾何排列也許不是電磁應力一類的單一力量所造成，而是內核中許多力量結合的結果。」㉛

我努力了多年，想要了解是什麼使得這個幾何體在地球的實際結構與行為中顯得如此明顯。此外，作家霍格蘭（Richard C. Hoagland）還說太陽、火星、金星、地球、木星、海王星上都有

「四面幾何體」㉜㉝；而大自然中也不存在真正的直線，至少傳統的想法是這麼認為的。我花了好長時間才了解到，重力其實才是這一切的解答，也是大氣氣旋及地幔火山噴發的原因。

在振動流體中自然產生的幾何圖形

當我發現漢斯．傑尼博士（Hans Jenny）的研究時，我大大鬆了一口氣。他發現只要振動流體，幾何體就會自然出現在流體中。我幾乎馬上了解，這就是我所缺少的那一塊拼圖。

在他的「聲動學」（Cymatics）研究中㉞，傑尼博士使用普通的水，在水裡裝滿了自由漂浮的小小塑膠粒子。這些粒子都很小，所以不會沉沒，而是呈懸浮狀態。當傑尼博士用不同的聲波頻率來振動這杯水時，這些粒子會立刻形成美麗的立體圖案。每個圖案都能維持在靜止狀態，但內部的粒子卻不斷在旋轉運動著。幾何體的每個點都會伸出彎曲的長環，顯示這些粒子持續從一個地方流動到另一個地方。只要不改變流體形狀，每次播放某種特定聲波頻率時，就會重複出現同樣的幾何體圖案。因此，你可以用同樣的流體、同樣的粒子，呈現許多不同的幾何體圖案。每次你播放特定的頻率，同樣的幾何體就會出現，就像是變魔術一樣。

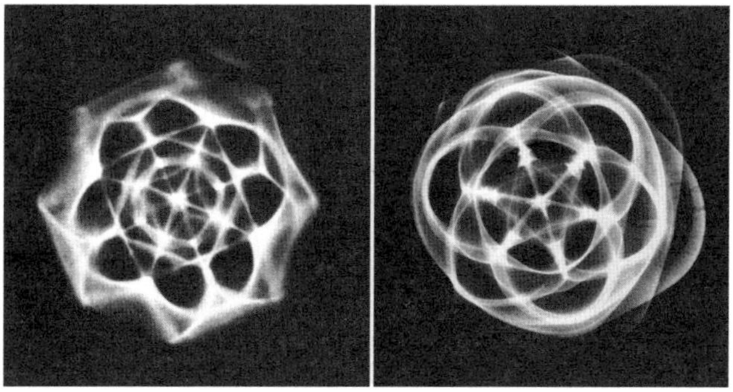

傑尼博士發現，漂浮在液體中的粒子會隨著振動頻率，自然排列成不同的立體圖案。

較高頻的聲音會創造出比較複雜的立體圖案，反之亦然。除此之外，當振動的水範圍更大時，出現的形狀就不會只有一個，而是會出現同樣的幾個立體圖案，全都排成漂亮、整齊的行列。這些立體圖案看起來就像是某個大結構裡面的一組原子。這會不會是構成所有實質物體的一個大秘密？看起來是如此。似乎當流入地球的能量頻率增加時，建構陸地、斷層、火山脊的立體圖案就會更複雜——從四面體到六面體，到我們目前所見的各種圖形。

其實我在一九九六年就已經了解到，幾何形狀一定是理解能量、生命機制，甚至意識的最大秘密所在，我後來才從傑尼博士的研究中找到證據。如果我們想知道流體的同調性是什麼樣子，只需要看五種構成物質世界的柏拉圖多面體（Platonic solid）就夠了：正四面體、正六面體、正八面體、正十二面體、正二十面體。數學家已經知道這些形狀的對稱性比其他形狀來得高，同調性自然也比較高。簡單來說，這些形狀都能完美地放進球體中，每一個點彼此間的距離都相等。這些幾何體不僅每一個面的形狀都相同，連內角的角度都一樣。

隱藏在元素週期表的秘密：柏拉圖多面體

原子並不是一堆繞著原子核旋轉、像固體的粒子，而是應該重新想像成在源場的能量裡流動的幾何圖形。如果你增加振動頻率，這些幾何圖形就會變得更複雜。一旦我們了解這個原理的作用方式，也許就能改變元素的形狀與性質，例如煉金術士的夢想：點石成金。

那麼，我們要從那裡開始呢？在杜威．拉森的理論中，如果我們要尋找原子內的幾何體，只要研究原子核就可以了——因為他認為原子核就是原子：「在《反對核原子》（*The Case against the Nuclear Atom*）一書中，拉森指出，原子核的「大小」事實上……就是原子本身的大小㉟。」拉森的模型裡沒有幾何體，但是尼赫魯（K. Nehru）也承認他們還沒有解開所有的謎團。

> 要將交互系統擴大到原子內部結構，顯然還有很多工作要做。也許現在是為「時間領域」機制開創新局的時候……開創新局需要全新的、扭轉一切的思維。㊱

羅德・強森（Rod Johnson）是第一個以幾何為基礎，成功創造出量子物理模型的科學家。一九九六年，他在霍格蘭論壇上發表了令人十分感興趣的觀念。在後續那些年裡我曾多次訪問他，並在我的網站「神性宇宙」（Divine Cosmos）上發表這些結果。我很訝異他能用幾何學解釋那麼多的量子力學謎團，包括普朗克常數、精細結構常數、弱相互作用與強相互作用之間的比率、光子結構等等[37]。在不知道拉森理論的情況下，強森獨立發展出一個類似觀念。在強森的模型裡，的確有一個平行實相，持續以最微小的層次貫穿我們這個現實世界裡的每個原子。每個原子在我們的世界都有一個幾何體，在平行實相裡則有一個反向的、內外翻轉的對應幾何體。兩個幾何體都在彼此的內部反向旋轉，這個過程裡的每個階段都會帶你通過不同的元素。雖然強森還沒有足夠的細節來解決整個週期表，但他的模型顯然很棒，而且他覺得用詹姆斯・卡特（James Carter）的循環子（circlons）理論就能找到一切解答[38]。

後來我找到芝加哥大學的羅伯特・穆恩博士（Robert Moon），他用幾何圖形來解釋週期表上的所有元素，認為化學元素表（即物質世界的所有東西）都是由柏拉圖的五種多面體組成的。他是曼哈頓計畫（Manhattan Project）的主要科學家之一，也是一九三〇年代建造粒子迴旋加速器的第二位科學家。在曼哈頓計畫裡，穆恩博士解決了關鍵性的問題，成功做出第一個核反應堆，並在二次世界大戰後做出第一個掃描式X光顯微鏡。

一九八六年，穆恩博士終於了解幾何圖形才是了解量子物理的關鍵——而且是在時間與空間裡的幾何圖形。這表示，當你通過空間或時間時，一定從幾何圖形中通過。你不能以漂亮、平滑又均衡的曲線移動——你必須跳躍過一個空間量或是時間量，才能進入下一個。這種不連續性的移動，有個科學用語是「量子化」（quantized）。穆恩博士在一九八七年的一場演講中，大致描述了他認為空間和時間是如何量子化的概念。

一種詮釋是我們有兩種時間，而且其中的秘密就是，我們應該讓時間量子化才能讓這種量子潛力發揮。換句話說，你必須同時讓空間量子化……………就如同閃電般的啟發。下一道閃電是：如果空間要量子化，就應該被量子化成為最高度的對稱。這就表示，那些都是柏拉圖的多面立方體。我一直在思考，直到太陽東升……再明顯不過了，這些多面體就是一切的答案。㊴

柏拉圖多面體就是我們討論的那些幾何體——四面體、六面體、八面體、十二面體、二十面體。雖然細節部分技術性相當高，但穆恩博士的發現，其精髓可以簡述如下：我們在地球擴張中看見的幾何圖形，也出現在原子核裡。此外，在穆恩的模型裡，原子核裡可以同時存在一個以上的幾何圖形——一個套疊在下一個裡面。事實上，這種幾何圖形決定了我們的科學家能在任一原子中發現多少個質子：關鍵在於計算出每一個所謂的柏拉圖多面體有多少個頂點。正六面體有八個頂點，正八面體有六個頂點，正二十面體有十二個頂點，正十二面體有二十個頂點，加起來總共有四十六個頂點。在穆恩的模型裡，這就是週期表前半的元素。穆恩知道，自然界有九十二種元素，也就是四十六的兩倍，所以他相信每個原子的原子量是四十七或更高，而這就是兩個幾何圖形貼在一起所形成的，而且會越來越不穩定㊵。

總之，當你使用穆恩模型時，會發生一些很酷的事。原子核的第一個完整殼層是立方體，有八個質子；這符合氧的情況。氧是高度穩定的原子，而且占了地殼所有原子的六二・五五％。有意思的是，氧也

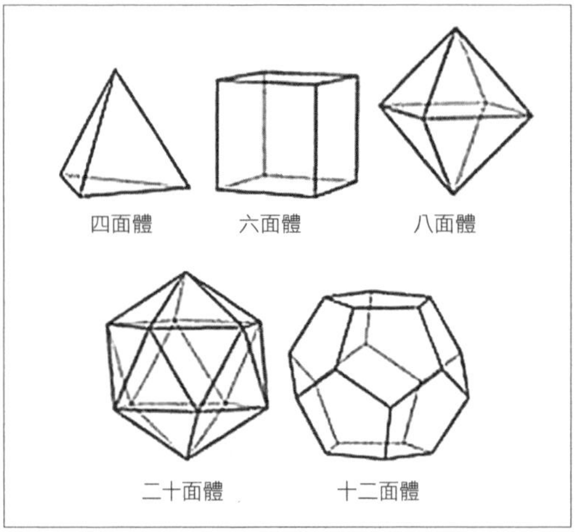

穆恩博士發現原子的質子可以自然配置成柏拉圖多面體，如上圖所示。每個質子都相當於幾何體的一個頂點。

是維持生命最重要的元素。第二個完整殼層是八面體，總共有十四個質子——這就是矽，占地殼所有原子的二一．二二%。雖然人類被視為是以碳為基礎的生命形式，但矽對於生物生命也非常重要，而且在生物自然生成論中似乎也是個關鍵要素，前面提到的帕契可博士的海沙研究就是一例。

所以光是前面這兩個殼層——氧的原子核是六面體、矽的原子核是八面體——就占了地殼八四%的原子，接著要完成的是二十面體，這樣就是二十六個質子——這是鐵原子，是我們創造自然磁場最好的金屬。這隱藏的幾何對稱性，可能就是鐵具有磁性的背後原因（源場的傳導線，這點我們後面會再提）。地殼所有的原子當中，一一．二%是鐵，但它們卻占了總重量的五%。接下來補上的十二面體，讓質子數達到四十六個，這就是鈀元素，是冷核融合實驗中使用的高對稱性原子。如果你以為冷核融合只是浪費時間，別忘了尤金．馬洛夫博士據說在發現麻省理工學院竄改冷融合資料時，就辭去了該校的職務㊶。

根據勞倫斯．海克特（Laurence Hecht）的一篇論文所述，穆恩的模型可以解決各種量子謎團：包括核融合與核分裂的過程、稀土元素十四個神秘週期、週期表每一排確切的元素數字，還有邁耶夫人（Maria Goeppert- Mayer）的幻數（Magic Number）：不管是質子或中子若帶有二、八、二八、五〇、八二等某個數目，其原子核會特別穩定㊷。一九八九年穆恩過世之後，海克特繼續發展及精確化穆恩的模型㊸。

準晶體——從外星來的禮物

如果在某個特定區域內一次釋出多個原子，它們會自然集結成這些幾何圖形，是不是更棒了？這種現象被稱為微集束（microcluster），是主流科學界眼中的未解之謎。漂浮在松果體裡的微集束可能也是如此，只是大了很多。一九八九年發行的一期《科學人》揭露微集束並不具液體或氣體的特性。

> 它們屬於物質的一個新型態，微集束……提出了固態物理學和化學的核心問題……當原子脫離周遭物質的影響後，會怎樣重新配置？㊹

後來我發現一本大學教科書——菅野曉及小泉裕康所著的《微集束物理學》（*Microcluster Physics*），提供了更多說明，還有很多具說服力的幾何圖形㊺。

微集束的原子數量從十到一千個都有可能，最奇怪的一件事是，電子似乎會環繞著微集束的中央運動，而不是繞著個別原子的中央。這種奇怪的行為似乎意味著可能沒有電子，科學家看到的其實是呈幾何排列的電子雲，這看起來像是液態的源場流進入了原子的位置。如果其中一些儲存的能量從原子中釋出，就會變成光子。微集束也稱為「單原子元素」（monatomic element），或是很多資料中所謂的「奧爾米元素」（ORMUS element）——在葛德納（Lawrence Gardner）《神聖方舟失落的秘密》（*Lost Secrets of the Sacred Ark*）一書中有很清楚的整理㊻。微集束出現時，會有一些重力異常現象，包括在某些情況下的漂浮與超導電性。古人相信，吸收微集束的黃金能夠喚醒他們的松果體；而埃及人甚至會把微集束存放在圓錐形的糕餅內㊼。

關於原子是能量流裡面的幾何圖形，另一個線索就是準晶體（quasi- crystals）這種新的物質形態。這是在快速冷卻的鋁錳合金中所發現的一種新的物質排列方式，你所看到的晶體外形很像是前面提到的柏拉圖多面體，具有完全有序的結構，但又不具有晶體所應該有的平移對稱性。問題在於，這些晶體破壞了所有已知晶體的形成規則——它們不應存在，因為你不可能用粒子組成的原子建造出一個完美的五邊形晶體㊽。

根據自稱曾在美國內華達州的馬伕湖（Groom Lake）／五十一區工作的艾德格．富切（Edgar Fouche）所述，在羅茲威爾墜落的殘骸以及其他八起類似事件中都發現過準晶體。它們十分堅硬又耐熱，而且不能導電——即便其中所含的金屬正常來說是能導電的。富切還說，這些準晶體後來被發現非常好用：

我發現的機密研究顯示，準晶體應該非常適合做為高能量儲存物質、金屬基複合材料、熱障、特殊塗層、紅外線感應器、高動力雷射應用以及電磁學研究。其中有些高強度合金和手術器具已經上市了。㊾

他指的應該是高強度纖維克維拉（Kevlar）及鐵氟龍（Teflon），有些內部人士說這是從墜毀的外星飛行器進行「逆向工程」所得到的物質。富切也說，這些晶體對於負責這些計畫的科學家也是未解之謎：

氫準晶體和其他未命名物質的晶格，是羅茲威爾飛行器等離子防護罩推進器的組成基礎，也是這架以生化方式建造的交通工具不可分割的部分。負責評估、分析及研究羅茲威爾飛行器以及之後八艘墜毀飛行器的科學家和工程師，在技術逆向工程中，發現了許多連想都沒想過的先進晶體學。我們可以說，在秘密研究羅茲威爾硬體設備三十五年後，那些技術人員對於他們的發現都還有數千數百個問題尚未找出解答；話說回來，默默地將「準晶體」帶進所知不多的科學界顯然是比較「安全」的做法。㊿

顯然，有了我們的新量子力學模型，我們現在就能比較了解這些晶體可能是怎麼形成的——而且看來，我們的外星訪客對於這項科學的知識遠遠凌駕於我們之上。

點石成金，威力強大的準晶體岩石

在蓋瑞・法西列托斯（Gerry Vassilatos）《失落的科學》（*Lost Science*）一書中，我發現值得注意的一個說法：某些岩石內可能存在著自然準晶體。在維多利亞時代研究重力的美國物理化學家布洛許博士（Charles Brush）就發現過一種叫做林茲玄武岩（Lintz Basalt）的石頭，掉落速度比其他物質慢——雖然差異很小，但依舊可以測量到。在他進一步研究後，發現它們含有數量不尋常的「多餘熱」（excess heat）。雖然對大部分人來說，這聽起來太瘋狂了，但只要我們記得，如果你有正確的同調性或相干性——現在我們知道這代表正確的幾何圖形——你就能得到重力屏蔽效應，也許還能直接從時間—空間的平行世界裡把能量拉出來[51]。

布朗博士（Thomas Townsend Brown）取得這些岩石的樣本，發現它們會自然地散發出驚人的高伏特。只要把電線放在岩石上，就能得到數毫伏特的電；如果把石頭切成數片，可以得到一伏特的免費能源。布朗也發現，這些「岩石蓄電池」在傍晚六點時會增強，早上七點時會開始變弱，顯示太陽的光和熱對於它們所控制的能量有「去同調性」的影響。這些岩石在較高的地方，作用也會比較好，可能是山上金字塔效應所致。包括哈德溫奈克（Mark Hodowanec）在內的發明家，都曾個別複製並證實了同樣的結果。[52]

根據法西列托斯的說法，某些前往安地斯山脈的研究者，光是從一塊岩石就能獲得最高一．八伏特的電力。岩石的石墨量越高，產生的伏特數就越高。最棒的是，布朗博士發現它們能產生兩種不同的電子訊號：一種是穩定的，另一種則會隨著太陽活動以及日月之間的行星位置配置而變動。他還發現，遙遠太空中的重力脈動會讓岩石裡出現小電擊。其他含矽豐富的岩石，也會有這些電荷。布朗博士在電波天文學家宣布脈衝星活動或超新星之前，早就已經看到這些現象以及太陽耀斑的活動[53]。

在同一本書裡，法西列托斯也揭露了莫瑞博士（Thomas Henry Moray）的研究成果。他也是一位處處被壓制的科學家，顯然曾發現有相同特性且威力更強的岩石。莫瑞只說這是一種「瑞典石頭」，並沒有提到究竟來自什麼地方。這是一種柔軟的銀白色物質，他在兩個不同的地區發現：一個地區是岩石礦脈露頭，另外一個是他從鐵道貨車上刮下來的白色粉末。當他試著將這種晶體當成無線電波的壓電檢測器使用時，白色粉末傳出的訊號強大到毀了他的耳機。就連大型喇叭都會因為他轉到某個電台，而突然傳出極大的聲音而爆炸。莫瑞把這種材料用來製造一個免費的能源裝置，就算是一個只有手錶大小的「瑞典石頭」，都能讓一個一百瓦的燈泡和一個六百五十五瓦的電熱器運轉。他的接地棒越深入地下，燈泡就越亮。一九二五年，他向鹽湖城通用電器公司展示這項技術，在場的還有多位來自楊百翰大學的專家見證。他們用盡各種方法想證明這是個騙局，也獲准拆解整個裝置，卻什麼證據也找不到。後來莫瑞開發出一種能產出五十千瓦能量的能源裝置原型，足以提供一個小型工廠全天使用，天天用都不怕缺少電力，還不需要付費。

一九三一年莫瑞試著取得專利，卻一直遭到拒絕。一九三九年，農村電氣化協會（Rural Electrification Association）派了一位「科學專家」及其他人和莫瑞開會，結果他們卻帶著槍想殺了他——但莫瑞自己也有武器反擊，成功趕跑了他們。此後，莫瑞就把車窗都換成了防彈玻璃，同時隨身攜帶著一把左輪手槍。後來他再也沒受到騷擾，不過突破性的科技進展卻再也見不得光。

後來他發現這種瑞典石頭還有其他的特異行為，例如他發現只要使用標準的無線電接收器，他就能聽到遙遠距離外一般人的日常對話與活動，而且那些地方根本沒有麥克風；他也發現這些石頭有強大的治療效果。一九六一年，莫瑞發現他的裝置產生的能源場，能讓開採出黃金、銀、白金的土壤再長出這些元素的微晶體。原本每噸只有〇．一八盎司黃金的土壤，可以用來生產多達一百盎司的黃金，還有兩百二十五盎司的銀。他實現了煉金術士點石成金的夢想：讓土壤中已經存在的些微黃金、白銀、白金晶體變得更大更多，就像種子一樣。透過類似的技術，他還生產出熔點接近華氏兩千度的鉛，以及一種可以加熱到華氏一萬兩千度的合金54。從分析結果來看，我們現在知道這些特異岩石的主要元素是超純鍺，其中確實含有可以輕易屏蔽的少量放射性活動。

亞當斯（Arthur L. Adams）是退休的電子工程師，他在一九五〇年代於威爾斯發現一種銀灰色的平滑材料，這種材料能自動產生極大的電能。用這種石頭切片做成的特殊電池浸泡在水裡時，電力會變得更強大，而且當石頭從水中取出後，水還能繼續生產數個小時的電力……就像是DNA魅影效應一樣55。後來英國當局以「未來的社會分配」為由，扣住了亞當斯的所有研究論文與資料。顯然，還不是公開的時候。

基因幾何圖形

蛋白質是由一連串不同的胺基酸排列組合而成，組合規則很複雜，而且科學家不了解為什麼某些胺基酸可以結合，有些不行。馬克．懷特博士（Mark White）分析這些關係後，發現如果你把胺基酸畫在十二面體的表面上，一切就都很合理了56。

DNA分子的理想形式是什麼？是一個雙螺旋體。雙螺旋體的理想形式是什麼？是十二面體。基因碼的理想形式是什麼？也是十二面體。如同雙螺旋體之於了解DNA的重要性，要了解基因碼，十二面體同樣重要，也許更為重要。57

同樣的幾何法則，似乎也出現在量子力學、行星地球動

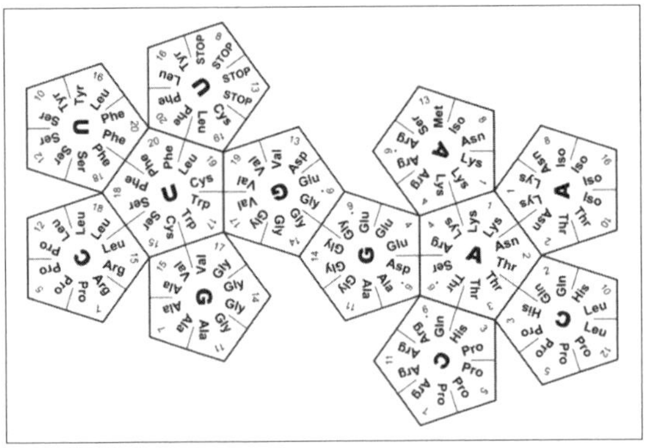

懷特博士發現，基因碼中關於核苷酸如何結合的難解關係，只要運用把它們畫在十二面體上的這個方式，都能解決這些難題。

力學及生命本身。這是因為源場本質類似流體，而流體在受到振動時會自然出現幾何圖形。金字塔和其他漏斗形的結構能夠駕馭這種能量流，在特定範圍內產生同調性，創造越來越精細的幾何圖形，從而療癒生命、改善我們的心理健康，以及調整地幔、海洋、大氣的電子流，保護我們不會受到地殼劇烈變動的影響，還能提升晶體的硬度與純度。這種科學也許能為豐富的免費能源科技鋪路，永遠終結我們對石油有害無益的依賴，帶領我們走向過去無法想像的和平、自由及繁榮的新時代。

譯注

❶ 位於日本列島和小笠原群島之間的三角形海域，日本漁民稱為「魔鬼海」，不斷有飛機與船隻在此瞬間失去蹤影。

16 馬雅曆與通往無窮智慧之門

馬雅末日預言鬧得沸沸湯湯，讓人心惶惶不安之際，我們在此以更科學、更貼近原貌的方式，揭露馬雅曆法在天文學上的成就，包括她神奇的一面，比如兩百六十天的卓爾金週期。

所有天文學家都應該好好感謝天文學家克卜勒，因為他提出了行星運動定律；可惜他們都拋棄了他更偉大的看法：太陽系的行星軌道間距可以用柏拉圖多面體精準定義。他是怎麼想到這一點的？這真的是原創的想法，或者是神秘學派曾經洩漏消息給他？在我即將完成本書時，我從一位幾何學大師那裡得到了確切的證據證明克卜勒是對的。行星軌道間的三維幾何關係，的確和我們在地球網格、ＤＮＡ與蛋白質合成，以及所有量子力學看到的一模一樣，同樣是柏拉圖多面體。

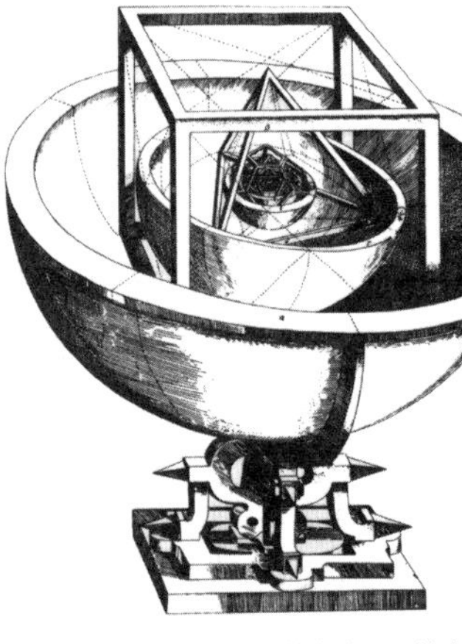

克卜勒找出了行星運動的基本法則，他也相信行星間的距離存在著幾何關係，如上圖所示。

傳統教育告訴我們，克卜勒的行星間幾何概念是科學上可笑的錯誤，而且絕對從來沒有被證明過。幾年後，我開始覺得他可能是對的，但我沒有證據。接著，在一個看似「偶然的機會」裡，我「不小心發現」我正在尋找的東西。有個朋友拿了本書給我，他說：「也許你會想看看。」最棒的就是這本書的書名：《關於巧合的小書》（*A Little Book of Coincidence*，中文版書名是《太陽系的華爾滋》），作者是約翰・馬蒂諾（John Martineau）①。才讀了幾分鐘，我就知道我拿到了解開遠古秘密的最後鑰匙。

行星軌道的神奇幾何圖形變化

我已經知道行星的軌道間有值得注意的和諧關係。我在先前三本科普書裡已經討論過這些事了。我也在凱斯・奎克隆（Keith Critchlow）的《時間維持不動》（*Time Stands Still*）一書中看過一些很有說服力的說法，認為行星的軌道背後隱藏著幾何學，不過這本書現在已經很罕見了。奎克隆的書中還收錄了令人震驚的照片：在蘇格蘭各地出土的數百顆新石器時代的石球，上面刻有柏拉圖多面體。馬蒂諾的書讓我發現了我在尋找的最後一片拼圖，幾何學就是解開太陽系之謎的關鍵。行星顯然是被固定在自己的位置上，由幾何力量推動它們在軌道上運行；這股幾何力量，很有可能就是創造出原子、分子以及地球網格的力量。當然，這也使得行星連線的描繪變得更有意思了。我們可以把行星連線的畫面，重新想像成在一個隱形的巨大時鐘裡，齒輪精準排列成幾何直線的那些瞬間。然而，它們不是圓扁形、有齒的輪狀物，而是柏拉圖多面體。當它們排列成直線時，我們可能就拿到了星際旅行的鑰匙，飛越我們的太陽系，也許還能穿越時間。

二〇一〇年十一月，英國查爾斯王子出版了他的新書：《和諧：對我們世界的一個新觀點》（*Harmony: A New Way of Looking at Our World*）。他在書中引用馬蒂諾破天荒的研究，做為宇宙展現「和諧法則」的證據。

當我讀到馬蒂諾這位年輕幾何學家的作品時，馬上就被吸引了，幾年前他就讀於英國皇家王子傳統藝術學院。他決定要仔細研究行星軌道彼此間的關係，以及從中找出能精準符合地球原理的模式。他發現了很多相當美妙的關係……這是非常值得注意的證據，顯示在整個造物界發現的模式中，都有一種神秘的統一性。從最小的分子到繞行太陽的最大行星「粒子」，萬物的穩定都仰賴這個出乎意料、簡單又優美的幾何圖形——那就是和諧法則。②

克卜勒對於行星的看法，最早出現在馬蒂諾書中的第十二頁：

為了尋找行星軌道的幾何學或音程解法，克卜勒觀察了六個以太陽為中心的日心星球，也代表出現了五個間隔。他試著以出名的幾何解法把五個柏拉圖多面體放進這些星球之間。③

事情從第十四頁開始變得更有意思了：「克卜勒……特別注意到，行星間的極限角速度（angular velocity）比率都是和諧音程。」接著，馬蒂諾開始提出好東西了：

兩個套疊的五角形界定了水星的軌道殼層（九九．四％）、水星和金星間的空間（九九．二％）、地球和火星的相對平均軌道（九九．七％）以及火星和穀神星之間的空間（九九．八％）。三個套疊的五角形則界定了金星和火星之間的空間（九九．六％），或是穀神星與木星間的平均軌道（九九．六％）。這是一個隱藏的模式嗎？④

絕對是。五角形出現在十二面體的每個面上，也出現在二十面體上（每五個三角形共用一個頂點），所以這一定有什麼重大的意義。

馬蒂諾也提出了一個引人深思的想法：儘管行星軌道是橢圓形的，我們還是能把軌道看成是

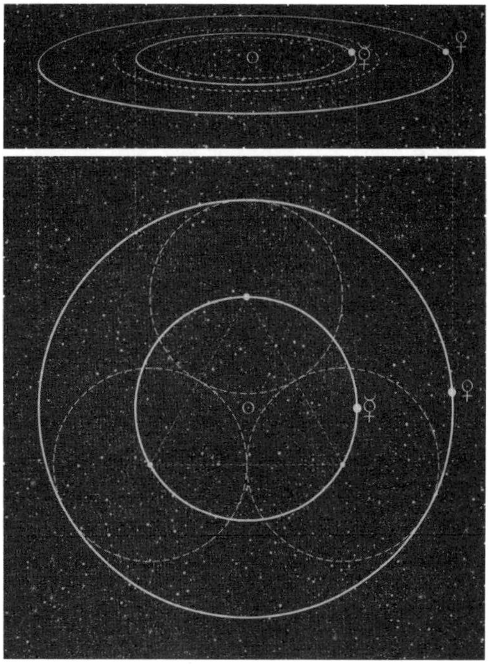

馬蒂諾以圖示說明水星與金星軌道之間存在著正三角形的關係，這個三角形在三維空間裡會形成一個四面體。

圓形，以便研究將行星牽制在定位時的基本比例。也許它們自然的球體能量場，是因為在通過銀河系的雲團時受到壓力與動能擠壓，才變成橢圓形的。

我很驚訝地發現，如果畫出一個水星平均軌道的圓形，把這三個圓放在一起形成一個三角形，那麼當你在周圍再畫出一個圓時，就會得到金星的軌道——誤差在九九．九％以內。當然，既然這些軌道實際上都是球體，所以這樣根本就不是三角形，而是我們經典的三邊四面體，也就是最簡單的柏拉圖多面體。

接著在第二十四頁，馬蒂諾提出了一個很重要的幾何圖形，用以描述地球、金星、太陽之間的關係。每隔八個地球年或十三個金星年，這三顆行星就會排成一個正五角形的補角角度，精準度達到九九．九％。更有意思的是，當我們把金星在這八年裡的最遠位置與最近位置的點連成一線，可以形成一個更大的五角形，而且和其他的五角形有著完美的比例。而這很可能是精確建構出行星運行的球體能量中，存在著柏拉圖幾何體的結果。

感謝羅賓．希思（Robin Heath）的研究，我們在書中第三十二頁發現地球和月球間存在著幾何精度（geometric precision）。一年裡有十二到十三次的月圓，如果我們畫出一個直徑長十三個單位的圓（也就是一個球體），在裡面刻畫一個正五芒星，那麼這顆星星每個星芒的長度就會是十二．三六四個單位。這個數字就是每年月圓的次數，精準度達到九九．九五％。這再度意味著地球和月亮間存在著一個球形力場，月亮的運動由十二面體的旋轉重力漩渦流精準控制，一切都以五重對稱為基礎。

我在讀到第三十四和三十五頁時，再次感到驚訝。馬蒂諾提出，金星、地球、火星之間的空間關係，其實是以二十面體與十二面體精準界定的，馬蒂諾還直接點名並舉出了這兩個幾何體。火星顯然是這三個行星中最遠的一個，如果你把它的軌道想成是一個完美的球形，就能把金星的球形軌道放進來。金星的球形軌道和火星的球形軌道之間的距離，正好可以用十二面體來表現——精準度達到九九．九八％。接著，如果你把同樣的十二面體由內往外翻轉會得到一個二十面體，就能在裡面擺進一個更大的球形——恰好就是地球軌道的距離，準確度達九九．九％。如果這些細節讓你覺得很混亂，你可以在那本書中了解更多詳細的資料，這些都是行星間很明確的幾何關係，就像我們在量子力學和全球網格中所看到的幾何圖形一樣。

當我們更深入探討，就會看到更多神奇的事。如果我們把火星軌道畫成一個圓，就能把這個圓放進由四個更大的圓相連所形成的圖形中央。這四個較大的圓就是木星平均軌道的大小，精準度達九九．九八％。這樣顯然形成了一個正方形，也就是一個立方體——所以顯示這兩個行星間有一個隱藏的立方體能量場，決定它們彼此間軌道的距離和繞行時機。馬蒂諾也提出了木星兩個最大的衛星：木衛三和木衛四，這兩者之間美妙的立方體關係；同時也比較了地球和火星的軌道，揭開兩者間完美的立方體關係（誤差在九九．九％之內）。

太陽系內存在著幾何體，其中一個最明確的線索就在特洛伊（Trojans）小行星群，這是指在木星前後以相同迴圈繞行軌道的許多小行星。一個小行星群總是在木星前方六十度的位置，另外一個小行星群則必定在木星後方六十度的位置。針對這個現象，從來沒有過任何具說服力的科學解釋。如果你把木星的軌道用正圓球形來表示，顯然這個六十度角的距離就能讓你畫出幾何圖形。我發現，如果你把木星球形軌道套疊三個立方體、三個十二面體，或是這兩種多面體的任意套疊組合，一個放在另一個裡面，中央的球形尺寸就是地球軌道的尺寸——精準度達九九·八%。

接著，木星和土星的軌道週期關係相當接近五比二，兩者每二十年會合一次，每次的會合點都在兩者共用軌道所形成的大圓之內。如果你在這個圓內挑出六個會合點，再把這些點連接在一起，就會得到一個完美的六芒星（大衛之星）。所構成的幾何體叫星辰四面體（star tetrahedron），又稱為梅爾卡巴（merkabah）：由一個頂點向上的四面體及一個頂點向下的四面體交叉形成。同樣的，這也是柏拉圖多面體施展魔法的結果。

最後在書中的第四十八和四十九頁，可以在天王星和土星的軌道關係裡看到了另外一個三角形，也就是四面體。土星軌道的半徑也引起了我的興趣，因為這個數字和火星軌道的周長相同，準確度達到九九·九%；而土星軌道的周長則和海王星軌道的直徑相同。冥王星也沒有缺席，我們在第五十頁看到：「海王星的軌道週期是天王星的兩倍，天王星的軌道週期則是冥王星的三分之二。」這表示我們整個太陽系都是由一系列絕對完美的幾何關係所主宰，而且這些關係很多都和柏拉圖多面體直接相關。就像查爾斯王子所說的：「這當然可能都是巧合，但是這樣的精準程度確實開始挑戰『我們住在一個偶然的宇宙中』這個普遍的觀念……」⑤

這十五年以來，我覺得這就是答案了，但是其他關於神聖幾何的書卻似乎都認為克卜勒的夢想是失敗的。現在我了解到，他們只是還不夠努力，因此看不見真相——但是約翰·馬蒂諾的認真研究，解開了一切謎團。我當時已經知道多個銀河會集結成巨大的超星系團，而這些超星系團會神秘地排列成巨大的菱形八面體⑥。這些八面體會形成一個矩陣——不斷跨越遙遠的距離⑦⑧⑨。

在宇宙最遙遠地方，塵埃與氣體也會形成八面體形狀的群集⑩。進一步分析顯示，塵埃裡也有十二面體的圖形⑪。這些法則確實能延伸到整個宇宙，不論規模大小都適用。

如果你到這裡已經開始抓頭困擾了，那我就說得更清楚一些。我們已經看到證據顯示，桑德森的十二個主要漩渦點會創造出進入時間—空間的直接門戶，有相當多的船隻和飛機都在海上或空中看到奇怪的光、經歷奇特的設備失靈、或不自主地進入先前或未來的時間，或扭轉空間從一地到另外一地，或是完全去物質化——跨入了時間—空間裡。古代人顯然已經知道，這些神秘事件的關鍵就在幾何圖形裡。或者，可以套句老話來說：「就在此處。」

會合處成為星際入口

現在我有證據顯示，同樣的三維幾何關係也存在於各行星的軌道之間。這代表行星的會合不只是月曆上的日期而已，而是更有意思的事。在這些排列當中，行星之間也形成了巨大的幾何圖形，隨著能量相乘，造成地球上更大的同調性。在太陽系裡，這些隱形的幾何能量圖形所形成的直線越多，同調性就越強，你也就越可能直接在時間—空間的平行世界中穿梭。

古人可能已經很清楚，在某些時間點，地球上的某個特定幾何節點就會和太陽系裡其他的幾何圖形連成一線——這就是魔法顯現的時候了。接著，如果你建造了一座金字塔或甚至一座石圈，就能產生更大的同調性，就像俄國金字塔實驗所發生的奇蹟。我也聽過相關消息人士告訴我，這些排列就是煉金術的秘密，讓鉛能夠以某些方法變成黃金，但你必須在對的時間點動手：只有在地球和太陽系製造出恰當的同調性時，這種古老的「埃及科學（Al- Kemit）」才會真的管用。

對馬雅曆的新看法

馬雅文明顯然就是金字塔文明，或者至少他們是從一個建造金字塔的文明繼承了所有傳統。我不相信人類獻祭和馬雅文明的原始基礎有任何關係，那代表的只是長期腐敗的結果，更加偏離了過去的源頭。事實上，馬雅文明的遠古創立者很可能很清楚，當地球的幾何圖形與太陽系的幾何圖形連成一線時，可以讓大石塊漂浮、進行念力傳送，甚至穿越時間，很有可能他們建造金字塔的主要原因之一，就是建立一個「同調性產生器」——這樣一來，當這些特殊排列出現時，他們就能利用這些能量。如果這是真的，他們顯然就會注意行星的軌道，而且非常精準地持續追蹤。

我看過很多懷疑論者對馬雅曆的尖銳批評，彷彿裡面充滿無意義的胡言亂語。就算是以認同的態度描述馬雅曆、暗示二〇一二末日是一個重大事件的那些人，也幾乎都沒有認真咀嚼日曆內的數字，試著去了解它們真正的意義。更明確來說，為什麼馬雅人要計算這些緊密嵌合的不同週期呢？為什麼他們不是計算地球自轉一周的地球日、月亮繞地球一周的太陰月、地球公轉太陽一周的地球年，然後這樣就罷手了呢？於是我懷疑，如果我認真去研究，可能會發現馬雅人計算這些週期是有原因的——於是，我果然挖到寶了。

在馬雅以及其他中美洲很多原住民文化中，每天都有一個特定名稱，以二十天為一組。這二十天的週期就以西班牙語中的「二十（veintena）」命名，出現在很多哥倫布登陸美洲前的中美洲文化裡。馬雅曆把這個週期稱為「烏內爾」（winal，馬雅語的日數單位稱為金，而二十金則稱為烏內爾），這個稱呼也出現在美洲古文明薩巴特克（Zapotec）與米斯泰克（Mixtec）裡。這個單位的基本功能，似乎就像是我們日曆系統中的「一個月」。十八個「烏內爾」，就是三百六十天，也就是「一盾」（tun）。接著，再加上五個在許多文化中稱為「空天」（nemontemi）的無名日——馬雅曆稱為「禁忌日」（wayeb），就得到了我們標準的一年三百六十五天。所以完整的一年，就包括了十八個二十天的月份，以及五個無名日⑫。這個計算地球年的整個系統，通稱為哈布曆（Haab）。有趣的是，無名日被視為是危險的日子，在這些日子人間和陰間的界線會消失，惡靈會出現而引發災難⑬。這可能是「空間—時間」、「時間—空間」兩個實相界線消失的結果，只是用了比較超自然的解釋方式。另外也很有意思的是，如果三百六十天代表一個完美的球形——和諧的幾何體——也許那五天就是我們失去對稱性的時候……同調性也同時崩毀。

二十天週期被視為是一個天文學系統，每一天都有一個特徵或特質，馬雅的計算體系也是二十進位，不是我們慣用的十進位。雖然他們小心翼翼地跟著哈布曆（即太陽曆），但同時還遵循著其他週期。他們把每二十天稱為一個「烏內爾」，奇怪的是，他們只數到十三，到了第十四天，又會從頭開始數。每二十天和每十三天的週期，只有在兩百六十天後才會落在同一天——也就是十三乘以二十。這兩百六十天的週期就是所謂的卓爾金（tzolkin），在中美洲地區被視為最古老、最重要的計時系統，早在馬雅人第一次將它刻下來之前就已經存在很久了⑭。

兩百六十天卓爾金週期解碼

我花了很多年才追查到古人對於這些週期如此關心的答案，而且直到二〇〇九年末，為本書整理所有研究資料時才找到答案。澳洲迪肯大學科學院的羅伯特．沛登（Robert Peden）教授認真咀嚼了這些數字後，在一九八一年寫下了他的發現，但他從來沒有公開過這些結果。直到二〇〇四年，他的結果才出現在網路上，而且漂亮地回答了我所有的問題⑮。簡單來說，卓爾金曆恰好是一個終極週期，用一個公分母連接所有行星的軌道以及它們的幾何圖形——或至少包含了金星、地球、月亮、火星和木星。此外，這是唯一一個能以少於一百年的時間做到這一點的週期——而且一百年的誤差不到一天。

如果你看得一頭霧水，讓我來解釋這是怎麼運作的。把五十九個卓爾金週期加總在一起，就幾乎等同四十個地球年的時間，精準度為九九．六％；四十六個卓爾金週期相當於四百零五個太陰月，準確度為九九．七％；六十一個金星年是一百三十七個卓爾金週期，準確度九九．二％。三個卓爾金週期就是一個火星年，精準度九七．二％。最後，一百三十五個卓爾金週期就是八十八個木星年，完美程度達到九九．七％。當我看到這些時，真的深受震撼，而且幾乎沒有任何講述馬雅曆的人知道這件事。關於這個計算系統，沛登引用了一九六六年美國考古學家寇伊（Michael D. Coe）的話：

為什麼這樣的時間週期會出現，一直是個謎；但是其作用倒是很明確：每一天都有它的預兆和關聯性，而這無法停止的二十天週期就像是一種預言機器，引領馬雅人及所有墨西哥人的命運。⑯

沛登用自己的話進一步解釋：

兩百六十天比三百六十天更能準確追蹤月亮的移動，也適用於追蹤金星和火星，更是追蹤木星的最好選擇，也是能同時追蹤這五個週期的唯一選擇……這些確切的天文學衍生數字，都足以展示中美洲曆法系統的天文學基礎。⑰

二十年的卡盾週期

馬雅人追蹤的下一個週期稱為「卡盾」（katun），由二十個「盾」所組成，一個盾是十八個烏內爾，也就是三百六十天，所以一個卡盾總共有七千兩百天。這比二十年的時間短了一些，而且只比木星和土星的會合週期少五十四天。我最早讀過關於遠古謎團的一本書叫做《來自外太空的祖先》（*Our Ancestors Came from Outer Space*），作者查特蘭（Maurice Chatelain）⑱發現木星和土星的會合，與我們太陽系的各種週期也有關係。他認為，正確的卡盾應該是七千兩百五十四天，這樣就完全符合木星與土星的會合週期；雖然我不這麼認為，但兩個數字如此接近並不只是巧合。它們之間有明確的共鳴點。想想看，地球的運行每年都比完美的三百六十天僅僅多出五天，春秋分的歲差比理想的和諧值兩萬五千九百二十年少一點點，木星與土星的會合也只和完美的七千兩百個地球日差五十四天，這一切是否就像弗蘭德恩博士（Tom Van Flandren）提出的有力論證，是跟「小行星帶」的災難性行星爆炸有關？⑲雖然太陽系在這個事件的餘波中還是能維持和諧，但也許不如以往那樣完美。也許，這些週期最終都是由銀河的能源場所驅動，這一點我們稍後會再提。

下面是查特蘭對於這個週期的看法：

對馬雅人來說，七千兩百五十四天的「卡盾」不只是一個時間的度量衡，還是一個天文單位，代表的是行星運轉的相合週期，或者用於計算每顆行星重新與太陽、地球連成一線所需要的天數。舉例來說，五卡盾相當於水星公轉三百一十三圈，十三卡盾相當於火星公轉一百二十一圈，二十七卡盾則相當於哈雷彗星七次回歸。⑳

注意，沛登的分析中並沒有提到水星，而火星和週期的連結最薄弱。值得一提的是，查特蘭是美國太空總署阿波羅計畫的通訊主任，對於這類複雜的計算相當在行。還有件事也需要在此提出，至少我接觸的三個不同內部消息人士都告訴我，地球有自然的二十年週期，在不同的時間週期之間扮演直接的傳導作用；這三人都有令人信服的證據，證明他們曾在極機密的計畫中出任要角。

四百年的伯克盾週期

接著，二十個卡盾相當於一個伯克盾（baktun），也就是十四萬四千天，相當於三百九十四·三年。在《跨越二〇一二》（*Beyond 2012*）一書中，作者吉歐夫·斯特雷（Geoff Stray）指出，這和地球內核完成一次旋轉的時間非常接近。我們不要忘了，根據我們目前最精準的模型，地球的核心看來是個十二面體。直到一九九六年，我們才知道核心會比地球其他部分旋轉得快一些，而且大約要四百年才會完成一次週期㉑。美國哥倫比亞大學拉蒙特．杜赫第（Lamont-Doherty）地球觀測站的兩位博士宋曉東和李查斯（Paul G. Richards）發現，地核裡有一條接近垂直的線，震波在這個地區的移動速度比其他地方快。這條線大約從地軸傾斜十度，因此他們的結論是，地核的軸與外部的地軸略微不同。在研究從一九六七年到一九九五年將近三十八場地震，以及其他的地震資料後，哥倫比亞大學發出了正式的新聞稿。

> 宋博士和李查斯博士經過一年的計算，發現地球的內核約比地慢和地殼多旋轉經度一度。內核在地球內大約四百年會完成一次旋轉。㉒

這會不會就是馬雅曆在追蹤的時間？想想看，地核是十二面體，體積約是月球的四分之三，比水濃稠近十三倍——也就是比月球的質量多三〇％㉓。當我們思考月球對我們的海洋潮汐有多大的影響時，顯然地核也發揮了強大的力量。既然地核是個正十二面體，就表示它可能也在創造自己的時間入口。當地球表面上的幾何漩渦點和地核裡這個幾何體連成一線時，比較可能出現「自然的星際之門」。如果這個幾何體需要四百年時間才會在地球裡完整繞一圈，那麼就排列位置來說，這四百年週期裡的每一天都是不一樣的。也許這就是為什麼馬雅人使用伯克盾做為他們最大的時間週期，而不是完整的日曆。這是一個具有說服力的想法，但如果這是真的，那麼我也會預期這四百年的週期應該還有其他我們可測量的功能。接著我們就有更充分的理由來解釋，為什麼古代人對於追蹤這個週期會這麼感興趣。我發現一九七一年行武毅（Takesi Yukutake）的研究清楚說明了這一點：

> 地球的暖化期和冷卻期是週期性發生的，大家都了解，如同四百年大週期內有四十年的小週期一樣，四百年大週期也是更大規模的兩萬年週期裡的一個小週期，以下類推。㉔

四十年的小週期長度就是兩個卡盾，再度完美地符合馬雅曆的週期。行武毅在一九七一年就已經了解，四百年不只是地球的暖化和冷卻週期，也是四百年轉一圈的地核旋轉速度產生小改變的週期。一般來說，中世紀溫暖期是從西元一〇〇〇年到一四〇〇年，小冰河時期則是從西元一四〇〇年到一九〇〇年，但增溫的趨勢從西元一八〇〇年就已經開始——完全符合週期。這也代表我們現在就在一半的位置，從地球再度開始加溫至今已經過了兩百年。這應該也表示溫度還會再度開始下降，因為我們即將通過曲線圖的高點，而且可能已經開始看到這樣的現象了。

我在閱讀芬蘭科學家提摩・納羅馬（Timo Niroma）的作品時，發現了更有力的證據。納羅馬探討的是太陽活動是否以某種方式直接與行星週期相關。舉例來說，木星的週期是十一・八六年，一般接受的太陽黑子週期平均值是十一・一年㉕。「伊拉廷納數據」（Elatina data）是納羅馬每年都會持續追蹤的資料，伊拉廷納在澳洲南部，有塊六億八千萬年前的岩石樣本，這是時間跨度長達一萬九千年的九・四公尺層積岩㉖，放射線含量會逐年改變。他曾經多次提到在伊拉廷納曾發現過兩百年的太陽黑子週期，這種太陽活動據信是造成地球溫度週期性改變的原因。

> 歷史數據看來，兩百年的振盪至少從西元二〇〇年就開始了。雙數的世紀似乎是寒冷的，單數的世紀則是溫暖的——雖然精準度不及以年計算，但平均來說是如此。㉗

納羅馬至少引用了五項不同的科學研究，當中都發現太陽輻射到達地球的量有兩百年的循環週期。現在我們必須記住的一點是，這可能不是太陽的週期。地球幾何形核心的旋轉，可能決定了每個時間點能夠穿透地球保護層的太陽輻射量。地核的幾何關係可能是以明顯的兩百年變化模式，決定地球接受太陽輻射的程度以及整體溫度的上升與下降。

了解數千前年的馬雅人似乎已經知道要追蹤這個地球週期，就會覺得很不可思議，但我不認為他們特別在意的，只是暖化與冷卻的週期。假設說這個系統也同時控制了時間入口開啟的時機，那就更有意思了。我們不要忘了，地球內部可能還有其他不同的幾何體，只是目前我們的科學家可能很難探測得到；而這些幾何體可能都有不同的旋轉速度。

空難是碰巧遇上了地球的能量開口？

還有其他的證據可以證明馬雅曆是用來追蹤時間入口的嗎？顯然是有的。一九九八年，德國科學家馮薩（Graznya Fosar）和布魯道夫（Franz Bludorf）有令人震撼的發現。他們發現，地球能量場中那條似乎垂直的線，一天會旋轉經度一．八六度，轉一圈大約是一百九十四天。兩個這個週期相加就是三百八十八天。這條線之所以這麼重要，是因為如果你剛好「不巧」就在這條線通過的位置上（或者是「好運」，端看你當時想要做什麼），一個通往時間—空間平行世界的入口就會在你的面前打開。

馮薩和布魯道夫第一次發現這個週期，是因為他們注意到，有四架不同的飛機都在同一個基本區域發生事件。一九九六年七月十七日，可怕的環球航空八〇〇號班機墜機事件發生在長島南方海上，包括國家防衛隊的直升機組員在內的許多目擊者，都回報當時看見一個明亮飛行物體撞上這架噴射機，造成飛機在半空中爆炸，無人生還。陰謀論的說法認為，那是一枚導彈或飛彈等其他自動推進武器，但其實那可能是地球釋放能量的一個球形開口（我們後面會再解釋）。一九九七年八月九日，瑞士航空一二七號班機差點又和另一個亮晃晃的不明物體在同一個區域互撞。這兩起事件，相隔了三百八十八天。

馮薩和布魯道夫還追蹤過另兩起發生在加拿大東岸外海佩姬灣（Peggy's Cove）附近的空安事件，就在長島東北方不遠處。一九九八年九月二日，瑞航一一一號班機因為機艙內發現煙霧，試圖緊急降落卻墜毀，造成機上兩百二十九個人全數身亡。短短五天後，巴爾幹航空一八八號班機的機上廚房也出現煙霧，必須緊急降落，這起事件就發生在前一起事件地點的東方不遠處，時間差距不到一周。這麼短的時間內，在同樣的地區發生了這兩起事件，讓馮薩和布魯道夫相信這其中必定有些什麼。接著，他們又發現了環航及瑞航兩起事件間隔三百八十八天的事實，更讓他們驚訝的是：瑞航一一一號班機和一一七號班機這兩起事件則差了三百八十九天。

從這裡開始，就夠讓他們算出一條垂直的隱形能量，可能是以一天一點八六經度的速度慢慢爬過北半球，週期是一百九十四天。藉由追蹤這條線並計算它隨時所在的位置，他們發現總共有九起不同的墜機事件發生地點，都直接和這條線的位置相關。他們稱這種現象為「暫時局部風險」（Temporary Local Risk，簡稱TLR）因素。他們坦承，他們不知道背後的原因是什麼㉘。

我很驚訝馮薩和布魯道夫沒有再進一步探討這些數字，但我也很高興——因為這讓我有機會重新發現一些我們長久以來都不了解的事。我相信只要進一步分析，就會發現地球內部有一層球面，是以一百九十四天的繞行速度慢慢旋轉。這個球面有自己的幾何結構，例如十二面體，這樣我們就能加以追蹤，知道這些入口什麼時候會打開，甚至可能有方法讓源場流變得可以看見——古代人似乎已經掌握了這樣的方法。

如果我們的模型正確，TLR週期就應該是地球本身運轉的完美分支。我一開始計算就發現，每十七個地球年（也就是一年三百六十五．二四二二天），就會有十六個三百八十八天的週期——相當於三十二個一百九十四天的週期。這個17：16的比例，看起來很像是TLR週期運轉和地球運轉之間的一個長期的幾何關係。那馬雅曆呢？沒有多久，我發現了一個更大的驚奇。馬雅曆的一個「伯克盾」代表十四萬四千天，幾乎完全等於七百四十二個TLR週期。如果你把TLR週期四捨五入到一百九十四．〇七天左右——這應該是這個週期比較精準的天數——那就完全符合了。這也代表了在每個為期二十年的卡盾中，會碰上三十七．一個「暫時局部風險」週期；每十個「卡盾」，也就是大約兩百年的時間，就會有三百七十一個TLR週期。

更重要的是，這是存在於地球內部一系列幾何能量的模式之一，這些模式會在不同時間組合在一起，創造出強大的效果——包括通往時間—空間的入口。這個週期對於實體物質有直接的影響，十七年後會精準地和地球的運行軌道成一直線，而且完美符合馬雅曆。我們藉由研究設備失靈及神秘的航空現象，就能指出這一點。這也顯示，馬雅人可能利用他們的曆法追蹤時間入口，至少在早期是這樣——因為地球內的十二面體會在馬雅曆每次接近伯克盾尾聲時，完成一次完整的運轉。

我認為一旦我們真的開始認真做功課，這不過只是我們能發現的皮毛而已。我們還不知道究竟是哪個幾何圖形會造成這些效應發生，但這顯然是一個重要的追尋旅程。由於這些隨機意外可能伴隨著潛在危險，這樣的知識絕對不能被掩蓋或打壓。透過追蹤以及更了解TLR週期，並重新規劃潛在的問題區域周圍的航道，就能拯救無辜的生命——特別是一旦地球網格的漩渦點力量更強時。

調查五千一百二十五年的馬雅曆週期

我們在馬雅曆上要看的最後一個週期，就是這個曆法本身的時間跨度。這個數字是十三個「伯克盾」，總共是一百八十七萬兩千天，大約是五千一百二十五年。五個馬雅曆週期總共是兩萬五千六百二十七年，相當接近歲差年，也就是一個「大年」的時間。二〇〇〇年，國際天文聯合會（International Astronomical Union）將歲差時間修正為二萬五千七百七十一．五年㉙，比五個馬雅曆週期略多了一百四十四年。這當然很有意思，但這有什麼意義嗎？我相信一定非常重要，不過我們稍後才會講到這一點。有沒有任何有趣且可測量的東西，是直接和這五千一百二十五年的週期有關的呢？

俄亥俄州立大學的地質學家湯普森（Lonnie Thompson）發現，大約在五千兩百年前，地球發生了明顯的氣候變遷，和我們現在所經歷的情況大同小異。這個數字是他從「堆積如山的冰核分析資料，以及嚴格檢視隱晦的歷史記載後」所得到的結果，以下這篇新聞稿做了很好的摘要：

> 俄亥俄州立大學教授暨伯德極地研究中心（Byrd Polar Research Center）研究員的地質學家湯普森指出，許多紀錄中都有多處顯示五千兩百年前氣候曾突然改變，而且造成嚴重的影響㉚。

這篇新聞稿也強烈暗示這是一個週期，因為標題就清楚說了「證據顯示歷史可能會重演」。我們現在顯然已經看到氣候變遷的事件正在發生，和五千兩百年前的情況很相似。湯普森相信，這是太陽活動所造成的。

> 證據顯示，太陽產生的能源大約在五千兩百年前驟降，接著又在短時間內高漲。湯普森相信，就是這種劇烈的太陽能源擺盪，引發了他在這些紀錄中看到的氣候變遷……湯普森表示：「任何小心謹慎的人都會同意，我們還不了解氣候系統的複雜性，而既然我們不了解，我們在干預這個系統時，就更要小心謹慎。證據顯示，現在顯然已經開始發生劇烈的氣候變遷了。」㉛

我發現很有意思的一點是，太陽輻射量會先下降，接著在短時間內大幅增加。如果馬雅曆追蹤的是自然且長期的地球週期，那麼也許改變的是地球本身的能量場——例如范艾倫輻射帶（Van Allen belt）❶——的滲透率，而不是太陽的改變。我已經提出同樣的看法來解釋為什麼地球接收的太陽輻射會出現四百年的週期，看起來這完美地符合馬雅曆上的伯克盾以及地核的旋轉週期。現在湯普森博士發現，全球性的氣候變遷發生時間，和馬雅「長期曆」（Long Count）❷週期開始的時間只相差七十五年。整個週期本身，看來就和馬雅曆的長度一模一樣。這非常有意思，但這樣的關聯性是主流科學家永遠也無法想像的。就算他能大膽提出這樣的看法，最好的情況是只招來一些奚落，而最糟的情況還會導致他的經濟來源與學術生涯毀於一旦。我從來沒看過其他馬雅曆的學者，曾在書籍或演講中提過這個相關性，但這是一個很有力的論證，顯示這個古老的系統並不是「胡說八道」，而是真的在追蹤太陽系中產生的實質改變。此外，如果湯普森的數字正確，而且確實數值更接近五千兩百年，那麼他發現的五個氣候變遷週期加起來就剛好是兩萬六千年——只比理想的兩萬五千九百二十年週期多了八十年。

我們可能會重新發現古人相當重視的地軸擺動，其背後隱藏的機制極可能就是這個太陽活動的驟降以及緊接著的遽升，對我們的意識，甚至生物演化造成直接的能量影響——正如我們先前所說的，這是不是完全出自地球週期本身的產物？或者我們能從太陽下手，找出其他的相關模式？研究馬雅古文明的莫瑞斯．科特羅（Maurice Cotterell）可能找到了答案。

馬雅曆與太陽黑子週期

科特羅注意到太陽在南北極的轉動速度是三十七天，在赤道的轉動速度比較快，大約是二十七天。他用超級電腦仔細研究這些數字，發現這兩個週期需要一萬八千一百三十九年才會一致。接著，他發現了一個在現代都沒有其他人發現的長期太陽週期。在他與阿德里安．吉爾伯特（Adrian Gilbert）一起合著的經典作品《馬雅預言》（*The Mayan Prophecies*）中，提出相當具有說服力的證據，顯示馬雅人幾乎明確知道這個太陽的長週期，而且以非常精準的方式追蹤這個週期。我在第一本線上免費書《時代巨變》（*The Shift of the Ages*）中曾經寫過相關細節㉜。

一萬八千一百三十九年是一段很長的時間，我立刻開始研究這個數字，想看看這個數字跟春分歲差有沒有關聯。如果有，那可能表示歲差是整個太陽系中更大週期裡的一部分，有可能是太陽本身所導致的，或者甚至是銀河系透過太陽所發揮的作用。

歲差和科特羅的太陽週期有關聯嗎？透過思考「五十二」這個數字的重要性，我找到了答案——因為這個數字在馬雅曆中不斷重複出現。五十二是二十六的兩倍，而且一個「卓爾金」週期就是兩百六十天。除此之外，「卓爾金」和以三百六十五天為一年的馬雅哈布曆，需要五十二年兩者才會一致。「卓爾金」與哈布曆搭配使用會出現一個五十二年的「循環曆」（Calendar Round）㉝，馬雅人認為這個循環的結束，緊接著就是混亂與動盪的時期。因此每當這個時刻來臨，他們就會期望、等待諸神是否會讓他們再活五十二年㉞。當你在跟這些週期打交道時，你會看到所謂的諧波。舉例來說，你可以在任何一個週期後面加上一個零，這樣還是會擁有相同的潛在振動特質——所以五十二年的循環曆就會和五千兩百年達到和諧。這也就是湯普森所說的上一次地球重大氣候變遷的週期——也很接近馬雅長期曆的五千一百二十五年週期。

不過，這和科特羅的太陽黑子週期有什麼關係？只要把四個一萬八千一百三十九年的週期加起來，就會得到七萬兩千五百五十六年。接著，如果你再加上一個五千兩百年，就會得到七萬七千七百五十六年，幾乎等同於三個兩萬五千九百二十年的週期（這樣就是三個兩萬五千九百一十八點六年的週期，和正確值只差了一．四年）。五千兩百年的週期大約是馬雅曆的長度，而且是地球劇烈氣候變遷的週期。五十二這個數字在馬雅的計算系統中一直重複出現，馬雅系統也和太陽系的諧波有很美好的同步性。這五千兩百年的時間單位可能是一個更大系統裡的轉換週期，必須在更長的時間跨度中才會達到一致。這個大規模的週期，可能也是由銀河系本身所驅動的。春秋分歲差根本不是地球運行的隨機擺盪，極可能是整個太陽系一個大時鐘（Great Clock）的一部分——由幾何能量場所驅動。

追蹤平行世界的入口

馬雅人似乎對於追蹤這些週期不遺餘力。TLR週期會造成怪異的電子問題，導致飛機爆炸、墜毀，或是造成儀器失靈。在至少兩起不同的事件中都有人看到光點出現，這可能是第一個線索，讓我們知道空間—時間與時間—空間兩個「平行實相」間的漩渦，實際上看起來是什麼樣子。馬雅人也許利用同調性，讓巨石能夠漂浮，建造一座座金字塔，就像我們看到西藏聲波漂浮的驚人例子一樣。或許，馬雅人也必須等待太陽、行星、地球本身內部能量模式的幾何體達到正確排列時，才能讓這個過程發揮最大的作用。

如果TLR效應會沿著經度每天移動一．八六度，那麼每二十四小時就會漂移一百二十八．四英里的距離，相當於每小時五．三英里——這是以地球兩極間的周長距離為準所計算出來的數字。接著如果我們把漩渦本身看做約二十英里寬（這完全是個隨意決定的數字，因為我尚未了解漩渦的真實尺寸），這就表示進入時間—空間的平行世界，在時間中穿梭的時間大約只有四個小時，然後入口就會再度關上。因此，假如你想親自嘗試這個實驗，也許就必須精準測量時間，因為如果你沒能在四個小時內回來，可能就會被卡在中間。

同樣的，如果你只是回到當初離開時的地點，就不會出現時間消逝的現象。只有當你回來時到了不同地點，你才會跳到未來或回到過去——端看你往那個方向走。除此之外，如果有一大群人聚集在金字塔旁邊舉行儀式，貢獻出他們自己的能量，那麼造成的效果可能會更強大，你就更有可能真的打開這個入口。記住，這是同調性的科學——能夠在源場中造成更大規模的結晶化與旋轉——而且我們的意念，對於這個過程也會有直接的影響。

太空中「自然星際之門」的證據

美國太空總署在二〇〇八年宣布，太陽和地球之間大約每隔八分鐘就會形成一個入口，讓太陽粒子通過。每個磁性入口，或稱為「磁通量傳輸事件」（flux transfer event），都跟地球一樣廣大，而且科學家直到最近才相信這種事件的存在。NASA戈達德太空飛行中心（Goddard Space

Flight Center）的希貝克博士（David Sibeck）解釋了這個神秘的新發現。

> 我們過去認為地球和太陽間的關聯是永恆不變的，太陽風會在活躍時慢慢流入近地（near-earth）環境中……但我們錯了。這種關聯根本就不穩定，而是經常短暫的、突然爆發出來，而且動態很劇烈……十年前我還很確定這種關聯並不存在，但現在已經出現明白且清楚的證據了。[35]

二〇〇八年，美國橡樹嶺國家實驗室（Oak Ridge National Laboratory）的科學家用電腦模擬，發現「無數的……暗物質束出現在銀河光暈當中，而每一個次光暈中，則出現更多的基礎構造……每個基礎結構都有自己的次基礎結構，就這樣一個一個下去[36]。」這些「暗物質束」可能是一種可見能量，標示出位於星體之間的星際入口。同樣也在二〇〇八年，瑞士、法國、美國的科學家利用X光衛星影像，發現銀河系中鄰近的物體之間會出現意料之外的電漿流。根據美國物理組織網（PhysOrg）的解釋，他們其實是意外發現這個現象的：

> 研究人員最近發現了漏斗形熱電漿現象，流動的電漿子會通過虛空的宇宙，從一個區域跑到另一個區域，藉此聯繫銀河系中原本各自分離的星雲與星群……科學家發現一百萬度的電漿從獵戶座星雲流向鄰接的星際介質，接著流進鄰近波江座（Eridanus）的超級氣泡。[37]

現在我們有明確的證據，證明這個系統真的在發揮作用，而全球網格的概念背後也有傑出科學的支持；同樣的幾何圖形可能也出現在量子力學、基因密碼、太陽系中，也出現於最大規模的銀河系分布，以及宇宙深處的氣體與塵埃中。下一章，我們將會探討一些令人著迷的資訊，和自然漩渦事件面對面，了解它們的樣貌以及行為。

譯注

❶ 范艾倫輻射帶是環繞地球的兩個甜甜圈狀區域，發現於一九五八年，其中充滿了電漿波及電流等，對人類或太空船都有一定的危險性。

❷ 馬雅長期曆從西元前三一一三年開始計算，歷經五一二五年的週期結束，大致上是以二十為基數。

17

時間怎麼了？關於時間的二三事

如果時間穿梭、時間旅行、時空轉換等都是真的，地球應該有各式各樣通往時間—空間的天然入口，引發各種神秘消失、時間錯置等異常事件。那麼，這些入口會是什麼樣子呢？

源場是流體狀的能量，創造出空間、時間、物質、能量、生物及意識。看來古代人對於源場的了解，遠超過於我們以為的程度。他們建造的巨石結構可能可以創造出足夠的同調性，當地球內的幾何體與太陽系的幾何體排成一列時，開啟出現在地球上的「自然星際之門」。馬雅人可能早就在追蹤著能打開這些入口的週期，以便在時間和空間中穿梭，這樣的星際之門，你只要從一端走進去，自然會帶你走到另外一端，而這可能跨越了相當遙遠的距離。

如果這些都是真的，那地球上就會有各式各樣通往時間—空間那個平行世界的入口，這是否就是引發各種神秘失蹤或時間錯置等異常事件的原因？

跌出時間

在討論魚從天降之前，我們先來看看一個和石頭有關的例子。這起事件中有很多跡象都顯示了時間—空間帶來的影響，不過卻被當成一個經典的搗蛋鬼例子①。一九〇三年九月的某天晚上，葛拉登帝克（W. G. Grotten- Dieck）半夜醒來，看到四分之三英寸大小的黑色石頭直接穿透他家屋頂、天花板，並且「慢動作」地以一個漂亮的弧線落下，就落在離他枕頭不遠的地板上。他在一九〇六年寫信給英國心靈研究學會（British Society for Psychical Research），說明一些奇異事件：

> 我……試著在石頭從空中朝我落下時接住它們，但我根本抓不到……似乎我一有抓它們的念頭，它們就會改變在空中的方向。②

顯然的，這些石頭也有漂浮效應，而且很有可能還沒有完全物質化，所以他才無法抓到任何一顆石頭。它們可能直接穿過了他的手，好像根本不存在一樣。

對我來說，最有意思的部分是這些石頭看起來比原本應該掉落的速度還要慢，但根據葛拉登帝克的說法：「它們掉落在地板上的聲音也不正常，因為以它們的慢動作來說，這樣的聲響顯然太大聲了。」③看起來，時間在這些石頭內部以及緊鄰的區域內流動得比較慢，而區域外都還是以正常時間在移動。當它們撞到地板時，聲音就離開了時間流動比較慢的區域，因此速度就恢復了，所以聽起來很正常（這也是因為葛拉登帝克本人並不處於比較慢的時間地帶內）。當他撿起石頭時，發現到這些石頭比一般的溫暖，這也是在搗蛋鬼現象中經常被提起的重點之一。這樣的效果，看起來是它們在跳回空間—時間時經歷了壓力所造成，使得它們失去了同調性。

一九九七年十月十六日，米克森夫婦（Leonard and Kathy Mickelson）在密蘇里州的移動式住宅出現了一顆類似美國內戰使用的砲彈，穿過一扇窗戶和兩面牆後爆炸。警方的調查方向鎖定有人使用復刻的內戰大砲，但這實在很奇怪，誰會花大錢搞這種騷擾事件，再說要找到犯罪者應該也很簡單。你真的能想像有人架設了一台內戰時期的大砲，朝著某人在拖車公園裡的卡車發射嗎？有一個可能性是，這是時空入口在內戰的戰場上打開所造成的，由於開啟的時間夠長，使得物體得以穿越時空④。這就像凶案似乎會在凶宅內重演而讓人以為鬧鬼一樣，戰場上的死亡和痛苦可能會對源場造成極強烈的擾亂，使得時空入口被打開——一道貨真價實的「時間裂縫」。

魚從天降

儘管難以解釋，但是這種現象真的存在，甚至還在一九二一年的《自然史》（*Natural History*）雜誌中認真討論過⑤。史上有非常非常多這類的記載，但一八三九年在加爾各答發生的這個例子特別引人注意。在這個例子中，有一種大約三英寸長的魚在滂沱大雨中直直落下，魚群從天而降的範圍「不超過十八到二十二英寸」，該篇作者指出了數量驚人的這類事件記載，消息來自世界各地許多不了解這個現象的人，最後他做出了一個大膽的結論：

> 宣稱自己不相信魚從天降，或是拒絕接受在各種時間與空間中如此詳盡且確切敘述的人，對於筆者來說，都是缺乏適當評估證據能力的人。⑥

這是《自然史》說的，可不是八卦小報的報導。懷疑論者會說：「我才不買帳，你看這些事都沒再發生過了。以前的人都是瘋子，就是這麼回事。」就在二〇一〇年三月，美國著名的通訊社合眾國際社有篇文章，報導內容是兩百條小銀鱸在澳洲偏僻的沙漠小鎮上空從天而降，其中很多魚都還是活的。距離小鎮最近的河流遠在三百二十六英里之外，而且這個小鎮在一九七四年和二〇〇四年也曾發生過相同的現象⑦。

讓科學家困惑的可疑出土文物：歐帕茲

從天而降的魚，可能是從他處抓住魚的漩渦升到空中後，移動至不同的時間，然後重新跌回空間─時間的現實世界所造成。那麼，如果一個漩渦從地表抓住物體後，視地殼為無物直接沉入地球內部，又會是怎樣的情況？符合這種情況的例子，極可能就是簡稱「歐帕茲」（OOPARTS：Out of Place Artifacts）的出土文物，意思是「不得其所的人工製品」。這些出土的岩層，定年時代都比地球人類出現的時間還要早。我們在考古學家克萊默（Michael Cremo）及湯普森（Richard Thompson）所著的《考古學禁區》（*Forbidden Archeolog*）一書中可以找到許多例子⑧。

比如，刻有人像的金屬獎章以及奇異的書寫模式，出現在十萬年前的岩層中；一個很像火星塞的奇怪機械物體，出現在五十萬年前的岩層中；一五七二年在秘魯一塊據判是七萬五千到十萬年之久的岩石中發現了一根釘子；在內華達州一處礦坑一塊兩千一百萬年前的長石中，發現了一根兩英寸的螺絲釘；賓州一塊三億年前的煤塊中有一條金鍊子；在三億到三億兩千五百萬年前的煤中發現過一個鐵鍋；西維吉尼亞州的煤礦中發現過一個雕刻精美的黃銅鈴；在加州一塊估計十億年前的岩石中發現了一顆石球。⑨

岩石裡跑出了活蟾蜍

更有意思的例子是：發現活生生的青蛙或蟾蜍嵌在岩石、煤塊，或是大樹幹中，這類例子超過了兩百一十件，分布在歐洲、美國、加拿大、紐西蘭、西印度群島等地，時間從十五世紀晚期到一九八〇年代初期都有⑩。一五七五年，著名的外科醫生帕黑（Ambroise Paré）要工人敲開他葡萄園裡的兩塊大石頭，結果在裡面發現了一隻活生生的大蟾蜍──而且石頭沒有任何看得見的對外開口。礦工表示，這不是他第一次在石頭裡發現蟾蜍或其他動物。

一六八六年，布萊特（Robert Plot）教授提到了三起「洞中蟾蜍」的例子。其中之一是有人在一條溪流上放了一塊石灰岩當踏腳石，卻聽見石頭裡傳來呱呱叫聲。大家討論過後決定敲開岩石，結果一隻活的蟾蜍就蹦出來了。一七七〇年九月，法國勒蘭西（Le Rainy）有個城堡也在石頭中發現了活生生的蟾蜍，並引來一陣探討風潮。法國國家科學院的吉塔赫（M. Jean Guéttard）表示，這是自然史上最令人不解的謎團，他與同僚們為了解決這個兩百多年來為人所知的問題而不遺餘力⑪。

一八五一年六月，法國礦工在布洛瓦（Blois）附近挖井，用尖鋤劈開一大塊燧石時，一隻大蟾蜍從石頭裡跳了出來，石頭裡還留下了完美的蟾蜍印記。法國國家科學院的專家，對於蟾蜍如何能完美地嵌在石頭裡完全摸不著頭緒，他們的結論是，他們找不到這是騙局的證據，那隻蟾蜍顯然在石頭裡活了好一陣子。

這些事件當中大都有一個奇怪的細節，就是蟾蜍的嘴巴經常覆蓋著一層厚厚的膜，皮膚通常顏色很深，眼睛還閃著神秘的亮光⑫。一八六五年四月七日，在英格蘭的哈特爾浦（Hartlepool）發現一塊巨大的石灰岩中有一隻活蟾蜍，據《哈特爾浦自由報》（*Hartlepool Free Press*）的報導：「蟾蜍的眼睛閃爍著少見的光彩」。這隻蟾蜍被發現時異常蒼白，體色和周圍的石頭非常相近，但很快就加深為褐色⑬。牠的嘴巴被封住，只能從鼻孔大聲呼吸，看起來比較像是一隻史前生物。《哈特爾浦自由報》如此形容：「牠的前腳爪往內彎，後腳爪出奇的長，一點都不像現代的英國蟾蜍」⑭。

一位英國士兵在阿爾及利亞開採的一塊石頭中，同時發現了一隻大蟾蜍和九英寸長的蜥蜴，兩隻動物都還活著，而且這塊石頭是從採石場地下二十英尺深的地方挖出來的。一八九〇年《科學人》雜誌還曾報導：「從堅硬岩石中發現活蟾蜍和青蛙，已有很多證據確鑿的記載」⑮。我想，閃耀著光芒的眼睛可能是因為牠們的身體還沒有完全跳回空間—時間的現實世界所致，部分身體還是以波的形式存在，而這些光可能在身體中質地比較接近水的部位最容易看到，比如眼睛，所以眼睛才會看起來特別亮。

為什麼石頭中沒有發現其他種類的活動物呢？我想是因為兩棲類和某些爬蟲類可以進入冬眠狀態，因此能在長時間沒有食物、空氣、水的情況下活了下來。當「洞中蟾蜍」的故事在十八世紀開始廣為人知後，不少英國業餘的博物學家試著把活蟾蜍埋在用水泥封住的花盆裡，而牠們被放出來的時候都還是活著的。動物學家艾德華．傑西（Edward Jesse）曾把一隻蟾蜍埋在花盆裡二十年，最後牠還活蹦亂跳的⑯。一八二五年，牛津大學地質學教授巴克蘭（William Buckland）設置了一系列嚴謹的實驗，想證明或推翻蟾蜍能在岩石中存活的說法：被埋在砂岩中的蟾蜍過了一年後死了，封在堅硬石灰岩塊中的小蟾蜍也一樣，只有被埋在有孔洞的石灰岩裡的蟾蜍還活著，有兩隻甚至還變胖了。接著他又把牠們重新埋到原來的石頭中，並定期檢查牠們，發現這些蟾蜍越來越瘦，最後全部都死了⑰。這讓巴克蘭和其他科學家做下了結論：蟾蜍無法長時間在岩石中存活，這整個現象都只是鬧劇一場。

我想可能的解釋是：這些兩棲類進入漩渦裡，只要維持不動就會進入一種假死狀態——不完全進入空間—時間的世界，也不完全待在時間—空間的世界裡。接著，一旦這些岩石被破壞，就會像量子力學家所說的「波函數被破壞了」，使得這些可憐的生物完全跳回到空間—時間中，此時大部分的動物大概都會立即窒息而死，不過蟾蜍和蜥蜴似乎還能撐一陣子，甚至可能會繼續活上好幾年。

一七三三年，葛來伯格（Johan Graberg）和工人在瑞典砂岩採石場一塊從地底十英尺深處開採出來的大卵石中發現了這隻活青蛙。

一個鑽石寶庫：金伯利礦筒

天文學家帝密特夫博士認為，地殼內的爆炸就是造成金伯利礦筒（Kimberlite Pipes）的原因。這些細長的筒狀構成物是以它們最早被發現的地點而命名，也就是南非的金伯利。一旦偵測到地球內部發生爆炸而造成地震時（一般都和火山活動有關），事情就開始有意思了：地表上會出現一條細長的管狀環，只要往下挖就會找到這根管狀裂罅，裡面有滿滿的鑽石⑱。傳統的地質學家認為，鑽石只會出現在地底下一百五十公里深處，而且需要幾百萬年的時間才會結晶化。他們的理論是，強大的火山活動把形成後的鑽石從地底深處往上抬升，讓鑽石和岩漿、移積岩石等混合物一同沉積在金伯利礦筒中；同時他們也認為地球內部的爆炸力會噴射出溶解的氣體、岩石、鑽石，以非常快的速度通過地幔，每小時速度可以達到數百公里，接著快速膨脹的氣體會讓整個區域冷卻，因此鑽石不會受到影響。典型的金伯利礦筒會同時形成數個群落，彼此距離可以有數十公里之遙⑲。

不過，帝密特夫認為這些蘊藏鑽石的礦筒是「地殼內真空地帶的入侵、移動與爆炸」。帝密特夫指出了一個奇怪的事實：礦筒鄰近的岩石看起來並沒有受到這些定域爆炸的影響⑳。帝密特夫可能沒有考慮到另外一個有意思的可能性，也就是在這些爆炸內的時間流可能會急遽加速，使得正常來說應該要數百萬年才能形成的晶體會在短時間內出現。

麥田圈與小精靈

至少從西元八一五年起，就有麥田圈的相關神秘記載，當時法國里昂的大主教阿葛巴德（Agobard）還曾經發布教令，禁止農民收成麥田圈裡頭的穀物。這個故事裡有趣的部分在於，阿葛巴德從來沒有否認過這些麥田圈的存在。在《次元》（*Dimensions*）一書中，作者雅克・瓦萊（Jacques Vallée）擷取了一段九世紀的法國文章，提供這個故事背後更多的細節。

據說，有三名不明男子和一名女人被目擊從「飛船」中走出來，這種飛船是以被稱為氣精（sylph）的神秘生物做為動力，這種人形生物相傳來自「馬格尼亞」（Magonia）。害怕的當地人認為這三男一女是邪惡的魔法師，圍捕他們後打算活活燒死，幸而阿葛巴德出面救了他們一命——他駁斥「氣精」的存在，因此也不可能有人是魔法師。阿葛巴德關於這件事的筆記，諷刺的口吻與現在的懷疑論者如出一轍：

> 我們曾看過也聽過很多人沉溺於如此愚蠢的深淵中，居然相信有個地方叫做馬格尼亞，那裡的船隻能在雲中航行，把地球上因冰雹及暴風雨受損的水果裝載回去……。㉑

在李察・湯普森《外星人身分：從古代角度了解現代幽浮現象》（*Alien Identities: Ancient Insights into Modern UFO Phenomena*）一書中，我們看到歐洲傳說中的仙人圈（fairy ring）看起來就像是麥田圈㉒，不過這些傳說裡的環形圈也是通往時間—空間平行世界的直接入口。凱爾特族（Celtic）有個傳統故事，一個叫奧西恩（Ossian）的英雄被一位美麗的仙女公主誘引到了一個稱為特納格（Tirnanog）的秘境，後來他娶了這位公主，還在那裡住了三百年。有一天他想回到愛爾蘭，臨行前，他的妻子警告他，雙腳絕對不能踏在地面上。當他騎著當初離開的同一匹馬回到家鄉時，親友們早已經不在了，而整個國家也變得很不一樣。後來他被迫下馬，一碰觸到地面，立刻就變成了一個瞎眼的虛弱老人㉓。

另外一個十九世紀初的故事，主角是萊斯（Rhys）和里溫林（Llewellyn）兩個農民。他們從山谷要回家，一路上萊斯都聽到了奇怪的音樂聲，但里溫林什麼都沒聽見，於是萊斯決定留下來一探究竟，卻再也沒有回來，後來里溫林被判謀殺罪入監服刑。兩週後，一位熟悉仙人圈傳說的人覺得事有蹊蹺，建議有關單位派人回到萊斯最後一次出現的地方調查，找找看附近有沒有仙人圈。後來確實在草叢中發現了這樣一個圓圈，只要把腳踏入那個圈圈，就會聽見彈奏豎琴的聲音，而且還可以看到許多小精靈在圈圈裡跳舞，失蹤的萊斯也在其中。萊斯出了圈子後說，沒想到他已經失蹤了那麼長一段時間，因為他覺得自己只在那裡待了五分鐘左右㉔。

湯普森在書中還深入探討了凱爾特傳說中的這個平行世界。

> 凱爾特的另一個世界有很多名字，例如阿法隆、特納格、歡愉之地等等。檢驗這些故事讓我們清楚看到，這個領地可能存在於更高的次元，為了到達那裡，人們必須要到三維空間裡的正確地點，接著以一種我們不了解的神秘方式旅行。㉕

湯普森也提出，收割穀物通常都和仙子有關，他引用了羅伯特．瑞卡德（Robert Rickard）的話：「在印歐文化中，人們都會奉獻十分之一的玉米及牛乳收成給仙子，因為這是仙子所掌管的。」因此可能有些人真的居住在時間—空間裡這個平行世界裡，而且那裡才是他們正常的存在狀態，並不是我們這個空間—時間的現實世界——他們也許還有自己的傳統和習俗。隨著時間過去，這些故事都被視為神話，也越傳越奇怪。但是，這當中可能埋著真實的種子。

法國、德國、愛爾蘭、蘇格蘭、威爾斯、英格蘭、斯堪地那維亞和菲律賓等地，都有「仙人圈」的傳說，這種由穀物形成的圓圈，可能是進入小精靈居住的平行世界的入口。

時間旅行的恐龍

這些時間的入口是否偶爾會成為跨越數百萬年時間的橋樑，讓活生生的生物通過？也許會。我們已經討論過拉撒路效應，也就是已經絕種的物種突然重新出現在化石中，而且有時候相差數百萬年。這可能是DNA的波效應，重組了現有的有機體，讓牠們成為較早的型態，或是從無生命的物質中創造出生命——但也有可能是時間的入口，讓這些生物直接來到另一個時間裡。

世上有很多關於長頸、長尾、有鰭、無腳的水怪報導，這些目擊報告中關於解剖學上的細節，幾乎就和蛇頸龍的化石紀錄大同小異。最廣為人知的例子就是尼斯湖水怪，這個傳說的源頭可以追溯自七世紀的愛爾蘭傳教士聖哥倫伯（Saint Columba）。關於尼斯湖水怪的目擊報告很多，光是從一九三三年開始，就估計超過了三千起㉖。二〇一〇年，英國《泰晤士報》有一篇報導，宣稱蘇格蘭的資深警官威廉・法瑞瑟（William Fraser），在一九三〇年代認為尼斯湖水怪的存在是「無庸置疑的」㉗。喬治・史拜塞（George Spicer）和他的妻子曾在一九三三年七月二十二日，目擊一隻像恐龍的生物從他們車子前方過馬路。這隻動物約二十五英尺長，有著比象鼻略粗的長頸，牠跨越馬路後，朝著約二十公尺外的尼斯湖前進㉘。尼斯湖的位置就在蘇格蘭「大峽谷」（The Great Glen）這個大型地質斷層帶上㉙。

一九九三年，英屬哥倫比亞大學的列伯隆（P.LeBlond）教授提出多起目擊卡布羅龍（Cadborosaurus）大水怪的報告，地點從英屬哥倫比亞沿岸到往南距離遙遠的奧勒岡州都有。據說有一隻鯨魚曾經吞下了三公尺長的小卡布羅龍，在鯨魚腹中還發現了卡布羅龍的殘骸。《科學新疆界》（*Science Frontiers*）和《新科學人》（*New Scientist*）都報導了這件事㉚。二〇一〇年，俄國漁民要求政府調查一種生物，聽起來就和尼斯湖水怪一樣，卻一直出現在西伯利亞一座偏遠的大湖中。這種飢餓的怪物光從二〇〇七年到二〇一〇年，就奪走了十九條人命㉛。二〇一一年二月，英國《每日郵報》（*The Daily Mail*）報導，在過去五年，有一種體型很長、駝背的生物曾經八次被通報出現在英國的溫德米爾湖（Lake Windermere），這種生物被稱為「躬身尼斯水怪」（Bownessie），報上還有照片為證[32]。

在剛果也有很多目擊到摩卡拉姆便貝（Mokele- Mbembe）怪獸的相關紀錄。摩卡拉姆便貝的原意是擋住水流的人，這是一種四足龍，和雷龍長得很像，但體型小很多，是所謂的蜥腳類動物。大部分目擊這種生物的地點都在里科拉沼澤（Likouala Swamp），官方宣稱這個地區有百分之八十未開發，而且主要居民是原生於此的矮人種。相同的發現紀錄也在剛果附近的其他國家出現，包括赤道幾內亞、中非共和國、加彭、喀麥隆等。澳洲上方的巴布亞新幾內亞也有類似或相同生物的目擊報告[33][34]；在該國的昂邦吉島（Umbungi Island）上，有九個人看過一種像恐龍的生物出現[35]。地球網格的其中一個漩渦點就在這個區域，就在巴布亞新幾內亞的下方。一九九三年，《今日中國》（*China Today*）報導，有一千多人曾在新疆的賽里木湖看見像恐龍的怪物[36]。在加拿大，有一名年輕的伊努特愛斯基摩人在貝洛特島（Bylot Island）發現一根新鮮的骨頭，辨識結果認為是鴨嘴獸的下顎骨[37]。美國地質學會和《古生物學期刊》（*The Journal of Paleontology*）也報導過在阿拉斯加發現了數根新骨，二十年後被辨識為是有角恐龍、鴨嘴獸及肉食恐龍的骨頭[38]。

希臘歷史學家希羅多德（Herodotus）和猶太歷史學家約瑟夫（Josephus），都曾經描述過在古埃及和阿拉伯出現過在天上飛行的爬蟲類。希臘、羅馬、埃及的很多古代神話與傳說，也都有英雄殺害這些巨龍生物的描述。

不管是在巴比倫的地標、羅馬的鑲嵌畫、亞洲的陶器及皇家衣飾、埃及的裹屍布及政府官印、秘魯的墓石及掛毯、馬雅的雕刻、美洲原住民的岩雕，以及眾多遠古文化的祭器上，都出現過像恐龍一樣的生物。

即使是現代，目擊到像翼手龍或翼龍的生物還是有不少可靠的記載[39][40][41]。鑑識影片專家衛特康（Jonathan Whitcomb）的結論是，至少有一千四百名美國人曾經在一九八〇年代初到二〇〇八年末見過像是活翼龍的生物，衛特康訪問了來自美國十九州的目擊者，得出的結果是：這種生物的翼展寬度約為八到十英尺，遠超過現代世界中任何鳥類的翼展寬度㊷。衛特康也對在巴布亞新幾內亞的翼龍（當地人稱為羅本斯）目擊事件進行了詳細調查。他不只將調查結果公布在許多網站，也收錄在他的作品《尋找羅本斯》（*Searching for Ropens*）中㊸。

大衛．沃澤（David Woetzel）等目擊者表示，他們看到羅本斯出現時，全身散發著橘紅色的光芒，其他人也證實看到這種「發著光的生物體」。二〇〇七年，衛特康發表了一篇新聞稿，公開保羅．奈遜（Paul Nation）在二〇〇六年捕捉到兩隻翼龍的影片，時間達十四秒。進一步分析這段影片後，發現裡面的確有兩個慢慢閃爍的小光點。在南加州工作的導彈防禦物理學家克里夫．帕法（Cliff Paiva）對影片內容，找不到任何說得通的解釋㊹。但如果我們用古文明的眼光來看，這些緩慢移動的橘紅色光點可以視為火，可能就是噴火龍傳說的起源。顯然這些生物第一次從時間—空間的平行世界來到我們這個現實世界時還沒有完全實體化——牠們的身體會發光，是因為牠們有部分還是以波的狀態存在。

許多埃及神手中都握著沃斯權杖，象徵來世的權力與指引。權杖頂端的動物頭部和翼龍非常相似，可能是以真實目擊的動物為範本。

古埃及人可能也見過翼龍，而且還從中創造出他們的火鳥傳說：永生鳥或鳳凰。沃斯權杖（Was staff）是埃及常見的權力象徵，在古埃及的藝術品中可以見到埃及神手中握著這種權杖，權杖頂端的形狀和結構幾乎跟翼龍一模一樣，頭後方還長著一根獨特的犄角㊺。

一九九三年，俄國科學家發現矮猛獁象的遺骸，這種動物只存活在三千七百年前西伯利亞外海的弗蘭格爾島

柬埔寨塔普倫寺的外牆石堵研判是一一八六年完成的，牆上浮雕著許多種動物，但這一個看起來像是劍龍，其他手法相似的雕刻描繪的都是一般常見的動物。

（Wrangel Island）㊻。同年，英國《週日郵報》也報導英國探險家布萊斯弗德·史內爾（John Blashford- Snell）上校在尼泊爾與世隔絕的山谷中拍攝到像猛獁象或劍齒象的動物㊼。一九三〇年代，英國上將威廉·伯德（William Byrd）飛越南極上空時，回報看見了綠色的草地及乳齒象（mastodon）——這可能是他剛好經過通往過去的漩渦點，闖進了時間—空間的另一個世界，因為南極也是桑德森所說的十二個漩渦點之一。

柬埔寨的古蹟塔普倫寺（Ta Prohm）建於一一八六年，很多人認為寺廟外牆的動物雕刻中有一頭漂亮的劍龍，在周圍其他常見的動物雕刻中顯得與眾不同㊽。

最後要提到的是，一九二二年三月二十一日《波士頓日報》（*Boston Transcript*）的一篇報導：「最近在阿爾卑斯山的一場暴風雪中，有數千隻類似蜘蛛、毛蟲、巨型螞蟻的奇特昆蟲掉落在山坡上，隨即死亡。當地博物學家面對這種現象都無法解釋。」㊾

18 銀河鐘報時

銀河系中有很多能量層，橫掃通過時會讓地球和太陽系完全轉型，造成強大的改變。地球磁極轉換不是我們要尋找的問題，也不是答案，因為很多生命的演化事件都與災難性活動無關。

我們已經看到出現在量子領域、生物學、地球上、太陽系裡的幾何體，那麼銀河系本身中的幾何體呢？簡單的一個邏輯是，在太陽系裡發揮作用的幾何法則，不應該僅限於一顆星星和它的行星而已。如果銀河系也有這些幾何力場，我們也許可能在轉瞬間跨越數百萬年——只要我們知道怎麼進去。很多科學家估計，銀河系轉一圈大約是兩億五千萬年①。如果依照目前細菌的微體化石紀錄來看，地球上的生命大約出現在三十五億年前②，那麼目前地球生命的整段歷史，大約只不過是銀河系轉了十四次③。至於地球本身的歷史有四十五億四千萬年④，也就是相當於銀河系轉了十八圈。甚至連宇宙之始，推測最早在一百三十九億年前⑤，也不過是銀河系轉了五十五圈。假如，地球上所有的生命都用銀河年來算，就只有十四歲，就更容易想像這些旋轉是如何和時間—空間混在一起，形成一個巨大的周而復始的週期。每次當你回到銀河系同樣的位置時，同樣的能量狀況又會重現。

我們回想一下穆勒教授和洛德這對師生檔所發現的演化週期。我們看到，在地球上每六千兩百萬年就會有一次演化大爆炸——這和太陽系在銀河系中的上下移動有直接相關性——據信這種上下移動每次需要六千四百萬年的時間。理查・霍格蘭早在私下的談話中就對我指出這一點，他說，如果你把銀河系的旋轉時間粗略訂為兩億五千萬年，就會發現銀河系轉一次會包含整整四次的六千兩百萬年週期。在一個圓裡，四個等距離的點可以形成一個正方形，所以我們可以在銀河系（或是一個正方體）裡看到一個八面體推動地球上的演化。這是個很令人震驚的發展。我們的太陽系會上下移動地通過銀河平面，這可能是幾何體每個角的重力流所造成的直接結果，因為漢斯・傑尼博士已經發現流體中幾何漩渦的裡、外、周遭都在持續的流動著。

那麼，銀河系裡的其他幾何體呢？還記得桑德森的十個漩渦點嗎？如果你把銀河系兩億五千萬年的自轉軌道分成十等分，每一等分就是兩千五百萬年，和原本大衛・洛普及詹姆斯・塞普科斯基發現的兩千六百萬年週期的差異還在合理範圍內。事實上，如果太陽輻射在這個新的幾何球面出現時大幅上升，可能就會增加化石紀錄中儲存的放射線含量，使得兩千五百萬年的化石看起來就像有兩千六百萬年的演化週期。

大約從兩億五千萬年前開始，一個兩千五百萬年的新週期出現在化石紀錄中，這代表我們現在已經過了十次的週期，也就是銀河系從開始至今一次完整的公轉。既然我們已經完成了一個完整的循環，很可能表示我們現在就要進入下一個能量大泡泡裡——而且同調性會更高。此外，我們也不要忘了，地球原本堅固的地殼，大約在兩億兩千萬年前開始沿著一個四面體的等距離點破裂，這也許顯示，一旦這個新的能量球體來臨，會帶來漸進且長期的影響。此時地球網格可能會轉變成為新的配置，也許這也解釋了為什麼蜜蜂和其他遷徙性動物越來越容易迷路，分不清楚方向。

銀河系的紅移現象

如果我們面對的，真的是一個全宇宙性的調協系統，那麼這些擴張的球體應該在其他銀河系裡也能偵測得到。還記得嗎？源場通常是透過不可見的電磁頻率流進我們這個空間—時間的現實世界裡，就像紫外線一樣。所以我們要尋找的是各銀河系電磁頻譜的變化——一種像漣漪般漫開、如洋蔥般一層層分布的同心圓結構。

我們實際找到的，正是這樣。

這個迷人的故事刊登在一九九三年四月號的《發現》雜誌上③。

威廉．提夫特（William Tifft）博士研究的是紅移現象（redshift），也就是來自太空的電磁輻射。天文學家一般都假設這些頻率顯示物體的距離有多遙遠，但提夫特的發現卻大大挑戰了這個小心謹慎的模型，因為他發現一個銀河系裡面的「紅移」不會維持一致，而是分成好幾層的同心圓。你越接近中央，頻率就會越來越高，而且是以定量在變化著。同樣的，他用「量子化」這個字來描述這些層狀結構。《發現》那篇文章，將這種銀河系現象和「一個原子的能量狀態」做比較——別忘了，科濟列夫也發現，當他把物體的某些原子撞擊進入時間—空間的平行世界後，物體的重量也會改變。這些原子看起來會穿越一層層的幾何體跳回來，大約要花十五到二十分鐘。

最棒的是，提夫特發現這些能量球體一直在移動，正如同我們根據化石紀錄所預期的那樣。

最近提夫特也宣稱，他觀察同樣的銀河系十年後，得到了紅移會隨著

以提夫特博士的發現為基礎，模擬出銀河內微波能量地帶的假想圖。

時間改變的證據。他表示，某種形式的銀河系演化，可能就在我們眼前上演。④

儘管這個理論被當成天文學界的洪水猛獸，但還是有各種可信的調查研究，得出量子化的紅移效應確實存在。二〇〇六年的一份研究發現，提夫特的某項紅移值可信度達到九五％⑤。一份二〇〇七年的研究，回顧了從一九七〇年代開始到發表期間的所有研究，結論是這種效應的確可能是真的⑥。二〇〇三年，貝爾（M. B. Bell）和康穆（S. P.Comeau）也在整整九十一個不同的銀河系裡，發現相同的量子化能量層，就像洋蔥裡的同心圓球體一樣⑦。另外一個在一九九七年的《天文和天體物理學研究》（*Journal of Astrophysics and Astronomy*）的研究，則檢視了兩百五十多個不同的銀河系，發現每一個裡面都有相同的能量層。這個效應非常顯著，在頻率圖譜上甚至可以「輕易以肉眼所見」，而且據說可信度「極高」⑧。

乙太與T型空間

哈洛．亞斯本博士在他的能量科學網站上，建立了讓人嘆為觀止、像百科全書式的研究內容整理。從一九六〇年代開始，他探討的焦點都放在一個概念上面：所有物質都是由乙太（aether）創造出來的。而他的結論是，乙太有好幾層，各有各的密度（或者說厚度）。這些發現是透過用來描述電磁場的方程式組馬克斯威爾方程式（Maxwell equations）得出的，並獲得乙太各層密度不同的結論；此外，這些方程式也能揭露當不同層的乙太流進我們的現實世界時，確切的電磁頻率會是多少。亞斯本從理論所推算出的數字讓他非常震驚，因為這些數字就和提夫特在同心圓層狀構造──或可稱為空間域（space domain），測量到的實際頻率一樣⑨。

……就算是在我們自己的銀河系中，都必須接受這種「空間域」的存在……這種場域和地質事件有關，比如太陽系通過相鄰空間域的邊界時會產生地球磁場反轉的現象，就是一例。⑩

這等於直接確認了我的預測，也就是說，我們能證明銀河系中有很多能量層，當它們橫掃過時會讓地球和太陽系完全轉型，造成強大的改變。地球磁極的轉換不是我們要找的東西，因為很多演化事件都與災難性活動無關。

提夫特也提出了一個理論，說明是什麼造成了這些奇怪的效應。提夫特顯然從來沒接觸過杜威．拉森的理論，但他想出了個一模一樣的理論，解釋他看到的現象：「總結來說，我們已經檢視過了以兩個共存的立體宇宙為基礎的模型，一個屬於時間，一個屬於空間⑪。」當我發現提夫特獨自發現了這一點時，我感到欣喜若狂：

> 量子物理學存在於T空間（tau-space），而傳統動力學則在S空間（sigma-space）中運作。雖然目前還沒有正式的數學架構來連結這些空間〔至少提夫特當時還沒有〕，還是有豐富的經驗能符合這些觀察結果。其中包括基本粒子層級的質量與力、紅移的量子化現象，到宇宙論效應等都有。把時間當成三維的向量之一似乎是值得研究的主題。⑫

「T型空間」裡的「T」（tau）指的就是時間（time），所以提夫特用的就是「時間—空間」這個詞，只是他用的是希臘字母（Tau）而已。在同一篇論文裡，他提到：「在T型空間一個給定的宇宙半徑上，銀河系會占有一個明確的時序狀態，而且一定會以不連續的步驟改變這個時序狀態。」⑬如果我們結合提夫特及亞斯本的結論，就知道至少在某一點，我們可以進入一個屬於T型空間的新空間領域；在這裡，我們所知的物質和能量可以「套用一組有些微不同的基本物理常數」，然後「以不連續的步驟改變它們的時序狀態」。這兩位偉大的科學家似乎都不知道，他們的模型可以如此完美地延伸用來解釋化石紀錄中發現的兩千六百萬年與六千兩百萬年週期——顯示這些時間流的改變也會影響生物生命，以及物質與能量的「基本物理常數」。

太陽系的變化

現在我們所需要的，是了解我們的太陽系是否已經進入這種時序狀態的改變。簡單來說，如果我們正在這些空間場域的邊界上，配合同調性的增加以及隨之而來的DNA演化，我們應該預期會看到太陽與行星的重大改變。這就能提供我們確切的證據，證明古代的預言是千真萬確的。就像帝密特夫所提出的，這些變化可能是因為流經太陽系的時間流增加的結果，或者用他的話來說，就是空間域數量（也就是進入時間—空間的漩渦）增加了。當我們開始認真尋找行星間氣候變遷的證據，就可發現很多來自太空總署和美國生態學會（ESA）科學家的確實資料。

太陽黑子躲到哪裡了？

至少從一九七〇年代末起，太陽的整體輻射量就以每十年多〇．五%的速度增加⑭。從一九〇一年到二〇〇〇年，太陽的磁場範圍與強度已經增加了二三〇%⑮。一九九九年時我們發現太陽的氦氣大量增加，還釋出大量的帶電粒子⑯。氦是太陽核聚變反應的產物，一位科學家表示，二〇〇三年是太陽「有史以來最活躍的」的一年⑰。太空總署的一個地球物理學研究小組最近證實，從一九四〇年代開始，太陽的活躍程度更勝於過去的一千一百五十年的總和⑱；二〇〇四年十一月，同一個小組還證明太陽的能量比過去八千年都要高⑲。

接著在二〇〇六年，太空總署宣布傳遞帶（great conveyor belt，電漿在太陽表層流動）的速度開始減慢：北環流從正常的每秒一公尺，變成每秒〇．七五公尺；南環流則是只有每秒〇．二五公尺⑳。在這之前，這個速度從十九世紀開始就一直維持不變，環繞一圈大約是四十年的時間——也就是兩個卡盾。這也許就是徵兆，顯示太陽內的「時間流」正在改變。太空總署在二〇〇八年表示，太陽表面的電漿（太陽黑子）流動大幅減慢，這是「相當……具有歷史意義的」大改變

㉑。到了二〇〇九年，太空總署再度發表：「這是我們近一個世紀以來看過最安靜的太陽」，因為太陽黑子與耀斑的數量驚人的少㉒㉓。BBC新聞承認天文學家對此深感不解。拉克伍德（*Mike Lockwood*）博士解釋，太陽活動約在一九八五年達到高峰，接著就開始顯著下滑，但地球溫度卻在上升：「倘若太陽漸漸變得黯淡會帶來冷卻效果，那我們現在應該就已經看到了。」㉔同時，科學家也害怕可能會有新一波的太陽活動高峰，這可能會對地球上的電子設備造成衝擊——而且這個情況預期發生的日子也熟悉得令人害怕：二〇一二年九月㉕。「生活科技」（LiveScience）網站有篇二〇〇七年的文章認真考慮了班尼．派澤（Benny Peiser）博士的說法，他認為太陽可能是火星、木星、海衛一（Triton）、冥王星以及地球等星球「全球暖化」的原因㉖。令人驚訝的是，這是少數明確指出這種關聯性的主流媒體文章，但派澤的分析只是故事的一小片拼圖而已。

水星出現了帶電的龍捲風

水星的地表溫度應該很高，但其兩極地帶卻似乎有冰㉗。水星有巨大的核，是一顆高密度的行星，而且有很強大的磁場。科學家想知道的是，這些不尋常的現象怎麼可能會發生㉘。二〇〇八年，我們發現「許多跡象顯示水星的磁層裡有巨大的壓力」，這是一九七〇年代所沒有的㉙。到了二〇〇九年，這股壓力更強烈了——信使號太空探測器看見了「磁性旋風」（magnetic twister），科學家對於水星劇烈變化都感到很驚訝㉚。這些磁性的龍捲風比地球上曾經出現的任何龍捲風，都要猛烈㉛。

金星變亮了

金星外覆著厚厚一層的硫磺雲，但從一九七八年到一九八三年大氣層裡的硫磺量就大幅減少了㉜。金星的亮度僅次於太陽與月亮，且從一九七五年到二〇〇一年亮度就增加了二五〇〇％㉝，科學家無法解釋亮度何以突然改變，不過這顯示金星大氣層裡的含氧量可能大幅增加了㉞㉟。在金星後方拖曳的電漿尾，一九九七年測得的數據，比一九七〇年代晚期要長了六百倍㊱。二〇〇七年一月，金星的南北半球都變亮許多，而且在二〇〇九年七月出現了一個異常的神秘亮點㊲。關於這個突如其來的新亮點，拉馬葉博士（Sanjay Lamaye）表示：「這表示金星發生了不尋常的事，只可惜我們不知道是什麼。」㊳

火星吹起了沙塵暴

在一九七〇年代中期到一九九五年間，火星雲層明顯增厚，稀薄的大氣層中原本充滿了塵埃，但含量已經減少，並在大氣層裡出現了「令人驚奇且豐富」的臭氧層㊴。一九九七年，火星探勘者號（Surveyor）還因為火星大氣層密度意外增加二〇〇％而受損㊵。一九九九年，火星上發生二十多年來首次的龍捲風，而且規模比過去的規模要大了三〇〇％㊶。二〇〇一年，發生「數十年來」最大的火星沙塵暴，迅速吞沒了整個星球，是「過去從未聽聞的」㊷。

有意思的是，這場風暴就在九一一前達到高峰——顯示儘管距離遙遠，這起事件對地球上每個人的強大壓力還是會直接反映到時間—空間的平行宇宙，對離我們最近的行星造成可觀的能量影響。二〇〇一年，主流媒體報導了火星的暖化現象，其中包括火星南極每年有大量的雪消融，冰層也快速消蝕㊸。二〇〇三年，美國太空總署形容這是「近期的全球氣候變遷」。二〇〇五年，歐洲天文學家首次注意到火星夜間有光㊹。

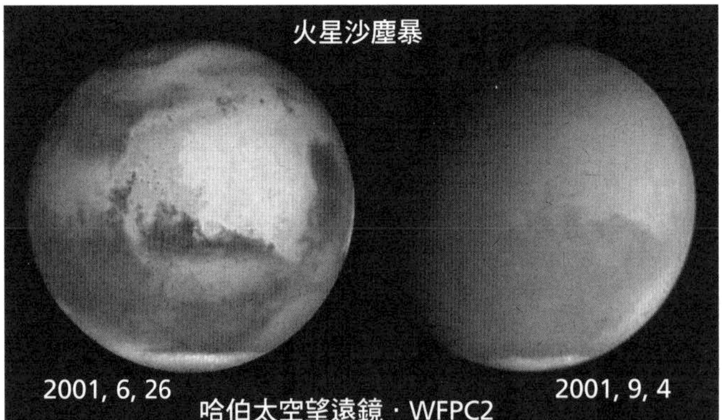

二〇〇一年七月到九月火星不斷噴發，前所未見的大規模塵暴覆蓋了整個星球表面，讓NASA的科學家大感震驚。

木星和它的衛星們

一九七九年，在木星的磁場中觀測到了熱電漿雲，但直至一九七四年都還沒有出現過這種情形㊺。太空總署的科學家發現，木星的大氣層溫度比他們預期的要熱上幾百度㊻。在木星大氣層內，像氧一類的重元素數量從一九七九年到一九九五年銳減了一〇％，相當於有二十個地球的氧氣在短短十六年當中「尷尬的」消失了㊼㊽。從一九七三年到一九九五年，木星釋出的輻射線增加了約二五％㊾。二〇〇四年四月，兩個重大的新研究宣布木星大氣層裡三個不同的漩渦怪異地合併了，缺了這些漩渦，就不能有效散熱，整個星球可能會在接下來的十年內經歷劇烈的暖化作用，氣溫會大幅上升攝氏十度左右㊿。同一位科學家也提出，著名的大紅斑已經從過去的紅色變成「比較接近深粉紅色」，意味著氣溫開始上升了(51)。

二〇〇六年，原本併合的三個漩渦現在已經變成一個不輸大紅斑的風暴，進一步顯示木星的氣候出現了「全星球性的大改變」(52)。二〇〇八年，木星大氣層出現兩個巨大的風暴，溫度都高於以往。美國太空總署表示，這是「木星陷入混亂的現象之一」，而造成這種混亂的原因目前不明(53)。

一九九五年，木衛一（Io）出現了一道寬兩百英里的亮帶，但僅僅維持了十六個月，「這種戲劇性的變化是過去十五年來所未見的」(54)。從一九七三年到一九九六年，木衛一的電離層升高了一〇〇〇％(55)。從一九七九年到一九九八年，木衛一的整個地表溫度增加了二〇〇％(56)。一九九八年，木衛一的極光（aurorae）出現了新顏色(57)；二〇〇一年又添了其他新顏色(58)。此外，在木衛一繞行木星的整個路線上布滿了甜甜圈形狀的電漿能量，科學家認為這種情形是木衛一火山噴發出去的帶電粒子所造成的；而從一九七九年到一九九五年，帶電粒子的密度也增加了五〇％(59)；等離子環（電漿環）的密度則增加了二〇〇％(60)。

最令科學家們感到困擾的，是二〇〇三年發現的另一個高密度的電漿環，這次和木衛二

（Europa）共用一個軌道；而這個電漿環的帶電粒子不是來自於火山爆發[61]。到了二〇〇三年左右，木衛二的極光亮度比一九九八年模型的預期要大很多[62]。從一九七九年到一九九〇年代中期，木衛三（Ganymede）的極光亮度也比原本的亮了二〇〇%[63]，亮度增加的原因，與大氣層密度有關：從一九七九年開始，木衛三的大氣層密度增加了一〇〇〇%[64]。木衛三是木星最大的衛星，罕見的有自己的磁場[65]。木衛四（Callisto）是太陽系的第三大衛星，其極光的強度比同區域的木星磁場還要強一〇〇〇〇%[66]。一九九八年發現的第三個電漿環，比木衛一和木衛二的電漿環都要大，而且反常的是，繞行方向與木星恰好相反[67]。我在「神性宇宙」網站上提過，反向的旋轉場是介於空間—時間及時間—空間這兩個自轉場之間一個交流互動的基本面。

奇特的土星環輪輻

一九八一年到一九九三年間，土星自己的等離子環密度增加了一〇〇〇%[68]。一九九五年，首次在土星的極地地區觀測到了明亮的極光[69]。二〇〇八年，太空總署公開表示，土星的北極有「明亮的極光」，「覆蓋了大片區域……我們目前預測這個區域應該空無一物，因此能在這裡發現到這種明亮的極光，實在是個不可思議的驚喜」[70]。從一九八〇年到一九九六年，土星赤道雲層旋轉速度慢了驚人的五八．二%[71]——再次的，我們在太陽中看到的「時間流」減慢現象又似乎在此重演了。二〇〇四年，首次偵測到土星赤道地區散發出「強大」的X光[72]。這些改變，顯示土星內部的本質起了變化。此外，一九八〇年首次在土星環中發現到可疑的深色輻條（spoke），而且旋轉速度比土星環還要快[73]。

卡西尼（Cassini）探測船於一九九七年發射升空，這是自一九八〇年到一九八一年旅行者號（Voyager）完成任務後，第二艘回到土星的探測船；到了二〇〇三年十二月，科學家對於能再次見到土星環輪輻都十分雀躍[74]。然而，到了二〇〇四年二月，這些輻條卻消失了[75]。二〇〇六年，土星上的一場閃電交加的劇烈風暴，比地球上所見的任何閃電還要強一千倍[76]。

土衛六（泰坦星，Titan）是土星的最大衛星，其大氣層似乎從一九八〇年到二〇〇四年間增加了一〇%到一五%[77]。如果太空總署先前宣布的大氣層保守厚度二百五十公里是正確的[78]，那麼泰坦星的大氣層高度可能的確擴張了二〇〇%之多。泰坦星的南半球現在可以觀察到快速移動的明亮雲層，這是主流模型無法解釋的[79]。一九九七年，在土星的另外兩個衛星——土衛四戴奧尼星（Dione）及土衛五利亞星（Rhea）也發現了臭氧原子，這也是離子化電漿的現象[80]。二〇〇八年四月，在土星赤道附近發生了一場「嚴重的風暴」，讓ＮＡＳＡ的科學家百思不得其解[81]。

雲層明亮的天王星

一九八六年，天王星還是一顆「看起來像撞球母球一樣無趣」的行星[82]，但至少從一九九六年開始卻出現了明亮的雲層。到了一九九八年，哈伯望遠鏡在短時間內就發現許多在天王星史上從未見過的雲團[83]。一九九九年，ＮＡＳＡ的文章提到天王星被「劇烈的風暴撞擊」，使得它成為「外太陽系中雲團最亮的動態世界」[84][85]。ＮＡＳＡ的科學家形容天王星上這些越來越亮、越來越活躍的雲團，是「很大、很大的改變」。二〇〇〇年十月，ＮＡＳＡ坦承：「針對長期地面觀測顯示，天王星有季節性的亮度改變，成因目前不明」[86]。

二〇〇四年十一月，天王星再度成為焦點：現在能看到三十個清楚的巨大雲團——比二〇〇〇年前能數到的雲團總數還要多，而且亮度也比過去高[87]。根據ＮＡＳＡ一位柏克萊大學的科學家表示：「我們從未見過這麼劇烈……在南半球發生……這些雲團活動穿透到更高海拔的情況是前所未見的[88]。」除此之外，二〇〇三年十二月也首次在天王星大氣層裡偵測到一氧化碳氣體，科學家認為這些氣體來自流竄於太陽系的塵埃[89]。二〇〇七年天王星環有了「戲劇性的變化」，包括亮度增加、可能有新環，以及瀰漫在整個環系統當中、由塵埃粒子形成的雲[90]。

越來越亮的海王星

一九九四年六月，海王星的大暗斑（Great Dark Spot）消失了，這是在海王星南半球的一個圓形特徵，就像木星的大紅斑一樣。一九九五年三月或四月，大暗斑重新出現在海王星的北半球。太空總署表示，這個新暗斑「近似於過去由旅行者二號發現的第一個暗斑的鏡像。」因此，太空總署的科學家認為：「海王星從一九八九年起就已經開始了劇烈的變化」[91]。一九九六年，也就是「超維度極點轉移」（hyper dimensional pole shift）發生不到一年後，索摩夫斯基博士（Lawrence Sromovsky）注意到海王星的亮度增加了，而且一直到二〇〇二年亮度一直都持續上升。藍光亮度多了三．二％，紅光亮度多了五．六％，近紅外光亮度多了四〇％。有些緯度比原本亮了一〇〇％[92]。

傳統的天文模型無法解釋這種亮度改變，因為海王星「看起來幾乎不依靠任何能源運轉」[93]。二〇〇七年發現海王星的南極溫度，比該星球的其他地方要溫暖十八度[94]。

一九八九年到一九九八年，海王星最大的衛星海衛一崔坦星（Triton）的溫度大幅上升了五％，用地球氣溫類比，就像在短短九年之間大氣層溫度就增加了華氏二十八度一樣[95]。此外，從旅行者號在一九八九年接觸後，崔坦星的大氣壓力至少增加了一倍[96]。

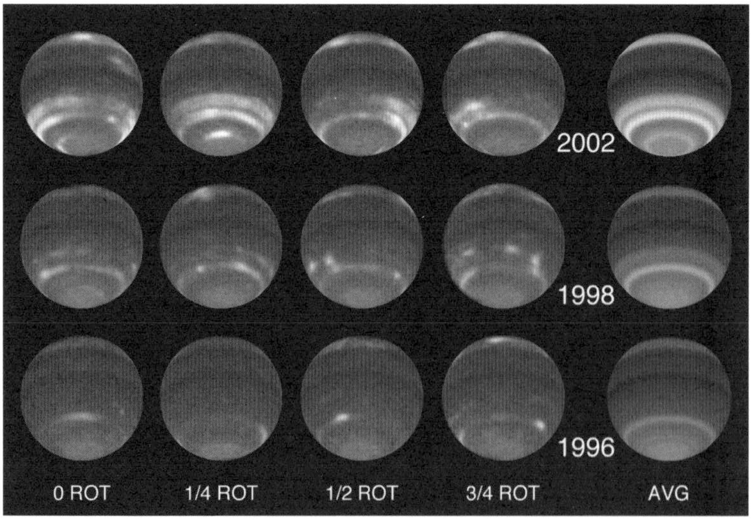

從一九九六年到二〇〇二年，海王星在近紅外光區段內的亮度增加了40%。最右邊的影像是合成的。

冥王星的氮冰

冥王星從一九八九年開始就一直漂離太陽，但它的大氣壓力卻從一九八九年到二〇〇二年間增加了三〇〇％，造成表面溫度顯著增加，原因仍被視為是「季節性的改變」⑨⑦。太空總署一位頂尖的科學家表示：「在冥王星大氣層觀察到的改變比崔坦星還要劇烈很多……我們不知道是什麼造成了這些影響。⑨⑧」「但這些改變並非不可思議。⑨⑨」的確，把這樣劇烈的變化當成是「季節性的改變」，簡直是違反了我們的「直覺」⑩⓪。NASA小組承認冥王星的暖化是在他們預期之外，但仍表示這「不太可能與地球暖化有關」，因為「太陽的輸出太穩定了」⑩①。有些科學家認為：「冥王星某些長期的改變，與地球的長期氣候變遷類似。」可能是冥王星大規模全球暖化的原因⑩②。二〇〇〇年二月，美聯社報導冥王星的顏色從一九五四年到二〇〇〇年一直都沒有改變，卻在二〇〇二年，紅色突然增強了二〇％到三〇％⑩③。此外，「冥王星表面的氮冰規模和密度也正在以奇怪的方式發生變化」⑩④。

地球改變和工業污染無關

有些地球的改變，不能歸咎於人類的工業化污染。太空總署的科學家表示，「兩條已知的范艾倫輻射帶（Van Allen radiation belts）的活動，在一九九八年五月變得非常劇烈，甚至創造出了一條新的輻射帶……讓科學界既興奮又敬畏⑩⑤。」這條新的輻射帶主要包含氮離子、氖離子、氧離子等粒子，這是全新且令人意外的發現，因為范艾倫輻射帶主要的組成物是質子⑩⑥。這些原子被認為來自於星際物質（interstellar medium），例如星體之間的氣體、塵埃或能量⑩⑦。一九九六年二月，NASA的「繫繩衛星」（Tethered Satellite）實驗希望能操縱來自太空的三千五百伏特電流，從太空梭裡用堅固的電纜把衛星延伸出去，在電纜收集能源時維持衛星不動。然而，衛星在地球的高層大氣接觸到的能源太龐大了，讓ＮＡＳＡ措手不及。首先，衛星就碰到了很多神秘問題，它的「電腦和四個陀螺儀中的兩個停止運作，兩個推進器也神秘地打開，噴出氮氣」[108]。這些問題使得實驗被迫延後。當衛星終於部署完成，應該是萬無一失的繫繩卻壞掉了，衛星漂進了太空裡——ＮＡＳＡ不願推測造成損壞的原因[109]。不過，根據太空人的描述，繫繩「外層的尼龍及鐵氟龍塗料不僅焦黑且融化了」[110]。看起來，地球高層大氣的能量之大，比事前的監測值高出許多。

到了一九九〇年代中晚期，地球中流層偵測到的臭氧整整多了五〇六〇％，可是照理來說，環境污染應該會減少臭氧而不是增加臭氧[111]。另外，在地球的高層大氣中出現了更多的氫氧根（ＯＨ）分子，這也是傳統科學家無法解釋的現象[112]。

二〇〇一年還有一件奇特的「天文大事」，我們在地球的極光裡第一次見到了「氖、氬、氙原子的強烈發散」[113]。整體來說，從一九五〇年代開始，地球每十年就會失去三％的太陽光。在過去三十年裡，到達地表的陽光減少了一〇％；在過去的五十年裡，則減少了一五％，顯示這樣的影響正在加速[114]；這也意味著大氣層的密度越來越高了。按常理論斷，大部分的科學家都會預期地球會因此變得越來越冷而不是氣溫越來越高，這個令人「震驚」的發現，同樣因為「違反了科學思維」而被「視而不見」。「一開始的反應是茲事體大，我不相信；再說如果這是真的，那為什麼以前都沒有人回應[115]。」

二〇〇九年，ＮＡＳＡ公開表示，在過去二十五年中，地球高層大氣的夜間發光雲出現得越來越頻繁，從兩極往下遷移，而且比過去更明亮[116]。這無法歸因於溫度的改變，大氣科學家威克沃博士（Vincent Wickwar）說：「我猜就像是我們很多人所認為的，這是全球性的改變，但恐怕我們還不了解……這不是單純的氣溫改變[117]。」

從一九四〇年代起，全球海洋開始大幅增溫，而且有意思的是，接近一半的熱含量增加都發生在三百公尺以下（大約九英尺）的深度[118]。這種快速、無法預測的溫度變化，在過去都被認為是不可能發生的，因為陽光無法穿透這個深度[119]。這些地表下的溫度變化，可以用來預測數個月後的地表天氣行為[120][121][122]。太平洋最深處的溫度也不正常，明顯表現出緩慢、順時鐘的循環運動[123]，而且這些深海的溫度異常也和太陽能量輸出的變化有完美的相關性。因此，科學家得以創造出一個成功的模型，用來預測聖嬰現象與反聖嬰現象[124]。

地震活動似乎也更頻繁了。美國地質調查所（United States Geological Survey, USGS）建立了一個全球資料庫系統，可靠地記錄到一九七三年一月一日為止所發生的地震[125]。根據ＵＳＧＳ的資料，九八%的地震都在芮氏地震規模三以下[126]，而「大於規模三的地震，通常震源附近的人們都可感覺到」[127]，因此可以輕易偵測到。也因為如此，地震規模超過三的地震次數顯著增加，這不可能是因為偵測技術或增測站增加而造成的。一九七三年，超過芮氏地震規模三的地震全世界共有四千五百一十七起，到了二〇〇三年，則有一萬七千四百四十三起。這代表規模超過三的地震活動，從一九七三年到二〇〇三年總共增加了三八六%[128]。

儘管地震活動的增加趨勢這麼明確，在ＵＳＧＳ的網頁上卻把原因推給偵測站數目比以往多[129]。如果你懂得政治操弄的話，就會了解ＵＳＧＳ的高明做法：既沒有真的承認也沒有否認地震的增加趨勢，他們說的其實是「七級或七級以上的地震一直都還滿平穩的」（這樣其實很好，因為這表示破壞性高的地震發生頻率並沒有增加）。

在一九九八年之前，地球的赤道變窄而兩極變長。然而，從一九九八年開始，這個趨勢自己逆轉了，赤道開始往外凸而兩極則往內縮。兩極冰帽與冰山融化所流失的估計重量，相較於這個效應的規模，都顯得微不足道了[130]。地球磁場的異常，顯示磁極轉移已經在進行中，現有模型也沒有清楚的方法可以預測這個轉移過程要多快才會完成[131][132]。有意思的是，二〇〇四年三月，南半球首度出現了龍捲風[133]。

全球暖化的問題

氣候變遷的影響是如此明顯，迫使聯合國世界氣象組織（U. N. World Meteorological Association）出面提醒各個國家要清楚認知到這些改變，因為「二十世紀的溫度上升，可能破了過去一千年來的最高紀錄」⑬④。此外，一九九〇年代很也可能成為過去一千年來最暖和的十年⑬⑤。過去二十五年間，北半球大氣中的水蒸氣也增加了⑬⑥。在過去三十年裡，北極海的夏季平均冰層厚度減少了四〇％⑬⑦。北半球的湖泊河流，每年覆冰時間比一百年前平均少了兩週⑬⑧。從一九六六年開始，北半球的地表覆雪面積少了約一〇％⑬⑨。二〇〇三年，阿根廷與智利地區的冰河融化速度，比一九七五年整整快了二〇〇％⑭⑩。連美國太空總署都承認，南極半島在過去五十年裡溫度升高了攝氏二到三度，使得當地冰棚快速變薄、加速融化及崩解⑭①。

最後一點是，從一九五〇年開始，大約已經有六十多萬種的動植物消失，目前還有將近四萬種動植物面臨絕種威脅。這是從恐龍消失以來，地球物種最快的滅絕速度⑭②。地球上四〇％的已知物種，現在都面臨絕種危機；每天大約有二．七到二百七十種動植物消失。最保守的估計是，目前的絕種速度是背景值的一百倍，恐怖的是，哈佛大學生物學家威爾森（Edward O. Wilson）計算了真正的速度，發現絕種速度可能高達背景值的一萬倍。威爾森大膽預測，到了二一〇〇年，地球上的物種有半數會走向滅絕命運⑭③。

宇宙光持續加強中……

上面所列出的所有改變，可能都是因為太陽系往銀河系一個高能量區域移動所造成的。如果我們確實正在進入銀河系裡的一個新地帶，那麼可以預見的是，在我們的星際物質中可以看見塵埃及能量粒子數量的增加。ＮＡＳＡ科學家榭曼斯基（Don Shemansky）揭露，ＮＡＳＡ「頑固、惡意的偏見」一如以往，對於認為星際物質可能會改變的任何研究都反對到底[144]。ＮＡＳＡ是否知道了什麼，所以才想對外三緘其口呢？他們是否一直默默地記錄著星球之間的氣候變遷，然後把拼圖拼湊起來了呢？他們是否認為人性還不夠成熟到面對整個事實？當然有這個可能。

然而，紙包不住火。一九九三年，ＮＡＳＡ探測器首次在星際物質裡偵測到氦離子及超紫外輻射。這使得天文學家了解到，「星際物質的離子化的熱氣體，延伸得比過去認為的要遠很多」[145]。二〇〇〇年，ＮＡＳＡ表示，太陽磁場外部的氦密度和溫度都呈現穩定增加的狀態。有位科學家說：「目前還不清楚氦的來源，但我們已經盡量排除在太陽磁場內的可能性……」[146]，他繼續說道：「持續升高可能會帶來很有趣的問題：在我們的太陽系之外，究竟發生了什麼事情。」

二〇〇三年，尤里西斯號（Ulysses）探測器測量到星際物質內的塵埃，和過去地面觀測的結果相比，多了四〇〇％到五〇〇％，讓ＮＡＳＡ噴射推進實驗室提出「星際物質內有星際塵埃增強」的可能現象[147]。ＮＡＳＡ在一九九〇年展開名為「星塵」（ＤＵＳＴ）的一個實驗，到了二〇〇三年八月他們發現，在二〇〇〇年到二〇〇三年之間，流進太陽系的銀河塵埃比整個一九九〇年代多了三〇〇％[148]。二〇〇九年，ＮＡＳＡ發出一個令人震撼的聲明，公布在太陽系外部「本星際雲團」（Local Fluff）所發生的改變。

> 太陽系正行經一個物理學家說不可能存在的星際雲團……利用旅行者號的資料，我們發現太陽系外有很強大的磁場……磁力比過去任何人所預期的都還要強大——大約是四到五微高斯之間[149]。

ＮＡＳＡ科學家梅瓦特（Richard Mewaldt）宣稱：「在二〇〇九年，銀河系的宇宙光強度已經增加了十九％，超過我們在過去五十年中所看到的任何情況……這個現象相當值得注意。[150]」二〇〇八年，ＮＡＳＡ宣布在過去十年裡，延伸過冥王星軌道的太陽磁場已經縮小了二五％，這是從五十年前開始太空競賽以來的最低點⑮。

ＮＡＳＡ科學家對此深感不解，但倘若我們正要進入星際物質中一個高壓地帶，可能就會明顯壓縮太陽的磁場。最後，雖然科學家認為這是「單純的巧合」，但所有星際物質內的能量和塵埃雲確實都在向外擴張……脫離銀河系中心；如果站在太陽位置觀察，星際風似乎是從銀河中央（人馬座區域）向外流⑮。」

這種能量似乎具有生物的活性特質。二〇〇七年，亞利桑那州立大學的科學家宣稱，ＮＡＳＡ亞特蘭提斯號太空船上的沙門氏菌變得比原本強三〇〇％。整整有一百六十七個基因改變，讓它的致病強度變成原本的三倍⑮。二〇〇八年，中國人把種子送進太空，再拿來種植，結果種出的水果和蔬菜大得嚇人，例如重達二十一磅的番茄⑮。斯帕德斯伍博士發現，當地球與銀河系排成一線時，每天會增加四五〇％的心靈能力準確度，這種效應在二十年的實驗中都不曾改變⑮。

達爾文的演化理論，時不時就會被推翻。化石紀錄顯示，演化是自發性地從一個形態直接變成另一個形態，比如說從有外骨骼的簡單貝類變成複雜的有骨魚類，中間的過渡階段找不到任何化石紀錄。此外，大衛．洛普和詹姆斯．塞普科斯基兩位博士發現，從化石紀錄可以得知，重大的演化事件都是每兩千六百萬年發生一次，就像是跟著時鐘走一樣準確（穆勒教授則認為是以六千兩百萬年為週期）。

一個奇怪的天文數字

曾經出任ＮＡＳＡ阿波羅計畫通訊主任的查特蘭，在他自己的經典作品《來自外太空的祖先》中提到一些很驚人的週期研究。查德蘭研究了蘇美人的陶土版，這顯然是寫於西元前七〇〇年，裡頭描述的是三千年前所發生的事件，查德蘭解釋他是怎麼在這些陶版上找到驚人的新週期：

由喬治・史密斯（George Smith）翻譯的這些陶版，當中有某些內容，除了數字之外什麼都沒有，這些數字是讓人著迷的天文數字，顯然是很複雜的計算所得出的……幾年前，這些數字終於被翻譯成我們的十進位系統後公布，結果有一個數字特別突出，這個數字有十五位：195,955,200,000,000……許多不同國家的專家都試著找出這個奇異的數字在三千年前對亞述人究竟有什麼意義，因為亞述人並不是特別出名的數學家或天文學家。看來亞述王亞述巴尼帕（Assurbanipal）一定是在哪裡發現這個數字，也許在埃及或巴比倫古王國迦勒底，甚至是波斯。

我個人在一九五五年發現了這個數字，當時我剛到加州……接著一九六三年我在巴黎聽說馬雅曆也會計算巨大的數字，就想起了這個尼尼微城（Nineveh）❶的數字，並且開始懷疑這是不是能證明亞述和馬雅文明之間有關聯。同時我也做了一些計算，顯示尼尼微的數字可以用七十乘六十的七倍來表示，接著有一天我想到了，蘇美人……在三千多年前也用六十為倍數來計算。我們也不確定蘇美人是什麼樣的人或他們來自哪裡，但我們已經發現他們是很厲害的天文學家，了解太陽系內所有行星的繞行週期，連天王星和海王星都不例外；也是他們把一天的八萬六千四百秒，分成了每小時六十分鐘、每分鐘六十秒的二十四小時。

突然之間我領悟了，尼尼微數字代表的是很長很長的時間……而且是用秒來表示。不需要多久就能算出來，尼尼微數字的十五位數就相當於二億兩千六百八十萬天（一天八萬六千四百秒）。這是一個好的開始，但並沒有回答主要的問題——這個超過六百萬年的超長時間（精確來說是六百二十萬年）代表了什麼？[156]

你抓到重點了嗎？蘇美週期是六百二十萬年，十個這個週期就是六千兩百萬年，恰好就是加州大學柏克萊分校物理系教授穆勒和洛德在化石紀錄中所發現的物種演化週期。現在我們可能看到又一個資訊，顯示古代人真的知道這些週期——甚至包括銀河系的層級在內。當我第一次發現這個蘇美週期符合我們在化石紀錄中看到的演化週期時，真的很震驚。這確實顯示了我們的古代祖先知識有多淵博，以及二〇一二年預言的背後所蘊藏的豐富故事。我們繼續看查德蘭的描述：

〔這個六百二十萬年的週期〕當然比人類在地球上的時間還要長。後來我靈光一閃，聰明的蘇美人除了天文學之外，還很熟悉春秋分的歲差。⑮⑦

一九九三年當我第一次讀到這個部分時，還不了解歲差是什麼，因此覺得非常受挫。但現在我知道了，打從心底興奮起。

這些歲差的活動週期大約是兩萬六千年，或者是八萬六千四百秒的九百四十五萬天。當我把尼尼微數字除以春秋分歲差週期（也就是大年）時，我想這輩子我再也沒有這麼驚訝過——尼尼微的神聖數字正好就是兩百四十個大年，每個大年有九百四十五萬天。

蘇美人這個遠古文化在追蹤的這個週期，這個六千兩百萬年的週期也在人類的進程中，隨著太陽系翹翹板般上下移動時，以銀河系八面體或是立方體的樣子呈現。更棒的是，這個蘇美週期——六千兩百萬年化石週期的十分之一——可以直接再以二四〇為因數細分成春秋分的歲差。去掉〇之後，就得到了二十四，就是二乘十二，而我們已經看到十二邊的幾何體有多麼常見。我們現在也許得到了一個統一的模型，可以直接連結六千兩百萬年的演化週期。

蘇美人是怎麼算出來的？我們不要忘記了，這個數字不是用年來表示，不是用月、不是用星期、不是用天、不是用小時、也不是用分鐘來表示，而是用秒來表示。這樣的複雜度讓人瞠目結舌，但又如此精準。而這只是開始，所有隱藏在這個週期後的好東西將會一一露面。

太陽系的巨大常數

查德蘭做了夠多的研究後才了解到，古代人追尋的是他們自己的聖杯——推動所有其他週期（包括每個星球的每個繞行週期）的真正「主宰數字」（Master Number）。

接著就是我的結論，這個尼尼微的天文數字可能就是所謂的「太陽系大常數」（Great Constant of the solar system），一個失落已久的神奇數字。這個數字是煉金術士、占星學家、天文學家這麼久以來一直都在尋找的數字，但他們的祖先原來早在三千年前就已經知道這個數字了……⑮⑧

現在，查德蘭要定下這個巨大常數運作的規則：

如果這個尼尼微數字真的是太陽系的巨大常數，那麼一定是任何行星、彗星或太陽系衛星轉動或會合的倍數。

要計算出這個常數與這些數字之間的關係需要花一段時間，而且計算也很複雜，但如同我先前思考過後並預期的，用尼尼微常數計算出來的太陽系所有星體的轉動及會合的週期，精準地符合了美國天文學家所製作的週期表，而且可以核對到好幾個小數點後，同時也和法國天文學家製作的週期表很相近，只有在天王星、海王星、冥王星的部分稍有不同。

我還沒有發現有任何太陽系行星或衛星的轉動或會合週期不能用這個常數來計算的，而且可以精算到小數點第四位。對我來說，這已經是很充分的證據，顯示尼尼微常數真的是太陽系常數，而且到現在還是有效——儘管這是數千年前所計算出來的數字。⑮⑨

就連遠在太陽系邊緣、移動非常緩慢的冥王星，只要稍微修正一下，也還是能完美符合這個週期。

美國天文學家估計，一個冥王星年是九萬零七百二十七個太陽日。但有時候天文學家也會犯一些錯，例如科胡特克彗星（Kohoutek）在一九七五年經過的時候❷。從人類發現冥王星以來，它繞太陽的軌道大約才走了五分之一，所以觀測上的小錯誤是有可能的，在計算冥王星年的長時間裡，才七天的小誤差完全可以原諒。所以，我們可以假設一個冥王星年實際上是九萬零七百二十個太陽日。這麼一來，尼尼微常數代表的正是冥王星公轉的兩萬五千次；而這個數字也代表春秋分歲差的兩百四十次週期，這不可能是巧合。⑯⓪

重大改變即將發生，你準備好了嗎？

每次這個六百二十萬年的尼尼微常數出現時，冥王星就經歷了兩萬五千次的週期。四個尼尼微常數加起來就是兩千四百八十萬年，看起來很接近大衛·洛普及詹姆斯·塞普科斯基在化石紀錄裡發現的兩千五百萬到兩千六百萬年週期。如果銀河系的兩億五千萬年繞行週期，其實是兩億四千八百萬年的話，就等於是四十個尼尼微常數；而馬雅曆可能用兩百六十天的卓爾金當作數字較小的主週期，發揮類似的作用。

在同一本書裡，查德蘭還提出了令人震驚的證據，顯示遠古馬雅文明也有一個數字可以讓我們計算太陽系的巨大常數⑯①。因此，從量子層級到地球行為、從地球十二面體核心的旋轉到太陽系之間的關係，以及現在延伸到整個銀河系的幾何現象，都和馬雅曆週期明顯有關。這些幾何體創造出了同調性，而既然它們是時間裡的結構，可能也會讓即時穿越看起來很龐大的時間變得可能，比如讓恐龍出現在現在的地球上。這也顯示，當我們終於進入了銀河系能量的新領域時，更多進入時間—空間這個平行世界的入口將在我們面前敞開。

太陽系內的變化，就像人類加速演化的謎團一樣，在在暗示了將有重大的改變要發生。

當美國開國元勳向我們引述維吉爾《第四牧歌》的神秘文本時，是否等於埋下了一個預言——預測一個「英雄和神祇來臨」的黃金時代，而且我們都能獲得超自然的力量，所以地球將會迎來第二個黃金時代？我們是否會被帶領經歷一場銀河系的演化，就在我們還未能完全了解我們將成為什麼人、什麼樣子之前？接下來，我們就來看看一些遠古的傳統中藏有什麼大智慧。

譯注

❶ 尼尼微城（Nineveh），西元前八八三至六二七年亞述帝國的首都，亞述與巴比倫都起源於美索不達米亞平原，約當今天的伊拉克境內，使用的是楔形文字。

❷ 由捷克天文學家科胡特克於一九七三年發現，它在當年十二月二十六日通過近日點。科胡特克被發現後，科學家認為它會是顆世紀大彗星，但後來彗星不如預期明亮，經過仔細研究後，天文學家才發現科胡特克彗星只是一個古柏帶（Kuiper belt）天體。

19 不只是黃金時代

過了二〇一二年，迎來的不只是一個黃金時代，更是黃金種族的黃金時代。可以預期的，隨著松果體這第三隻眼的靈性大門大開，我們可以更貼近宇宙智慧母體，那個孕育一切也照護一切的——源場。

綜觀本書，我們一直試著了解二〇一二年黃金時代的預言究竟是否為真——我們已經得到很清楚的DNA與意識演化的例子，也知道可能正有某種次元的轉換正在進行，那麼就讓我們用關於黃金時代的傳說來結束我們這趟追尋之旅吧。如果想知道這個傳統在西方文化中是如何開始的，我們就必須回到西方世界最早描述黃金時代的文學作品，也就是希臘羅馬的古典文學，然後尋找線索，揭露關於這些黃金時代預言的更古老根源。

一九五二年，鮑德卓（H. C. Baldry）在《古典學季刊》（*Classical Quarterly*）寫下「誰發明了黃金時代？」（*Who Invented the Golden Age?*）一文，這是一份內容厚實的學術研究，表現出流暢使用多語言的能力，而且內文甚至經常不提供譯文。你必須具有相當能力，才能在沒有譯者的幫助下看完這篇論文，而且還要具備閱讀希臘字母和希臘文的能力。在這篇文章中，鮑德卓為「黃金時代」這個概念從何而來，做出了相當了不起的詳盡分析：

遠古文學作品中，有很多段落都在描述一個想像中的生活方式，那是一種不同於艱苦的真實生活，而是受到自然庇佑，不受衝突或需求所苦的生活方式。想當然的，這種快樂狀態總是處在正常人類的經驗之外，或是在人類未經歷的某個時間點，或是在地圖上沒有標示的遙遠角落，或是在死後的極樂世界，或者在模糊的未來或遙遠的過去裡。這種在想像中存在於過去或未來的歡樂時光，就是所謂的黃金時代……

我們都知道：⑴這種與正常生活相距甚遠的生活方式願景……起源比任何現存的古典文學作品都要早，⑵這種願景一般都被視為只存在於羅馬帝國之前的遠古時代，稱為「克羅諾斯」（Kronos）時代❶，⑶在傳統描述的願景中，並沒有提到黃金以及黃金的使用……古希臘詩人赫西爾德（Hesiod）在《工作與時日》（*Works and Days*）中第一次提到黃金時代，但並沒有多加解釋，只是簡短地暗示如果諸神沒有把這種生活方式隱藏起來，人類就能享受這種生活……①

據信赫西爾德生活在西元前八〇〇年的時代，而這是一段特別讓人著迷的引言。這暗示我們人類曾經生活在比我們現在要好上許多的狀態裡，鮑德卓的研究暗示，我們在這個黃金時代經歷的生存狀態是諸神「隱藏起來」的。記住，這是將遠古的資訊以神話方式重述，所以這裡的諸神可能指的就是影響我們生存狀態以及我們演化程度的地球、太陽與銀河系的自然週期。

後起的其他文學作品中提到的黃金時代，對於這種快樂生活的發生時間與地點都各有所表，龐雜到無法追溯到赫西爾德或任何其他的單一源頭，這代表在不同的時間和地點，都有一個古老且廣布四海的傳統，由不同作者用許多不同方式記錄下來……東方文學裡有許多可相提並論的例子，也許可以進一步確認這件事。值得一提的是，古波斯祆教經典《阿維斯陀經》（*Avesta*）裡的伊瑪（Yima），和印度教《吠陀經》裡的亞瑪（Yama）必定有共同的起源——關於過去一段幸福時光的故事，當時的統治者在這段幸福時光結束後，成了天國的主宰，那是受祝福的靈魂所居住之地……②

所以，黃金時代指的是「受祝福的靈魂所居住的天國」。鮑德卓提到，黃金時代的預言可以追溯到一個共同的起源，也就是促使祆教與印度教崛起的原始「印度—伊朗神話」。這兩個宗教看來談的是同一個英雄國王，名字只是因為地區不同而略有差異。在祆教裡他叫做伊瑪，而在《吠陀經》裡稱為亞瑪。

失落的亞利安：祆教

我們已經在本書前半討論過印度教關於黃金時代的傳說，但我們還沒有看過祆教的部分。「傳統祆教網」（The Traditional Zoroastrianism Web）收錄了許多關於這個主題的研究文章。在哈維瓦拉（Porus Homi Havewala）的「遠古亞利安人歷史」一文中③，我們發現了更多關於這個後來分裂成祆教和印度教的初始印度—伊朗文明的資訊。

所有遠古的祆教經典都談到一個我們人類起源的更早家鄉，失落的「亞利安種子之地」（Airyane Vaejahi）。印歐民族，也就是亞利安人，從這個家鄉移居到上印度地區、伊朗、俄國以及歐洲的希臘、義大利、德國、法國、北歐半島、英格蘭、蘇格蘭、愛爾蘭地區……《祛邪典》（*Vendidad*）是祆教的遠古經典之一……第一章描述了遠古亞利安人最偉大國王「伊瑪・卡西達」（Yima Kshaeta，在印度《吠陀經》裡稱為Yam Raj）的黃金時代，年老與死亡都不存在。

接著，這個遠古家鄉因為冰河時代來臨，亞利安人被迫往南遷徙，到達東南方與西南方。提拉克（Bal Gangadhar Tilak）❷先生是上個世紀一位偉大的印度婆羅門學者，他研究《吠陀經》和《祛邪典》想找出亞利安人的遠古家鄉。《吠陀經》是由印歐人（也就是亞利安人）移居到印度後所撰寫的經典。提拉克從《吠陀經》中關於氣候模式的描述得出的結論是，這個遠古的家鄉必定在北極地區，也就是在目前俄國領土的上方。亞利安人從遠古家鄉移居到伊朗，再遷徙到印度、希臘、歐洲各地，提拉克也說，最古老的歷史經典就是伊朗的《祛邪典》，內容確實描述了亞利安人的遠古家鄉……④

這位十九世紀偉大的印度學者得到的結論是，祆教的《祛邪典》是世界上「最古老的歷史典籍」。祆教的創立者瑣羅亞斯德（Zoroaster）的名字其實是「查拉圖斯特拉」（Zarathushtra）的希臘文發音，所以兩者指的是同一個人。查拉圖斯特拉據說曾和祆教中相當於神的馬茲達（Ahura Mazda）接觸，但根據《祛邪典》的記載，這只是時間比較近的一次重新碰面：

> 查拉圖斯特拉問馬茲達：「噢！馬茲達，肉身世界的公正創造者，誰是您最早傳授的對象呢？」馬茲達回答：「是傑出的伊瑪，他看顧他的子民不遺餘力。噢！查拉圖斯特拉，在你之前，我最早將亞利安宗教傳授給他⑤。」

接著作者描述過去的黃金時代，那時「沒有冷風也沒有熱風（沒有極端的冬季或夏季），沒有疾病也沒有死亡」，當時的人「不會死亡、無欲無求，充滿歡喜」。接著我們看到一段很有意思、關於時間的描述：「在他統治的第一個一千年，傑出的伊瑪對他的亞利安臣民下達公正的命令，他控制了無形的時間，使得時間體積變得非常龐大，可以讚揚並散布公正的法律⑥」。所謂「控制無形的時間」是什麼意思值得推敲。就我們現在所知，這帶來的影響可能比大部分人所能了解的更大。葛瑞姆．漢卡克（Graham Hancock）在本書的推薦序中也指出，在埃及文本中有類似的敘述，也就是生命由「時間的進展與移動」所維持——這些話現在聽起來仍非常先進。

跟隨《祛邪典》的描述，我們看到了似乎是上次大冰河時期來臨時的清楚描述：

亞利安人的輝煌時代並不長久，噢！查拉圖斯特拉。當時是邪惡攻擊的時刻，我，阿胡拉・馬茲達當時告訴伊瑪・卡西達：「傑出的伊瑪，邪惡將以嚴酷致命的冬季之姿侵襲亞利安聖地；邪惡將迅速累積厚重的冰雪。凶猛的野獸將從三個方向來襲，牠們來自最恐怖的地點。在冬季之前，任何落下的雪花都會融化，成為水流。現在，雪將不再融化（但會形成極圈冰帽）……現在，即將形成的堅硬冰雪上，再也無法辨識出足跡。」⑦

因此，遠古亞利安文明似乎發源自上次的大冰河期來臨前的俄國北方，現在則是冰雪封天的荒地。有了葛瑞姆・漢卡克與其他人的研究，我們可以有信心地將亞利安文明與傳說中的亞特蘭提斯文明時期相連結。

真的有末世這回事？

我一讀到這部分時，就想盡可能地了解瑣羅亞斯德所繼承的遠古預言，這可能是在我們的歷史紀錄中，最接近二〇一二年以及黃金時代真義的原始教誨。因此，我看了著名的伊朗學家瑪麗・博依斯（Mary Boyce）及法藍茲・葛樂奈（Frantz Grenet）在一九九一年出版的史詩級學術著作《祆教的歷史第三集：馬其頓與羅馬統治下的祆教》（*A History of Zoroastrianism, Volume Three: Zoroastrianism Under Macedonian and Roman Rule*）⑧。在書中，我們看到一些最近才受到重視的文學、考古學、錢幣等證據，使得祆教有更加清楚的樣貌。我覺得有趣的地方是，這本書提到祆教對於時代告終的原始概念，並沒有其他預言裡的天啟特徵。

瑣羅亞斯德對於人類升天後就消失無蹤的概念，顯然不認同。

〔瑣羅亞斯德〕對未來的期望，一心一意放在這個我們所愛的且熟悉的地球。未來就在地球上，這裡會重新回到原始的完美境地，是阿胡拉．馬茲達會降臨的王國，受到祝福的人們會永恆地在祂的看顧下生活，確實擁有肉體，活在踏實的土地上……這是他所預言的歷史終結，並非世界的結束。⑨

在書中三八二頁，我們看到關於進入這個黃金時代的更多細節。也就是說，我們看到邪惡「逐漸衰敗」，而這多虧了許多接觸到真理的人所做的努力：

在消逝的那個時代裡，關於悲慘與罪惡的預言都與正統的祆教相悖，因為瑣羅亞斯德的基本訊息就是，透過正直者的團結努力，邪惡會逐漸衰敗，良善的勝利終將會來臨……人類的美德，例如正義、信仰、自由、愉悅，在世界上將會越來越多，而暴虐、敵意、異端、不公將會逐漸消失……⑩

瑣羅亞斯德「認為世界的救贖一方面要仰賴宇宙的努力，一方面也要仰賴個人的每一次選擇；而在他的教誨中，這兩個密不可分的層面——強調個人責任並關心整個宇宙——使得他的教義和希臘時代的情況有驚人的相關性」⑪。

當然，希臘時代也繼承了這些教誨，其他所有宗教也是。這是博伊斯和葛樂奈提出的重點中，讓人最印象深刻的幾點之一。一切都能回溯到訊息和洞見的原始種子——看來瑣羅亞斯德是我們這段追溯之旅的盡頭，因此也是最接近原始本質的。

該書四四三頁還提到了關於邪惡的本質，有段很有意思的描述：「祆教認為馬茲達本來就打算只短暫統治地球一段時間的，因為祂希望祂的對手，也就是惡靈會前來入侵，這樣祂才能打敗並徹底消滅惡靈。」這當然暗示了這股負面力量的真正目的，只是要幫助我們的意識演化，贏既然不是他們的目的，當然也就永遠不可能贏。

在書中四二七到四二八頁，我們發現當黃金時代來臨時，時間本身應該會改變——基本上就是以我們現在所知的「停止存在」的方式改變。這一段也講到了「大審判」，這顯然會讓很多人擔心，不過這也許代表了原始的教誨已經開始被稀釋或是改變了。以我看到的其他預言源頭來說，這個大審判似乎指的是我們將要面臨一個選擇，決定自己想不想繼續轉世，學習同樣的課程，或是選擇進入下一個階段，獲得穿越平行世界的能力，而且基本上是以「昇華」（Ascended）的形式做到這一點。如果我們不決定接受此一「偉大的邀請」，我們也不會受到懲罰，而是如常過著我們的生活，在正常、正確的時候死去，繼續經歷未來的肉體生活所能帶給我們的成長機會。

下面這段話摘錄自古祆教經典《以諾二書》（*2 Enoch*）：

> 在一切開始之前，在所有生物誕生之前，主建立了「世界的時間」（Aion of Creation）。自此，祂創造了祂的萬物，可見的與不可見的。在這一切之後，祂以祂的模樣創造了人……接著為了人，主讓「時間」前進，分為年代與小時……當主所創造的萬物將走到盡頭時，所有人將會走向主的大審判，然後時間將會消亡：往後將不會有年，沒有月，沒有日，再也不會計算小時，「時間」將成為一體。所有正義者都會逃離主的大審判，進入偉大的「時間」，同時「時間」也會聯合正義者，他們終將成為永恆。[12]

這一切聽起來就像是在描寫空間—時間與時間—空間的合而為一，所以我們同時在兩個世界中都能運作。博伊斯和葛樂奈在書中的三六五到三六六頁，還提到了我們將會擁有「回歸到完美」的「未來身體」。

在瑣羅亞斯德的末世論概念裡，有一個是他對於「未來的身體」的教誨。在「末日」（Last Day），死者的骨骸會再度披上血肉，藉由靈魂得以再度復活（靈魂一直存在，只是脫離人身，根據個人臨死時得到的審判，居於天堂、地獄，或是靈薄獄❸）……根據他所說，所有創造物，不論有生命或無生命，都擁有自己存在於內心的力量或精神，而阿胡拉．馬茲達先創造了這些精神，接著才以物質形式加以裝扮……在時間的最後，一切將回歸圓滿，受祝福者會以理想的形態進入阿胡拉．馬茲達的王國：以無瑕身體為飾的正直靈魂，永生且永不腐朽。⑬

記住，這裡所針對的不是指單一的救世主（Messianic）形象，而是指「受到祝福者」會達到這樣的成就。這可以是很多不同的人。

博依斯和葛樂奈兩人仔細追溯羅馬人和馬其頓人的統治，如何影響了祆教預言，使得後來的作家採取比較悲觀失望的態度，繼而在其他的西方宗教裡埋下種子。儘管如此，在最古老、最沒有受到干擾的文本中，我們看到了即便時間走到盡頭，卻不是以一種毀滅性的方式作結。古老的傳統告訴我們：邪惡將會無所遁形，逐漸消失，地球上的人將會轉變成「無瑕的身體，永生且永不腐朽」。

黃金種族的第五人種

再回到鮑德卓對羅馬黃金時代的學術研究，他得到的結論是，羅馬詩人誤譯了saecula和aetas這兩個詞，都用「時代」（age）來表示。但事實上saecula的意思是「種族」（race）或「時代」（age），而aetasu應該譯為「種族」（race）。

現在一切都拼湊起來了。每個人都認為經典預言談的是「黃金時代」，這當然也是其中一部分，但這其實也是誤譯。祆教對理想、無瑕的身體永生不死的預言，進入了希臘思想後被視為是「黃金種族」，但後來又被羅馬人誤譯成「黃金時代」。美國國璽及一元美鈔反面上的「時代的新秩序」（Novus Ordo Seclorum），這句話原文的最後一個字也是從saecula延伸出來的，因此可以直接和女巫預言（Sibylline prophecies）連結起來，讓我們有更多的背景資訊。

必須強調的一點是，黃金種族並不是希特勒那種詭異又病態的版本：金髮、藍眼的青年才俊，或是尼采的「超人」，為了讓他們生存，其他人都得犧牲。黃金種族應該就像凱西解讀所說的「第五人種」（Fifth Root Race），極可能是指在一段有限的時間裡的所有地球人，而沒有國籍或膚色限制，也就是瑣羅亞斯德所說的「未來的身體」。我們再來看看鮑德卓的文章，以便更了解這個所謂的「黃金種族」：

像赫西爾德這些希臘作家都提到一個黃金種族，只有在拉丁詩文裡，這個詞有時候才會被「黃金時代」取代。黃金，除了在傳統描述裡根本沒有出現以外，一直就被視為是從幸福狀態墮落的原因之一……是羅馬作家把黃金種族變成了黃金時代，而且從此這個概念就以訛傳訛地流布到更多的近代文學中。⑭

在二〇一二年來臨的寶瓶時代，是過去已經發生過的週期重現。在這個週期裡，地球上所有的人顯然都曾經擁有比我們現在大部分人所擁有的還強大的能力，使得他們生活富饒，並且生活在「不受衝突或欲望所苦……受祝福的靈魂所居住的天堂」。追求黃金，被視為是「從幸福狀態墮落的原因之一」。可惜的是，我們目前的科學模型有所缺失，無法解釋這樣的事可以實現，但這並不代表不會真的發生。

虹光披身的華盛頓，被神化的美國國父

「女巫預言」提到袄教傳統中的黃金時代來臨，而且清楚地表示這是「黃金者應在整個地球

再起」的時候——指的是地球上的所有人。很有意思的是，美國國璽的金字塔有十三層，而且最底下刻的是一七七六年這個年份。在西班牙征服者來到中美洲的這段時間裡，當地原住民使用十三卡盾的系統來計算時間，他們稱為「卡年計算」或「短算」（U Kahlay Katunob），加總起來約是兩百五十六年⑮。一個卡盾是七千兩百天，或是少於二十年。美國創立的時間正是馬雅曆上進入一個新卡盾的時候，而這可能是刻意為之。

如果你把一七七六加上兩百五十六年，就會得到二〇三二的數字——但如果你把國璽上金字塔的第一階當成一七五四年到一七七六年，那麼金字塔的最上層就會是二〇一二年。最早提出這一點的是馬德軻斯（Raymond Mardyks），後來其他作者也都採納這樣的意見。而在最後一個二十年的卡盾，也就是二〇一二到二〇三二年，「全知之眼」（The Eye）就會隨著松果體開啟而出現。我們現在知道，鳳凰這個象徵，和穿越時空的能力有直接關係，也象徵地球的轉型。

除此之外，在美國華盛頓特區的國會大廈圓頂最上方內側，還有一幅名為「神化的華盛頓」（*The Apotheosis of Washington*）的畫，把美國國父華盛頓畫在一道彩虹上——暗示他已經把自己轉換成神的狀態，也就是所謂的「神化」（Apotheosis）⑯。

這張畫的周圍環繞著一圈五芒星，共有七十二個。威廉・亨利（William Henry）和馬克・蓋瑞（Mark Gray）博士指出，這些星星

「神化的華盛頓」出現在美國國會圓頂的天花板上，取材自國會建築原圖。

美國國璽上的金字塔，可能揭露一個將時間加密在其中的預言：在黃金時代據信於二〇一二年來臨前，會經歷十三個十九．七年的馬雅卡盾，起始時間就在一七五六年到一七七六年之間。

「神化」的意思是「由人升化為神」。畫中的華盛頓與一群男女神祇在一起，腳踩著一道拱形彩虹，指的可能是他已經達到虹光身的「昇華」境界。

加起來一共有三百六十個星芒，而如果我們把星芒的數量乘以星星顆數，就會得到兩萬五千九百二十的數字，再度暗示美國的開國元勳們也清楚的知道歲差，還有這對於人類可能會有的影響⑰。在這圈圓環上，每隔一顆五芒星，外側就會有一顆松果指著它。

國會大廈圓頂的形狀，可能也是刻意模仿松果體的形狀，類似共濟會的蜂窩象徵——「只有當中的蜜蜂清楚知道巢穴／蜂窩內部的活動」⑱。

如果你從國會大廈圓頂再往下看，會看到內側牆上有道中楣，上面雕刻著西班牙人征服阿茲提克的畫面。在阿茲提克王蒙提祖馬（Montezuma）的後面，有一個清楚的、在二〇一二年結束的阿茲提克曆，我們也看到一條蛇盤繞在一個有火的罐子上，這可能再度象徵了松果體⑲。

即便現在世界政治看起似乎充斥著謊言與貪腐，但我仍認為這其中必定有一個暗藏的正面傳統在傳承著。雖然原始的傳統意義可能已經失落許久，或和其他更近期的教誨混淆，但看起來美國的創立，的確是要暗中幫助這些古代預言實現。我絕對不相信只憑這些菁英就能打造出一個新世界秩序，那只能導向某種獨裁統治之路。我們在本書中討論的科學及預言，其最根本的本質，就是彰顯出我們要經歷的改變是直接編寫在我們的ＤＮＡ裡頭的，沒有任何政府能指導或控制這個過程。

虹光身——光的身體

人類能不能準備好進入任何一種形式的「光的身體」，就像瑣羅亞斯德、美國開國元勳所給予的神秘預言暗示的那樣？威廉・亨利和馬克・蓋瑞博士揭露，「光的身體」這個概念非常普及，在許多古代傳統中都能看見——描述人類的身體變形成為一個新形態。

在蘇菲教（Sufism）裡，這被稱為「最神聖的身體」，是「超越天國的身體」（supracelestial body），道教把這稱為「丹身」，達到這個境界的人可以「駕雲成仙」。瑜伽學派和譚崔派（Tantrics）稱之為「神身」，而在行動瑜伽（Kriya yoga）裡，這稱為「至喜之身」。在吠陀哲學裡，這稱為「超導體身」；古代埃及人稱為「發光之身或存在」（akh）或埃及文的「基督」（karast）。這個概念後來演化成諾斯替教派（Gnosticism），該教將之稱為「光芒身」。在波斯拜日教的儀式中，稱之為「完美的身體」……《奧秘文本》稱之為「永生之身」。在煉金術的傳統中，「翠玉錄」（Emerald Tablet）則稱之為「黃金身」。⑳

藏傳佛教直到現在都有「虹光身」的記載，也就是人類的實質身體（肉身）在多年修煉後，轉變成一個七彩的新能量體。有很多例子，是只靠著在山洞中冥想就能完成這樣的轉化。當他們離開山洞、準備從這個階段畢業，進入下一個演化層次時，通常能直接把手或腳壓進石頭中，留下一個壓印——因為這個時候的他們，已經能輕易地把石頭分子翻進時間——

美國國會大廈圓頂上的中楣，上面描繪了西班牙人第一次和蒙提祖馬會面的情況。後面的阿茲提克曆很顯眼，這套曆法在二〇一二結束。

空間裡。這些手印或腳印有時候會被拍攝下來，在網路上公開㉑。僅在西藏和印度，就有十六萬多筆虹光身的紀錄。

> 在中國四川省康區東部的噶陀寺有記載指出，從十二世紀創立以來，該寺傳承中已經有超過十萬人達到了這個境界；附近的佐欽寺從七世紀創寺以來，也有六萬名傳承衣缽者達到這個境界。兩間寺廟都是寧瑪派。㉒

我是在閱讀南開諾布仁波切（Chogyal Namkhai Norbu）的《夢瑜伽與自然光的修習》（*Dream Yoga and the Practice of Natural Light*）一書時，第一次知道有虹光身這回事，下面是對於這個過程一段非常清楚的描述：

> 光之身：藏文為jalus（虹光身），也就是所謂的「彩虹身體」，某個覺悟的生命……成功將他們原本的身體轉化成光之身……在這個過程裡，實質的身體會消融到自然的狀態，就是「清明的光」。當身體的所有元素都得到淨化，它們會從粗俗的形式（身體、血肉、骨頭等等）轉化成五色光的純淨本質：藍色、綠色、白色、紅色、金黃色。身體消融成這五個顏色時就會形成彩虹，剩餘的實質身體只有指甲和頭髮。二十世紀達到光之身的佐欽修練者，包括南開諾布仁波切的上師與家庭成員，例如他的叔父大圓滿行者鄔金天津（Togden Urgyen Tenzin）、他的兩位上師持明蔣秋多傑（Changchub Dorje）和阿玉康卓母（Ayu Khandro），以及持明蔣秋多傑的上師聶拉貝瑪敦都（Nyala Pema Dendul）。㉓

如同二〇〇二年的報導，本篤會修士史坦德・拉斯特（David Steindl-Rast）提議與智性科學中

這是西藏關於虹光身的許多描述之一，光在西藏和印度就有超過十六萬筆虹光身的紀錄。

心（Institute of Noetic Sciences）一起對虹光身現象進行科學研究，並獲得了熱烈的支持。史坦德・拉斯特解釋了這種現象如果能接受研究，並被廣泛承認，可能帶來的影響如下：

> 如果我們能建立一個人類學上的事實，說明對於耶穌復活的描述也會出現在其他人身上，而且是到現在都還在發生，那麼就會讓我們對人類的潛力有完全不同的看法。㉔

史坦德・拉斯特接著聯絡提叟神父（Francis Tiso），他是一位被授與聖職的天主教神父，經常前往西藏。史坦德・拉斯特鼓勵提叟神父深入探究最近的虹光身個案，並記錄他的發現。神父鎖定的是一位名叫阿卻（A-chos）的格魯派（Gelugpa）堪布，他住在西藏康區（Kham），死於一九九八年。提叟找到了他過世時居住的村子，訪談多名目擊阿卻堪布之死的村民，並一一記錄下來。這些人都異口同聲說阿卻堪布的本性溫暖、品性崇高，感動了所有他碰到的人。

> 除了他過世的方式以外，他本身也是一位很值得探討的人……每個人都提到他對於誓言的忠貞不二，他生命的純淨，還有他如何經常說起培養慈悲心的重要性。他有能力教導最凶殘、最粗野的人如何變得溫柔、體貼。光是站在這個人面前，就能讓人有所改變。㉕

目擊者說，在阿卻堪布過世前幾天，他的小屋上方出現了一道彩虹，而且他過世後，天空裡還出現了「好幾十道彩虹」。他沒有生病，身體也沒有任何異狀，他只是念了一句真言。

根據目擊者所說，在他的呼吸停止後，肉身開始變得粉紅，其中還有個人說他的皮膚變成發亮的白色。所有人都說他的皮膚開始發光，阿卻喇嘛提議將他朋友的屍體用黃色袍子包裹，這是所有格魯派僧侶都會穿的袍子。日子一天天過去，他們堅稱他們能透過袍子看見他的骨頭和身體日漸萎縮。他們也聽見天空中傳來美妙、神秘的音樂，並且聞到香氣。過了七天，他們除去黃布，但裡面已經沒有身體了。諾他（Norta）喇嘛和其他幾個人宣稱，在阿卻堪布死後，他曾出現在他們的眼前和夢中……阿卻喇嘛告訴提叟，人需要六十年不懈的修煉才能達到虹光身。提叟承認：「我不知道是不是一定要這麼久，但我們願意以一種尊重的方式，在我們的西方哲學與宗教傳統中納入這些修煉法中的某些內容。」……提叟表示，就我們所知，大部分基督教聖徒的身體在死後並不會消失或萎縮……不過他也補充說，在《聖經》以及關於以諾、瑪莉亞、以利亞，可能連摩西也在內的傳統文字敘述中，都提到了身體的昇華。關於聖徒死後又出現的故事也多得數不清，就像所謂的「光之身」現象廣為流傳一樣。㉖

神聖的綜合體：人類靈魂的昇華

看過這些之後，我們怎麼能用科學分析，並且以為這樣就能了解這麼神奇的一系列預言？顯然有豐富的證據顯示，古代人絕對相信當我們踏入寶瓶時代時，將有重大的事件領導我們的方向。我們看過證據，證明馬雅曆與太陽系內真正的週期相符，而太陽系內的週期可能是由銀河系所驅動的——這些週期現在使得我們在進入寶瓶時代的現在，經歷了行星之間的氣候變遷。我們看過很多描述黃金時代來臨的古代預言，說人類將再度升化為神。這顯然讓我們知道，影響的因素絕對不是一場重大災難。事實上，我堅定地相信，這些災難性的預言都是誤解，我們現在已經看到了「地球變化」裡最糟糕的部分了。我們顯然受到看顧——在我們大多數人可能終其一生無法理解的強大力量引導下，通過一個演化過程。

這些古代傳統認為人類正在經歷某種演化事件。在看過西藏的虹之身後，我更堅定支持《聖經》對於我們會轉化成某種能量體（完美的身體）的預言了，也因此美國開國元勳，才會經常自稱為「光明會」。

顯然，我們不可能知道自己會不會轉化成任何一種形式的光之身，但我們現在知道我們會在直接的生物層級上，經歷演化的快速階段。我們的文明在過去幾百年已經突飛猛進，看起來是背後有更偉大的力量在運作著，而且古代人可能遠比我們更了解這樣的力量。有件事是肯定的——我們一定要勇敢跳脫出達爾文式的進化論。事實上，我們已經受到各種關於我們是誰的問題所苦，讓我們受困於物質主義思想的監獄裡。我們的身體來自於一個西方主流科學界未知的隱藏能量場，並且受其滋養。這個能量場最終會以可度量且能證明的方法，統一我們所有的思想，成為「一」（One）。有了這樣的知識做為強大的新工具，有助於我們演化成神智清明的生命。我們會得到了不起的新方式療癒我們自己，並且在相當短的時間內繼續我們的演化之路。

我們已經清楚看到遠古失落的黃金時代，留下巨石遺跡指向精細使用這些能量場的證據。二○一二年，可能代表了一個我們開始共同重新發現這種失落科學的時刻——並且開始使用這種科學來療癒我們自己及我們的星球。

我在這裡想跟你們分享一些發人深省的《聖經》引言，配合我們分享過的那些背景知識，這些引言會變得非常值得深思。這些話可能和繼承自祆教經典的「時代之末」（Fraso-kererti）來自同樣的傳統，並且被廣為相信是精確的預言。

首先的人亞當，成了有靈的活人。末後的亞當，成了叫人活的靈。

——《歌林多前書》15：45

頭一個人是出於地，乃屬土；第二個人是出於天。

——《歌林多前書》15：47

我們也必有屬天的形狀……我如今把一件奧秘的事告訴你們，我們不是都要睡覺，乃是都要改變，就在眨眼之間……這必朽壞的，總要變成不朽壞的；這必死的，總要變成不死的。

——《歌林多前書》15：49～53

我們照他的應許，盼望新天新地，有義居在其中。

——《彼得後書》3：13

看哪，我造新天新地，從前的事不再被紀念，也不再追想。

——《以賽亞書》65：17

我所要造的新天新地，怎樣在我面前長存，你們的後裔和你們的名字也必照這樣長存。

——《以賽亞書》66：22

日月星辰要顯出異兆，地上的邦國也有困苦；因海中波浪的響聲，就慌慌不定。天勢都要震動，人想起那將要臨到世界的事，就都嚇得魂不附體。那時，他們要看見人子有能力，有大榮耀，駕雲降臨。一有這些事，你們就當挺身昂首，因為你們得贖的日子近了。

——《路加福音》21：25～28

譯注

❶克羅諾斯（Kronos）是天空之神烏拉諾斯和大地之神蓋婭的兒子，推翻了父親烏拉諾斯的殘暴統治，領導希臘神話中的第五時期，被稱為黃金時代，直到他被自己的兒子宙斯打敗而失去了神界的統治地位。

❷提拉克（Bal Gangadhar Tilak, 1856～1920）是印度學者、政治家、哲學家，被尊稱為「洛克馬尼亞」（人民敬愛的人）。

❸靈薄獄（limbo），意思是「地獄的邊緣」。根據羅馬天主教神學家解釋，靈薄獄是用來安置耶穌基督出生前逝去的好人和耶穌基督出生後從未接觸過福音的亡者。

20 第三類接觸的大揭密——麥田圈與外星人

這個複雜的朱利亞集合在光天化日之下出現，位置就在史前巨石陣旁邊，由一百五十一個圓圈組成。許多蒼蠅都卡在作物上，彷彿牠們的翅膀都融化了。麥莖的生長節點通常拉長，和微波過後的效果一致，它們的細胞也出現極微小的凹洞，顯示在毫秒間被快速加熱。

我相信，正式、公開地揭露外星生物／幽浮現象是我們進入黃金時代的關鍵層面。我曾經嘗試避免在本書中提到和幽浮相關的描述，但我的確覺得，有著人類外表的外星生物曾經在古代造訪地球這件事，是有著無法否認的證據的——而且這種造訪直到現在都未曾停止。不探討幽浮和他們對科技、古代人、二〇一二預言帶來的影響，對源場的討論就不算完整。

卡內基科學研究所的艾倫．伯斯（Alan Boss）博士在二〇〇九年推測，光是在我們這個銀河系裡，可能就有一千億顆和地球相似的星球。這是以在外太陽系所發現的散布廣泛、隨處可見的行星為基礎所做的估計，他據此假設每有一顆恆星就會有一顆像地球的行星。他也相信這些行星上可能都有居民——至少有微生物的生命形式①。在同一段時間裡，愛丁堡的大學進行了一項電腦模擬，建構出一個有數十億顆恆星和行星的人造銀河系。從這份包括各絕種事件的資料中，他們發現「從銀河創始以來，至少已經有三百六十一個有智慧的文明崛起，形成多達三萬八千個文明」②。

二〇〇九年十二月，《發現》雜誌刊登了一份「爭議性的研究」，主題是關於從一九一三年秋天開始，在南非波斯科普（Boskop）鎮上的一系列考古發現。兩名農夫挖出了看起來「不太一樣的」人類祖先頭骨碎片，最後受過正式訓練的考古學家杭頓（S. H. Haughton）得出了結論，波斯科普頭骨內的腦可能比我們的腦大二五%——或者更大。

> 波斯科普的臉占了頭蓋骨約五分之一，這是比較接近孩童的比例。檢驗個別的骨頭後，確認了他的鼻子、臉頰、下顎都像是小孩……波斯科普的大腦尺寸比我們大了約三〇%，我們的平均腦容量是一千三百五十立方公分，他則是一千七百五十立方公分。這使得他的前額葉皮質多了驚人的五三%。③

前額葉皮質是我們處理最高等級認知功能的地方，也被懷疑是我們的直覺及本能所在。

> 也許在他們驚人的洞察力之下，他們可能成了一個夢想者（dreamer）的物種；他們過著內在的心靈生活，貨真價實地超越了我們所能想像的一切……在一個有三十五名大頭娃娃臉的波斯科普小孩的班級裡，可能會有五、六個人類有史以來智商最頂尖的小孩。他們死去了，我們活下來了，而我們無法回答「為什麼？」。為什麼他們沒能勝過我們這種小腦袋的人類，在地球上開枝散葉？也許他們不想這樣……儘管如此，人類學家的報告指出，波斯科普頭骨的特徵有時候還是會出現在目前仍存活的南非最古老的人種布須曼人（Bushmen）身上，讓人更相信這個人種的後裔也許在不算太久以前，還曾經走在沙塵滿天的德蘭士瓦（Transvaal）。

如果有人覺得自己曾在太空船裡碰到過類似的生物，也許你會說他們根本「瘋了」。但當我們找到考古證據，說明這樣的人的確曾經在這裡生活過、並在這裡死去，那可不就是「瘋了」能解釋得了的。《發現》雜誌曾經認真地看待這件事，才刊登了這篇文章。這些波斯柯普人是危險的惡徒嗎？根據和他們生活過的人所述，恰好相反。

費切西姆斯（Frederick FitzSimons）曾在原本發現波斯科普人的地點一百英里外進行更深入的挖掘。他知道他已經發現了什麼，而且急切地想找到更多這一類的頭骨。在他新的挖掘地點，他找到了值得注意的一塊建築物。這個地點在數萬年前可能曾經是社區活動的中心。這裡有很多石頭、吃剩的骨頭、一些看起來是正常人類的骨骸隨意埋葬。但在這個挖掘地的一側，在一塊空地上有一座仔細建造的墳墓，是為單一的使用者所蓋的——也許他是個領袖，或是受到景仰的智者。他的遺骨放置的方式，面向著太陽升起的地方。安息的他不論怎麼看都沒什麼特別的……除了那個巨大的頭骨之外。⑤

戈瑞爾博士（Steven Greer）努力不懈地召集了五百六十多名曾經直接處理過幽浮和ＥＴ計畫的證人。戈瑞爾和其他人稱為「大揭密」（Disclosure）的時刻，指的是各國政府公開揭露他們關於幽浮知識的秘密資料庫——以及所有他們重新取得的科技——或甚至直接將外星人介紹給我們的那時候。我們越來越接近真正的透明，各國政府也分享了越來越多他們過去列為機密的外星人接觸事件。他們把資訊隱藏這麼多年，因為他們顯然害怕這會引發世界性恐慌，但隨著黃金時代來臨，我相信大眾的反應會是敬畏與接受，而不是驚恐。

戈瑞爾博士的證人都準備好在大眾可參與的國會聽證會上，公開為他們確實知道的一切作證。我很幸運能在二〇〇一年五月十日參加戈瑞爾為國會議員和貴賓人士舉行的「非公開執行摘要簡報」，而且當時在會議室裡，許多人的情緒都非常強烈。最引人注目的一個證人是陸軍中士史東（Clifford Stone），據說他曾參與墜毀回收計畫。他在執行工作時所看到的景象讓他受創至深，以致於他在做簡報時一度中斷，嚎啕大哭。在許多令人注意的資料中，史東提出他曾經有一本教戰手冊，內容描述了五十七種曾造訪地球的外太空智慧生物。這五十七種外星人的外型都像人類，只和地球上的我們有非常粗略的差異。

戈瑞爾博士帶來的其他人也提出其他事件，例如幽浮直接干擾而造成核彈裝置失去動力，或者飛行中的飛彈無故失去作用等。二〇一〇年九月二十七日，他們和其他證人在全國記者俱樂部的一場大型公開會上挺身站了出來⑥，並獲得主流媒體大篇幅報導⑦。美國軍方和軍工企業合組的軍事工業複合體（Military-Industrial Complex），一直將這些失去動力的事件視為有敵意的行動，但從另一個觀點來看，也可以將之視為我們失聯已久的親人為了保護我們免受核子浩劫而採取的親善行動。這些訪客可能也是各種古文化中天使與神祇的描述由來，而我們現在可能就站在真正家族團圓的門檻上了。

麥田圈透露的訊息

二〇〇九年十月二十日，英國《電訊報》（*Telegraph*）報導一名警察看見三名身高約六呎的金髮男子在麥田圈附近拿著儀器測量。警察聽見類似靜電的嘶嘶聲，而這樣的爆裂聲似乎在整個田裡此起彼落，同時也讓作物輕輕移動著。他對這三個人大喊，但他們似乎聽不見。當他一進入田裡時，三個人轉身跑走。

> 他們跑得比我看過的任何人都要快。我可不是行動慢吞吞的人，但他們真的跑得很快。我才轉頭一秒鐘，再回頭時他們就不見了。⑧

一九八九年十一月二十日，英國皇家空軍在沙福克（Suffolk）的瓦提夏罕空軍基地（R. A. F. Wattrisham），接獲一名匿名女子通報她在遛狗時親身經歷的怪事。她看見一名穿著類似淺棕色飛行裝的男子，說話帶有「北歐口音」。他問她是否聽過在麥田裡出現過大圓圈的事，在兩人談了十分鐘後，這名男子告訴她，他是來自另外一個和地球相似的星球，還有很多像他這樣的人都已經來過地球製造過這些圖案，這些外星訪客都帶著善意來到這裡，但是「他們不可以和人類接觸，害怕會被誤解」⑨。顯然他沒有提到，是誰要他們不可和人類接觸的。這名女子「完全嚇壞了」，她跑回家時還聽見後方有「很大的嗡嗡聲」，接著她看見一個巨大的球體發出橘白色的光，從樹後面垂直升起。⑩

「麥田圈聯繫網站」（The Crop Circle Connector Web）建立了一個資料庫，收集從一九七八年開始，所有出現在英國及世界其他地方的麥田圈。只要付點費用，就能探索這裡龐大的資源，而且會讓你感到很震驚，因為有這麼多的圖形都和我們之前討論過的立體幾何圖形很相似。雖然有些圖形顯然是惡作劇，但我的確覺得，這些製圈者（Circlemaker）在這些圖形中傳達給我們各種具有象徵性的訊息，都有助於我們轉型進入黃金時代。對我來說，最有說服力的一個麥田圈要算是二〇〇八年七月十五日出現在威特夏地區艾夫伯里莊園（Avebury Manor）的圖形，這個圖形就在一系列精心排列的石塊群西北方的旁邊；這些石塊類似史前巨石陣，而且都位於同一個地區。這個圖形顯示的是我們的太陽系，非常清楚、明確——一個巨大的扁平圓圈在中央，周圍有許多環代表行星軌道。每個環上都有一個比較小的圓圈，標示出每顆行星確實的位置。穆樂（Andreas Müller）和寇利（Red Collie）各自利用天文軟體分析了這個圖形，得到的結論是這個排列指的是我們未來特定的某一天：二〇一二年十二月二十一日⑪。

當然，要確切知道這個圖形到底是真是假，是不可能的事，經常也會出現以假亂真的惡作劇圖形。然而，阿葛巴德（Agobard）在一千兩百多年前

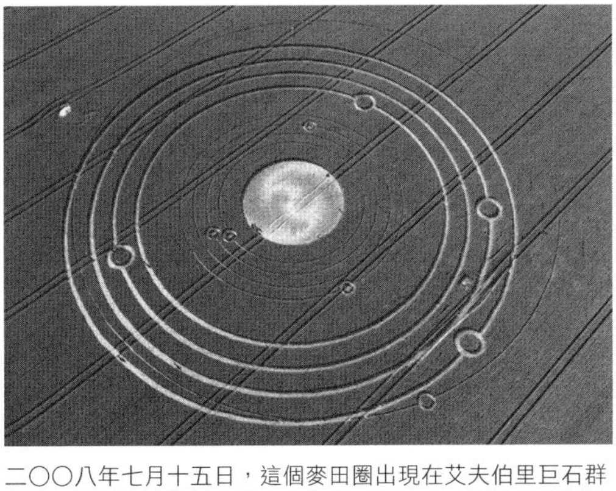

二〇〇八年七月十五日，這個麥田圈出現在艾夫伯里巨石群旁邊，圖形表達的是二〇一二年十二月二十一日當天的行星排列。

描述的麥田圈就不太可能是惡作劇了；同樣的，波爾帝（Robert Plot）在十七世紀勤勞記錄的那些圖形，也不可能是他一時興起的無聊之作。二〇一〇年八月，我到英格蘭親眼看過這個現場，還走在四個不同的圖形當中。我覺得最有意思的部分是，這些圖形每個都畫進了一座小山丘上，因為地形關係，你不可能從平地上就把這些圖形一覽無遺。這些圖形的設計原意，就是要你從空中俯瞰。從地面上很難判斷這些圖形看起來到底是什麼樣子，而且真正的圖形是一夜之間就完成的。

一九九六年七月，一個複雜的朱利亞集合（Julia Set）在光天化日之下冒了出來，大約是在下午五點半到六點十五分之間，位置就在史前巨石陣旁邊，是由一百五十一個圓圈組成。許多蒼蠅都卡在作物上，彷彿牠們的翅膀都融化了。這裡觀察到的放射線比正常值高七六%，但很快就神秘消失。麥莖的生長節點通常會出現被拉長的樣子，和微波過後的效果一致，它們的細胞也出現極微小的凹洞，顯示它們在毫秒間被快速加熱。有些植物上還覆蓋著薄薄的一層碳。九〇%的麥田圈都是在地下蓄水層上方形成，表示可能有一項技術能抽出地下水，避免作物燒焦。在這些麥田圈裡，電子設備經常會失效，磁性羅盤則會出現不尋常的數值。而且有兩個不同的實驗，都觀察到時間速度在麥田圈裡會有些微改變。⑫

這個碎形的朱利亞集合（Julia Set），於一九九六年七月七日的大白天出現在史前巨石陣旁邊。目擊者表示這個圖形不到十五分鐘就完成了。

我也強力推薦休．麥尼斯崔（Hugh Manistre）所著的《麥田圈：入門者指南》（*Crop Circles: A Beginner's Guide*）⑬一書，以及普萊特（David Pratt）的「麥田圈與它們的訊息」（*Crop Circles and their Message*）一文，內容收錄了各式各樣的照片，還有很多獨特的資料點⑭。在普萊特文章的第一部分，提到麥田圈下方的土壤比一般土壤鬆且乾燥，結晶化較多，而且以少見的微小純鐵球體為特徵。還在生長的幼苗穀粒會出現發育不良的情形，就算真的長成也長得不好；但「已經形成穀粒的成熟作物，穀粒的生長力經常有大幅增加的現象，而且收成率比控制組的穀粒增加五%之多」⑮。在第二部分，普萊特揭露在麥田圈出現前，這些地區會出現許多球狀、圓盤狀、柱狀光線的目擊報導。數十人曾在麥田圈出現前聽到高頻的連續聲音；大約有七十人曾目擊到麥田圈在他們眼前形成。他們表示，整個過程非常迅速，大約十到二十分鐘之內就會完成，有些時候（不是每次都會）在麥田圈形成時，空氣裡會出現肉眼可見的旋風。

> 一九八一年七月的某天晚上，巴奈斯（Ray Barnes）在威特夏親眼看見一道波或是一條線通過作物頂端。這條線在以弧線通過麥田後就掉到地面上，接著在四秒鐘之內，就在嘶嘶聲當中，迅速以順時鐘方向一筆描繪出一個七十五英尺的圓圈。作物整齊倒下，彷彿有一個巨大的切餡餅刀切過它們，而且這些植物完全不會彈回來。⑯

回到二〇〇八年七月十五日的二〇一二那個麥田圈，艾夫伯里的農夫可開心不起來，他開著牽引機在圖上開出三條路，試著破壞這個圖形。後來製圖者回來了，又做了一系列修改，包括畫出第二個跟先前太陽系圖形一樣大的圓，而且就在原本那個圖案的旁邊。第二個圓的內部完全是空的，但周圍環繞著許多奇怪的小圖。

我曾在一場二〇〇九年的會議中擔任講者，當時盧比克博士（Beverly Rubik）指出，這些小符號看起來像是各種細胞或細胞器。因此大圓圈可能代表了細胞膜，但現在裡面什麼都沒有。雖然沒有人能確定這個圖確實想表達的意義，但這個符號象徵也許暗示著生物生命可能在二〇一二年十二月二十一號之後的某種基本轉型——類似西藏的虹光身。我發現更有意思的是，製圖者也在

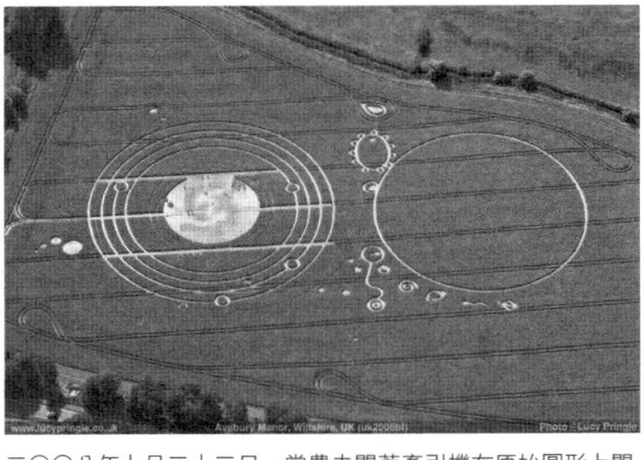

二〇〇八年七月二十二日，當農夫開著牽引機在原始圖形上開出三條線後，這個圖形又被強化了。太陽的尺寸大幅增加。

太陽系的圖形裡把太陽的直徑加寬了——整個超出了金星的軌道。這暗示二〇一二年十二月二十一日，可能就是目前已經在太陽系裡進行的這個重大能量改變的臨界點。

麥田圈，可能也是在源場中進行時間旅行的一個參考點。它們經常就出現在古代漩渦點和大型紀念物附近，而這些地點可能就是穿越時空來到現在的入口。透過全面記錄麥田圈所在的位置及出現的時間，你就能很快掃過一遍包含各種時間點的大型資料庫。

松果體的逆向工程

「照鏡計畫」（Project Looking Glass）據說是一個和我們遠古祖先的松果體逆向工程有關的計畫，並且把這個逆向工程發展成一個能在大範圍應用的技術。做法是站在一個精神力擴大器的大型機器前，將你的意念投射到一個邊緣有魚眼鏡頭扭曲效果的巨大黃色泡泡裡，讓你能偵測到可能即將發生的未來事件，但可能發生的事總有各種可能性及時間軸。我曾經和許多自稱參與過此機密計畫的人士談過，豪威（Robert Lucien Howe）宣稱在他為英國政府工作時，曾經有機會看到這些機密文件，他也描述了這項裝置，你在網路上就能看到這段描述。我雖然不盡然同意他網路文章的所有內容，但他說的有些事的確很符合其他人告訴過我的事。為了了解他所說的內容，必須先釐清下列說法：這些知情人士都把我們說的能量複製體稱為「瞬時體」（transient body），而把我們跟源場之間的接觸稱為「瞬時」（transience）。豪威在其他文章裡表示，松果體在這些計畫裡被稱為「瞬時物」（transiator）。

在這張圖裡，可以清楚看到艾夫伯里巨石陣周圍的地面上，圍繞著一個環狀溝渠——就位在我們的二〇一二麥田圈上方。

每個人都有想讓未來變得更好的瞬時物感知器，會注意可能威脅我們的事物，對我們提出警告……這是我們用來保護自己免受熵（entropy）所害、活得更久的方法。沒有瞬時物的人類可能只能活五到十年。可惜這些大部分都已經是過去式了，因為人類的瞬時物從來不能超過五到十瓦特（通常只有幾毫瓦特），而有些機器已經達到幾十千瓦。不過，我們偶爾還是可以獲勝，因為在瞬時所遵循的複雜法則之下，五毫瓦特也能贏過五千瓦……

這台機器其實是一台時間加速器。它透過改變薛丁格盒子裡物質的動能或能量發揮作用。這個盒子其實很簡單就能做得出來，它的中心是一面堅固的隔離罩（EM shield），能用電力屏蔽。裡面是一個特殊的盒子，裝滿了和體溫差不多的攝氏三十五度溫水。這個盒子不導電，也不是金屬做的，磁場接近零或是等於零。最後，它應該有一點點或完全沒有聲音振動，而這台機器一定不可以有任何移動。

任何外來的振動都可能使機器停止運轉。機器的形狀會決定它的作用，就像一般機器的形狀會決定它的功能一樣。不過這台機器的重點是，它必須能在未來倖存下來。如果有人在未來破壞這個機器，那它現在就會停止運作。這種機器越老舊，運作得越好，不過來自中情局的版本顯然省略了這一點。[17]

從其他人告訴我的內容來看，豪威說的盒子通常被描述成一個桶子，長得就像是松果體的樣子，裡面裝滿水。顯然有三個環會繞著這個桶子轉，創造出電磁屏蔽作用。

許多知情人士都私下告訴我，甚至還畫給我看這東西大概的樣子。我很驚訝地發現到電影《接觸未來》（*Contact*）裡有一組旋轉環很相似。電影原著作者卡爾・薩根（Carl Sagan）可能也聽說過「照鏡計畫」，但他從來沒告訴過編劇哈特這個故事裡有多少真實成分。根據來自各方的證詞，一旦這些屏蔽場完全啟動，桶子裡的水就會創造出直接進入時空的門戶。「照鏡」是這種技術的其中一種形式，你只能看到遙遠的地點；這種技術的另外一個版本叫做「方舟」（the Ark），可以形成一個真正的星際之門，讓你能真正上陣做時空旅行，從一個空間和時間位置傳送到另外一個位置。同樣的，這種技術的秘密完全在於中央那個受到屏蔽、通電中的一桶水——簡直是松果體的人造版。一想到松果體也許能夠創造出一扇強大到足以傳送人體穿越時空的星際之門，就讓我覺得神迷不已。

豪威在接下來的解釋裡討論了很多物理學觀念，這些觀念都和我們在本書中說的很相似。顯然原子內的光速頻率稱為「漸強點」（Crescendo point）；而一般物質在這裡顯然被稱為「亞光速物質」（tardon matter），因為它要能主動減緩速度，避免超過光速。知情人士透露的理論也表示，當物質持續越過光速界線時，也就是超過漸強點時，就會處於量子態疊加狀態（一旦它越過這個點，豪威說它就是在「疊加的超光部分」（the superlight part of its superposition）。

> 這種機器也有危險性，因為它們會無預警地散發出巨量的輻射線和能量。這是因為機器內的空間可以達到漸強的九〇%。「漸強理論」表示，所有的亞光速物質都試著以一種特別的疊加自動跳到光速。當有足夠的能量達到光速時，物質就處於「漸強」，而疊加的超光部分能量會比它的亞光速狀態弱或者相同。

物質要達到漸強有兩個方法：零能量或是全能量。透過接觸已經以光速移動的能量，可以達到零能量狀態。漸強理論中，最難以掌握的部分是物質可以是瞬時的（達到光速）但同時沒有移動（這兩者並不矛盾），因為漸強物質可以讓空間在原子層次完全變形。

不同的知情人士都曾揭露「照鏡計畫」的存在，一台由古代人建造的巨大機器，對松果體進行逆向工程，創造出窺看時間與空間的方法。

這個理論是一個稱為「共同原子」理論（common atom）這個規模更大的理論的一部分，「共同原子」理論給空間一個有限的強度，可以抗拒彎曲。一般來說，空間較小，能量也較少，而在原子的規模裡，空間完全變形了。每個原子都是一個極小的單一體群集，有獨立的內部時空。一個原子的宇宙只會存在幾秒鐘。但這沒有關係，因為它的時間相較於我們的時間是靜止的，這要歸功於空間—時間的彎曲。

同樣的理論也讓光子能夠和真正的粒子與波共存，使得所有不同的理論都能並存，大幅簡化了量子力學與相對論。引力子粒子就是實體物質本身。

如果你能解碼上述的內容，你就能解開八〇％到九〇％對物理學進行的軍事審查。⑱引力子粒子就是實體物質本身；光子和真正的粒子和波共存；空間可以自己折彎、捲曲，形成一個原子，而且原子內部移動的時間速率和外面的區域很不一樣。當你加速原子使其超過光速時，你就達到了漸強，它們就會跳進平行實相裡。雖然用字有點差異，但這些概念現在你應該都很熟悉了。這背後的意義很令人驚奇，因為這代表松果體在完全啟動後的功能，可能就是成為貨真價實的星際之門——基於同樣的這些原則——而且這個星際之門會擴大到我們整個身體的尺寸，我們顯然會和光一同發亮。這可能就是為什麼古代人創造出這麼多不同的神話、符號、譬喻，讓我們來研究這個主題的原因。我們每一個人都已經有這個松果體技術，就在我們自己的身體裡，而古代造訪世界各地不同文化的神祇，看來都非常熱切地想要教導我們怎麼打開這個開關，幫助黃金時代的創造。雖然某些負面的團體也吸收了這些概念，但大部分的精神傳統都強調宇宙的本質是愛，我們對源場的研究也提供了強大的證據，證明這是真的。

現代印度的第三類接觸

《印度時報》（*India Daily*）網站有一個部門專談「科技」，裡面超過五〇%的文章看起來都是從印度政府部門流出的。這些報導似乎很努力地要揭開真相，和我在世界上看到的其他情況不一樣。既然大部分作者都是匿名的，而且此時他們也無法證明消息來源，大部分人自然會輕易對這些文章嗤之以鼻。然而，這些文章裡的技術細節非常詳細，詳細到令人目瞪口呆的程度。

一篇發表於二〇〇六年四月二十九日的文章揭露，印度在一九七〇年代早期開始進行第一次核子測試後，外星生物開始和印度有所接觸，而這些外星生物在印度再度於一九九八年三月十一日和十三日進行新測試時又出現了⑲。印度版的NASA是印度太空研究組織（Indian Space Research Organization），簡稱ISRO。二〇〇八年，《印度時報》揭露ISRO主席奈爾（G. Madhavan Nair）「負責一項由聯合國在幕後出力協調、保管ISRO幽浮檔案秘密的機密任務」⑳。這篇文章還表示，聯合國官員很擔心印度可能無法再保守這些秘密了。ISRO裡有些區域依舊是機密重地，但根據《印度時報》報導，不是每個人都能閉緊嘴巴。

一位在這些機密重地工作的科學家表示，印度才剛開始要從聯合國安理會所控制的外太空幽浮檔案，得到逆向工程技術。印度要付出的代價，則是對從太空任務中了解的幽浮知識守口如瓶。㉑

這篇文章繼續說，印度人民黨（BJP party）總是會做出讓聯合國吃驚的決定，而揭露真相可能就是其中之一。

儘管面對重重困難以及來自美國和其他國家的威脅，由印度人民黨領導的印度政府依舊進行了多彈頭核彈測試。這次政府將揭露，在過去的一百年裡，組織良好的國際機密論壇是如何保守關於幽浮的秘密，將整個世界蒙在鼓裡。但是有一個麻煩。如果印度說出關於幽浮的真相，就會因此失去成為聯合國安理會第六個成員國的機會。[22]

二〇〇四年《印度時報》宣稱，在印度科學重鎮普那（Puna）的國防研究科學家與工程師被告知，他們在二〇一二年之前都不能對外公開他們從這些機密計畫中得知的內容。

如果你仔細豎起耳朵，注意聽這些輕聲細語，就會知道印度測試的是沒有人願意提起的東西。這是突破了傳統物理學、傳統機械與航空工程的東西……如果這些消息是真的，印度可能會永遠改變這個世界。但是為什麼是神奇的二〇一二年？為什麼在那之前一切都要守口如瓶呢？[23]

印度已經參與了太空競賽，而在二〇〇八年，《印度時報》報導他們已經知道外星人在月球上的基地。

印度可能會讓世界大吃一驚，而這個驚奇隨時都可能發生。這個國家必須揭露月球上真的存在著幽浮基地的地底設施。[24]

一篇二〇〇五年七月四日的報導，提到這些傳說的外星生物顯然一直與印度政府及軍方接觸，下面這些內容我們應該都很熟悉了。

一旦我們進入了任一個平行宇宙，就能以辨識長度、高度、寬度的方式來看時間和空間。從人類的未來前來造訪我們的時間旅人，和利用幽浮穿越蟲洞網絡來到地球的外星文明……穿越蟲洞極為美妙，你可以分別計畫與規畫時間與空間，接著你讓蟲洞的入口點和出口點符合時間和空間的參考點，你必須用（平行宇宙中的）高次元來計算時間和空間的參考點……從一個平行宇宙裡的較高次元著手，會比較容易調整蟲洞入口點和出口點。如果我們試著在自己的實體宇宙裡做這件事，可能就會是極端困難的數字分析問題。[25]

關於時間可以用「長度、高度、寬度的方式」來看的想法，就和貫穿本書的概念一模一樣。《印度時報》有很多篇文章都提到的技術細節，詳細程度令人咋舌，而且遠超過我們能在本書好好描述的篇幅。有篇文章說，以高強度的能量轟炸電離層可以形成時空入口㉖。

如果沒有特別處理並掌控蟲洞，物理實體的核心會失去所有的物理特質……不過，透過平行宇宙，實體就能即刻橫越時間和空間。接著就是真正的挑戰了，也就是外星人遠遠超過我們文明的部分：他們知道怎麼在另外一個蟲洞裡恢復物質實體，回到我們的實體宇宙裡……根據某些研究人員的說法，一旦蟲洞被規畫好要將一個實體帶到平行宇宙，那麼從實體宇宙到平行宇宙的變形就會自動發生。

規畫蟲洞並不簡單。從平行宇宙可以輕易做到，但在現實世界光是數字分析，就會是一個典型的挑戰。不過，電腦演算法和處理能力的進步，將會使得我們能解開蟲洞的複雜方程式與程式。㉗

二〇〇六年十月七日，《印度時報》一篇文章表示，時間可以脫離空間，創造一個在超空間裡的等待區（holding zone），之後可以和另外一個時間點銜接，「空間和時間的脫離可以透過操縱引力輻射（gravitational radiation）達成」㉘。另外一篇文章指出，時空裡還有很多平行實相，聽起來雖然似是而非，但我們的確可能同時存在於不同地點㉙。「我們在作夢時，是否同時以另外一個分離的實體存在呢？不，專家這麼說。同樣的實體會共同存在於多重的時間維度。這就和我們透過意念想著某個人，就能讓他們變得更好一樣㉚。」

我們怎麼進入平行宇宙？

二〇〇五年七月九日，《印度時報》技術小組表示，讓星際之門旅行變得可能的關鍵在於創造出「負質量」（negative mass）。這看來就是我們在這裡一直討論的觀念——也就是當內部運動速度加速到超過光速時，質量會轉換成負質量。

一旦負質量被創造出來，所有關於時間旅行、彎曲空間和時間、進入與離開平行宇宙的謎團都可以立刻解開。當你進入黑洞，如果你能加速讓你的質量變成負質量，你就能輕鬆通過……安裝在太空船上的電腦可以控制質量係數從正到負，就像在飛機起飛和降落時控制重量平衡一樣。一旦實體的質量可以受到操控，要穿越蟲洞就會很簡單了。這不僅能讓我們穿越不同的時間維度，還可以進入或甚至越過平行宇宙。㉛

有了這個技術，我們顯然可以在未來任何負面事件未發生之前就可看見並採取預防措施，改變結果㉜。

此外，如果一個文明能看得見未來，而且可以透過取代時間軸的方法改變未來，那麼他們就能達到人世間所謂的不朽。那些進步的外星人就做到了這一點。這也就是我們在接下來的數百年裡要追上的。㉝

二〇〇五年七月二十二日，關於三維時間的概念又出現了進一步的資訊，而且聽起來非常熟悉。

在平行宇宙裡的真正情況是，時間不是一維的……使得在那個環境裡的生活，和實體宇宙相差甚遠……就像我們能在實體宇宙裡從甲地走到乙地，在平行宇宙裡，也可以從一個時間走到下一個時間。㉞

二〇〇五年七月二十三日，平行宇宙的概念又進一步得到描述：

更高次元的超空間，違反了所有在實體宇宙裡被視為真理的已知物理法則。這個宇宙是時間不以一維存在的宇宙，你可以在這個宇宙裡創造平行的時間維度。物體會分解成多重實體……我們此時此刻就屬於多重平行宇宙……當實質的身體處在實體宇宙裡……我們從平行宇宙就可和自己溝通，引導大腦運作，過我們的生活。如果我們死了，我們會繼續活著，只不過我們會脫離實體宇宙，因為我們的身體已經不能用了。我們會繼續活在平行宇宙裡。㉟

二〇〇五年七月二十六日，《印度時報》技術小組刊登了一份聲明，與我為本書獨立所做的研究完全一樣。我看見這樣的關聯性時，也吃了一驚。

……如果時間維度不只以光速移動，其實還會進一步加速，那麼光子會怎樣呢……抵銷後的結果是，實體可能從實體宇宙倒退，融入平行宇宙。這真是太奇妙了。因為這就是先進文明知道如何在平行宇宙中永生不死的方法，每過一段時間，他們會到實體宇宙附近盤旋。有些科學家相信，人死後，能量的電磁空間源頭（也就是靈魂）只是通過一個讓時間減速的隧道，最後成為白光——代表進入平行宇宙。

根據這個領域的研究人員所說，一個先進文明可以透過隨時進出實體與平行宇宙而達到永生。很有可能那就是我們出生和死亡時所發生的事。只要讓時間加速或減速，就會讓在實體宇宙的我們有能力接觸並進出平行宇宙。㊱

《印度時報》科技小組在七月二十七日從生物學的角度討論了這項技術。同樣的，聽起來和我們前面講的非常相似。

我們的腦有三分之二不受我們控制，而是由在平行宇宙裡的實體所引導。我們利用心靈發出的訊號和很多其他實體溝通，這一般被視為心電感應，甚至可以和在平行宇宙更高空間維度裡的我們自己溝通……我們的確能用心靈隨時穿越平行宇宙，不需要身體真的離開實體宇宙。腦的那個部分

根本不受我們的控制，因此我們似乎在基因上和某種較先進的生命形式相連，他們可以隨時從實體宇宙穿越到平行宇宙。㊲

其他文章說，很多外星生物從M15星團來造訪我們，那裡是我們所在的宇宙裡最稠密的部分，有很多黑洞，為外星文明提供一個巨大的轉運站。這些外星生物顯然已經準備好在二〇一二年讓地球知道他們的存在㊳。二〇〇五年八月十日的一篇文章表示：「很多看到幽浮的說法，其實都是我們數百年後未來世代顛倒時間所引發的現象。他們來此造訪我們，觀察我們，但他們無法改變任何事情。㊴」

準備接受「銀河家族團聚」

一份二〇〇六年的報告揭露，幽浮和外星文明會在二〇一二年十二月向人類公開身分，而且「一般的共識是為了要讓世界慢慢做好準備」㊵。一篇二〇〇六年十二月二十九日的文章表示，各國政府已經隱瞞關於幽浮和外星人的真相幾十年了，但是也為了在二〇一二年揭開真相做了秘密準備。文章也說「巴西、印度、中國會領導這件事」，世界會秘密地利用外星生物的幫助，避免因為這個過渡時期可能引發的災害㊶。二〇〇五年五月十二日《印度時報》表示，二〇一二年十二月會有來自夜空中八十八星宿的代表造訪我們。同時，我們會「終於了解演化的真實過程、彎曲時間和空間的過程，還有重力其實是波而不是力的事實」。當然，還有其他的事㊷。

另外一篇二〇〇七年一月四日的文章則透露，當「銀河排列」在二〇一二年十二月達到高峰時，預計會發生什麼事。

銀河排列會改變世界。文明會轉世。地球會回春。這是重力波的功能。在更高維的重力波的規畫，就是要創造出能讓地球回春的銀河排列。

過去曾發生過重大的銀河排列。有些人相信，恐龍就是在數百萬年前一次重大的銀河排列中消失的。吠陀經典也講到了銀河排列。亞特蘭提斯在一次銀河排列時遺佚。很有意思的是，古代文學也暗示在銀河排列當中與之後，外星生物會正式來訪。大約在銀河排列前一百年，先進的外星文明開始造訪地球。很有意思的是，現代的幽浮目擊事件最早是在一九一一年的德國發生。外星生物創造了他們正式來訪的環境。這可能沒有什麼不同。我們可能會在二〇一二年或之後看到外星文明——造成大爆炸的第四類先進外星人。科學、歷史、哲學以及人類生命的所有層面，可能都會在我們驚奇地看著這一切時改變。㊸

總結來說，《印度時報》的科技部門，揭露的內容不僅數量夠多，同時也相當明確，而且還在持續中，因此我覺得他們很有可能在透露一些真相讓我們知道；而這些資料，也鞏固了某些為美國等國家軍事工業複合體工作過的證人說法。

X先生的證詞

接著就讓我們看看X先生的說法，他是「亞瑟圓桌會議」（Project Camelot）揭密工程訪問的第一個證人。就在他已經準備好站出來表明自已身分，說出更多他在機密計畫中得知的事之前，突然因為嚴重的中風而身亡。儘管如此，我們還是有關於他所看過的最高機密文件的書面證詞，內容揭露了我們的世界領袖早在一九五〇年代就已經獲知的訊息。傑瑞．皮平（Jerry Pippin）直接訪問了這位證人，寫下了他聽到的事。

外星訪客曾經說過，他們會在二〇一二年十二月二十一日或二十二日大規模降落在世界各地，不管我們的領袖贊成或反對都沒有用。顯然會透過我們的媒體（或是某種類似的全球性方法——比較可能是心電感應），向全世界傳達這個訊息，這會是所有人都將要知道的事。人類會面臨一個選擇：要不要接受精神上的演化，和外星人一起旅行。

X先生：我們會面臨選擇。

問：是什麼選擇？

X先生：我們想不想了解他們從哪裡來，學習精神面的進一步演化，這樣我們就能穿越宇宙，創造生命。㊹

X先生說我們要決定是否「在精神上演化」，但這件事確實的意義與衝擊是很容易被小看的。他們的一份訪談稿還揭露了更多細節，而我完全不知道這會不會真的發生，但絕對很值得推敲。

到時候會有大量的資訊釋出，動搖我們主要的核心信念。有些人會恐慌，因為他們的信念系統會受到打擊。有些人會憤怒，因為原來他們被騙了這麼久。有些人會覺得這是世界末日。大多數人最多會對宗教議題覺得困惑，因為事實將會揭曉，而真相將會撼動所有的宗教信仰。我們會透過外星人和那樣的力量，了解人類真正的歷史。這是無可避免的。如果世界維持在現在的軌道上——而且我看不見改變的理由——我們就必須得知真相。如果那些治理世界的人不這麼做，外星人就會這麼做。㊺

就像那句老話：「真理必使人自由」。我從三十年的全心研究中，仔細挑選出了最好的資料放在這本書裡，也是為了這個原因——當我們擁有這樣的知識，我們就有創造黃金時代的工具。我們能創造不受限、乾淨、無污染的免費能源；我們能創造強大的、新的癒療技術；我們能征服重力、空間和時間，不費吹灰之力在銀河穿梭；我們也許能經歷世界性的松果體覺醒，讓我們有強大的新直覺力，可能還會讓我們進入光之身的狀態。如果祆教的「時代之末」傳說為真，那麼我們所知的「時間」可能會有根本上的改變，讓我們有能力更輕易地進入非區域性的、非線性的時間——時間—空間的平行宇宙。

我覺得我們接到了一份邀請，邀請我們利用這本書裡的知識，以及其他很多正面、激勵人心、有啟發性的資訊來源。黃金時代是一個大家要一起參與的事件，不是我們呆坐著等待就可以的。我和你們分享的這些技術都是真的，是可以發展出來的。這些技術可以讓我們的社會，轉變成我們平常覺得科幻小說裡才會出現的那種進化程度。面對地球的改變、陰暗的政治世界強權，我們並不是無能為力；我們的心靈都是共生的，和地球也是，只是這種共生方式，我們目前在任何群體的層面上都還不了解。我們人類的親人，似乎在世界每個主要宗教裡都埋下了這個種子，而對於愛及尊重他人的重要性，這樣的訊息已經傳達給了地球上的每個人。宇宙能量的本質已經可以證明就是愛，因此所有現在發生在地球上、在整個太陽系裡的事件，儘管在那麼多人眼裡看起來是多麼不吉祥，都很有可能帶有正面的目的——也就是幫助啟發大規模人類群體演化與覺醒。我們在生活中創造的愛，可能會幫我們完成一個完整的演化，找到身為人類所代表的意義。

我們傾向崇拜複雜及心智謎團，但在這件事上，真理其實非常簡單。地球是精神學習的學校，我們都是學生。畢業的日子即將來臨，我們可以拿到文憑，只要我們向自己以及所有更高階的人證明，我們再也不需要一世又一世地重複同樣的功課，創造一個大家共同的地獄夢。如果我們真的現在就站在一個改變本質的門檻上，我們很快就會經歷到這種重大的轉變。這很快就會發生——是活生生的、在呼吸的一種生動的美好經歷。我們可能真的會了解，世界一直都像是一個巨大的幻象——一個清明夢，在這裡，我們創造的一切都會反射回到我們自己身上——我們終於承認，我們過去從來沒有清醒過。

事實都擺在桌上了。源場就是真實。我們都想讓這個世界成為更好的地方，我們現在有新的工具能幫我們做到這件事。我們不是受害者，我們絕對不是孤單的。宇宙本身也很有可能是個有意識的超級存在，鼓勵我們對我們是誰、我們是什麼的理解來產生量子躍進，讓我們擁有到達那裡所需要的銀河能量。來自世界的每個主要文化，傳承數千年的預言，都是為了幫我們了解真實的情況，重新建立我們完成這項工作所需要的科學。

我們要自己創造出黃金時代，就從我們的生命裡開始，而且獲得的報酬幾乎會超越我們的想像。從自我憎恨與恐懼中爬出來，掙扎著接受與諒解——接受與原諒自己和他人——我們就可一起療癒這個世界：

我愛你．對不起．請原諒我．謝謝你！

誌謝

一九九六年一月，我開始閱讀《一的法則》（*The Law of One*）。這一系列共有五本書，據說是進步的外星生物利用心電感應傳遞的內容。這些外星人宣稱曾經幫人類建造金字塔，一開始是為了正面目的，後來卻因為金字塔被扭曲做為負面用途，被迫從地球撤離。他們還說，這次會再與人類接觸，是為了過去所做的事道歉，並帶給我們這個新的禮物，希望能改善他們不慎造成的險惡情況。此系列書中出現了很多我在本書裡提到的重點，他們揭露了心靈確實無窮無盡，不過以龐大的宇宙層面來說，卻只有唯一的身分，他們稱之為「太一無限造物主」（One Infinite Creator）。我們每個人都是完美的，是太一無限造物主的全像反射，無論幾世轉生，最終都會回到我們本有的身分。

「兩萬五千年的週期」會創造生理及精神上突飛猛進的演化，引領我們進入目前已經在進行中的空間、時間、物質、能量、生物學與意識的量子轉型。《一的法則》中也描述了全球網格，並詳細解釋空間—時間及時間—空間的物理學，經過這次轉型後，我們有潛力能夠演化成全新等級的存在。

這些資料形成了我大部分研究的基礎，裡面有很多明確的細節，都是後來能以科學探索並印證的。我個人有許多很棒的經驗，讓我相信這份資料的確是真實無誤的，與其他同類書明顯不同，因為那些內容似乎總是互相矛盾，而且通常不符合我在本書揭露的科學。

另外，還要提到珍．羅伯茲（Jane Roberts）和羅伯特．巴茲（Robert Butts）帶給世人的一系列賽斯（Seth）書籍——尤其是早期的那幾本。《靈界的訊息》（*The Seth Material*）後面幾章的特色是賽斯針對所謂「意識單元」（consciousness unit）的長篇論文，而且這份資料完美地符合我在本書中提到的所有一切。

我希望讀者會和我在寫作本書時一樣，對於源場調查的一切都有引人入勝、想更深入了解的渴望。這本書是我到目前為止傾注最大心力的作品，目的是讓揭密過程更順利，好讓這些先進的技術和科學再也不會因為難以置信而被忽視。

如果是為了讓我們變得更好，那改變就不需要害怕。我們正在經歷一個可能是智能預先規畫好的過程，一個為了促進我們演化的過程。我們有能力透過學著去愛、去接受、去原諒他人，提升我們的同調性，因為在原諒他人時，我們也原諒了自己。

我衷心感謝很多英雄及先進，他們前仆後繼、不畏外界評論的研究使得本書得以完成，還要感謝其他很多在同樣這些領域內孜孜不倦的人，沒有你們超凡的天分及了不起的堅持，我們就不可能知道我們真正的潛力。此外，還要謝謝我的雙親、兄弟，以及我美麗的人生伴侶，還有那些多年來透過各種方式跟我分享生命的人——他們給了我愛及引導。布萊恩．塔特（Brian Tart）、葛瑞姆．漢卡克、詹姆斯．哈特，還有道頓出版社（Dutton Books）的員工以及許多幫助我完成這本書的人。我也要感謝在時間—空間之外的那些人，在我研究、發展這些想法及寫作本書時，持續在夢中給我回饋、批評，並帶給我破天荒的新想法，以及難以計數的靈光一閃。我希望很快的，我們能親自碰面，或是以同等的能量體相會，因為我相信「銀河家族團聚」的日子不遠了。

13.同上，p.24.
14.同上，p.25.
15.同上，p.25.
16.同上，p.31.
17.同上，p.32.
18.同上，p.34.
19.同上，p.48.
20.同上，p.51.
21.同上，p.52.
22.同上，p.54-55.
23.同上，p.55.
24.同上，p.57.
25.同上，p.59.
26.同上，p.59.
27.同上，p.73.
28.同上，p.76-77.
29.同上，p.79.
30.同上，pp.40-41
31.同上， pp.110-111.
32.同上，p.127.
33.同上，p.127.
34.同上，pp.127-128.
35.Backster, Cleve. Personal communication, 2006.
36.Bailey, Patrick G. and Grotz, Toby."A Critical Review of the Available Information Regarding Claims of Zero-Point Energy, Free-Energy, and Over-Unity Experiments and Devices". Institute for New Energy, Proceedings of the 28th IECEC, April 3, 1997. http://padrak.com/ine/INE21.html (Accessed December 2010)
37.Aftergood, Steven. "Invention Secrecy Still Going Strong." *Federation of American Scientists*, October 21, 2010. http://www.fas.0rg/blog/secrecy/2010/10/invention_secrecy_2010.html (accessed January 2011).
38 O'Leary, Brian; Wilcock, David; Deacon, Henry and Ryan, Bill. "Brian O'Leary and Henry Deacon at Zurich Transcript". Project Camelot, July 12, 2009. http://projectcamelot.org/lang/en/Zurich_Conference_Brian_O_Leary_12_July_2009_en.html
39.Mallove, Eugene. (1999) "MIT and Cold Fusion: A Special Report". *Infinite Energy Magazine*, 24. http://www.infinite-energy.com/images/pdfs/mitcfreport.pdf (accessed December 2010)
40.*Infinite Energy: The Magazine of New Energy Science and Technology*. http://www.infinite-energy.com/
41.Wilcock, David. "Historic Wilcock / Art Bell / Hoagland Show!" (Article / Transcript.) Divine Cosmos, June 21, 2008. http://divinecosmos.com/index.php?option=com_content&task=view&id=391&Itemid=70

原書分章注釋

推薦序　參與建構人類的未來，你也有份

1. Walter Scott (ed), *Hermetica: The Ancient Greek and Latin Writings which Contain Religious or Philosophic Teachings ascribed to Hermes Trismegistus, vol.1* New York : Shambala, 1985 p.327
2. 同上，p.351
3. 同上，p.355
4. 同上，p.425
5. 同上，p.387
6. 同上，pp.387
7. 同上，pp.387-389

作者序　一個超乎想像的未來世界

1. Wilcock, David. *The 2012 Enigma*. (documentary) DivineCosmos.com, March 10, 2008. http://video.google.com/videoplay?docid=-4951448613711060908# (accessed December 2010)
2. Wilcock, David. Divine Cosmos. Web site: http://www.divinecosmos.com
3. Akimov, A.E. and Shipov, G.I. "Torsion Fields and their Experimental Manifestations." Proceedings of International Conference: New Ideas in Natural Science, 1996. http://www.eskimo.com/~billb/freenrg/tors/tors.html (accessed December 2010)

第1章　無法隔絕的隱形互動，萬物不斷在對話

1. Backster, Cleve. *Primary Perception: Biocommunication With Plants, Living Foods and Human Cells*. Anza, CA: White Rose Millennium Press 2003 http://www.primaryperception.com.
2. 同上，p.12.
3. 同上，p.12.
4. 同上，p.14.
5. Sherman, Harold. *How to Make ESP Work For You*. DeVorss & Co. 1964 http://www.haroldsherman.com
6. 同上，pp.165-166.
7. Talbot, Michael. *The Holographic Universe*. New York: HarperCollins, 1991, p.141.
8. Backster, Cleve. Op cit., p.17.
9. 同上，p 18.
10.同上，p.22.
11.同上，p.23.
12.同上，pp.23-24.

effects." *Subtle Energies,* 1991; 2(1): 1-46.

17.Schlitz, M. and LaBerge, S. "Autonomic detection of remote observation: two conceptual replications." In Bierman(ed), Proceedings of Presented Papers: 465-78.

18.Braud, W. et al.: "Further Studies of anutonomic detection of remote staring: replication, new control procedures and personality correlates." *Journal of Parapsychology*, 1993; 57: 391-409.

19.Sheldrake, Rupert. *Papers on the Sense of Being Stared At.* Sheldrake.org. http://www.sheldrake.org/Articles&Papers/papers/staring/index.html (accessed December 2010)

20.Braud, W. and Schlitz, M. *Psychokinetic influence on electrodermal activity. Journal of Parapsychology,* 1983; 47(2): 95-119.

21.Braud, W. et al.: "Attention focusing facilitated through remote mental interaction." *Journal of the American Society for Psychical Research,* 1995; 89(2): 103-15.

22.Braud, W.G. "Blocking/shielding psychic functioning through psychological and psychic echniques: a report of three preliminary studies." In White, R and Solfvin, I. (eds), *Research in Parapsychology,* 1984 Metuchen, NY: Scarecrow Press, 1985 pp.42-44.

23.Braud, W.G. "Implications and applications of laboratory psi findings." *European Journal of Parapsychology*, 1990-91; 8: 57-65.

24.Braud, W et al.: "Further studies of the bio-PK effect: feedback, blocking, generality/specificity." In White, R and Solfvin, I.(eds), *Research in Parapsychology:* 45-8.

25.Andrews, Sperry. *Educating for Peace through Planetary Consciousness: The Human Connection Project.* Human Connection Institute. http://www.connectioninstitute.org/PDF/HCP_Fund_Proposal.pdf (accessed December 2010)

26.Andrews, Sperry. *Educating for Peace through Planetary Consciousness: The Human Connection Project.* Human Connection Institute. http://www.connectioninstitute.org/PDF/HCP_Fund_Proposal.pdf (accessed December 2010)

27.Schlitz MJ, Honorton C. "ESP and creativity in an exceptional population." Proceedings of Presented Papers: 33rd Annual Parapsychological Association Convention; Washington, DC: 1990. In Andrews, Sperry(ed). *Educating for Peace through Planetary Consciousness: The Human Connection Project.* Human Connection Institute. http://www.connectioninstitute.org/PDF/HCP_Fund_Proposal.pdf (accessed December 2010)

28.Jahn RG, Dunne BJ. *Margins of Reality: The Role of Consciousness in the Physical World.* New York: Harcourt Brace Jovanovich; 1987.

29.Bisaha JJ, Dunne BJ. "Multiple subject and long-distance precognitive remote viewing of geographical locations." In: Tart C, Puthoff H. E., Targ R., eds. *Mind at Large.* New York: Praeger; 1979:107-124.

30.Kenny, Robert. (2004) *What Can Science Tell Us About*

42.同上.

第2章　宇宙心智與我們同在

1.Hermans, H.G.M. *Memories of a Maverick.* Chapter 9. The Netherlands: Pi Publishing 1998. http://www.uri-geller.com/books/maverick/maver.htm

2.Rueckert, Carla; Elkins, Don and McCarty, Jim. *The Law of One, Book I: The Ra Material.* Atglen, Pennsylvania: Whitford Press, 1984.

3.Hermans, H.G.M. *Memories of a Maverick.* Op.cit.

4.同上.

5.同上.

6.Quinones, Sam. "Looking for Doctor Grinberg". *New Age Journal,* July/August 1997. http://www.sustainedaction.org/Explorations/professor_jacobo_grinberg.htm (accessed December 2010)

7.Grinberg-Zylberbaum, Jacobo. (1994) "Brain to Brain Interactions and the Interpretation of Reality." Universidad Nacional Autonoma de Mexico and Instituto Nacional Para el Estudio de la Conciencia, Project: D6APA UNAM IN 500693 and IN 503693. http://www.start.gr/user/symposia/zylber4.htm (accessed December 2010)

8.Grinberg-Zylberbaum, Jacobo, and Ramos, J. "Patterns of interhemisphere correlations during human communication." *International Journal of Neuroscience,* 1987; 36: 41-53; Grinberg-Zylberbaum, J. et al., "Human Communication and the electrophysiological activity of the brain." *Subtle Energies,* 1992; 3(3): 25-43.

9.Grinberg-Zylberbaum, Jacobo. "The Einstein- Podolsky-Rosen Paradox in the Brain; The Transferred Potential." *Physics Essays* 7,(4), 1994.

10.Jacobo Grinberg Zylberbaum Facebook page. http://www.facebook.com/group.php?gid=25113472687 (accessed December 2010)

11.Quinones, Sam. *Looking for Doctor Grinberg. New Age Journal,* July/August 1997. http://www.sustainedaction.org/Explorations/professor_jacobo_grinberg.htm (accessed December 2010)

12.Tart, Charles. "Physiological Correlates of Psi Cognition." *International Journal of Parapsychology,* 1963: 5; 375-86.

13.McTaggart, Lynne. *The Field: The Quest for the Secret Force of the Universe.* New York HarperCollins, 2002; pp.126-127.

14.Institute of Transpersonal Psychology. *William Braud's Faculty Profile.* http://www.itp.edu/academics/faculty/braud.php (accessed December 2010)

15.Institute of Transpersonal Psychology. *William Braud: Publications.* http://www.itp.edu/academics/faculty/braud/publications.php (accessed December 2010)

16.Braud, W. and Schlitz, M. J. "Consciousness interactions with remote biological systems: anomalous intentionality

Baetyl Stone.OP.cit.

12.Ryewolf. (2003) "The Legend and History of the Benu Bird and the Phoenix." OP.cit.

13.同上

14.同上

15.同上

16.Thorsander, Glen. (2008) *The Tree of Life Omphalos and Baetyl Stone.*OP, cit.

17.同上

18.Palmer, Abram Smythe. (1899) "Jacob at Bethel: The Vision – the Stone – the Anointing." In Lexic.us, *Literary Usage of Baetyls.* http://www.lexic.us/definition-of/baetyls (accessed December 2010)

19.Thorsander, Glen. (2008) *The Tree of Life Omphalos and Baetyl Stone.*OP, cit.

20.同上

21.Papafava, Francesco. ed. *Guide to the Vatican Museums and City.* Vatican City: Tipografia Vaticana., 1986. In Peterson, Darren(ed), *Vatican Museum – Court of the Pigna. Tour of Italy for the Financially Challenged.* http://touritaly.org/tours/vaticanmuseum/Vatican06.htm (accessed December 2010)

22.Holy Bible. Matthew 6:22. King James Version.

23.Thorsander, Glen. (2008) *The Tree of Life Omphalos and Baetyl Stone.* OP, cit.

24.Blavatsky, Helena. "Ancient Landmarks: The Pythagorean Science Of Numbers." *Theosophy,* 27, 7, May 1939. pp 301-306. http://www.blavatsky.net/magazine/theosophy/ww/additional/ancientlandmarks/PythagScienceOfNumbers.html (accessed December 2010)

25.Hall, Manly Palmer. (1928) *The Secret Teachings of All Ages.* The Philosophical

Research Society Press.

26.Hall, Manly Palmer. *The Occult Anatomy of Man.* Los Angeles: Hall Pub. Co; 2nd ed. (1924), pp.10-12.

27.Hall, Manly Palmer. (1928) *The Secret Teachings of All Ages.* The Philosophical Research Society Press, page facing XCVII. In (ed) Kundalini Research Foundation, The Philosopher's Stone. http://www.kundaliniresearch.org/philosophers_stone.html (accessed December 2010)

28.Steiner, Rudolf and Barton, Matthew. (2010) *The Mysteries of the Holy Grail: From Arthur and Parzival to Modern Initiation.* Rudolf Steiner Press, pp.147. http://books.google.com/books?id=EeIPM9oGx70C&pg=PA171&lpg=PA171 (accessed December 2010)

29.同上，p.158.

30.Hall, Manly Palmer. 9. Philosophical Research Society. http://www.prs.org/gallery-classic.htm (accessed December 2010)

31.Hall, Manly Palmer. (1928) *The Secret Teachings of All Ages. Collective Consciousness?* Collective Wisdom Initiative. http://www.collectivewisdominitiative.org/papers/kenny_science.htm (accessed December 2010)

31.Henderson, Mark. "Theories of telepathy and afterlife cause uproar at top science forum." *The Sunday Times,* September 6, 2006. http://www.timesonline.co.uk/article/0,,2-2344804,00.html (accessed December 2010)

32.Carey, Benedict. "Journal's Paper on ESP Expected to Prompt Outrage." *The New York Times,* January 5, 2011. http://www.nytimes.com/2011/01/06/science/06esp.html?_r=2&hp (accessed January 2011)

33.同上

第3章　松果體與第三隻眼

1.Johnston, Laurance. "The Seat of the Soul." *Parapalegia News,* August 2009. http://www.healingtherapies.info/PinealGland1.htm (accessed December 2010)

2. Mabie, Curtis P.and Wallace, Betty M. (1974) "Optical, physical and chemical properties of pineal gland calcifications." *Calcified Tissue International.* 16, 59-71.

3. Wilcock, David. *The 2012 Enigma.* (documentary) DivineCosmos.com, March 10, 2008. http://video.google.com/videoplay?docid=-4951448613711060908# (accessed December 2010)

4. Bay, David and Sexton, Rebecca. "Pagans Love Pine Cones and Use Them In Their Art". *The Cutting Edge.* http://cuttingedge.org/articles/RC125.htm (accessed December 2010)

5. Wilcock, David. *The 2012 Enigma.* OP. cit.

6.Palmgren, Henrik. "Biscione - Italian Serpent Symbolism strikingly similar to Quetzalcoatl in Mayan Mythology." *Red Ice Creations.* http://www.redicecreations.com/winterwonderland/serpentman.html (accessed December 2010)

7. Komaroff, Katherine. *Sky Gods: The Sun and Moon in Art and Myth* New York: Universe Books, 1974. p.52. In *Amazing Discoveries. Serpent and Dragon Symbols.* http://amazingdiscoveries.org/albums.html?action=album&aid=5426353352209572785 (accessed December 2010)

8. Olson, Kerry. *Temple of Quetzalcoatl (Plumed Serpent) at Teotihuacan.* Webshots American Greetings. http://travel.webshots.com/photo/1075984150033121848BHPuxi (accessed December 2010)

9.Thorsander, Glen. (2008) *The Tree of Life Omphalos and Baetyl Stone.* FirstLegend.info. http://firstlegend.info/3rivers/thetreeoflifeomphalos.html (accessed December 2010).

10.Ryewolf. (2003) "The Legend and History of the Benu Bird and the Phoenix." *The White Goddess.* http://web.archive.org/web/20041119225528/http://www.thewhitegoddess.co.uk/articles/pheonix.asp?SID=Egypt (accessed December 2010)

11.Thorsander, Glen. (2008) *The Tree of Life Omphalos and*

Bamfield-2001 (accessed December 2010)

45.Johnston, Laurance. "The Seat of the Soul." *Parapalegia News,* August 2009.

http://www.healingtherapies.info/PinealGland1.htm (accessed December 2010)

46.Hanna, John. *Erowid Character Vaults: Nick Sand Extended Biography.* Erowid.org. Nov 5, 2009. http://www.erowid.org/culture/characters/sand_nick/sand_nick_biography1.shtml (accessed December 2010)

47.Baconnier S. S., Lang B et al. (2002) "Calcite microcrystals in the pineal gland of the human brain: first physical and chemical studies." *Bioelectromagnetics* 23(7): 488-95.

48.Baconnier Simon, Lang B et al (2002) "New Crystal in the Pineal Gland: Characterization and Potential Role in Electromechano Transduction." *Experimental Toxicology.* http://www.ursi.org/Proceedings/ProcGA02/papers/p2236.pdf. (accessed December 2010)

49.Johnston, Laurance. "The Pineal Gland, Melatonin & Spinal-Cord Dysfunction." *Parapalegia News,* August 2009. http://www.healingtherapies.info/PinealGland1.htm (accessed December 2010)

50.Luke J. (1997) *The Effect of Fluoride on the Physiology of the Pineal Gland.* Ph.D. Thesis. University of Surrey, Guildford. In Fluoride Action Network. Health Effects: Fluoride & the Pineal Gland. http://www.fluoridealert.org/health/pineal/ (accessed December 2010)

51. Bob, P.and Fedor-Freybergh, P.(2008). *Melatonin, consciousness, and traumatic stress. Journal of Pineal Research,* 44:341–347. http://onlinelibrary.wiley.com/doi/10.1111/j.1600-079X.2007.00540.x/full (accessed December 2010)

52.Groenendijk, Charly. (2001) *The Serotonergic System, the Pineal Gland & Side-Effects of Serotonin Acting Anti-Depressants. Antidepressants Facts.* October 9, 2001. 2003年3月11日更新). http://www.antidepressantsfacts.com/pinealstory.htm (accessed December 2010.)

53.同上

54.同上

55.Price, Weston A. *Nutrition and Physical Degeneration.* La Mesa, CA: Price Pottenger Nutrition, 8th Edition, 1998.

第4章　一個萬物共同分享的宇宙資料庫

1.Kevin Kelly and Steven Johnson,."Where Ideas Come From." *Wired,* September 27, 2010. http://www.wired.com/magazine/2010/09/mf_kellyjohnson/ (accessed December 2010)

2.Gladwell, Malcolm. "In the Air: Who Says Big Ideas Are Rare?" *The New Yorker,* May 12, 2008. http://www.newyorker.com/reporting/2008/05/12/080512fa_fact_gladwell?currentPage=all (accessed December 2010)

3.Laszlo, E. (1995) *The interconnected universe: Conceptual foundations of transdisciplinary unified theory.* River Edge, OP, cit.

32.Lokhorst, Gert-Jan. *Descartes and the Pineal Gland.* Stanford Encyclopedia of Philosophy, April 25, 2005, revised November 5, 2008. http://plato.stanford.edu/entries/pineal-gland/ (accessed December 2010)

33.EdgarCayce.org. *True Health Physical-Mental-Spiritual: The Pineal.* October 2002. http://web.archive.org/web/20080319233929/http://www.edgarcayce.org/th/tharchiv/research/pineal.html (accessed December 2010)

34.Cox, Richard. *The Mind's Eye. USC Health & Medicine,* Winter 1995. In Craft, Cheryl M. (ed), EyesightResearch.org. http://www.eyesightresearch.org/old/Mind%27s_Eye.htm (accessed December 2010)

35.同上

36.Miller, Julie Ann. "Eye to (third) eye; scientists are taking advantage of unexpected similarities between the eye's retina and the brain's pineal gland." *Science News,* November 9, 1985. http://www.highbeam.com/doc/1G1-4016492.html (accessed December 2010.)

37.NIH/National Institute Of Child Health And Human Development. "Pineal Gland Evolved To Improve Vision, According To New Theory." *ScienceDaily.* August 19, 2004. http://www.sciencedaily.com /releases/2004/08/040817082213.htm (accessed December 2010)

38.Wiechmann A. F. *Melatonin: parallels in pineal gland and retina.* Exp Eye Res. 1986 Jun;42(6):507-27. http://www.ncbi.nlm.nih.gov/pubmed/3013666 (accessed December 2010)

39.Lolley, R.N., C.M. Craft, and R.H. Lee. "Photoreceptors of the retina and pinealocytes of the pineal gland share common components of signal transduction." *Neurochem Res,* 17(1):81,1992. http://www.springerlink.com/content/uj3433344j061353/

40.Max, M. et. al. "Light-dependent activation of rod transducin by pineal opsin." *Journal of Biological Chemistry* , 273(41):26820, 1998. http://www.ncbi.nlm.nih.gov/pubmed/9756926 (accessed December 2010)

41.Baconnier S. S., Lang B et al. (2002) "Calcite microcrystals in the pineal gland of the human brain: first physical and chemical studies." *Bioelectromagnetics* 23(7): 488-95.

42.Field, Simon Quellen. *Science Toys You Can Make With Your Kids.* Chapter 4: Radio. Sci-Toys.com. http://sci-toys.com/scitoys/scitoys/radio/homemade_radio.html (accessed December 2010)

43.Harvey, E. Newton. *The Nature of Animal Light.* (Triboluminescence and Piezoluminescence.) Project Gutenberg, November 26, 2010. http://www.gutenberg.org/files/34450/34450.txt (accessed December 2010)

44.Bamfield, Peter. (2001) *Chromic Phenomena: The Technological Applications of Colour Chemistry.* The Royal Society of Chemistry, Cambridge, UK, p.69. http://www.scribd.com/doc/23581956/Chromic-Phenomenafunctioning." *Journal of Scientific Exploration,* 10, pp.3-30.

19.Putoff, H. & Targ, R. (1976, pp.329-353) "A perceptual channel for information transfer over kilometer distances: historical perspective and recent research." *Proceedings of the IEEE, 64* (3). Cited in McTaggart, Lynne.The Field Op cit.

20.Jahn R.G. , Dunne B.J.. *Margins of Reality: The Role of Consciousness in the Physical World.* New York: Harcourt Brace Jovanovich; 1987.

21. Bisaha J. J., Dunne B.J. "Multiple subject and long-distance precognitive remote viewing of geographical locations." In: Tart C, Puthoff H. E., Targ R, eds. *Mind at Large.* New York: Praeger; 1979, pp.107-124.

22.Osis, K., and McCormick, D. (1980) "Kinetic Effects at the Ostensible Location of an Out-of-Body Projection during Perceptual Testing," *Journal of the American Society for Psychical Research,* 74, pp.319-329

23.PRC, Chinese Academy of Sciences, High Energy Institute, Special Physics Research Team. "Exceptional Human Body Radiation," *PSI Research,* June 1982, pp.16-25

24.Yonjie, Zhao and Hongzhang, Xu. "EHBF Radiation: Special Features of the Time Response," Institute of High Energy Physics, Beijing, People's Republic of China, *PSI Research,* December 1982.

25.Hubbard, G. Scott, May, E. C., and Puthoff, H. E. (1986) *Possible Production of Photons During a Remote Viewing Task: Preliminary Results.* SRI International, in D. H. Weiner and D. I. Radin (eds.) *Research in Parapsychology* , Metuchen, NJ: Scarecrow Press, 1985, pp.66-70.

26.MacDougall, Duncan, M. D. "Hypothesis Concerning Soul Substance Together with Experimental Evidence of the Existence of Such Substance". *American Medicine,* April, 1907; also in *Journal of the American Society for Psychical Research,* Vol. 1(1907), pp.237-244

27.Carrington, Hereward. *Laboratory Investigations into Psychic Phenomena.* Philadelphia: David McKay company ca19410

28.Williams, Kevin. (2007) *The NDE and the Silver Cord.* Near-Death.com. http://www.near-death.com/experiences/research12.html (accessed December 2010)

29.Holy Bible. Ecclesiastes 12:6. New International Version. http://www.biblegateway.com/passage/?search=Eccl.%2012:6-7&version=NIV; (accessed December 2010)

30.University of Southampton, "World's Largest-ever Study Of Near-Death Experiences." *ScienceDaily.* September 10, 2008.http://www.sciencedaily.com/releases/2008/09/0809 10090829.htm

31.Van Lommel, Pim. "About the Continuity of our Consciousness." In (ed) *Brain Death and Disorders of Consciousness.* Machado, C. and Shewmon, D.A., eds New York, Boston, Dordrecht, London, Moscow: Kluwer Academic/ Plenum Publishers, "Advances in NJ: World Scientific, pp.133-135.

4.Sheldrake, R. *The Presence of the Past: Morphic Resonance and the Habits of Nature.* New York: Times Books. 1988

5.Pearsall, Paul; Schwartz, Gary and Russek, Linda. *Organ Transplants and Cellular Memories. In Nexus Magazine,* April-May 2005, pp.27-32, 76. http://www.paulpearsall.com/info/press/3.html (accessed December 2010)

6.同上

7.The Co-Intelligence Institute. *Morphogenetic Fields.* 2003-2008. http://www.co-intelligence.org/P-morphogeneticfields.html (acessed December 2010)

8.The Co-Intelligence Institute. *More on Morphogenetic Fields.* 2003-2008. http://www.co-intelligence.org/P-moreonmorphgnicflds.html (acessed December 2010)

9.Combs, Allan; Holland, Mark and Robertson, Robin. *Synchronicity: Through the Eyes of Science, Myth, and the Trickster.* New York: Da Capo Press, 2000, pp.27-28. http://books.google.com/books?id=ONXhD2NZtJgC&pg=PA27&lpg=PA27 (accessed December 2000)

10.Stafford, Tom. "Waking Life Crossword Experiment." *Mind Hacks,* January 16, 2007. http://mindhacks.com/2007/01/16/waking-life-crossword-experiment/ (accessed December 2010)

11.Sheldrake, Rupert. In Ted Dace(ed). *Re: Dawkins etc.* Journal of Memetics discussion list, September 11, 2001. http://web.archive.org/web/20070302014159/http://cfpm.org/~majordom/memetics/2000/6425.html (accessed December 2010)

12.Swann, Ingo. *The Ingo Swann 1973 Remote Viewing Probe of the Planet Jupiter.* Remoteviewed.com, December 12, 1995. http://www.remoteviewed.com/remote_viewing_jupiter.htm (acessed December 2010)

13.Morehouse, David. *Psychic Warrior:The True Story of the CIA's Paranormal Espionage Programme.* New York: St. Martin's Press, 1996. http://davidmorehouse.com/ (accessed December 2010).

14.Joe McMoneagle's books include *Mind Trek* (1997), *The Ulitmate Time Machine* with Charles T. Tart (1998), *Remote Viewing Secrets: A Handbook* (2000), The Stargate *Chronicles* (2002), and *Memoirs of a Psychic Spy* with Edwin C. May and L. Robert Castorr (2006). URL: http://www.mceagle.com/ (accessed December 2010)

15.McMoneagle, Nancy. *Remote Viewing in Japan.* McEagle.com. http://www.mceagle.com/remote-viewing/Japan2.html (accessed December 2010)

16.Radin, D. *The Conscious Universe: The scientific truth of psychic phenomena.* New York: Harper Collins, 1997, p.105. www.boundaryinstitute.org/ or www.psiresearch.org. (accessed December 2010)

17.McTaggart, Lynne. *The Field: The quest for the secret force* of *the universe.* New York: Harper Collins, 2002, p.160.

18.Utts, J. (1996) "An assessment of the evidence for psychic

2007. http://www.dailymail.co.uk/news/article-481651/Czech-speedway-rider-knocked-crash-wakes-speaking-perfect-English.html

8. "Croatian Teenager Wakes from Coma Speaking Perfect German." *Telegraph.* April 12, 2010

http://www.telegraph.co.uk/news/worldnews/europe/croatia/7583971/Croatian-teenager-wakes-from-coma-speaking-fluent-German.html

9.Leaman, Bob. *Armageddon: Doomsday in Our Lifetime?* Chapter 4. Australia: Greenhouse Publications, 1986. http://www.dreamscape.com/morgana/phoebe.htm

10.LaBerge, Stephen. *Lucid Dreaming* OP, cit.

11.同上，pp.12-13.

12.*Journal of Offender Rehabilitation,* 36, 2003, 1/2/3/4, pp.283-302. http://proposal.permanentpeace.org/research/index.html

13.*Social Indicators Research* 47: 153-201, 1999. http://proposal.permanentpeace.org/research/index.html

14.同上

15.Orme-Johnson, D.."The science of world peace: Research shows meditation is effective." *The International Journal of Healing and Caring On-Line,* 3 (3). September 1993, p.2

16.St. John of the Cross. *The Collected Works of St. John of the Cross.* Washington, DC: ICS Publications, 1979, in Aron, Elaine and Aron, Arthur, eds., *The Maharishi Effect: A Revolution Through Meditation.* Walpole, NH: Stillpoint Publishing, 1986.

17.Wolters, C., ed. *The Cloud of Unknowing and Other Works.* New York: Penguin, 1978, in Aron, Elaine and Aron, Arthur. *The Maharishi Effect,* OP, cit.

18.Van Auken, John. *Soul Life: Destiny, Fate & Karma.* Association for Research and Enlightenment, 2002. http://www.edgarcayce.org/ps2/soul_life_destiny_fate_karma.html

19.Edgar Cayce Reading 3976-28, June 20, 1943. http://www.edgarcayce.org/are/edgarcayce.aspx?id=2473

20.Edgar Cayce Reading 3976-27, June 19, 1942. http://www.edgarcayce.org/are/edgarcayce.aspx?id=2473

21.Edgar Cayce Reading 3976-8, January 15, 1932. http://www.edgarcayce.org/are/edgarcayce.aspx?id=2473

22.Len, Ihalekala Hew. IZI LLC / Ho'oponopono. http://www.hooponoponotheamericas.org

23.Vitale, Joe and Len, Ihaleakala Hew. *Zero Limits.* New York: Wiley, 2007. http://www.zerolimits.info/

24.同上

25.同上

26.Len, Ihalekala Hew. IZI LLC / Ho'oponopono OP, cit.

27.Commentary on Vitale, Joe, *I'm Sorry, I Love You.* http://www.wanttoknow.info/070701imsorryiloveyoujoevitale

Experimental Medicine and Biology " *Adv Exp Med Biol.* 2004; 550: 115-132. http://www.iands.org/research/important_studies/dr._pim_van_lommel_m.d._continuity_of_consciousness_3.html (accessed December 2010)

32."Near Death Experiences & The Afterlife."(2010) *Scientific evidence for survival of consciousness after death.* http://www.near-death.com/evidence.html (accessed December 2010)

33.同上

34.Newton, Michael. (2000) *Destiny of Souls: New Case Studies of Life Between Lives.* St. Paul, MN: Llewellyn Publications, pp.xi-xii. http://www.spiritualregression.org/ (accessed December 2010)

35.Newton, Michael. (1994) *Journey of Souls: Case Studies of Life Between Lives.* Llewellyn Publications, 1st Edition. http://www.spiritualregression.org/ (accessed December 2010)

36.Newton, Michael. (2000) Op cit., pp.5-8.

37.Backman, Linda. (2009) *Bringing Your Soul to Light: Healing Through Past Lives and the Time Between.* Llewellyn Publications. http://www.bringingyoursoultolight.com (Accessed December 2010)

38.Stevenson, Ian. *Twenty Cases Suggestive of Reincarnation: Second Edition, Revised and Enlarged.* University of Virginia Press, October 1, 1980.

39.Penman, Danny.「我在1276年死於耶路撒冷。」他在催眠情況下告訴醫生他的前世。Daily Mail Online, April 25, 2008. http://www.dailymail.co.uk/pages/live/articles/news/news.html?in_article_id=562154&in_page_id=1770

40.Tucker, Jim. *Life Before Life: Children's Memories of Previous Lives.* New York: St. Martin's Press, April 1, 2008.

第5章　全球人類都活在同一個清明夢中？

1.LaBerge, Stephen. *Lucid Dreaming: The Power of Being Awake and Aware in Your Dreams.* New York: Ballantine Books, 1986. http://www.lucidity.com/ (accessed December 2010)

2.LaBerge, Stephen and Rheingold, Howard. *Exploring the World of Lucid Dreaming.* New York: Ballantine Books, 1990. http://www.lucidity.com/ (accessed December 2010)

3.Ullman, Montague; Krippner, Stanley and Vaughan, Alan. (1973) *Dream Telepathy: Experiments in Nocturnal Extrasensory Perception.* Hampton Roads Publishing, 2003. http://www.siivola.org/monte/ (accessed December 2010)

4.LaBerge, Stephen. *Lucid Dreaming*: OP, cit.

5.Waggoner, Robert. *Lucid Dreaming: Gateway to the Inner Self.* Needham, Ma: Moment Point Press, October 1, 2008. http://www.lucidadvice.com/ (accessed December 2010)

6.LaBerge, Stephen. *Lucid Dreaming:* OP, cit.

7.Brooke, Chris. *Czech speedway rider knocked out in crash wakes up speaking perfect English.* Daily Mail, September 14, stargaze/StarFAQ21.htm#q374

19.同上

20.Burchill, Shirley. *History of Science and Technology: Hipparchus* (c. 190 – c. 120 B.C.) The Open Door http://www.saburchill.com/HOS/astronomy/006.html

21.同上

22.D'Zmura, David Andrew. *US Patent 676618 – Method of determining zodiac signs.* Issued on August 17, 2004. http://www.patentstorm.us/patents/6776618/description.html

23.Mead, GRS. *Thrice-Greatest Hermes, Vol. 2.* 1906.

24.Edgar Cayce Readings. *Edgar Cayce Great Pyramid and Sphinx Reading from 1932.* Cayce.com. http://www.cayce.com/pyramid.htm

25.同上

26.Sanderfur, Glen. *Lives of the Master: The Rest of the Jesus Story.* Virginia Beach, VA:A. R. E. Press, 1988. http://www.edgarcaycebooks.org/livesofmaster.html

27.Mead, GRS. *Thrice-Greatest Hermes,* OP, cit.

28.Copehhaver, Brian P.Hermetica: *The Greek Corpus Hermeticum and the Latin Asclepius in a New English Translation, with Notes and Introduction.* Cambridge University Press, 1995, pp.81-83.

29.Scott, Walter. *Hermetica, Vol. 1: The Ancient Greek and Latin Writings Which Contain Religious or Philosophic Teachings Ascribed to Hermes Trismestigus.* New York: Shambhala, 2001.

30.Prophecies of the Future. *Future Prophecies Revealed: A Remarkable Collection of Obscure Millennial Prophecies. Hermes Trismestigus (circa 1st century CE).* http://futurerevealed.com/future/T.htm

第7章　大金字塔要說的大故事

1.Gray, Martin. *Giza Pyramids.* World-Mysteries.com, 2003. http://www.world-mysteries.com/gw_mgray5.htm

2.同上

3.Lemesurier, Peter. *The Great Pyramid Decoded.* Rockport, MA: Element Books, 1977, p.8.

4.Zajac, John. "The Great Pyramid: A Dreamland Report." *After Dark Newsletter,* February 1995. http://www.europa.com/~edge/pyramid.html

5.Gray, Martin. *Giza Pyramids.* OP, cit.

6.Zajac, John. *The Great Pyramid: A Dreamland Report.* OP, cit.

7.Gray, Martin. *Giza Pyramids.* OP, cit.

8.同上.

9.Lemesurier, Peter. *The Great Pyramid Decoded.* OP, cit.

10.Tompkins, *Peter. Secrets of the Great Pyramid.* New York: Harper and Row, 1971, 1978.

11.同上

28.Ostling, Richard N. "Researcher tabulates world's believers. Salt Lake Tribune," *Salt Lake Tribune,* May 19, 2001. http://www.adherents.com/misc/WCE.html

29.Edgar Cayce Reading 281-16, March 13, 1933. http://www.edgarcayce.org/ps2/mysticism_interpreting_revelation.html

30.同上

第6章　末日傳說，其實有個光明面

1.Flem-Ath, Rand and Flem-Ath, Rose. *When the Sky Fell.* New York: St. Martin's Press, 1995, p.33.

2.Wilson, Colin. *From Atlantis to the Sphinx: Recovering the Lost Wisdom of the Ancient World.* New York: Fromm International, 1996, pp.278-279.

3.Bulfinch, Thomas. *Bulfinch's Mythology: The Age of Fable, or Stories of Gods and Heroes.* Chapter XL. 1855. http://www.sacred-texts.com/cla/bulf/bulf39.htm (accessed December 2010)

4 StateMaster Encyclopedia. Great Year. http://www.statemaster.com/encyclopedia/Great-year

5.同上

6.同上

7.同上

8.Mahabharata, Book 3: *Vana Parva: Markandeya-Samasya Parva:* Section CLXXXVII. http://www.sacred-texts.com/hin/m03/m03187.htm

9.Mahabrata, Book 3: *Vana Parva: Markandeya-Samasya Parva:* Section CLXXXIX and CLXL. http://www.sacred-texts.com/hin/m03/m03189.htm and http://www.sacred-texts.com/hin/m03/m03190.htm

10.同上

11.Edgar Cayce Reading 281-28, October 26, 1936. http://www.edgarcayce.org/ps2/mysticism_interpreting_revelation.html

12.Blavatsky, H.P. *The Secret Doctrine,* Vol. 1, Book 2, p.378. http://www.sacred-texts.com/the/sd/sd1-2-07.htm

13.同上

14.Van Auken, John. *Ancient Mysteries Update: Pyramid Prophecy. Venture Inward Magazine,* March-April 2009. http://www.edgarcayce.org/are/pdf/membership/VentureInwardMarApr2009.pdf.

15.Blavatsky, H.P. *The Secret Doctrine,* Vol. 1, Book 2, p.378. http://www.sacred-texts.com/the/sd/sd1-2-07.htm

16.Stray, Geoff. *Beyond 2012: Catastrophe or Awakening?* p.54. Rochester, Vermont: Bear and Company, 2009, http://www.diagnosis2012.co.uk

17.Lemesurier, Peter. *The Great Pyramid Decoded.* Boston, MA: Element Books, 1977..

18.Stern, David P. *Get a Straight Answer.* NASA Goddard Space Flight Center. http://www-istp.gsfc.nasa.gov/

August 14, 2001. http://news.nationalgeographic.com/news/2001/08/0814_delphioracle.html

43.Fish Eaters. *The Sybils (Sybils).* OP, cit.

44.Morgana's Observatory. *The Cumaean Sibyl – Ancient Rome's Great Priestess and Prophet.* 2006. http://www.dreamscape.com/morgana/desdemo2.htm

45.同上

46.Wikipedia. *Cumaean Sibyl.* http://en.wikipedia.org/wiki/Cumaean_Sibyl

47."Royal76." *December 21, 2012... The End... or just another beginning.* Above Top Secret Forum, May 22, 2007. http://www.abovetopsecret.com/forum/thread283740/pg1

48.Friedman, Amy and Gilliland, Jillian. *The Fire of* Wisdom (an ancient Roman tale). Tell Me a Story, UExpress.com, August 25, 2002. http://www.uexpress.com/tellmeastory/index.html?uc_full_date=20020825

49.The Ion. *Sybilline Oracles: Judgment of the Tenth Generation.* Hearth Productions, January 21, 1997. http://web.archive.org/web/19970712121127/http://www.theion.com/journal/traveler/sybillineoracles.htm

50.Lorre, Norma Goodrich. *Priestesses.* Perennial, November 1990. http://www.dreamscape.com/morgana/desdemo2.htm

51.Mayor, Joseph B.; Fowler, W. Warde and Conway, R.S. *Virgil's Messianic Eclogue: Its Meaning, Occasion and Sources.* London: John Murray, Albemarle Street, 1907. http://www.questia.com/PM.qst?a=o&d=24306203

52.Tompkins, Secrets of the Great Pyramid, OP, cit, p.38.

53.Spenser, Robert Keith. *The Cult of the All-Seeing Eye.* California: Christian Book Club of America, , April 1964.

54.Fish Eaters. *The Eclogues by Virgil (37 BC).* http://www.fisheaters.com/sibyls8.html (accessed May 2010.)

55.Still, William *T. New World Order: The Ancient Plan of Secret Societies.* Lafayette, LA:Huntington House, 1990.

第8章　進入黃金時代的那把鑰匙

1.Laigaard, Jens. "excerpt from Chapter Eight of Pyramideenergien – kritisk undersøgelse (1999)." Translation by Daniel Loxton and Jens Laigaard. *Skeptic.com.* http://www.skeptic.com/junior_skeptic/issue23/translation_Laigaard.html (accessed May 2010)

2.同上.

3.同上

4.同上.

5.Ostrander, S. and Schroeder, L. *Psychic Discoveries Behind the Iron Curtain.* Englewood Cliffs, NJ: Prentice-Hall, 1971.

6.Watson, Lyall. *Supernature.* Doubleday / Bantam Books, New York, 1973, p.88.

7.Krasnoholovets, Volodymyr. *On the Way to Disclosing the Mysterious Power of the Great Pyramid.* Giza Pyramid

12.同上，p.1.

13.同上，p.2.

14.同上.

15.Gray, Martin. Giza Pyramids. OP, cit.

16. Tompkins, Peter. Secrets of the Great Pyramid. OP, cit. p.3

17.同上

18. Pietsch, Bernard. *The Well-Tempered Solar System: Anatomy of the King's Chamber.* 2000. http://sonic.net/bernard/kings-chamber.html

19.Christopher Dunn, *The Giza Power Plant: Technologies of Ancient Egypt.* Santa Fe, NM: Bear & Company, 1998. http://www.gizapower.com

20.同上

21.Gray, Martin. *Giza Pyramids.* OP, cit

22.Lemesurier, Peter. *Gods of the Dawn.* London: Thorsons / HarperCollins, 1999, p.84.

23.同上，p.85.

24.Jochmans, Joseph. *The Great Pyramid – How Old is it Really?* Forgotten Ages Research, 2009. http://www.forgottenagesresearch.com/mystery-monuments-series/The-Great-PyramidHow-Old-is-It-Really.htm (accessed May 2010.)

25.Cayce, Edgar. Reading 5748-5. Association for Research and Enlightenment, June 30, 1932. http://arescott.tripod.com/EConWB.html

26.Tompkins, Peter. *Secrets of the Great Pyramid.* OP, cit., p.17

27.Gray, Martin. *Giza Pyramids.* OP, cit

28.Tompkins, Peter. *Secrets of the Great Pyramid.* OP, cit, p.18.

29.同上，p.17.

30.同上，p.67.

31.同上，p.68.

32. .同上，p.69

33.同上，p.72

34.同上，p.73

35.同上，p.74

36.Lemesurier, Peter. *The Great Pyramid.* OP, cit, p.309.

37.同上.

38.Spenser, Robert Keith. *The Cult of the All-Seeing Eye.* California: Christian Book Club of America, April 1964.

39.Monaghan, Patricia. *The New Book of Goddesses and Heroines.* St. Paul MN: Llewellyn, 1997. http://www.hranajanto.com/goddessgallery/sibyl.html

40.Fish Eaters. *The Sybils (Sybils).* http://www.fisheaters.com/sibyls.html(accessed May 2010.)

41 同上.

42.Roach, John. "Delphic Oracle's Lips May Have Been Loosened by Gas Vapors." *National Geographic News,*

37.Yakovenko, Maxim. *Nakhodka, the city of prehistoric times.* World Pyramids. http://www.world-pyramids.com/nakhodka.html (accessed May 2010.)

38.DeSalvo, John. Press Release: "International Partnership for Pyramid Research." Giza Pyramid Research Association. http://www.gizapyramid.com/russian/press-release.htm (accessed May 2010.)

39.同上

40.Dr. DeSalvo先前從俄文翻譯成英文時誤解了，似乎將「granite」（花崗岩）看成是「鹽與胡椒粉」，而把意思譯為犯人被餵以從金字塔拿來的鹽與胡椒粉。

第9章　與諸神共舞的靜好歲月

1.Beloussov, Lev V. "Biofield as Engendered and Currently Perceived in Embryology". In Savva, Savely.(ed) *Life and Mind: In Search of the Physical Basis.* Victoria, BC, Canada: Trafford Publishing, Victoria, 2006.

2.Driesch, Hans. (1921) *Philosophie des Organischen.* Engelmann, Leipzig.

3.Gurwitsch, AG, *Das Problem der Zellteilung* (The Problem of Cell Division), 1926.

4.Lillge, Wolfgang MD. "Vernadsky's Method: Biophysics and the Life Processes." *21st Century Science & Technology Magazine,* Summer 2001. http://www.21stcenturysciencetech.com/articles/summ01/Biophysics/Biophysics.html

5.McTaggart, Lynne. *The Field: The Quest for the Secret Force of the Universe.* New York: HarperCollins 2002, p.48.

6.同上，p.55.

7.Gariaev, P.P., Friedman, M.J. and Leonova-Gariaeva, E.A. "Crisis in Life Sciences: The Wave Genetics Response." Emergent Mind, 2007. http://www.emergentmind.org/gariaev06.htm

8.同上

9.同上

10.Stevenson, Ian. *Twenty Cases Suggestive of Reincarnation: Second Edition, Revised and Enlarged.* Charlottesville, VA: University of Virginia Press, 1980.

11.Tucker, Jim. *Life Before Life: Children's Memories of Previous Lives.* New York: St. Martin's, 2008.

12.Zuger, Abigail. "Removal of Half the Brain Improves Young Epileptics' Lives." *New York Times,* August 19, 1997. http://www.nytimes.com/yr/mo/day/news/national/sci-brain-damage.html

13.Johns Hopkins Medical Institutions. "Study Confirms Benefits Of Hemispherectomy Surgery." *ScienceDaily* October 16, 2003 http://www.sciencedaily.com/releases/2003/10/031015030730.htm (acccessed May 2010.)

14.Lewin, Roger. "Is Your Brain Really Necessary?" *Science,* Dec. 12, 1980, pp.1232-1234.

15.同上

16.同上

Research Association, January 24, 2001. http://www.gizapyramid.com/DrV-article.htm (accessed May 2010.)

8.同上

9.Watson, Lyall. *Supernature.* OP, cit, p.89.

10.同上，p.90.

11.Osmanagic, Semir. *Bosnian Pyramid.* http://www.bosnianpyramid.com/ (accessed May 2010.)

12.Lukacs, Gabriela. *World Pyramids Project.* http://www.world-pyramids.com(accessed May 2010.)

13.Krasnoholovets, Volodymyr. *On the Way to Disclosing the Mysterious Power of the Great Pyramid.* Giza Pyramid Research Association, January 24, 2001. http://www.gizapyramid.com/DrV-article.htm (accessed May 2010.)

14.Gorouvein, Edward. *Golden Section Pyramids.* Pyramid of Life website. http://www.pyramidoflife.com/eng/golden_section.html (accessed May 2010.):

15.DeSalvo, John. *Russian Pyramid Research: Introduction.* Giza Pyramid Research Association. http://www.gizapyramid.com/russian/introduction.htm(accessed May 2010.)

16.Gorouvein, Edward. *Golden Section Pyramids.* Pyramid of Life. http://www.pyramidoflife.com/eng/golden_section.html (accessed May 2010.)

17.DeSalvo, John. *Russian Pyramid Research: Introduction.* OP, cit.

18.Krasnoholovets, Volodymyr. *On the Way to Disclosing the Mysterious Power of the Great Pyramid.* OP, cit,

19.Gorouvein, Edward. *Golden Section Pyramids.* OP, cit.

20.同上

21.Krasnoholovets, Volodymyr. *On the Way to Disclosing the Mysterious Power of the Great Pyramid.* OP, cit.

22.同上

23.同上

24.同上

25.同上

26.同上

27.同上

28.同上

29.同上

30.同上

31.同上

32.同上

33.同上

34.Gorouvein, Edward. *Tests and Experiments.* Pyramid of Life http://www.pyramidoflife.com/eng/tests_experiments.html#3 (accessed May 2010.)

35.Krasnoholovets, Volodymyr. *On the Way to Disclosing the Mysterious Power of the Great Pyramid.* OP, cit.

36.Gorouvein, Edward. *Tests and Experiments.* OP, cit.

the Father of "Wave-Genetics". *DNA Monthly,* September 2005. http://potentiation.net/DNAmonthly/September05.html (accessed May 2010.)

37.同上

38.Lillge, Wolfgang MD. "Vernadsky's Method: Biophysics and the Life Processes." *21st Century Science & Technology Magazine,* Summer 2001. http://www.21stcenturysciencetech.com/articles/summ01/Biophysics/Biophysics.html

39.同上

40.同上

41.Kaivarainen, Alex. *New Hierarchic Theory of Water and its Role in Biosystems. Bivacuum Mediated Time Effects, Electromagnetic, Gravitational & Mental Interactions.* Institute for Time Nature Explorations. http://www.chronos.msu.ru/EREPORTS/kaivarainen_new.pdf (accessed May 2010.)

42.Benor, Daniel: *Spiritual Healing: A Unifying Influence in Complementary / Alternative Therapies.* Wholistic Healing Research, January 4, 2005 http://www.wholistichealingresearch.com/spiritualhealingaunifyinginfluence.html

43 David-Neel, Alexandra. *With Mystics and Magicians in Tibet.* Chapter VIII. London: Penguin Books, London, 1931. http://www.scribd.com/doc/21029489/With-Mystics-and-Magicians-in-Tibet

第10章　生命自己會找到出口：能量驅動演化

1.Choi, Charles Q. "DNA Molecules Display Telepathy-Like Quality." *LiveScience,* January 24, 2008. http://www.livescience.com/health/080124-dna-telepathy.html (accessed May 2010.) :

2.Institute of Physics, "Physicists Discover Inorganic Dust With Lifelike Qualities." *ScienceDaily*(August 15, 2007). http://www.sciencedaily.com/releases/2007/08/070814150630.htm (accessed December 2010)

3.Melville, Kate. "DNA Shaped Nebula Observed at Center of Milky Way." *Scienceagogo,* March 16, 2006. http://www.scienceagogo.com/news/20060216005544data_trunc_sys.shtml (accessed December 2010)

4.Dunn, John E. "DNA Molecules Can 'Teleport,' Nobel Winner Says, " Techworld.com, January 16, 2011. http://www.pcworld.com/article/216767/dna_molecules_can_teleport_nobel_winner_says.html (accessed January 2011)

5.Fredrickson, James K and Onstott, Tullis C. "Microbes Deep Inside the Earth." Scientific American Magazine, October 1996. http://web.archive.org/web/20011216021826/www.sciam.com/1096issue/1096onstott.html (accessed May 2010.)

6.McFadden, JJ and Al-Khalili (1999). "A quantum mechanical model of adaptive mutations." *Biosystems 50*: 203-211.

7.Milton, Richard. *Shattering the Myths of Darwinism.*

17.Lorber, J. *The family history of 'simple' congenital hydrocephalus. An epidemiological study based on 270 probands.* Z Kinderchir 1984; 39(2): 94-95.

18.Edwards JF, Gebhardt-Henrich S, Fischer K, Hauzenberger A, Konar M, Steiger A. "Hereditary hydrocephalus in laboratory-reared golden hamsters (Mesocricetus auratus)." *Vet Pathol.* July 2006; 43(4): 523-9.

19.McTaggart, Lynne. *The Field: The Quest for the Secret Force of the Universe.* OP, cit.

20.同上，p.40.

21.同上，p.42.

22.同上，p.44.

23.Rein, Glen. *Effect of Conscious Intention on Human DNA.* Denver CO: Proceeds of the International Forum on New Science, October 1996. http://www.item-bioenergy.com/infocenter/ConsciousIntentiononDNA.pdf (accessed June 2010.)

24.同上.

25.Rein, Glen and McCraty, Rollin. *Local and Non-Local Effects of Coherent Heart Frequencies on Conformational Changes of DNA.* Institute of HeartMath / Proc. Joint USPA/IAPR Psychotronics Conference, Milwaukee, Wisconsin, 1993. (Accessed June 2010.) http://appreciativeinquiry.case.edu/uploads/HeartMath%20article.pdf

26.Rein, Glen. *Effect of Conscious Intention on Human DNA.* Denver CO: Proceeds of the International Forum on New Science, October 1996. http://www.item-bioenergy.com/infocenter/ConsciousIntentiononDNA.pdf (accessed June 2010.)

27.Choi, Charles Q. "Strange!. Humans Glow in Visible Light." *LiveScience,* July 22, 2009. http://www.livescience.com/health/090722-body-glow.html (accessed May 2010.):

28.McTaggart, Lynne. *The Field: The Quest for the Secret Force of the Universe.* OP, cit. p.50.

29.同上，p.52.

30.同上，p.53.

31.同上，p.54.

32.Gariaev, Peter P., Friedman, MJ, and Leonova-Gariaeva, E. A. *Crisis in Life Sciences: The Wave Genetics Response.* Russian National Academy of Sciences / Emergent Mind website. http://www.emergentmind.org/gariaev06.htm

33.Kaznacheyev, Vlail P.et al. "Distant intercellular interactions in a system of two tissue cultures." *Psychoenergetic Systems,* March 1976, pp.141-142.

34.Gariaev, Peter P., Friedman, MJ, and Leonova-Gariaeva, EA. *Crisis in Life Sciences: The Wave Genetics Response. Russian* National Academy of Sciences / Emergent Mind website. http://www.emergentmind.org/gariaev06.htm

35.同上

36.Gariaev, Peter P."An Open Letter from Dr. Peter Gariaev,

ax2001igna01a.htm (accessed May 2010.)

26.同上

27.Bounoure, Louis. The Advocate, March 8, 1984, p.17. In Luckert, Karl W(ed). *Quotations on Evolution as a Theory.* 2001. http://web.archive.org/web/20011126101316/http://www.geocities.com/Area51/Rampart/4871/images/quotes.html

28.Smith, Wolfgang. *Teilhardism and the New Religion: A Thorough Analysis of the Teachings of de Chardin.* Tan Books & Publishers, 1998, pp.1-2. In Luckert, Karl W.(ed) *Quotations on Evolution as a Theory.* 2001. http://web.archive.org/web/20011126101316/http://www.geocities.com/Area51/Rampart/4871/images/quotes.html

29.Eldredge, Niles. *The Monkey Business: A Scientist Looks at Creationism.* New York,Washington Square Press, 1982, p.44. In Luckert, Karl W.(ed) *Quotations on Evolution as a Theory.* 2001. http://web.archive.org/web/20011126101316/http://www.geocities.com/Area51/Rampart/4871/images/quotes.html

30.Norman, JR. "Classification and Pedigrees: Fossils. A History of Fishes," Dr. P.H. Greenwood (editor). British Museum of Natural History, 1975, p.343. In Luckert, Karl W.(ed) *Quotations on Evolution as a Theory.* 2001. http://web.archive.org/web/20011126101316/http://www.geocities.com/Area51/Rampart/4871/images/quotes.html

31.Swinton, *W. E. Biology and Comparative Physiology of Birds.* A. J. Marshall (ed.), Vol. 1, New York, Academic Press, 1960, p.1. In Luckert, Karl W(ed.). *Quotations on Evolution as a Theory.* 2001. http://web.archive.org/web/20011126101316/http://www.geocities.com/Area51/Rampart/4871/images/quotes.html

32.Ager, Derek. *The Nature of the Fossil Record.* Proc. Geological Assoc., Vol. 87, 1976, p.132. In Luckert, Karl W.(ed) *Quotations on Evolution as a Theory.* 2001. http://web.archive.org/web/20011126101316/http://www.geocities.com/Area51/Rampart/4871/images/quotes.html

33.Zuckerman, Lord Solly. *Beyond the Ivory Tower.* New York: Taplinger Publishing Company, 1970, p.64. In Luckert, Karl W.(ed.) Quotations on Evolution as a Theory. 2001. http://web.archive.org/web/20011126101316/http://www.geocities.com/Area51/Rampart/4871/images/quotes.html

34.Raup, David M and Sepkoski, J. John Jr. "Mass Extinctions in the Marine Fossil Record." *Science March* 19 1982: pp.1501-1503. http://www.sciencemag.org/cgi/content/abstract/215/4539/1501

35.Raup, David M and Sepkoski, J. John Jr. "Periodicity of extinctions in the geologic past." Proc. Natl. Acad. Sci. USA, Vol. 81, pp.801-805, February 1984. http://www.pnas.org/content/81/3/801.full.pdf

36.Rohde, Robert A. & Muller, Richard A. "Cycles in fossil diversity." *Nature, March* 10, 2005. http://muller.lbl.gov/papers/Rohde-Muller-Nature.pdf

37.Roach, Joan. "Mystery Undersea Evolution Cycle Discovered." *National Geographic* News, March 9, 2005. Rochester, VT: Park Street Press, March, 2000. http://web.archive.org/web/20040402182842/http://www.newsgateway.ca/darwin.htm(accessed May 2010.)

8.McFadden, JJ and Al-Khalili (1999). *A quantum mechanical model of adaptive mutations.* OP, cit..

9.Milton, Richard. *Shattering the Myths of Darwinism.* OP, cit.

10.Keim, Brandon. "Howard Hughes' Nightmare: Space May Be Filled with Germs." *Wired,* August 6, 2008. http://www.wired.com/science/space/news/2008/08/galactic_panspermia

11.Gruener, Wolfgang. "We may be extraterrestrials after all." *TG Daily,* June 13, 2008. http://www.tgdaily.com/trendwatch-features/37940-we-may-be-extraterrestrials-after-all

12.Mustain, Andrea. "34,000-Year-Old Organisms Found Buried Alive!" *LiveScience,* January 13, 2011. http://www.livescience.com/strangenews/ancient-bacteria-organisms-found-buried-alive-110112.html (accessed January 2011)

13.Hoyle, F. (1988) "Is the Universe Fundamentally Biological?" in F.Bertola, et al. (eds), *New Ideas in Astronomy.* NY, Cambridge University Press, pp5-8.

14.Suburban Emergency Management Project. *Interstellar Dust Grains as Freeze-Dried Bacterial Cells: Hoyle and Wickramasinghe's Fantastic Journey.* Biot Report #455, August 22, 2007. http://www.semp.us/publications/biot_reader.php?BiotID=455(accessed May 2010.)

15.同上

16.Strick, James. Sparks of Life: *Darwinism and the Victorian Debates Over Spontaneous* Generation. MA: Harvard University Press, 2002.

17.Flannel, Jack. *The Bionous Nature of the Cancer Biopathy.* Report on Orgonon conference. 2003. http://www.jackflannel.org/orgonon_2003.html

18.同上

19.Crosse, A. *The American Journal of Science & Arts, 35:* 125-137, January 1839. http://www.rexresearch.com/crosse/crosse.htm

20. Edwards, Frank. "Spark of Life." Stranger than Science, 1959. http://www.cheniere.org/misc/sparkoflife.htm

21.同上

22.同上

23."What is Orgone Energy & What is an Orgone Energy Accumulator?".Orgonics http://www.orgonics.com/whatisor.htm (accessed May 2010.)

24.Wilcox, Roger M. "A Skeptical Scrutiny of the Works and Theories of Wilhelm Reich as related to SAPA Bions." February 23, 2009. http://pw1.netcom.com/~rogermw2/Reich/sapa.html (accessed May 2010.)

25.Pacheco, Ignacio. "Ultrastructural and light microscopy analysis of SAPA bions formation and growth in vitro." Orgone.org, January 31, 2000. http://web.archive.org/web/20051108193642/http://www.orgone.org/articles/

Story of Evolution in Our Time. http://www.amazon.com/gp/product/product-description/067973337X/ref=dp_proddesc_0?ie=UTF8&n=283155&s=books (accessed May 2010.) :

56.Milius, Susan. "Rapid Evolution May Be Reshaping Forest Birds' Wings." *Science News*, September 12, 2009. http://www.sciencenews.org/view/generic/id/46471/title/Rapid_evolution_may_be_reshaping_forest_birds%E2%80%99_wings (accessed July 2010)

57.Eichenseher, Tasha. "Goliath Tiger Fish: "Evolution on Steroids" in Congo." *National Geographic News*, February 13, 2009. http://news.nationalgeographic.com/news/2009/02/photogalleries/monster-fish-congo-missions/index.html (accessed May 2010.)

58.Than, Ker. "Immortal" Jellyfish Swarm World's Oceans." *National Geographic News*, January 29, 2009. http://news.nationalgeographic.com/news/2009/01/090130-immortal-jellyfish-swarm.html (acessed May 2010.)

59.Chen, Lingbao ao et al. "Convergent evolution of antifreeze glycoproteins in Antarctic notothenoid fish and Arctic cod." Proc. Natl. Acad. Sci. USA, Vol. 94, pp.3817-3822, April 1997. http://www.life.illinois.edu/ccheng/Chen%20et%20al-PNAS97b.pdf

60.National Geographic Society. *PHOTOS: Odd, Identical Species Found at Both Poles*. February 15, 2009. http://news.nationalgeographic.com/news/2009/02/photogalleries/marine-census-deep-sea/ (accessed May 2010.)

61. Pasichnyk, Richard Michael. *The Vital Vastness, Volume 1: Our Living Earth*, p.360. iUniverse / Writers Showcase, 2002. URL: http://www.livingcosmos.com

62. Dawson, Mary R.; Marivaux, Laurent; Li, Chuan-kui; Beard, K. Christopher and Metais, Gregoire. Laonastes and the "Lazarus Effect" in Recent Mammals." Science,66, March 10, 2006. pp.1456-1458 http://www.sciencemag.org/cgi/content/abstract/311/5766/1456

63.Carey, Bjorn. "Back From the Dead: Living Fossil Identified." LiveScience, March 9, 2006. http://www.livescience.com/animals/060309_living_fossil.html (accessed June 2010.)

64.Van Tuerenhout, Dirk. "Of gompotheres, early American Indians, the Lazarus effect and the end of the world." Houston Museum of Natural Science Website, December 17, 2009. http://blog.hmns.org/?p=5922 (accessed June 2010.)

65.Associated Press. "Living fossil" found in Coral Sea." MSNBC Technology & Science, May 19, 2006. http://www.msnbc.msn.com/id/12875772/GT1/8199/

66.United Press International. "A Jurassic tree grows in Australia." PhysOrg, October 17, 2005. http://www.physorg.com/news7303.html

67.同上

68 Dzang Kangeng Yu.V.,"Bioelectromagnetic fields as a

http://news.nationalgeographic.com/news/2005/03/0309_050309_extinctions.html

38.Kazan, Casey. "Is There a Milky Way Galaxy / Earth Biodiversity Link? Experts Say "Yes". *Daily Galaxy*, May 15, 2009. http://www.dailygalaxy.com/my_weblog/2009/05/hubbles-secret.html (accessed May 2010.):

39.Evans, Mark."Human genes are helping Texas A&M veterinarians unlock the genetic code of dolphins." NOAA Oceanographic and Atmospheric Research , 2000. http://web.archive.org/web/20030421105717/www.oar.noaa.gov/spotlite/archive/spot_texas.html (accessed May 2010.)

40.Kettlewell, Julianna. "Junk' throws up precious secret." BBC News Online, May 12, 2004. http://news.bbc.co.uk/2/hi/science/nature/3703935.stm

41.Fosar, Grazyna and Bludorf, Franz. "The Living Internet (Part 2)." April 2002. http://web.archive.org/web/20030701194920/http://www.baerbelmohr.de/english/magazin/beitraege/hyper2.htm (accessed May 2010.)

42.同上

43.同上

44 Choi, Charles Q. "Spider "Resurrections" Take Scientists by Surprise." *National Geographic News*, April 24, 2009. http://news.nationalgeographic.com/news/2009/04/090424-spider-resurrection-coma-drowning.html (accessed May 2010.)

45.Rockefeller University. "Parasite Breaks Its Own DNA To Avoid Detection." *ScienceDaily* April 19, 2009. http://www.sciencedaily.com/releases/2009/04/090415141210.htm (accessed May 2010.)

46.Wade, Nicholas. "Startling Scientists, Plant Fixes its Flawed Gene." *New York Times* Science, March 23, 2005. http://www.nytimes.com/2005/03/23/science/23gene.html

47.同上

48.Hitching, Francis. *The Neck of the Giraffe – Where Darwin Went Wrong. Boston:* Ticknor & Fields, 1982, pp.56-57.

49.Hitching, Francis. *The Neck of the Giraffe – Where Darwin Went Wrong*. OP, cit. p.55

50.McFadden, Johnjoe. *Quantum Evolution: Outline 2*. http://www.surrey.ac.uk/qe/Outline.htm (accessed May 2010.)

51.Milton, Richard. *Shattering the Myths of Darwinism*. Rochester, TV: Park Street Press, March 1, 2000. http://web.archive.org/web/20040402182842/http://www.newsgateway.ca/darwin.htm(accessed May 2010.)

52.McFadden, Johnjoe. *Quantum Evolution: Outline 2*.OP, cit.

53."Hyper-Speed" Evolution Possible? Recent Research Says "Yes" *Daily Galaxy*, April 21, 2008. http://www.dailygalaxy.com/my_weblog/2008/04/scientists-disc.html (accessed May 2010.)

54.同上

55.Amazon.com Reviews.Weiner, *The Beak of the Finch: A*

82.Silberman, Steve. "Placebos Are Getting More Effective. Drugmakers Are Desperate To Know Why." *Wired* Magazine, August 24, 2009. http://www.wired.com/medtech/drugs/magazine/17-09/ff_placebo_effect

83.同上

84."Despite Frustrations, Americans are Pretty Darned Happy." Science Daily.. July 1, 2008. http://www.sciencedaily.com/releases/2008/06/080630130129.htm

85."Happiness Lengthens Life Science Daily." August 5, 2008. http://www.sciencedaily.com/releases/2008/08/080805075614.htm

86."Happiness Gap' in US Narrows." January 28, 2009. http://www.sciencedaily.com/releases/2009/01/090126121352.htm

87.Jenkins, Simon. "New evidence on the role of climate in Neanderthal extinction. " EurekAlert, September 12, 2007. http://www.eurekalert.org/pub_releases/2007-09/uol-neo091107.php

88.同上

89.Rincon, Paul. "Did Climate Kill Off the Neanderthals?" BBC News, February 13, 2009. http://news.bbc.co.uk/2/hi/science/nature/7873373.stm

90.LiveScience Staff. Humans Ate Fish 40,000 Years Ago." LiveScience, July 7, 2009. http://www.livescience.com/history/090707-fish-human-diet.html

91.Britt, Robert Roy. "Oldest Human Skulls Suggest Low-Brow Culture." LiveScience, February 16, 2005. http://www.livescience.com/health/050216_oldest_humans.html

92.同上

93.Lewis, James. "On Religion, Hitchens is Not So Great." American Thinker, July 15, 2007. http://www.americanthinker.com/2007/07/on_religion_hitchens_is_not_so_1.html

94 Ward, Peter."The Father of All Mass Extinctions " Society for the Conservation of Biology / Conservation Magazine, 5, 3, 2004. http://www.conservationmagazine.org/articles/v5n3/the-father-of-all-mass-extinctions/

95.Britt, Robert Roy. "Oldest Human Skulls Suggest Low-Brow Culture." LiveScience, February 16, 2005. http://www.livescience.com/health/050216_oldest_humans.html

96.同上

第11章　時間到了

1.Tennenbaum, Jonathan. "Russian Discovery Challenges Existence of 'Absolute Time". *21st Century Science and Technology Magazine,* Summer 2000. http://www.21stcenturysciencetech.com/articles/time.html

2.S.E., Namiot V.A., Khohklov N.B., Sharapov M.P., Udaltsovan B., Dansky A.S., Sungurov A.Yu., Kolombet V.A., Kulevatsky D.P., Temnov A.V., Kreslavskaya N.B. and Agulova L.P.(1985). Discrete Amplitude Spectra material carrier of biogenetic information." Aura-Z. 1993, N3, p.42-54.

69.Gariaev, Peter P., Tertishny, George G. and Leonova, Katherine A. "The Wave, Probabilistic and Linguistic Representations of Cancer and HIV." *Journal of Non-Locality and Remote Mental Interactions,* Vol. 1, No. 2. http://www.emergentmind.org/gariaevI2.htm (accessed May 2010.)

70.Brekhman, Grigori. "Wave mechanisms of memory and information exchange between mother and her unbord child (Conception)." International Society of Prenatal and Perinatal Psychology and Medicine 2005. http://www.isppm.de/Congress_HD_2005/Brekhman_Grigori-Wave_mechanisms_of_memory.pdf (accessed May 2010.)

71.Dzang Kangeng Yu.V., "A method of changing biological object's hereditary signs and a device for biological information directed transfer. Application N3434801, invention priority as of 30.12.1981, registered 13.10.1992."

72.Gariaev, Peter P., Tertishny, George G. and Leonova, Katherine A.. *The Wave, Probabilistic and Linguistic Representations of Cancer and HIV.* OP, cit .http://www.emergentmind.org/gariaevI2.htm

73.Vintini, Leonardo. "The Strange Inventions of Pier L. Ighina." The Epoch Times, September 25-October 1, 2008, p.B6. http://epoch-archive.com/a1/en/us/bos/2008/09-Sep/25/B6.pdf (accessed June 2010.)

74.同上

75.同上

76.Zajonc, R.B., Adelmann, P.K., Murphy, S.T., & Niedenthal, P.M. (1987). "Convergence in the physical appearance of spouses. Motivation and Emotion," 11(4), (1987),.335-346. http://www.spring.org.uk/2007/07/facial-similarity-between-couples.php

77.Baerbel-Mohr. *DNA.* (Summary of the book *Vernetze Intelligenz* by von Grazyna Fosar and Franz Bludorf, .) http://web.archive.org/web/20030407171420/http://home.planet.nl/~holtj019/GB/DNA.html

78. Lever, Anna Marie. "Human evolution is 'speeding up'". BBC News, December 11, 2007. http://news.bbc.co.uk/2/hi/science/nature/7132794.stm

79.Kazan, Casey and Hill, Josh. "Is the Human Species in Evolution's Fast Lane? " A Daily Galaxy, April 17, 2008. http://www.dailygalaxy.com/my_weblog/2008/04/is-the-human-sp.html

80. Heylighen, F. "Increasing intelligence: the Flynn effect." Principia Cybernetica Web, August 22, 2000. http://pespmc1.vub.ac.be/FLYNNEFF.html

81.Smith, Lewis. "Swimming orang-utans' spearfishing exploits amaze the wildlife experts." UK Times Online, April 28, 2008. http://www.timesonline.co.uk/tol/news/environment/article3828123.ece

15.Whitehouse, David. "Mystery force tugs distant probes." BBC News, May 15, 2001. http://news.bbc.co.uk/2/hi/science/nature/1332368.stm

16.Choi, Charles Q. "NASA Baffled by Unexplained Force Acting on Space Probes." SPACE.com, March 3, 2008. http://www.space.com/scienceastronomy/080229-spacecraft-anomaly.html

17.同上

18.Moore, Carol. "Sunspot cycles and activist strategy." Carolmoore.net, February 2010. http://www.carolmoore.net/articles/sunspot-cycle.html

19.Gribbin, John and Plagemann, Stephen. "Discontinuous Change in Earth's Spin Rate following Great Solar Storm of August 1972.' *Nature* May 4 1973 http://www.nature.com/nature/journal/v243/n5401/abs/243026a0.html

20.Mazzarella, A. and Palumbo, A. "Earth's Rotation and Solar Activity." Geophysical Journal International 97:1, 169-171. http://www3.interscience.wiley.com/journal/119443769/abstract

21.R. Abarca del Rio et al. "Solar Activity and Earth Rotation Variability." *Journal of Geodynamics* 36 2003, pp.423–443. http://www.cgd.ucar.edu/cas/adai/papers/Abarca_delRio_etal_JGeodyn03.pdf

22.同上

24.Spottiswoode, S and James P."Anomalous Cognition Effect Size: Dependence on Sidereal Time and Solar Wind Parameters." Palo Alto, CA: Cognitive Sciences Laboratory. http://www.jsasoc.com/docs/PA-GMF.pdf

25.Nelson, Roger. "GCP Background." Institute of Noetic Sciences. http://noosphere.princeton.edu/science2.html

26.同上

27.同上

28.Nelson, R.D., Bradish, J., Dobyns, Y.H., Dunne, B. J., and Jahn, R. G.…"Field REG Anomalies in Group Situations." *Journal of Scientific Exploration,* 10:111-42.(1996)

29.Nelson, Roger. "Consciousness and Psi: Can Consciousness Be Real?" Utrecht II: Charting the Future of Parapsychology, October 2008, Utrecht, The Netherlands, in Global Consciousness Project, July 29, 2008. http://noosphere.princeton.edu/papers/pdf/consciousness.real.pdf

30.Radin, Dean I., Rebman, Jannine M., and Cross, Maikwe P.,"Anomalous Organization of Random Events by Group Consciousness: Two Exploratory Experiments." *Journal of Scientific Exploration,* 10, 1, pp.143-168, 1996.

31.Nelson, Roger. Consciousness and Psi: Can Consciousness Be Real? OP, Cit.

32.同上.

33.Radin, Dean. "Global Consciousness Project Analysis for September 11, 2001." Institute of Noetic Sciences, 2001. http://noosphere.princeton.edu/dean/wtc0921.html

34.Radin, Dean. "Terrorist Disaster, September 11, 2001: (Histograms) of Macroscopic Fluctuations in Processes of Different Nature. Preprint IBF AN SSSR. Pushchino. 39pp.(in Russian). In Levich, A.P.(ed.) *A Substantial Interpretation of N.A. Kozyrev's Conception of Time.* Singapore, New Jersey, London, Hong Kong: World Scientific, 1996, p.1-42. http://www.chronos.msu.ru/EREPORTS/levich2.pdf

3.Tennenbaum, Jonathan. "Russian Discovery Challenges Existence of 'Absolute Time" . *21st Century Science and Technology Magazine,* Summer 2000. http://www.21stcenturysciencetech.com/articles/time.html

4.Jones, David. "Israel's Secret Weapon? A Toronto inventor may hold the key to Entebbe." *Vancouver Sun Times, Weekend Magazine,* Dec. 17, 1977, p.17. http://www.rexresearch.com/hurwich/hurwich.htm

5.同上

6.同上

7.同上

8.Folger, Tim. "Newsflash: Time May Not Exist." *Discover Magazine June* 12, 2007. http://discovermagazine.com/2007/jun/in-no-time

9.Hafele, J. C. and Keating, Richard E. "Around-the-World Atomic Clocks: Predicted Relativistic Time Gains." *Science* 14 July 1972, pp.166-168. http://www.sciencemag.org/cgi/content/abstract/177/4044/166/

10.Rindler, Wolfgang. *Essential Relativity: Special, General, and Cosmological.* New York: Springer-Verlag, 1979, p.45.

11.Youngson, Robert. *Scientific Blunders: A brief history of how wrong scientists can sometimes be.* London: Constable & Robinson Publishing, 1998. http://www2b.abc.net.au/science/k2/stn/archives/archive53/newposts/415/topic415745.shtm

12.Einstein, Albert. *Dialog uber Einwande gegen die Relativitatstheorie.* Die Naturwissenschaften, 6 (1918) 697-702, in Kostro, Ludwik(ed.). *Albert Einstein's New Ether and his General Relativity.* Proceedings of The Conference of Applied Differential Geometry - General Relativity and The Workshop on Global Analysis, Differential Geometry and Lie Algebras, 2001, 78-86. http://www.mathem.pub.ro/proc/bsgp-10/0KOSTRO.PDF

13.Einstein, Albert. *Aether und Relativitatstheorie,* Berlin: Verlag von J. Springer, 1920, in Kostro, Ludwik(ed.), *Albert Einstein's New Ether and his General Relativity.* Proceedings of The Conference of Applied Differential Geometry - General Relativity and The Workshop on Global Analysis, Differential Geometry and Lie Algebras, 2001, 78-86. http://www.mathem.pub.ro/proc/bsgp-10/0KOSTRO.PDF

14.Tennenbaum, Jonathan. "Russian Discovery Challenges Existence of 'Absolute Time.'". 21st Century Science and Technology Magazine, Summer 2000. http://www.21stcenturysciencetech.com/articles/time.html

14.Nachalov, Yu. V. *Theoretical Basis of Experimental Phenomena.* http://www.amasci.com/freenrg/tors/tors3.html

15.Kozyrev, Nikolai. "Possibility of Experimental Study of Properties of Time." OP, cit.

16.Dong, Paul and Raffill, Thomas E. *China's Super Psychics.* New York: Marlowe and Company, 1997.

17.Swanson, Claude V. *The Synchronized Universe: New Science of the Paranormal. Poseidia Press,* Tucson, AZ, 2003, pp.116-117.

18同上.

第13章 真相是什麼？

1.Saetang, David. "Great Scott! Scientists Claim Time Travel is Possible." *PC World,* January 18, 2011. http://www.pcworld.com/article/216946/great_scott_scientists_claim_time_travel_is_possible.html?tk=mod_rel (accessed January 2011)

2.Nairz, Olaf; Zeilinger, Anton and Arndt, Markus. "Quantum interference experiments with large molecules." American Association of Physics Teachers, October 30, 2002. http://hexagon.physics.wisc.edu/teaching/2010s%20ph531%20quantum%20mechanics/interesting%20papers/zeilinger%20large%20molecule%20interference%20ajp%202003.pdf (accessed June 2010.)

3.Markus Arndt , Olaf Nairz, Julian Voss-Andreae, Claudia Keller, Gerbrand van der Zouw and Anton Zeilinger. "Wave-particle duality of C60." *Nature* 401, October 14, 1999. pp.680-682

4.同上

5.Olaf Nairz, Björn Brezger, Markus Arndt, and Anton Zeilinger. "Diffraction of the Fullerenes C60 and C70 by a standing light wave." October, 2001. http://www.univie.ac.at/qfp/research/matterwave/stehwelle/standinglightwave.html (accessed June 2010.)

6.Olaf Nairz, Björn Brezger, Markus Arndt, and Anton Zeilinger, Diffraction of Complex Molecules by Structures Made of Light, Physical *Review.Letters, 87,* 160401 (2001)

7.Folger, Tim. "Newsflash: Time May Not Exist". *Discover Magazine* June 12, 2007. http://discovermagazine.com/2007/jun/in-no-time

8.同上

9.Nehru, K. "Quantum Mechanics' as the Mechanics of the Time Region." *Reciprocity,* Spring 1995, pp.1–9; revised February 1998. http://library.rstheory.org/articles/KVK/QuantumMechanics.html(accessed June 2010.)

10.Nehru, K. "Precession of the Planetary Perihelia Due to Co-ordinate Time." Reciprocal System Theory Library, March 16, 2009 http://library.rstheory.org/articles/KVK/PrecPlanetPeri.html.(accessed June 2010.)

11.Peret, Bruce. "Frequently Asked Questions – Reciprocal Theory." http://rstheory.org/faq/9 (accessed June 2010.)

Exploratory Analysis." Institute of Noetic Sciences, 2001. http://noosphere.princeton.edu/exploratory.analysis.html

35.同上

36.Braden, Gregg. *Fractal Time: The Secret of 2012 and a New World Age.* Hay House Publishers, 2009, p.193.

37.Radin, Dean. "Formal Analysis, September 11, 2001." Institute of Noetic Sciences, 2001. http://noosphere.princeton.edu/911formal.html

38.Swanson, Claude V. *The Synchronized Universe: New Science of the Paranormal.*Tucson, AZ, Poseidia Press, 2003, p102

第12章 虛空中的偉大能量

1.Puthoff, Hal. Institute for Advanced Studies. Austin, Texas. http://www.earthtech.org/iasa/index.html

2.Haramein, Nassim. "Haramein Paper Wins Award!" The Resonance Project. http://theresonanceproject.org/best_paper_award.html (accessed June 2010.)

3.Crane, Oliver, Lehner, J.M. and Monstein, C. "Central Oscillator and Space-Quanta Medium." June 2000. http://www.rqm.ch, http://www.rexresearch.com/monstein/monstein.htm (accessed June 2010.)

4.Wright, Walter. *Gravity is a Push.* New York: Carlton Press, 1979.

5.Aspden, Harold. "Discovery of Virtual Inertia." *New Energy News,* 2, pp.1-2. (1995). http://www.aspden.org/papers/bib/1995f.htm (accessed December 2010)

6.Watson, Lyall. *Supernature.* New York:Doubleday / Bantam Books, 1973, p.90.

7.Akimov, A.E. and Shipov, G.I. "Torsion Fields and their Experimental Manifestations." Proceedings of International Conference: New Ideas in Natural Science. 1996. http://www.amasci.com/freenrg/tors/tors.html

8.Levich, A.P."A Substantial Interpretation of N.A. Kozyrev's Conception of Time. Singapore, New Jersey, London, Hong Kong: World Scientific, 1996, p.1-42. URL: http://www.chronos.msu.ru/EREPORTS/levich2.pdf

9.Kozyrev, Nikolai. Possibility of Experimental Study of Properties of Time." September 1967. http://www.astro.puc.cl/~rparra/tools/PAPERS/kozyrev1971.pdf

10.同上

11.同上

12.Levich, A.P.A Substantial Interpretation of N.A. Kozyrev's Conception of Time. OP, cit.

13.Kozyrev, N.A. (1977). "Astronomical observations using the physical properties of time." In: *Vspykhivayushchiye Zvezdy* (Flaring Stars). Yerevan, pp.209-227 參見：Kozyrev N.A. (1991). *Selected Works.* Leningrad, pp.363-383 From: Levich, A.P., A *Substantial Interpretation of N.A. Kozyrev's Conception of Time.* Singapore, New Jersey, London, Hong Kong: World Scientific, 1996, p.1-42. http://www.chronos.msu.ru/EREPORTS/levich2.pdf

org/web/20060523120043/http://blog.weatherbug.com/Stephanie/index.php?/stephanie/comments/can_a_tornado_drive_a_piece_of_straw_into_a_tree/ (accessed June 2010.)

10.National Weather Service. *Grand Rapids, MI: The April 3, 1956 Tornado Outbreak.* OP, cit.

11.Alexandersson, Olof. *Living Water: Viktor Schauberger and the Secrets of Natural Energy.* Houston, TX: Newleaf, 1982, 1990, 2002, p.22.

12.Wagner, Orvin E. "Dr. Ed Wagner " Wagner Research Laboratory, July 2007. http://home.budget.net/~oedphd/Edbio.html (accessed June 2010.)

13.Wagner, Orvin E. "A Basis for a Unified Theory for Plant Growth and Development." *Physiological Chemistry and Physics and Med. NMR* (1999) 31:109-129. http://home.budget.net/~oedphd/plants/unified.html (accessed June 2010.) :

14.Grebennikov, Viktor. "Cavity Structural Effect and Insect Antigravity." Rex Research, November 2001. http://www.rexresearch.com/grebenn/grebenn.htm (accessed June 2010.) :

15.Davidson, Dan. "Free Energy, Gravity and the Aether." KeelyNet, October 18, 1997. http://www.keelynet.com/davidson/npap1.htm (accessed June 2010.)

16.Cathie, Bruce. "Acoustic Levitation of Stones." In Childress, David Hatcher(ed.). *Anti-Gravity and the World Grid.* Kempton, IL,1Adventures Unlimited Press, 1987, 1995, pp.211-216.

17.Alexandersson, Olof. Living *Water: Viktor Schauberger and the Secrets of Natural Energy.* Houston, TX: Newleaf, 1982, 1990, 2002.

18.Cook, Nick. *The Hunt for Zero Point: Inside the Classified World of Antigravity Technology.* New York: Broadway Books, 2002, pp.228-229, 234.

19.Grebennikov, Viktor. Cavity Structural Effect and Insect Antigravity. OP, cit.

20.同上

21.同上

22.同上

23. "An anti-gravity platform of V.S. Grebbenikov." Op cit.

24.Kirkpatrick, Sidney. *Edgar Cayce: An American Prophet.* New York: Riverhead Books / Penguin Putnam, 2000, pp.123-124.

25.Cayce, Edgar. Reading 195-54. Association for Research and Enlightenment, January 13, 1929. http://all-ez.com/nofuel2.htm (accessed June 2010.)

26.Vassilatos, Gerry. *Lost Science.* Baysidem CA: Borderland Sciences Research Foundation, 1997, 1999. http://www.hbci.com/~wenonah/history/brown.htm (accessed June 2010.) :

27.Cassidy, Kerry; Ring, Ralph and Ryan, Bill. "Aquamarine Dreams: Ralph Ring and Otis T. Carr." Project Camelot,

12.Ashley, Dave. "Dave Ashley's House o' Horrors." April 29, 1998 http://www.xdr.com/dash/ .(accessed June 2010.)

13.Ashley, Dave. "Law of One Material and Dewey B Larson's Physics." James Randi Educational Foundation, January 30, 2008. http://forums.randi.org/showthread.php?t=105001 (accessed June 2010.)

14.Peret, Bruce. *Frequently Asked Questions – Reciprocal Theory.* OP, cit.

15.Berlitz, Charles. *The Bermuda Triangle.* New York: Avon Books, 1974, pp.124-125.

16.Caidin, Martin. *Ghosts of the Air.* Lakeview, MN: Galde Press / Barnes and Noble, 2007, original edition 1991, p.223.

17.同上，pp.223-226.

18.Ginzburg, Vladimir B. "About the Paper." Spiral Field Theory Website, 2000. http://web.archive.org/web/20010217014501/http://www.helicola.com/about.html

19.Levich, A.P."A Substantial Interpretation of N.A. Kozyrev's Conception of Time." Singapore, New Jersey, London, Hong Kong: World Scientific, 1996, pp.17-18. http://www.chronos.msu.ru/EREPORTS/levich2.pdf

20.同上.

21.同上，p.32.

第14章　重力與輕力的拔河賽

1.Yam, Philip."Bringing Schrödinger's Cat to Life." *Scientific American,* June 1997, p.124.

2.McTaggart, Lynne. *The Field: The Quest for the Secret Force of the Universe.* New York: HarperCollins, 2002, p.28.

3.MacPherson, Kitta. "Princeton scientists discover exotic quantum states of matter." News at Princeton, April 24, 2008. http://www.princeton.edu/main/news/archive/S20/90/55G21/index.xml?section=topstories (accessed December 2010)

4.Dmitriev, A.N., Dyatlov, V.L. and Merculov, V.I. "Electrogravidynamic Concept of Tornadoes." The Millennium Group.http://www.tmgnow.com/repository/planetary/tornado.html (accessed June 2010.)

5.同上.

6.Cerveny, Randy. *Freaks of the Storm – From Flying Cows to Stealing Thunder, The World's Strangest True Weather Stories.* New York: Thunder's Mouth Press, 2006, p.31.

7.Dmitriev, A.N., Dyatlov, V.L. and Merculov, V.I. *Electrogravidynamic Concept of Tornadoes.* OP, cit.

8.National Weather Service. "Grand Rapids, MI: The April 3, 1956 Tornado Outbreak." NOAA, May 20, 2010. http://www.crh.noaa.gov/grr/science/19560403/vriesland_trufant/eyewitness/ (accessed June 2010.)

9.Blozy, Stephanie. "Can a Tornado Drive a Piece of Straw Into a Tree? "WeatherBug, July 2005. http://web.archive.

15. Jochmans, Joseph. "Earth: A Crystal Planet?" Op.cit.

16."Athelstan Frederick Spilhaus: Lieutenant Colonel, United States Army. American Memory obituary. Died March 30, 1998. "Arlington National Cemetery, http://www.arlingtoncemetery.net/spilhaus.htm (accessed June 2010)

17.Manbreaker, Crag. "Glossary of Physical Oceanography: Sn-Sz, Spilhaus, Athelstan (1912-1998)." UNESCO , August. 17, 2001. http://web.archive.org/web/20030916211451/http://ioc.unesco.org/oceanteacher/resourcekit/M3/Data/Measurements/Parameters/Glossaries/ocean/node36.html (accessed June 2010.)

18.同上.

19.University of California Museum of Paleontology. :"Plate Tectonics: The Rocky History of an Idea." University of California at Berkeley , August 22, 1997. http://www.ucmp.berkeley.edu/geology/techist.html (accessed June 2010.)

20.Luckert, Carl W. Plate Expansion Tectonics http://www.triplehood.com/expa.htm (accessed June 2010)

21.Maxlow, James."Quantification of an Archean to Recent Earth Expansion Process Using Global Geological and Geophysical Data Sets." Curtin University of Technology Ph.D. Thesis, 2001. http://espace.library.curtin.edu.au/R?func=dbin-jump-full&local_base=gen01-era02&object_id=9645 (accessed June 2010.)

22.Maxlow, James. Global Expansion Tectonics November 1999. http://web.archive.org/web/20080801082348/http://www.geocities.com/CapeCanaveral/Launchpad/6520/ (accessed June 2010.)

23.Ollier, Cliff. "Exceptional Planets and Moons, and Theories of the Expanding Earth". *New Concepts in Global Tectonics Newsletter,* December, 2007. http://www.ncgt.org/newsletter.php?action=download&id=52

24.Roehl, Perry O. "A Commentary. Let's Cut to the Chase: Plate Tectonics Versus Expansion of the Planet." *Society of Independent Professional Earth Scientists / SIPES Quarterly,* February. 2006. http://www.sipes.org/Newsletters/NewsltrFeb06.pdf (Accessed June 2010.)

25.Schneider, Michael. "Crystal at the Center of the Earth: Anisotropy of Earth's Inner Core. Projects in Scientific Computing, Pittsburgh Supercomputing Center, 1996. http://www.psc.edu/science/Cohen_Stix/cohen_stix.html (accessed June 2010.)

26.Glatzmaier, Gary A.; Coe, Robert S.; Hongre, Lionel and Roberts, Paul H. "The role of the Earth's mantle in controlling the frequency of geomagnetic reversals." *Nature,* October. 28, 1999, pp.885-890. http://www.es.ucsc.edu/~rcoe/eart110c/Glatzmaieretal_SimRev_Nature99.pdf (accessed June 2010.):

27.Buffett, Bruce A. "Earth's Core and the Geodynamo." Science, 16 June 2000, pp.2007-2012.: http://www.sciencemag.org/cgi/content/abstract/288/5473/2007

Las Vegas, August 2006. http://projectcamelot.org/ralph_ring.html (Accessed June 2010.)

28.同上

29. Cassidy, Kerry; Ring, Ralph and Ryan, Bill. Ralph Ring Interview Transcript. "Project Camelot, Las Vegas, August 2006 http://projectcamelot.org/lang/en/ralph_ring_interview_transcript_en.html. (accessed June 2010.)

30.Cassidy, Kerry; Ring, Ralph and Ryan, Bill."Ralph Ring Interview Transcript." Project Camelot, Las Vegas, August 2006. http://projectcamelot.org/lang/en/ralph__ring_

interview_transcript_en.html (accessed June 2010)

31.David-Neel, Alexandra. *With Mystics and Magicians in Tibet.* Chapter VI: Psychic Sports. Penguin Books, London, 1931. http://www.scribd.com/doc/21029489/With-Mystics-and-Magicians-in-Tibet

32.同上

33.同上

第15章　把幾何課變得更有趣

1.Caidin, Martin. *Ghosts of the Air.* Lakeeview, MN: Galde Press / Banes and Noble, 1991, 2007, p.206.

2.Quasar, Gian J. *Into the Bermuda Triangle.* New York: International Marine / McGraw Hill, 2004, p.1.

3.Grigonis, Richard. *Ivan T. Sanderson.* Chapter 13: Downfall. Richard Grigonis / Society for the Investigation of the Unexplained, 2009, 2010. http://www.richardgrigonis.com/Ch13%20Downfall.html (accessed June 2010.)

4.同上

5.同上

6.同上

7.Paranormal Encyclopedia. "Vile Vortices." .http://www.paranormal-encyclopedia.com/v/vile-vortices/ (accessed June 2010.)

8.Grigonis, Richard. *Ivan T. Sanderson* OP, cit.

9 Jochmans, Joseph. "Earth: A Crystal Planet?" *Atlantis Rising,* Spring 1996. http://web.archive.org/web/19990128233845/http://atlantisrising.com/issue7/ar7crysp1.html (accessed June 2010.) :

10.同上

11.同上

12.Becker, William and Hagens, Bethe. "The Planetary Grid: A New Synthesis." *Pursuit, Journal of the Society for the Investigation of the Unexplained* Vol.17, No.4(1984). http://missionignition. Net/bethe/planetary_grid. Php

13.同上

14.Wood, Dave; Piper, Anne and Nunn, Cindy. "Gloucestershire's ley lines." BBC Gloucestershire History, June 29, 2005. http://www.bbc.co.uk/gloucestershire/content/articles/2005/06/29/ley_lines_feature.shtml (accessed June 2010.)

moon_nuc.html

41. Mallove, Eugene. "MIT and Cold Fusion: A Special Report. Infinite Energy 24, 1999. http://www.infinite-energy.com/images/pdfs/mitcfreport.pdf (accessed June 2010.)

42.Hecht, Laurence. "Advances in Developing the Moon Nuclear Model." Op cit.

43 Hecht, Laurence. "The Geometric Basis for the Periodicity of the Elements." *21st Century Science and Technology,* May-June 1988, p.18. http://www.21stcenturysciencetech.com/Articles%202004/Spring2004/Periodicity.pdf (accessed June 2010.)

44.Duncan, Michael A. and Rouvray, Dennis H. "Microclusters." Scientific American, 261(6), 1989, pp.110-115. http://www.subtleenergies.com/ormus/research/research.htm

45.Sugano, Satoru and Koizumi, Hiroyasu. *Microcluster Physics: Second Edition,* Berlin Heidelberg, New York: Springer-Verlag 1998.

46.Gardner, Lawrence. "Ormus Products & M-State Elements." Graal.co.uk. http://graal.co.uk/whitepowdergold.php (accessed December 2010)

47.同上

48.同上

49.Fouche, Edgar. "Secret Government Technology." 2000. http://web.archive.org/web/20001202132200/http://www.fouchemedia.com/arap/speech.htm (accessed June 2010.)

50.同上

51.Vassilatos, Gerry. *Lost Science.* Bayside, CA: Borderland Sciences Research Foundation, 1997, 1999. http://www.hbci.com/~wenonah/history/brown.htm (accessed June 2010.)

52.同上.

53.同上

54.同上

55.同上

56. White, Mark. "Introducting: The Perfect Code Theory." Rafiki Incorporated. http://www.codefun.com/Genetic.htm (accessed December 2010)

57 同上

第16章 馬雅曆與通往無窮智慧之門

1.Martineau, John. *A Little Book of Coincidence.* New York: Wooden Books / Walker & Company, , 1995, 2001, 2002.

2."Prince Charles Explores 'Mysterious Unity' of the Universe in New Book." *The Huffington Post.* November 24, 2010. http://www.huffingtonpost.com/2010/11/24/prince-charles-harmony_n_786565.html (accessed December 2010).

3.Martineau, John. *A Litter. Book of Coincidence.* OP cit. p.12.

(accessed June 2010.)

28.Singh, S. C., Taylor, M. A. J., Montagner, J. P."On the Presence of Liquid in Earth's Inner Core." *Science,* pp.2471-2474. http://bullard.esc.cam.ac.uk/~taylor/Abstracts/SCIENCE_Published_InnetCore.pdf (accessed June 2010).

29 US Geological Survey. "Inner Core." US National Report to IUGG, 1991-1994. *Rev. Geophys.* Vol. 33, Suppl., © 1995 American Geophysical Union. http://web.archive.org/web/20071009130628/http://www.agu.org/revgeophys/tromp01/node2.html (accessed June 2010.)

30.Jacobs, J.A. "The Earth's inner core." *Nature* 172(1953), pp.297-298. http://www.nature.com/nature/journal/v172/n4372/pdf/172297a0.pdf (accessed June 2010.)

31.Levi, Barbara Goss."Understanding Why Sound Waves Travel Faster along Earth's Axis in the Inner Core." Physics Today Online, Search & Discovery, November 2001, p.17. http://web.archive.org/web/20050213235821/http://www.physicstoday.org/pt/vol-54/iss-11/p17.html (accessed June 2010.)

32.Hoagland, Richard C. *The Monuments of Mars: A City on the Edge of Forever. Berkeley:* North Atlantic Books, 1992.

33.Hoagland, Richard C. and Torun, Etol O. "The 'Message of Cydonia': First Communication from an Extraterrestrial Civilization?" The Enterprise Mission, 1989. http://www.enterprisemission.com/message.htm (accessed January 2011).

34.Jenny, Hans. "Cymatics – A Study of Wave Phenomena." MACROmedia. (accessed June 2010.) McTaggart, Lynne. *The Field: The Quest for the Secret Force of the Universe.* New York: HarperCollins , 2002.

35.Nehru, K. "The Wave Mechanics in the Light of the Reciprocal System." Reciprocal System Library, August 19, 2008. http://library.rstheory.org/articles/KVK/WaveMechanics.html

36.同上

37.Wilcock, David. *The Divine Cosmos – Convergence Volume Three.* Chapter 4: The Sequential Perspective. http://divinecosmos.com/index.php?option=com_content&task=view&id=98&Itemid=36 (accessed June 2010.)

38.Carter, James. Absolute Motion Institute. http://www.circlon-theory.com/HTML/about.html (accessed June 2010.)

39.Moon, Robert J. "Robert J. Moon on How He Conceived His Nuclear Model." Transcript of a Presentation in Leesburg, VA, September 4, 1987: *21st Century Science and Technology,* Fall 2004, pp.8-20. http://www.21stcenturysciencetech.com/Articles%202005/moon_F04.pdf (accessed June 2010.)

40.Hecht, Laurence. "Advances in Developing the Moon Nuclear Model." 21st Century Science and Technology, 2004. http://www.21stcenturysciencetech.com/articles/

22."Core Spins Faster Than Earth, Lamont Scientists Find." Lamont-Doherty Earth Observatory. 2005. http://www.columbia.edu/cu/record/archives/vol22/vol22_iss1/Core_Spin.html (accessed June 2010.)

23.同上

24.Yukutake, Takesi. "Effect on the Change in the Geomagnetic Dipole Moment on the Rate of the Earth's Rotation." In Melchior, Paul J and Yumi, Shigeru(ed.). *Rotation of the earth: International Astronomical Union Symposium no. 48,* Morioka, Japan, May 9-15, 1971, p.229.

25.Niroma, Tino. "One Possible Explanation for the Cyclicity in the Sun: Sunspot cycles and supercycles, and their tentative causes." June-December 1998. http://personal.inet.fi/tiede/tilmari/sunspots.html (accessed June 2010.)

26.同上。http://personal.inet.fi/tiede/tilmari/sunspot4.html#bassuper (accessed June 2010)

27.同上。http://personal.inet.fi/tiede/tilmari/sunspot5.html (accessed June 2010)

28.Fosar, Graznya and Bludorf, Franz. "The TLR Factor: Mysterious temporal and local patterns in aircraft crashes." http://www.fosar-bludorf.com/archiv/tlr_eng.htm (accessed June 2010.)

29.N. Capitaine et al. "Expressions for IAU 2000 precession quantities." Astronomy & Astrophysics 412,(2003), 567-586. http://www.aanda.org/articles/aa/abs/2003/48/aa4068/aa4068.html

30.Holland, Earle. "Major Climate Change Occurred 5,200 Years Ago: Evidence Suggests that History Could Repeat Itself." *Ohio State University Research News,* December 15, 2004. http://researchnews.osu.edu/archive/5200event.htm (accessed June 2010.)

31.同上

32.Wilcock, David. (2000) *The Shift of the Ages – Convergence Volume One.* Chapter 16: Maurice Cotterell and the Great Solar Cycle. http://divinecosmos.com/index.php/start-here/books-free-online/18-the-shift-of-the-ages/72-the-shift-of-the-ages-chapter-16-maurice-cotterell-and-the-great-sunspot-cycle (accessed December 2010)

33."Calendar Round." Wikipedia. http://en.wikipedia.org/wiki/Calendar_Round (accessed June 2010.)

34. "Mayan Calendar." Wikipedia..http://en.wikipedia.org/wiki/Mayan_calendar (accessed June 2010.)

35."Magnetic Portals Connect Sun And Earth.' Science@NASA (November 2, 2008).*ScienceDaily.* http://www.sciencedaily.com/releases/2008/11/081101093713.htm (accessed December 2010)

36."Clumps And Streams Of Dark Matter May Lie In Inner Regions Of Milky Way." University of California－Santa Cruz (August 7, 2008). *ScienceDaily.* http://www.sciencedaily.com/releases/2008/08/080806140124.htm (accessed December 2010)

4.同上，p.14.

5."Prince Charles Explores 'Mysterious Unity' of the Universe in New Book." Op cit.

6.Wilcock, David. "The "Matrix" is a Reality." *Divine Cosmos,* April 10, 2003. http://divinecosmos.com/index.php/component/content/49?task=view (accessed December 2010)

7.Battaner, E. and Florido, E. "The rotation curve of spiral galaxies and its cosmological implications." *Fund.Cosmic Phys.* 21 (2000) 1-154. http://nedwww.ipac.caltech.edu/level5/March01/Battaner/node48.html (accessed December 2010)

8.Battaner, E. 在一個大結構網絡上的碎形八面體. *Astronomy and Astrophysics,* 334 No. 3(1988), pp.770-771. URL: http://arxiv.org/pdf/astro-ph/9801276 (accessed December 2010)

9.Haramein, Nassim. "A Scaling Law for Organized Matter in the Universe." American Physical Society, October 4-6, 2001 http://adsabs.harvard.edu/abs/2001APS..TSF.AB006H (accessed December 2010)

10.Whitehouse, David. "Map Reveals Strange Cosmos." BBC News Online, March 3 , 2003. http://news.bbc.co.uk/2/hi/science/nature/2814947.stm (accessed December 2010)

11.Dumé, Belle. "Is the Universe a Dodecahedron?" PhysicsWorld.com, October 8, 2003. http://physicsworld.com/cws/article/news/18368 (accessed December 2010)

12."Veintena." Wikipedia. http://en.wikipedia.org/wiki/Veintena (accessed June 2010.)

13. "Mayan Calendar." Wikipedia. http://en.wikipedia.org/wiki/Mayan_calendar (accessed June 2010.)

14.Miller, Mary and Taube, Karl. T*he Gods and Symbols of Ancient Mexico and the Maya: An Illustrated Dictionary of Mesoamerican Religion.* London: Thames & Hudson, (1993). pp.48-50.

15.Peden, Robert. *The Mayan Calendar: Why 260 Days?* 1981年5月24日及2004年6月15日更新。 http://www.spiderorchid.com/mesoamerica/mesoamerica.htm (accessed June 2010.)

16.同上

17.同上

18.Chatelain, Maurice. (1977). *Our Ancestors Came from Outer Space.* New York: Dell Books.1977

19.Van Flandren, Thomas. (2000). *The Exploded Planet Hypothesis 2000.* Meta Research. http://www.metaresearch.org/solar%20system/eph/eph2000.asp (accessed December 2010)

20.同上

21."Core Spins Faster Than Earth, Scientists Find." National Science Foundation. Press Release 96-038, July 17, 1996. http://www.nsf.gov/news/news_summ.jsp?cntn_id=101771&org=NSF

20.Dmitriev, A.N., Dyatlov, V.L., Litasov, K.D."Physical Model of Kimberlite Pipe Formation: New Constraints from Theory of Non-Homogenous Physical Vacuum." Extended Abstract of the 7th International Kimberlite Conference, Cape Town, South Africa, 1998, pp.196-198. http://www.tmgnow.com/repository/planetary/kimberlite.html

21.Vallee, Jacques. *Dimensions: A Casebook of Alien Contact.* Chicago: Contemporary Books, 1988, p.84.

22.Thompson, Richard. *Alien Identities: Ancient Insights into Modern UFO Phenomena.* Alachua Fl: Govardhan Hill, Inc., 1993, Revised Second Edition 1995.

23.同上，p.282.

24.同上，p.282-283.

25.同上，p.283.

26.*Essortment. The Loch Ness Monster of Scotland.* http://www.essortment.com/loch-ness-monster-scotland-33544.html (accessed January 2011).

27.Malvern, Jack. "Archives reveal belief in Loch Ness Monster." The Times, April 27, 2010. http://www.timesonline.co.uk/tol/news/uk/scotland/article7109019.ece (accessed June 2010.)

28.Dinsdale, Tim. (1961) *Loch Ness Monster.* p.42. In Wikipedia. *Loch Ness Monster.* http://en.wikipedia.org/wiki/Loch_Ness_Monster (accessed June 2010.)

29.Mystical Blaze Website. "The Loch Ness Monster." http://www.mysticalblaze.corn/MonstersNessie.htm (accessed January 2011).

30."Is Caddy a mammal?" *Science Frontiers,* May-June 1993, p.2; Park, Penny, "Beast from the Deep Puzzles Zoologists." *New Scientist,* January 23, p.16.

31.Russian fishermen demand an investigation into killer Nesski's 19 lake deaths in three years." Daily Mail, July 12, 2010. http://www.dailymail.co.uk/news/worldnews/article-1293955/Russian-fishermen-demand-investigation-killer-Nesski.html (accessed December 2010).

32.Collins, Nick. "New photo of 'English Nessie' hailed as best yet." Daily Mail, February 18, 2011. http://www.telegraph.co.uk/news/newstopics/howaboutthat/8332535/New-photo-of-English-Nessie-hailed-as-best-yet.html (accessed February 2011).

33.Irwin, Brian. "Theropod and Sauropod Dinosaurs Sighted in PNG? " Creation Ministries International. http://creation.com/theropod-and-sauropod-dinosaurs-sighted-in-png (accessed June 2010.)

34.The Independent (Papua New Guinea.) December 30, 1999, p.6. In Creation Ministries International. "A Living Dinosaur?" Creation 23 (1): p.56, December 2000. http://creation.com/a-living-dinosaur (accessed June 2010).

35. Irwin, Brian. "Theropod and Sauropod Dinosaurs Sighted in PNG?" Op cit.

37.Zyga, Lisa. "Million-Degree Plasma May Flow throughout the Galaxy. " PhysOrg.com, February 7, 2008. http://www.physorg.com/news121602545.html (accessed December 2010)

第17章　時間怎麼了？關於時間的二三事

1.Laursen, Chris. "Rock the House." Sue St. Clair and Matthew Didier's Paranormal Blog, June 20, 2007. http://seminars.torontoghosts.org/blog/index.php/2007/06/20/weird_wednesday_with_chris_laursen_29 (accessed June 2010.) :

2.同上

3.同上

4.Walsh, Dave. Blather.com, October 8, 1998. http://www.blather.net/blather/1998/10/super_sargasso_surfin.html

5.Gudger, EW. "Rains of Fishes." *Natural History,* November-December 1921. http://web.archive.org/web/20040423135240/http://www.naturalhistorymag.com/editors_pick/1921_11-12_pick.html

6.同上

7.UPI. "Fish rain on Australian town." March 1, 2010. http://www.upi.com/Odd_News/2010/03/01/Fish-rain-on-Australian-town/UPI-83001267492501/

8.Cremo, Michael A. and Thompson, Richard L. *Forbidden Archeology.* Los Angeles, CA: Bhaktivedanta Book Publishing, 1998. http://www.forbiddenarcheology.com/anomalous.htm

9.Twietmeyer, Ted. "How Solid Matter Can Pass Through Rock." Rense.com, June 19, 2005. http://www.rense.com/general66/solid.htm

10.Bondeson, Jan. "Toad in the Hole." *Fortean Times,* June 2007. http://www.forteantimes.com/features/articles/477/toad_in_the_hole.html

11.同上

12.同上

13.Krystek, Lee. "Entombed Animals." The Museum of Unnatural Mystery http://www.unmuseum.org/entombed.htm (accessed June 2010.):

14.同上.

15.同上

16.Bondeson, Jan. "Toad in the Hole." Op cit.

17.同上

18.Kundt, Wolfgang. "The Search for the Evasive 1908 Meteorite Continues." Tunguska 2001 Conference Report. http://lists.topica.com/lists/tunguska/read/message.html?mid=801582031&sort=d&start=25 (accessed June 2010.)

19.Natural Resources Canada. "The Atlas of Canada: Location of Kimberlites." March 11, 2009. http://atlas.nrcan.gc.ca/site/english/maps/economic/diamondexploration/locationofkimberlites/1

1999. http://casswww.ucsd.edu/public/tutorial/MW.html

2.Speer, B.R."Introduction to the Archaean – 3.8 to 2.5 billion years ago." Berkeley UCMP, March 9, 1997. http://www.ucmp.berkeley.edu/precambrian/archaean.html

3.Sobel, Dava. "Man Stops Universe, Maybe." Discover Magazine, April 1993. http://discovermagazine.com/1993/apr/manstopsuniverse206

4.同上

5.Godlowski, W., Bajan, K. and Flin, P."Weak redshift discretization in the Local Group of galaxies?" *Astronomische Nachrichten,* Vol. 327, Issue 1., pp.103-113, http://www3.interscience.wiley.com/journal/112234726/abstract?CRETRY=1&SRETRY=0

6.Bajan, K., Flin, P., Godlowski, W. and Pervushin, V.N. "On the investigations of galaxy redshift periodicity." *Physics of Particles and Nuclei Letters,* February 2007. http://www.springerlink.com/content/qt7454133824p423/

7.Bell, M.B. and Comeau, S.P."Further Evidence for Quantized Intrinsic Redshifts in Galaxies: Is the Great Attractor a Myth?" May 7, 2003. http://arxiv.org/abs/astro-ph/0305112

8.Napier, W.M. and Guthrie, B.N.G. "Quantized redshifts: A status report." *Journal of Astrophysics and Astronomy,* December 1997. http://www.springerlink.com/content/qk27v4wx16412245/

9.Aspden, Harold. Tutorial Note 10: Tifft's Discovery. "Energy Science website, 1997. http://web.archive.org/web/20041126005134/http://www.energyscience.org.uk/tu/tu10.htm

10.同上

11.Tifft, W.G. "Three-Dimensional Quantized Time in Cosmology." SASTPC.Org January 1996, http://articles.adsabs.harvard.edu/cgi-bin/nph-iarticle_query?db_key=AST&bibcode=1996Ap%26SS.244..187T&letter=.&classic=YES&defaultprint=YES&whole_paper=YES&page=187&epage=187&send=Send+PDF&filetype=.pdf

12.同上.

13.同上.

14."NASA Goddard Space Flight Center. NASA Study Finds Increasing Solar Trend that can Change Climate." NASA Goddard Space Fling Center March 20, 2003. http://www.gsfc.nasa.gov/topstory/2003/0313irradiance.html

15.Suplee, Curt. "Sun Studies May Shed Light on Global Warming." *Washington Post,* Monday, Oct. 9, 2000, p.A13. http://www.washingtonpost.com/wp-dyn/articles/A35885-2000Oct8.html

16.Bartlett, Kristina. "ACEing the sun." American Geophysical Union / Geotimes News Notes, April 1999. http://www.geotimes.org/apr99/newsnotes.html

17.Whitehouse, David Ph.D. "What is Happening to the

36.Lai Kuan and Jian Qun, "Dinosaurs: Alive and Well and Living in Northwest China?", *China Today,* February 1993, p.59, In Doolan, Robert(ed.) "Are dinosaurs alive today? Where Jurassic Park Went Wrong." Creation 15 (4): 12-15, September 1993. http://www.answersingenesis.org/creation/v15/i4/dinosaurs.asp

37.同上.

38.Davies, Kyle L. "Duckbill Dinosaurs (Hadrosauridae, Ornithischia) from the North Slope of Alaska, " *Journal of Paleontology,* Vol. 61 No. 1, pp.198–200.

39.All About Creation. Dinosaur Sightings. http://www.allaboutcreation.org/dinosaur-sightings-faq.htm (accessed June 2010.)

40.Conger, Joe. "Sightings of mysterious bird continue in San Antonio." MySanAntonio.com, July 28, 2007. http://web.archive.org/web/20071011031437rn_1/www.mysanantonio.com/news/metro/stories/MYSA072707.mysterybird.KENS.ba5c450e.html (accessed June 2010.)

41.同上

42.Whitcomb, Jonathan. "Apparent Living Pterosaurs Seen By 1400 Americans, According To Author Jonathan Whitcomb." 24-7 Press Release, Long Beach, CA, August 19, 2009. http://www.24-7pressrelease.com/press-release/apparent-living-pterosaurs-seen-by-1400-americans-according-to-author-jonathan-whitcomb-112924.php

43.Whitcomb, Jonathan. "Searching for Ropens: Nonfiction book on living pterosaurs in Papua New Guinea." http://www.searchingforropens.com/ (accessed June 2010.)

44.Whitcomb, Jonathan. "Author Jonathan Whitcomb Reports Glowing Creatures Videotaped in Papua New Guinea." Long Beach, CA / Eworldwire, February 7, 2007. http://www.eworldwire.com/pressreleases/16421

45.Parker, Chris. "Pteranodon on a Stick: Egyptian 'Was' Scepter Creature No Mystery Without Darwinian History." S8int.com, September 28, 2009. http://s8int.com/WordPress/?p=1433

46."Reassessing the marvellous mammoths." *The Age* (Melbourne). March 29, 1993.

47. "The elephant that time forgot." *The Mail on Sunday.* May 23, 1993.

48."Dinosaurs in ancient Cambodia temple." The Interactive Bible. http://WWW.bible.ca/tracks/tracks-camb0dia.htm (accessed January 2011)

49.Fort, Charles. (1925) New Lands. Part II, pp.535. http://WWW.sacred-texts.com/fort/land/land38.htm (accessed January 2011).

第18章 銀河鐘報時

1. Smith, Eugene. "Gene Smith's Astronomy Tutorial: The Structure of the Milky Way." University of California, San Diego Center for Astrophysics & Space Sciences April 28,

Mars." Wired Science, April 30, 2009. http://www.wired.com/wiredscience/2009/04/messengermercury/ (accessed December 2010)

32.Bullock, Mark et al. "New Climate Modeling of Venus May Hold Clues to Earth's Future." University of Colorado at Boulder News, Feb. 18, 1999. http://www.colorado.edu/news/r/ce03b3e37c8re0d2649470f69ecI056a.html.

33. Resnick, Alice. "SRI International Makes First Observation of Atomic Oxygen Emission in the Night Airglow of Venus." SRI International, Jan. 18, 2001. http://www.sri.com/news/releases/01-18-01.html

34."Night-time on Venus." Physics Web. Jan. 18, 2001. http://www.physicsweb.org/article/news/5/1/10

35.Perew, Mark. "Evidence of Atomic Oxygen Challenges Understanding of Venus." Universe Today, Jan. 19, 2001: http://www.universetoday.com/html/articles/2001-0119a.html.

36.Hecht, Jeff. "Planet's Tail of the Unexpected." *New Scientist,* 31 May 1997. http://web.archive.org/web/19970605230452/http://www.newscientist.com/ns/970531/nvenus.html (參見http://www.holoscience.com/news/balloon.html)

37. Courtland, Rachel. "Mysterious bright spot found on Venus." New Scientist, July 29, 2009. http://www.newscientist.com/article/dn17534-mysterious-bright-spot-found-on-venus.html (accessed December 2010)

38.同上

39.Savage, Don et al. "Hubble Monitors Weather on Neighboring Planets." HubbleSite News Center, 1995, no. 16. http://hubblesite.org/newscenter/newsdesk/archive/releases/1995/16/text

40.Wheaton, Bill. "JPL and NASA News." Nov. 1997. http://www.aqua.co.za/assa_jhb/Canopus/c97bjpl.htm

41.Villard, Ray et al. "Colossal Cyclone Swirls Near Martian North Pole." HubbleSite News Center, May 19, 1999, no. 22. http://hubblesite.org/newscenter/newsdesk/archive/releases/1999/22/

42.Savage, Don , Hardin, Mary, Villard, Ray, Neal, Nancy. "Scientists Track 'Perfect Storm' on Mars." HubbleSite NewsCenter, Oct. 11, 2001, no. 31. http://hubblesite.org/newscenter/newsdesk/archive/releases/2001/31/text/

43.Britt, Robert Roy. "Mars Ski Report: Snow is Hard, Dense and Disappearing." Space.com, Dec. 6, 2001. http://www.space.com/scienceastronomy/solarsystem/mars_snow_011206-1.html

44.Mullen, Leslie. "Night-side glow detected at Mars." Astrobiology Magazine / SPACE.com, January 31, 2005. http://www.space.com/scienceastronomy/mars_glow_050131.html

45.NASA/JPL. "Voyager Science at Jupiter: Magnetosphere. Jet Propulsion Laboratory, California Institute of Technology. http://voyager.jpl.nasa.gov/science/jupiter_magnetosphere.

Sun?" BBC News Online, November 4, 2003. http://news.bbc.co.uk/2/hi/science/nature/3238961.stm

18.Hogan, Jenny. "Sun More Active than for a Millennium." *New Scientist*, November 2, 2003. http://www.newscientist.com/news/news.jsp?id=ns99994321

19.Solanki et al."Carbon-14 Tree Ring Study" Max Planck Institute, November 2004. http://www.mpg.de/english/illustrationsDocumentation/documentation/pressReleases/2004/pressRelease20041028/

20.Phillips, Tony. "Long Range Solar Forecast." Science@NASA, May 10, 2006. http://science.nasa.gov/headlines/y2006/10may_longrange.htm (Accessed December 2010)

21.*Changes in the Sun's Surface to Bring Next Climate Change* NASA Space and Science Research Center. Press Release SSRC-1-2008. January 2, 2008. http://web.archive.org/web/20080106054533/http://www.spaceandscience.net/id16.html

22.Phillips, Tony."Deep Solar Minimum." Science@NASA, April 1, 2009. http://science.nasa.gov/headlines/y2009/01apr_deepsolarminimum.htm (accessed December 2010)

23.Spinney, Laura. "The sun's cooling down – so what does that mean for us?" *The Guardian,* April 23, 2009. http://www.guardian.co.uk/science/2009/apr/23/sun-cooling-down-space-climate (accessed December 2010)

24.Ghosh, Pallab. "Quiet Sun' baffling astronomers." BBC News, April 21, 2009. http://news.bbc.co.uk/2/hi/science/nature/8008473.stm (Accessed December 2010)

25.Hanlon, Michael. "Meltdown! A solar superstorm could send us back into the dark ages – and one is due in just THREE years." Mail Online, April 19, 2009. http://www.dailymail.co.uk/sciencetech/article-1171951/Meltdown-A-solar-superstorm-send-dark-ages--just-THREE-years.html (Accessed December 2010)

26.Than, Ker." Sun Blamed for Warming of Earth and Other Worlds." LiveScience, March 12, 2007. http://www.livescience.com/environment/070312_solarsys_warming.html (Accessed December 2010)

27.Jong, Diana. "Mysteries of Mercury: New Search for Heat and Ice" Space.com, Dec. 31, 2002. http://www.space.com/scienceastronomy/mysteries_mercury_021231.html

28..同上.

29. Campbell, Paulette. "NASA Spacecraft Streams Back Surprises from Mercury." NASA, April 29, 2008. http://www.nasa.gov/mission_pages/messenger/multimedia/jan_media_conf.html (accessed June 2010.)

30.Bates, Claire. "Mysterious Mercury: Probe reveals magnetic twisters and mammoth crater on hottest planet." Mail Online, May 5, 2009. http://www.dailymail.co.uk/sciencetech/article-1176069/Mysterious-Mercury-Probe-reveals-magnetic-twisters-mammoth-crater-hottest-planet.html (accessed June 2010.)

31.Grossman, Lisa. "This Just In: Mercury More Exciting than

Union, Vol. 78, No. 9 (1997), pp.93, 100. http://www-ssc.igpp.ucla.edu/personnel/russell/papers/Io_Jovian/.

60.Saur, Joachim et al. "Jupiter: The Planet, Satellites and Magnetosphere, Chapter 22: Plasma Interaction of Io with its Plasma Torus." http://dosxx.colorado.edu/JUPITER/PDFS/Ch22.pdf

61.Buckley, Michael et al. "Johns Hopkins Applied Physics Lab Researchers Discover Massive Gas Cloud Around Jupiter." JHU Applied Physics Laboratory, Feb. 27, 2003. http://www.jhuapl.edu/newscenter/pressreleases/2003/030227.htm

62.McGrath, Melissa et al. "Jupiter: The Planet, Satellites and Magnetosphere, Chapter 19: Satellite Atmospheres." 2004. http://dosxx.colorado.edu/JUPITER/PDFS/Ch19.pdf

63.同上.

64.同上

65.Stenger, Richard. "New revelations, riddles about solar system's most intriguing satellites." CNN.com / Space, Aug. 23, 2000. http://www.cnn.com/2000/TECH/space/08/23/moons.of.mystery/index.html

66.McGrath, Melissa et al. "Jupiter: The Planet, Satellites and Magnetosphere, Chapter 19: Satellite Atmospheres." Op cit..

67.Platt, Jane. "New Class of Dust Ring Discovered Around Jupiter." NASA/JPL Press Release, Apr. 3, 1998. http://www.jpl.nasa.gov/releases/98/glring.html

68. Sittler, Ed et al. "Pickup Ions at Dione and Enceladus: Cassini Plasma Spectrometer Simulations." NASA/Goddard Space Flight Center et al. http://caps.space.swri.edu/caps/CAPS_Publications/Sittler.pdf

69.Trauger, J.T. et al. "Hubble Provides the First Images of Saturn's Aurorae." HubbleSite NewsCenter, 1995, no. 39. http://hubblesite.org/newscenter/newsdesk/archive/releases/1995/39/ ‘另參見http://hubblesite.org/newscenter/newsdesk/archive/releases/1998/05/

70."Mysterious glowing aurora over Saturn confounds scientists." Mail Online, November 13, 2008. http://www.dailymail.co.uk/sciencetech/article-1085354/Mysterious-glowing-aurora-Saturn-confounds-scientists.html (accessed December 2010)

71.Hill, Mary Ann. "Saturn's Equatorial Winds Decreasing: Spanish-American Team's Findings Raise Question About Planet's Atmosphere." Wellesley College News Release, June 4, 2003. http://www.wellesley.edu/PublicAffairs/Releases/2003/060403.html

72.Roy, Steve and Watzke, Megan. "X-rays from Saturn pose puzzles." NASA/Marshall Space Flight Center News Release #04-031, March 8, 2004. http://www1.msfc.nasa.gov/NEWSROOM/news/releases/2004/04-031.html

73."Overview: Saturn." NASA Solar System Exploration. http://solarsystem.nasa.gov/planets/profile.cfm?Object=Saturn&Display=OverviewLong

html

46.Bagenal, Fran et al. "Jupiter: The Planet, Satellites and Magnetosphere, Chapter 1: Introduction." 2004. http://dosxx.colorado.edu/JUPITER/PDFS/Ch1.pdf

47.同上

48.Guillot, Tristan et al. "Jupiter: The Planet, Satellites and Magnetosphere, Chapter 3: The Interior of Jupiter." 2004. http://dosxx.colorado.edu/JUPITER/PDFS/Ch3.pdf

49.Bolton, Scott J. et al. "Jupiter: The Planet, Satellites and Magnetosphere, Chapter 27: Jupiter's Inner Radiation Belts". 2004. http://dosxx.colorado.edu/JUPITER/PDFS/Ch27.pdf

50.Yang, Sarah. "Researcher predicts global climate change on Jupiter as giant planet's spots disappear." UC Berkeley Press Release, April 21, 2004. http://www.berkeley.edu/news/media/releases/2004/04/21_jupiter.shtml

51.Britt, Robert Roy. "Jupiter's spots disappear amid major climate change." USA TODAY / Tech / Space.com, April 22, 2004. http://www.usatoday.com/tech/news/2004-04-22-jupiter-spots-going_x.htm

52.Goudarzi, Sara. "New Storm on Jupiter Hints at Climate Change." Space.com, May 4, 2006. http://www.space.com/scienceastronomy/060504_red_jr.html (ccessed December 2010)

53.Shiga, David. "Jupiter's raging thunderstorms a sign of ‘global upheaval". *New Scientist,* January 23, 2008. http://space.newscientist.com/article/dn13217-jupiters-raging-thunderstorms-a-sign-of-global-upheaval.html (acessed December 2010)

54.Spencer, J (Lowell Observatory) and NASA. "Hubble Discovers Bright New Spot on Io." Hubble News Center, 1995, No. 37. http://hubblesite.org/newscenter/newsdesk/archive/releases/1995/37/

55.Murrill, Mary Beth and Isabell, Douglas. "High-Altitude Ionosphere Found at Io by Galileo Spacecraft." NASA/Goddard Space Flight Center, Release 96-216, Oct. 23, 1996. http://nssdc.gsfc.nasa.gov/planetary/text/gal_io_ionosphere.txt

56.Morton, Carol. "Scientists find solar system's hottest surfaces on Jupiter's moon Io." NASA / The Brown University News Bureau, Distributed July 2, 1998. http://www.brown.edu/Administration/News_Bureau/1998-99/98-001.html

57."PIA01637: Io's Aurorae." NASA/JPL Planetary Photojournal, October 13, 1998. http://photojournal.jpl.nasa.gov/catalog/PIA01637.

58.Porco, Carolyn et al. "Cassini Imaging of Jupiter's Atmosphere, Satellites, and Rings." Science magazine, vol. 299, March 7, 2003. http://ciclops.arizona.edu/sci/docs/porco-etal-cassini-jupiter-science-2003.pdf

59.Russell, C T., et al., "Io's Interaction with the Jovian Magnetosphere." E05, Transactions,American Geophysical

29/00-10/02/00. Hubble Space Telescope Daily Report #2719. http://www.stsci.edu/ftp/observing/status_reports/old__reports_00/hst__status__I0_02__00.

88.Sromovsky et al., Press Release, University of Wisconsin, Madison, November 2004. http://www.news.wisc.edu/10402.html

89.de Pater et al., Press Release, UC Berkeley, November 2004. http://www.berkeley.edu/news/media/releases/2004/11/10_uranus.shtml

90.Encrenaz, T. et al. "First detection of CO in Uranus." Observatoire de Paris Press Release, SpaceRef.com, Wed. Dec. 17, 2003. http://www.spaceref.com/news/viewpr.html?pid=13226

91.Perlman, David. "Rare edge-on glimpse of Uranus' rings reveals graphic changes." San Francisco Chronicle, Friday, August 24, 2007. http://www.sfgate.com/cgi-bin/article.cgi?f=/c/a/2007/08/24/MNS5RNAVQ.DTL&type=science (accessed December 2010)

92.Sromovsky, Lawrence et al., University of Wisconsin, Madison. "Hubble Provides a Moving Look at Neptune's Stormy Disposition." *ScienceDaily Magazine,* Oct. 15, 1998. http://www.sciencedaily.com/releases/1998/10/981014075103.htm

93.Sromovsky, Lawrence A. et al. "Neptune's Increased Brightness Provides Evidence for Seasons." Wisconsin-Madison University Space Science and Engineering Center (SSEC), April 22, 2002. http://www.ssec.wisc.edu/media/Neptune2003.htm

94.Associated Press. "Scientists: Cold Neptune has a warm spot. CNN.com, September 21, 2007. http://web.archive.org/web/20071005070400/http://www.cnn.com/2007/TECH/space/09/21/neptune.ap/index.html (Accessed December 2010)

95.Halber, Deborah. "MIT researcher finds evidence of global warming on Neptune's largest moon." MIT News, June 24, 1998. http://web.mit.edu/newsoffice/nr/1998/triton.html

96.Savage, Don, Weaver, Donna and Halber, Deborah. "Hubble Space Telescope Helps Find Evidence that Neptune's Largest Moon Is Warming Up." HubbleSite NewsCenter, June 24, 1998, no. 23. http://hubblesite.org/newscenter/newsdesk/archive/releases/1998/23/text/

97.Britt, Robert Roy. "Puzzling Seasons and Signs of Wind Found on Pluto. Space.com, 2003: http://www.space.com/scienceastronomy/pluto_seasons_030709.html

98. Halber, Deborah. "Pluto is undergoing global warming, researchers find." MIT News, Oct. 9. 2002. http://web.mit.edu/newsoffice/nr/2002/pluto.html

99.Britt, Robert Roy. "Global Warming on Pluto Puzzles Scientists." Space.com, October 9, 2002. http://www.space.com/scienceastronomy/pluto_warming_021009.html (accessed December 2010)

74. Finn, Heidi. "Saturn Details Become Visible to Cassini Spacecraft." NASA GISS Research News, December 5, 2003. http://ciclops.lpl.arizona.edu/PR/2oo3Lo5/NR2003Lo5A.html.

75.Porco, Carolyn. "Approach to Saturn Begins." Cassini Imaging Central Laboratory for Observations News Release. February 27, 2004. http://www.ciclops.org/index/54/Approach_to_Saturn_Begins.

76.Associated Press. "Scientists Studying Saturn Lightning Storm." February 15, 2006. http://web.archive.org/web/20060217224253/http://apnews.myway.com/article/20060215/D8FPC9K8B.htrnl (accessed December 2010).

77.Harvard-Smithsonian Center for Astrophysics. "Titan Casts Revealing Shadow." Chandra X-Ray Observatory Photo Album website of NASA / SAO. April 05, 2004. http://chandra.harvard.edu/photo/2004/titan/

78."A dense, hazy atmosphere at least 400 kilometers (250 miles) thick obscures the surface [of Titan.]" Woodfill, Jerry. *The Satellites of Saturn: Titan.* NASA JSC Space Educator's Handbook, Last Updated Feb. 11, 2000. http://vesuvius.jsc.nasa.gov/er/seh/satsaturn.html

79 Brown, Michael E. et al. "Direct detection of variable tropospheric clouds near Titan's south pole." Nature, vol. 20, 19/26 Dec. 2002. http://www.gps.caltech.edu/~antonin/spclouds/article.pdf

80.Sittler, Ed et al. "Pickup Ions at Dione and Enceladus: Cassini Plasma Spectrometer Simulations." NASA/Goddard Space Flight Center et al. http://caps.space.swri.edu/caps/CAPS_Publications/Sittler.pdf

81.Moskowitz, Clara. "Tropical Storm Spotted on Saturn's Moon Titan." LiveScience, August 12, 2009. http://www.livescience.com/space/090812-titan-clouds.html (accessed December 2010)

82.NASA / Karkoschka, Erich et al. "Huge Spring Storms Rouse Uranus from Winter Hibernation." HubbleSite NewsCenter, Mar. 29, 1999, no. 11. http://hubblesite.org/newscenter/newsdesk/archive/releases/1999/11/text

83.Karkoschka, Erich et al. "Hubble Finds Many Bright Clouds on Uranus." HubbleSite NewsCenter, Oct. 14, 1998, no. 35. http://hubblesite.org/newscenter/newsdesk/archive/releases/1998/35/

84.NASA / Karkoschka, Erich et al. "Huge Spring Storms Rouse Uranus from Winter Hibernation." Op cit

85. NASA. "Huge Storms Hit the Planet Uranus." Science@NASA website, Mar. 29, 1999. http://science.nasa.gov/newhome/headlines/ast29mar99_1.htm

86.McLachlan, Sean. "UA scientists look closely at Uranus." University of Arizona Daily Wildcat, March 30, 1999. http://wildcat.arizona.edu/papers/92/123/01_3_m.html

87 L29 Completed WF/PC-2 8634 (Atmospheric Variability on Uranus and Neptune)" Period Covered: 09/

110."Failed satellite experiment a devastating blow: A probe into the Columbia mission is under way." CNN Interactive / Technology News Service, Feb. 26, 1996. http://www.cnn.com/TECH/9602/shuttle/02-26/index.html

111.Day, Charles. "New Measurements of Hydroxyl in the Middle Atmosphere Confound Chemical Models." Physics Today Online, Vol. 53, Iss. 11, p.17, 2001. http://www.aip.org/pt/vol-53/iss-11/p17.html

112.同上

113.Osterbrock, Don et al. "Telescope Studies of Terrestrial and Planetary Nightglows." SRI International, July 23, 2001. http://www-mpl.sri.com/projects/pyu02424.html

114.Adam, David. "Goodbye Sunshine." *Guardian Unlimited,* Thursday December 18, 2003. http://www.guardian.co.uk/life/feature/story/0,13026,1108853,00.html

115 同上

116.Madrigal, Alexis. "Mysterious, Glowing Clouds Appear Across America's Night Skies." Wired Science, July 16, 2009. http://www.wired.com/wiredscience/2009/07/nightclouds/ (accessed December 2010)

117.同上.

118.UNEP/WMO Intergovernmental Panel on Climate Change. Climate Change 2001: Working Group I: The Scientific Basis. Chapter 2: Observed Climate Variability and Change, Executive Summary. UNEP/WMO/IPCC, 2001. http://www.grida.no/climate/ipcc_tar/wg1/049.htm

119.Levitus, Sydney. "Temporal variability of the temperature-salinity structure of the world ocean." NOAA/NWS, The 10th Symposium on Global Climate Change Studies. Rutgers University http://marine.rutgers.edu/cool/education/Sydney.htm

120.Piola, A. R., Mestas Nunez, A.M. and Enfield, D.B. "South Atlantic Ocean Temperature Variability: Vertical Structure and Associated Climate Fluctuations." International Association for the Physical Sciences of the Oceans (IAPSO), IC02-49 Oral. http://www.olympus.net/IAPSO/abstracts/IC-02/IC02-49.htm

100.Halber, Deborah. "Pluto's Atmopshere is Expanding, Researchers Say." Massachusetts Institute of Technology Spaceflight Now News Release, July 9, 2003. http://www.spaceflightnow.com/news/n0307/09pluto/

101.Halber, Deborah. "Pluto is undergoing global warming, researchers find." MIT News, Oct. 9. 2002. http://web.mit.edu/newsoffice/nr/2002/pluto.html

102.Britt, Robert Roy. "Puzzling Seasons and Signs of Wind Found on Pluto." Space.com, 2003: http://www.space.com/scienceastronomy/pluto_seasons_030709.html

103. Associated Press. "Hubbles sees Pluto changing color, ice sheet cover." February 4, 2010. http://current.com/news/92072563_hubble-sees-pluto-changing-color-ice-sheet-cover.htm (accessed December 2010)

104.同上.

105.Baker, Daniel et al. "Radiation Belts Around Earth Adversely Affecting Satellites." American Geophysical Union / University of Colorado at Boulder News, Dec. 7, 1998. http://www.colorado.edu/PublicRelations/NewsReleases/1998/Radiation_Belts_Around_Earth_A.html

106.Schewe, Phillip F. and Stein, Ben. "Physics News Update." The American Institute of Physics Bulletin of Physics News, Number 130, (Story #1), May 27, 1993. http://www.aip.org/enews/physnews/1993/split/pnu130-1.htm

107."Explorers: Searching the Universe Forty Years Later." NASA Goddard Space Flight Center. Oct. 1998: FS-1998(10)-018-GSFC. http://www.gsfc.nasa.gov/gsfc/service/gallery/fact_sheets/spacesci/explorers.htm

108."Wayward satellite can be seen from Earth: CNN Interviews Columbia Astronauts." CNN. CNN Interactive / Technology News Service, Feb. 27, 1996. http://www.cnn.com/TECH/9602/shuttle/02-27/

109."Shuttle Astronauts Lament Loss of Satellite." CNN Interactive / Technology News, Feb. 27, 1996. http://www.cnn.com/TECH/9602/shuttle/02-26/crew_reax/index.html

environment/story.jsp?story=421166

135.UNEP/WMO Intergovernmental Panel on Climate Change. Climate Change 2001: Working Group I: The Scientific Basis. Chapter 2: Observed Climate Variability and Change, Executive Summary. UNEP/WMO/IPCC, 2001. http://www.grida.no/climate/ipcc_tar/wg1/049.htm

136.同上.

137.同上

138.同上

139.同上.

140.Press Association. "Warming doubles glacier melt." The Guardian Unlimited, Oct. 17, 2003. http://www.guardian.co.uk/climatechange/story/0,12374,1064991,00.html

141.Buis, Alan. "NASA Study Finds Rapid Changes in Earth's Polar Ice Sheets." NASA/JPL, Aug. 30, 2002. http://www.jpl.nasa.gov/releases/2002/release_2002_168.html

142.Hinrichsen, Don. "Hopkins Report: Time Running Out for the Environment." Population Reports Press Release, Johns Hopkins University / Bloomberg School of Public Health Information and Knowledge for Optimal Health (INFO) Project, Jan. 5, 2001. http://www.infoforhealth.org/pr/press/010501.shtml

143.Whitty, Julia. "Animal Extinction – the greatest threat to mankind." The Independent, April 30, 2007. http://news.independent.co.uk/environment/article2494659.ece (Accessed December 2010)

144. Shemansky, D.E., Ph.D. Curriculum Vitae. University of Southern California website. http://ame-www.usc.edu/bio/dons/ds_biosk.html

145. Cleggett-Haleim, Paula and Exler, Randee. "New Discoveries by NASA's EUV Explorer Presented." NASA Science Blog, Release 93-105, June 7, 1993. http://www.scienceblog.com/community/older/archives/D/archnas1848.html

146.ESA. "Third day brings bonanza of new results." European Space Agency Science and Technology, Oct. 5, 2000, 2003年6月最後更新。 http://sci.esa.int/science-e/www/object/index.cfm?fobjectid=24680

147 NASA/JPL. "6. Theme 4: The Interstellar Medium." NASA/JPL/Ulysses, 2003. http://ulysses.jpl.nasa.gov/5UlsThemes3-4.pdf

148.Clark, Stuart. "Galactic Dust Storm Enters Solar System." New Scientist; August 5, 2003. http://www.newscientist.com/news/news.jsp?id=ns99994021

149.Phillips, Tony. "Voyager Makes an Interstellar Discovery." Science@NASA, December 23, 2009. http://science.nasa.gov/headlines/y2009/23dec_voyager.htm (accessed December 2010)

150.Cooney, Michael. "NASA watching 'perfect storm' of

121.National Academy of Sciences. "El Nino and La Nina: Tracing the Dance of Ocean and Atmosphere." March, 2000. http://iceage.umeqs.maine.edu/pdfs/PDFelnino2.pdf

122.National Weather Service."Weekly ENSO Update." NOAA/NWS Climate Prediction Center. http://www.cpc.ncep.noaa.gov/products/analysis_monitoring/enso_update/

123.Zhang, Rong-Hua and Levitus, "Sydney. Structure and Cycle of Decadal Variability of Upper-Ocean Temperature in the North Pacific. *NOAA/AMS, Journal of Climate,* September 9, 1996. , pp.710-727. http://journals.ametsoc.0rg/doi/abs/10.1175/1520-04420/o281997°/o29o10%3C0710%3ASACODV%3E2.0.CO%3B2.

124.Landscheidt, Theodor. "Solar Activity Controls El Nino and La Nina." Scrhoeter Institute for Research in Cycles of Solar Activity, Nova Scotia, Canada. http://www.vision.net.au/~daly/sun-enso/sun-enso.htm

125.USGS Earthquake Hazards Program. "Global Earthquake Search." US Geological Survey National Earthquake Information Center, July 10, 2003. http://neic.usgs.gov/neis/epic/epic_global.htm

126.Baxter, Stefanie J. "Earthquake Basics." USGS / Delaware Geological Survey, Special Publication no. 23, University of Delaware, 2000. http://www.udel.edu/dgs/Publications/pubsonline/SP23.pdf

127.Watson, Kathie."Volcanic and Seismic Hazards on the Island of Hawaii: Earthquake Hazards." United States Geological Survey, July 18, 1997. http://pubs.usgs.gov/gip/hazards/earthquakes.html

128.這些數據來自USGS/NEIC (PDE) USGS網站1973 到2003年的資料庫。

129.USGS Earthquake Hazards Program. "Are Earthquakes Really on the Increase? " US Geological Survey National Earthquake Information Center, June 18, 2003. http://neic.usgs.gov/neis/general/increase_in_earthquakes.html

130.Chandler, Lynn. "Satellites Reveal a Mystery of Large Change in Earth's Gravity Field." NASA / Goddard Space Flight Center Top Story, August 01, 2002. http://www.gsfc.nasa.gov/topstory/20020801gravityfield.html

131.Jones, Nicola. "Anomalies hint at magnetic pole flip." *New Scientist*, April 10, 2002. http://www.newscientist.com/news/news.jsp?id=ns99992152

132.Whitehouse, David. "Is the Earth preparing to flip?" BBC News Online World Edition, March 27, 2003. http://news.bbc.co.uk/2/hi/science/nature/2889127.stm

133.Radowitz, Bernd. "Powerful Storm Hits Southern Brazil Coast." AP News, Mar. 27, 2004. http://apnews.myway.com/article/20040328/D81J2KKG0.html

134."Reaping the Whirlwind: Extreme weather prompts unprecedented global warming alert." *The Independent* July 3, 2003. http://news.independent.co.uk/world/

Roman Rule. E.J. Brill, 1991. http://books.google.com/books?id=MWiMV6llZesC

9同上，p366

10.同上，p382

11.同上，p400

12.同上，p428

13.同上，pp365-366

14.Baldry, HC. "Who Invented the Golden Age? " Op cit.:

15.Finley, Michael J. "U Kahlay Katunob – The Maya short count and katun prophecy." Maya Astronomy, February 2004. http://web.archive.org/web/20040305155540/http://members.shaw.ca/mjfinley/katun.html (accessed December 2010)

16.Henry, William and Gray, Mark. *Freedom's Gate: The Lost Symbols in the US Capitol*. Scala Dei, 2009. http://www.williamhenry.net (Accessed December 2010)

17.同上，p.222.

18.同上，p.119.

19.同上，pp.143-147

20.同上，p.25

21.Foulou.com http://www.folou.com/thread-88064-1-1.html (accessed May 2010.)

22.Zhaxki Zhuoma.net. "Rainbow Body." http://www.zhaxizhuoma.net/SEVEN_JEWELS/HOLY%20EVENTS/RAINBOW%20BODY/RBindex.html (Accessed May 2010.)

23.Norbu, Namkhai. *Dream Yoga and the Practice of Natural Light*. P.67. Ithaca, NY: Snow Lion Productions, 1992.

24.Holland, Gail. "The Rainbow Body." *Institute of Noetic Sciences Review*, March-May 2002. http://www.snowlionpub.com/pages/N59_9.html

25.同上

26.同上

第20章 第三類接觸的大揭密——麥田圈與外星人

1."Galaxy has 'billions of Earths'". BBC News. February 15, 2009. http://news.bbc.co.uk/2/hi/science/nature/7891132.stm (Accessed December 2010)

2.Pawlowski, A. "Galaxy may be full of Earths, alien life" CNN, February 25, 2009. http://www.cnn.com/2009/TECH/space/02/25/galaxy.planets.kepler/index.html (accessed December 2009)

3 Lynch, Gary and Granger, Richard. "What Happened to the Hominids Who May Have Been Smarter Than Us?" Discover Magazine, December 28, 2009. http://discovermagazine.com/2009/the-brain-2/28-what-happened-to-hominids-who-were-smarter-than-us.

4.同上.

galactic cosmic rays." Network World, October 1, 2009. http://www.computerworld.com/s/article/9138769/NASA_watching_perfect_storm_of_galactic_cosmic_rays?taxonomyId=17 (accessed December 2010)

151.Gray, Richard. "Sun's Protective Bubble is Shrinking." *The Telegraph*, October 18, 2008. http://www.telegraph.co.uk/news/worldnews/northamerica/usa/3222476/Suns-protective-bubble-is-shrinking.html (Accessed December 2010)

152.Lallement, Rosine. "The interaction of the heliosphere with the interstellar medium." The Century of Space Science, Ch. 50, pgs. 1191-1216. 2001. http://www.wkap.nl/prod/a/ISBN_0-7923-7196-8_50_WEB.PDF

153. "Trip to outer space makes nasty bacteria nastier." CBC News.. September 24, 2007. http://www.cbc.ca/technology/story/2007/09/24/spacebug.html?ref=rss (accessed December 2010)

154.Derbyshire, David. "Anyone for rocket salad? How the Chinese are now growing mega veg from seeds they sent into space." Mail Online, May 12, 2008. http://www.dailymail.co.uk/pages/live/articles/news/worldnews.html?in_article_id=565766&in_page_id=1811 (accessed December 2010)

155.Spottiswoode, S.J.P.(1997a) 當地恆星時與人類異常的認知經驗明顯有關，見Journal of Scientific Exploration 11 (2), summer. pp.109-122.http://www.jsasoc.com/docs/JSE-LST.pdf.

156. Chatelain, Maurice. *Our Ancestors Came from Outer Space*. New York: Dell, 1977.

157.同上

158.同上

159.同上

160.同上

161.同上

第19章 不只是黃金時代

1.Baldry, HC. "Who Invented the Golden Age?" *The Classical Quarterly*, New Series, (Jan..-Apr., 1952), pp.83-92. http://www.jstor.org/stable/636861

2.同上

3.Havewala, Porus Homi "History of the Ancient Aryans: Outlined in Zoroastrian scriptures." Traditional Zoroastrianism website, 1995. http://tenets.zoroastrianism.com/histar33.html

4.同上

5.同上

6.同上

7.同上

8.Boyce, Mary and Grenet, Frantz. *A History of Zoroastrianism. Volume Three: Zoroastrianism Under Macedonian and* inside Indian Space Research Organization-when will India reveal the existence of UFOs or become the member of the US Security Council?" India Daily, May 26, 2008. http://www.indiadaily.com/ editorial/195I3.asp.

21.同上

22.同上

23.Singhal, Juhi. "A secret project in India's Defense Research Organization that can change the world as we know it-anti-gravity lifters tested in Himalayas?" India Daily, December 4, 2004. http://www.indiadaily.com/editorial/I2-04e-04.asp (accessed December 2010).

24.India Daily Technology Team. "Will India reveal the existence of the UFO bases in the moon? India Daily, October 25, 2008. http://www.indiadaily.com/editorial/20219.asp.

25.India Daily Technology Team. "Not all UFOs are extraterrestrials-some are time travelers from future human civilization using the same network of wormholes." India Daily, July 4, 2005. http://www.indiadaily.com/editorial/3439.asp.

26.India Daily Technology Team. "Achieving technical capabilities of alien UFOs-creating artificial wormholes in ionosphere to traverse into the parallel universe."*India Daily,* July 8, 2005. http://www.indiadaily.com/editorial/3499.asp.

27.同上

28.India Daily Technology Team. "Detaching 3D space from time is the techniques extra-terrestrial UP Os use for stealth, propagation and communication." *India Daily*, October 7, 2006. http://www.indiadaily.com/editorial/13657.asp (accessed December 2010).

29.India Daily Technology Team. "Time is multidimensional-a new concept from Extra-terrestrial UFOS allows coexistence of one entity in many different time dimensions." India Daily, July 9, 2005. http://www.indiadaily.com/editorial/3509.asp (accessed

December 2010).

30.同上

31.India Daily Technology Team. "Creation of "negative" mass is the key to success for advanced alien and future human civilizations." India Daily, July 9, 2005. http://www.indiadaily.com/editorial/3510.asp (accessed December 2010).

32.India Daily Technology Team. "Using multidimensional time dimensions to change the future." India Daily, July 13, 2005. http://www.indiadaily.com/editorial/3568.asp (accessed December 2010).

33.同上

34.India Daily Technology Team. "The concept of negative time-common in the parallel universes and fascinating to live through." India Daily, July 22, 2005. http://www.indiadaily.com/editorial/3726.asp (accessed December

5.同上

6 "Witness Testirnony-UFO's at Nuclear Weapons Bases." National Press Club. September 27, 2010. http://press.org/events/witness-testimony-uf0s-nuclear-weapons-bases (accessed January 2010).

7 "Ex-Air Force Personnel: UFOs Deactivated Nukes." CBS News. September 28, 2010.

http://www.cbsnews.com/stories/2010/09/28/national/main6907702.shtml (accessed January 2010).

8 Jamieson, Alastair. "UFO alert: police oflicer sees aliens at crop circle." The Telegraph, October 20, 2009. http://www.telegraph.co.uk/news/newstopics/howaboutthatl/ufo/6394256/UFO-alert-p0lice-ofl:1cer-sees-aliens-at-crop-circle.html (accessed December 2010).

9 Knapton, Sarah. "Dog walker met UFO 'alien' with Scandinavian accent." The Telegraph , March 22, 2009. http://www.telegraph.co.uk/news/newstopics/howaboutthad/5031587/Dog-walker-met-UFO-alien-with-Scandinavian-accent.html (accessed December 2009).

10.同上.

11. "Crop Circle at Avebury Manor (2), nr Avebury, Wiltshire." Crop Circle Connector, July 15, 2008.

http://www.cropcirclearchives.com/archives/2008/aveburymanor/aveburymanor2008a.html (accessed December 2010)

I2.Stray, Geoff. "Crop Circle Anomalies." Diagnosis 2012. http://mmmgroupaltervista.org/e-ancrops.html (accessed December 2010).

I3.Manistre, Hugh. "Crop Circles: A Beginner's Guide." Scribd.cm., 1997. http://www.scribd.com/doc/211243/Crop-circles (accessed December 2010).

14.Pratt, David. "Crop Circles and their Message." Part One. June 2005. http://web.atchive.org/web/20071116163223/http://ourworld.compuserve.com/homepages/dp5/cropcircl/htm (accessed December 2010).

15.同上

16.Pratt, David. "Crop Circles and their Message." Part Two. June 2005. http://web.atchive.org/web/20071117174652/ourworld.compuserve.com/homepages/dps/cropcirc2.htm (accessed December 2010).

17.Howe, Robert Lucien. "The Science Behind Project Looking Glass." End Secrecy discussion forum, May 23, 2002. http://www.stealthskater.com/Documents/L00kingGlass_2.pdf (accessed December 2010).

18.同上.

19.India Daily Technology Team. "In 1998 near the nuclear testing site when Indian Air Force encountered hovering extraterrestrial UFOs." *India Daily*, April 29, 2006. http://www.indiadaily.com/editorial/8306.asp (accessed December 2010).

20.Staff Reporter from Bangalore. "The secret UFO files

2010).

35.India Daily Technology Team. "The parallel universe exists within us-it is closer to you than you can ever imagine." India Daily, July 23, 2005. http://www.indiadaily.com/editorial/3728.asp (accessed December 2010).

36.India Daily Technology Team. "Advanced alien civilizations are capable of traveling from physical to parallel universes by artificially accelerating the time dimension." India Daily, July 26, 2005. http://www.indiadaily.com/editorial/3780.asp (accessed December 201:0).

37.India Daily Technology Team. "The fact that our mind can traverse the spatial dimensions of the parallel universe shows we are genetically connected to the aliens." India Daily, July 27, 2005. http://www.indiadaily.com/editorial/38I8.asp (accessed December 2010).

38.India Daily Technology Team. "2012-official revealing visit from M15 Globular Star Cluster." India Daily, July 29, 2005. http://www.indiadaily.com/editorial/3835.asp (accessed December 2010).

39. India Daily Technology Team. "I-Ialting and reversing time-reverse engineered technologies from extraterrestrial UFOs." India Daily, August 10, 2005. http://wwvvindiadaily.com/editorial/4o41.asp (accessed December 2010).

40.India Daily Technology Team. "International Space Agencies getting ready for accepting the inevitable---UFOs and Extraterrestrial civilizations exist." India Daily, April 12, 2006. http://Wvvwindiadaily.com/editorial/7976.asp (accessed December 2010).

41.Sen, Mihir. "December 21, 2012, the world will change forever as major Governments are forced to confess the existence of advanced extraterrestrial UFOs. India Daily, December 29, 2006. http://wvvw.indiadaily.com/editorial/14929.asp (accessed December 2010).

42.Staff Reporter. "An orderly visit of Extraterrestrial Federation in 2012 representing 88 star constellations-the World is getting ready for the most spectacular event." India Daily, May 12, 2005. http://WWW.indiadaily.com/editorial/2656.asp.(accessed December 2010).

43.India Daily Technology Team. "Galactic alignment and formal extraterrestrial visitation-the history tells us they will expose their existence in December 2012 or after." India Daily, January 4, 2007. http://WWW.indiadaily.com/editorial/15022.asp (accessed December 2010).

44. Pippin, Jerry. "Jerry Pippin Interviews Mr. X." http://wwvmjerrypippin.com/UFO__Files_mr___x.htm (accessed June 2010).

45.同上

BX0006

源場：超自然關鍵報告

作　　者　大衛・威爾科克（David Wilcock）
譯　　者　隋芃／白樂
特約主編　莊雪珠
封面設計　黃聖文
內頁構成　舞陽美術・張淑珍／張祐誠
校　　對　莊雪珠・魏秋綢

發 行 人　蘇拾平
總 編 輯　于芝峰
副總編輯　田哲榮
業　　務　王綬晨、邱紹溢
行　　銷　陳詩婷

出　　版　橡實文化 ACORN Publishing
地址：臺北市10544松山區復興北路333號11樓之4
電話：02-2718-2001 傳真：02-2719-1398
E-mail信箱：acorn@andbooks.com.tw
發　　行　大雁文化事業股份有限公司
地址：台北市10544松山區復興北路333號11樓之4
電話：02-2718-2001　傳真：02-2718-1258
讀者服務信箱：andbooks@andbooks.com.tw
劃撥帳號：19983379 戶名：大雁文化事業股份有限公司

印　　刷　中原造像股份有限公司
初　　版　2012年11月
初版19刷　2021年11月
定　　價　480
ISBN 978-986-6362-65-1

國家圖書館出版品預行編目資料

源場：超自然關鍵報告／大衛・威爾科克（David Wilcock）作；隋芃，白樂譯.
一初版. 一臺北市：橡實文化出版：大雁文化發行，2012.11
416面；17×22公分
譯自：The source field investigations :the hidden science and lost civilizations behind the 2012 prophecies
ISBN 978-986-6362-65-1（平裝）

1.能量 2.宇宙論 3.文集

163　　101023213